实用主义与美国思想文化译丛

丛书主编　陈亚军

Naturalism　Without　Mirrors

Huw　Price

无镜的自然主义

[英]休·普莱斯　著

周　靖　译

总 序

陈亚军

二十世纪七十年代以来,实用主义在西方思想学术界强劲复活,引起人们的广泛重视。它的影响正越过学院的围墙,深入到美国社会、文化的各个层面。实用主义和美国思想文化互为表里,形成了紧密的关联与互动,以至于要了解当今的美国思想文化之精髓,不能不了解实用主义;反过来,要理解实用主义,也不能不研究美国思想文化。

研究的第一要事是翻译。没有对研究对象的全面系统的翻译,深入的研究便是一句空话。说得更加极端一些,翻译本身就是研究的一部分。套用康德的话说:"没有翻译的研究是空洞的,没有研究的翻译是盲目的。"出于这一考虑,在主持"实用主义与美国思想文化研究"系列丛书的同时,我们也主持翻译了这套译丛。希望二者可以相互支撑,形成互补。

多年来,我国学术界对于实用主义尤其是古典实用主义经典的移译取得了令人瞩目的成就。新近《杜威全集》(38卷)中文版的问世,是这些成就最为醒目的标志。然而,我们也应该看到,相对而言,在实用主义的庞大家族中,我们对于皮尔士、罗伊斯、米德、席勒这些实用主义者的重视还远远不够,对于过渡期的实用主义者如刘易斯、莫里斯等人还缺少关注,对于新实用主义者的最近成果的追踪也不够及时,而对于相关的实用主义与美国思想文化的相互影响,更是难见一瞥。所有这些不足,都是本译丛立志要改变的。

本丛书的译者多是相关领域的专家学者、青年才俊。我们会尽自己的最大努力,为读者提供可靠的优秀翻译成果。但翻译从来就是一项艰苦的事业,由于能力水平的局限,出现错误是可以想见的,我们将努力减少错误,同时也衷心期待来自各位方家的批评指正。学术乃天下之公器,对此,学术共同体的每一个成员都责无旁贷。

最后,我要衷心感谢复旦大学出版社和复旦大学哲学学院,感谢你们对于本丛书的大力支持!

献给爱妻欧佳

目 录

中译本前言　　001
前言与致谢　　001

第一章　把镜子移到一旁　　001
第二章　形而上学多元论　　043
第三章　语义的最小化理论和弗雷格论点　　070
第四章　通向实用主义的两条道路　　104
第五章　如何为非认知主义者辩护　　146
第六章　自然主义与 M 世界的命运　　173
第七章　拉姆齐论言说和哨声：一个不和谐的音符　　195
第八章　"真"作为合宜的摩擦　　215
第九章　无大写表征主义的自然主义　　244
第十章　无镜的非适度性：理解维特根斯坦的语言多元论　　265
第十一章　实用主义、准实在论和全局的挑战　　301
第十二章　形而上学的语义基础　　335
第十三章　卡尔纳普之后的形而上学：游荡的幽灵　　372
第十四章　为表征主义欢呼？　　404

参考文献　　428
索　引　　437
译后记　　450

中译本前言

本书2011年初版时,我正要从悉尼移居剑桥,继承布莱克本(Blackburn)的衣钵,担任伯特兰·罗素哲学讲席教授。我在英文版前言中提到,那时我把自己视为澳大利亚同侪中的一位变节者。我拒斥形而上学,投入了实用主义的怀抱,在一些关键论题上,我与澳大利亚颇为盛行的分析哲学正统观点背道而驰。(我曾说过,能生活在这些还能合得来的哲学反对者中间,花费多年时间撰写本书中的文章,是一件令我感到庆幸的事情。)

我知道剑桥的哲学氛围更为复杂。我的工作与一些著名的剑桥先辈们——布莱克本无疑是其中一员,当然还有维特根斯坦——有着明显的相似之处。与此同时,我之前仍然觉得主流的风向是与我相反的。我曾经猜测,剑桥和澳大利亚一样,与对待实用主义的态度相比较,人们会更加认真地对待形而上学。

我现在认为这个猜测是错的,至少不全对。剑桥哲学风行的潮流之下隐藏着一条更深的暗流,这条暗流逐渐流向了实用主义。米萨克(Misak)在她那本迷人的近著《剑桥实用主义》(*Cambridge Pragmatism*, Oxford University Press, 2016)中论述到,这一暗流由受到皮尔士著作影响的拉姆齐(Ramsey)引入剑桥哲学。米萨克非常可信地论述到,正是由于沿着皮尔士航道行进,拉姆齐扫除了早期维特根斯坦的逻辑原子主义,并且促使维特根斯坦转向了他后期的工作。

就我而言,我如今认为拉姆齐后期论文中隐藏着一道清晰可辨的

"剑桥实用主义"转向线索。例如，在《普遍命题和因果性》("General Propositions and Causality", 1929)一文中，拉姆齐开始论及关于因果性的实用主义式或表达论式解释。并且，他非常清楚地认识到，他提供的解释是一种"哲学分析"，而非一种"形而上学"。他探究的是因果**概念**的作用和起源，而非**因果性**的本质。

我们可以在后来的剑桥哲学家或在剑桥求学过的哲学家的工作中发现相同的转向，与之相关的具体论题有：冯·赖特（von Wright）和加斯金（Gasking）论因果性；安斯康姆（Anscombe）论第一人称；威廉姆斯（Williams）论真；梅勒（Mellor）论时态和或然性；克雷格（Craig）论知识；以及维特根斯坦和布莱克本在诸多问题上的讨论。当然，这些哲学家中的许多人都不将自己视为实用主义者。但是，这一独特的哲学运动可以将他们联合在一起。在一些具体的难题上，他们已经准备好反过来提问"我们为什么以这种方式谈话——这一词项或概念对像我们这样的生物有什么用？"，而不是继续追问"在这种情况下谈论的是什么东西，这一实体或属性的本质是什么？"这类问题。

我现在将这种转向称为剑桥实用主义。我认为，这是可以很好地融合剑桥近百年来哲学的一个统一性的主题。相应地，我现在感觉到，在剑桥我正顺流航行，而非背道而驰了。（幸运的是，我仍然有一些合得来的对手，他们沿另一个方向航行着。）

本书如今被译成中文，这让我感到无比兴奋和荣幸。在此，我想表达对周靖博士的感激之情，感谢他对这一事业怀有兴趣。最后，我还想表达我对五个小实用主义者——我亲爱的孙子（女）阿娃（Ava）、奥布雷（Aubrey）、西奥多（Theodore）、比德（Bede）以及鲁宾（Ruben）——的感谢，在本书初版面世之后，他们让我的生活变得丰富多彩。

休·普莱斯
2018 年 9 月

前言与致谢

本书收录了我在过去二十多年间发表的十三篇文章。除了这些文章外，我还写了一篇导言，对我的哲学纲领做了大体的描述：对一种特别的、有着实用主义精神的自然主义的探究；我对**表征**（representation）这一核心概念做了怀疑性的批判，从而把实用主义式的自然主义与哲学中流行的那些自然主义版本区分开来。余下的章节都在服务于这一纲领上做了一些贡献。

或许如预期中的那般，在如此长时间内写成的这些文章，在术语使用上可能有一些变化，章节之间使用的术语可能有所不同。人们或许还会料想到的是，在某一具体时期内，同一作者就同一主题写就的相关论文中的章节、文本、论述，乃至目标和结论都会有一些"意味深长的"重合——由于科技使得我们重复使用自己的话变得容易。我做了一些小的修改，对这些问题最为突出的地方做了改善，但是，大体上这些论文保留了第一次见刊时的原貌。实际上，每一章都可以被抽出来单独阅读，尽管如此，我还是强烈建议读者以新导论（第一章）中建议的方式来阅读本书。

感谢那些允许我重印以下文章的编辑和出版商：

第二章：H. Price（1992）"Metaphysical Pluralism," *Journal of Philosophy*, 89：387−409（Copyright© 1992 by *The Journal of Philosophy*）。

第三章：H. Price（1994）"Semantic Minimalism and the Frege Point," in

S. L. Tsohatzidis（ed.），*Foundations of Speech Act Theory：Philosophical and Linguistic Perspectives*（London and New York：Routledge，132-155）。［当前的版本也包含了为如下这本书新写的附言：B. Garrett and K. Mulligan，（eds.），*Themes from Wittgenstein*（Canberra：Philosophy Program，Research School of Social Sciences，ANU，1993，15-44）。］

第四章：H. Price（1991）"Two Paths to Pragmatism，" in P. Menzies（ed.），*Response-Dependent Concepts*（*Working Papers in Philosophy*，No.1）（Canberra：Philosophy Program，Research School of Social Sciences，ANU，46-82）。

第五章：J. O'Leary-Hawthorne and H. Price（1996）"How to Stand Up for Noncognitivists，" *Australasian Journal of Philosophy*，74：275-292。（可以登录http：//www.informaworld.com.查阅该杂志）感谢霍桑同意我在这里重印该文。

第六章：H. Price and F. Jackson（1997）"Naturalism and the Fate of the M-Worlds，" *Proceedings of the Aristotelian Society*，Supp. Vol. LXXI：247-267，269-282。这一章是我与杰克逊共同主持的研讨会的论文，感谢杰克逊同意我在这里重印该文。

第七章：R. Holton and H. Price（2003）"Ramsey on Saying and Whistling：A Discordant Note，" *Nous*，37（2）：325-341。感谢霍尔顿同意我在这里重印该文。

第八章的初稿是为澳大利亚国立大学在1999年为致敬罗蒂而举行的一次会议所撰写的文章，后来得以发表：H. Price（2003）"Truth as Convenient Friction，" *Journal of Philosophy* 100：167-190（Copyright© 2003 by *The Journal of Philosophy*）。

第九章：H. Price（2004）"Naturalism Without Representationalism，" in David Macarthur and Mario de Caro（eds.），*Naturalism* in *Question*（Cambridge，MA：Harvard University Press，71-88）（Copyright© 2004 by the President and Fellows of Harvard College）。

第十章：H. Price（2004）"Immodesty Without Mirrors-Making Sense of Wittgenstein's Linguistic Pluralism," in Max Kölbel and Bernhard Weiss（eds.），*Wittgenstein's Lasting Significance*（London：Routledge & Kegan Paul，179-205）。

第十一章：D. MacArthur and H.Price（2007）"Pragmatism, Quasirealism and the Global Challenge," in Cheryl Misak（ed.），*The New Pragmatists*（Oxford：Oxford University Press）。感谢麦克阿瑟同意我在这里重印该文。

第十二章：H. Price（2009）"The Semantic Foundations of Metaphysics," in Ian Ravenscroft（ed.），*Minds, Worlds and Conditionals：Essays in Honour of Frank Jackson*（Oxford：Oxford University Press，111-140）。

第十三章：H. Price（2009）"Metaphysics after Carnap：The Ghost Who Walks?" in D. Chalmers, R. Wasserman, and D. Manley（eds.），*Metametaphysics：New Essays on the Foundations of Ontology*（Oxford：Oxford University Press，320-346）。

最后，第十四章：H. Price（2010）"One Cheer for Representationalism," in R. Auxier（ed.），*Library of Living Philosophers*，Vol. XXXII：*The Philosophy of Richard Rorty*（La Salle, IL：Open Court，269-289）。

前文提到，这些文章横跨了二十载——这些年来我在悉尼和爱丁堡有幸与一些意气相投、魅力十足的哲学同侪共事。我为自己曾是澳大利亚哲学学会的一员而倍感自豪，在那个时候，这个学会曾是无声的国家宝藏。或许，更为幸运的是，因为我的哲学倾向在某种程度上（至少以这个学科的分析性目的为标准）不是一种澳大利亚式的哲学倾向。本书中的许多文章试图澄清我与我那些著名的同胞之间有着怎样的分歧。如果没有这个动力的话，我的思想该变得多么贫乏啊。（可以说，"人越少，越有动力"。）

德维特在《实在论与真》(*Realism and Truth*)前言部分的下述表述中触及了澳大利亚的哲学特质:

> 有些人说,澳大利亚哲学家是天生的实在论者。我更愿意将我们的实在论立场归因于养育而非天性。阿姆斯特朗(略微地)认为,澳大利亚强烈的阳光和刺目的棕色风景把实在强加给我们。相比之下,欧洲的雾霭与柔和的绿色风景则削弱了我们对实在的把握。(Michael Devitt, *Realism and Truth*, 2nd ed., Oxford: Basil Blackwell, 1991, p.x)

在我看来,从阳光向形而上学的过渡说明了我们未能充分注意到看(seeing)与说(saying)的差别。(关于欧洲人,相关的事实,或许不是他们看得少,而是他们说得多)。驱动形而上学的基本问题不是"我们正在看着什么?",而是"我们在谈及什么(什么使得我们的判断是真的)?"。而这打开了一扇通向另一种哲学路径的大门,这条进路通向的是人类学而非形而上学,它关注的问题是,"为什么我们会以这种方式说话?"我的倾向一直是问最后的这个问题,而非其先前形态的形而上学问题(如果这些文章有一个基础性的问题的话,那么这个问题便是,这两者有何差别?)。

罗素在晚年写到,他在四十五岁左右之前,一直理所当然地认为语言是透明的。我认为,人们在否认这个假设时,可能有两种不同的理解方式,区分这两种方式是重要的。其中一种方式——这与阿姆斯特朗关于阳光的评论有着远亲关系——只是对透明性提出挑战(正如澳大利亚的使徒可能总结到的那样,承认语言"透过深色太阳镜"向我们揭露世界)。但是,一种更为激进的观点是,认为这个隐喻本身有误导性:问题不是太阳镜不是完全透明的,而是镜喻本身完全没有意义。我的哲学同侪所包容的离经叛道的观点正是这后一种观点。

我刚入职悉尼大学"传统和现代哲学系"时,阿姆斯特朗和德维特都是该系成员。他们的工作以不同的方式塑造了一幅思想地貌。我发现这些地貌十分有用,试着在其中辨认出自己的位置。在那个时期,我也对坎贝尔(Keith Campbell)、莱因哈特(Lloyd Reinhardt),以及迈克尔(Michaelis Michael)心怀感激——尽管现在我们已在不同地方工作。还有雷丁(Paul Redding),我和他在上世纪九十年代展开了一些讨论,也共同开设了课程,我从他那学到了很多。就更大范围内的澳大利亚哲学家来说,多年来我一直受惠于佩蒂特、孟席斯、杰克逊以及米契尔。此外,我也尤为感激布莱克本、布兰顿、霍维奇、伊斯梅尔、罗蒂,以及威廉姆斯,他们身上仍有许多值得我进一步学习的地方。

我想感谢澳大利亚研究协会(Australian Research Council)以及悉尼大学的慷慨支持。本书中选录的部分研究文论起初受到了ARC项目——"休谟和当代实用主义(1996—1998)""自然主义的本质(2001—2003)"——的资助。并且,自2002年以来,我有幸申请到了两项ARC联邦研究基金,以及来自悉尼大学的相关研究资助。

最后,由衷感谢麦肯齐(Fiona Mackenzie)在编辑上提供的细致帮助,感谢文尼察国立技术大学(Vinnitsa National Technical University)的卡尔波夫教授(Professor Efim Karpov)为本书(原版)封面设计提供了友善帮助。还要感谢我的母亲艾琳(Eileen Price),她的知性实用主义(intelligent pragmatism)为我树立了一个永恒的榜样。最重要的是,一如往昔,我向奈(Nye)和欧佳(Olga)致以谢意。

第一章
把镜子移到一旁

1. 配对游戏

设想一本儿童拼图书是这样设计的:在左页有一些可以撕除的拼图片,右页则是描绘某一复杂场景的线条。对于每一块拼图片来说,例如考拉、回旋镖、悉尼歌剧院等,读者在把它们放到(右页)相应的形状中时,需要找到相应的独特轮廓。在此意义上,这一游戏的目的是把每一块拼图片都放到正确的位置上。

现在把右页看作世界,拼图片则是所有陈述的集合,我们认为这些关于世界的陈述是真的。对于每一个这样的陈述而言,我们似乎会很自然地询问什么使之为真——世界中什么样的事实恰是其相应的"形状"。从这种简单但直观的类比上看,将"真之陈述"(true statements)与世界相配对,这似乎与将拼图片和绘出的线条相配对有着许多相似性。

此外,哲学中的许多问题看上去和儿童面临的问题很相似,尤其是在儿童发现有些拼图片很难放置时。在配对游戏和哲学这两种情况中,问题均源于游戏中右页的可选项是有限的。在前一种情况中,儿童不得不在有限的线条范围内做出选择。如果允许他自己为每一块拼图片画轮廓,那么任务会变得简单(这对某个年龄段的儿童来说或许趣味无穷,但实质上是一种乏味的游戏)。然而,在这幅预先给定的画上,儿童所需要的轮廓可能会被盖住,甚至完全没了轮廓,拼图游戏因此变得十分困难，以至无法完成。试想一下给出的线条是由一些类似于几片橘子瓣形状的基本图形所组成的情况吧。我们明白怎样放置悉尼歌剧院，或许也能放置好回旋镖，但考拉要放在哪儿呢？

类似地，在哲学中，这个游戏也是不甚紧要的——对大多数人来说，这个游戏甚至算不上有趣。对于任一为真的陈述"P"来说，我们可以说事实 P 使得"P"是真的。当我们对右侧的事实做出一些限制时，即对可为左侧陈述所用的"使真者"（truthmakers）做出限制时，这个游戏便变得重要起来。

在玩这种添加了限制条件的哲学游戏时，我们可能有各种各样的动机。我们不妨聚焦于其中一种特殊的动机，即我认为当代哲学中最具影响力的动机。它依赖于两种直觉，或理论上的预设。第一种理论预设大概是其他玩这种哲学配对游戏的人共有的理论，即语言原型论（prototheory of language）。根据这种理论，游戏似乎为我们提供了一种关于语言同世界关系的有用的、非正式的模型。这种原型论与下述思想的关键作用相一致，这种思想认为陈述的功能是"表征"（represent）世界中的事态，而"真之陈述"成功地做到了这一点。

或许称这种假设为原型论不太恰当。"理论"这个标签对这一如此显而易见的事实来说似乎显得太大了，或者说，"原型"这个标签对语言哲学中这种已经确立了的准则而言太具有假定性了。然而，用词的选择不太紧要。就目前的讨论来说，重要的是这一假设（无论它是一种微不足道的真理、原型论，还是一种成熟的准则）在促使人们玩这种形式繁复的哲学配对游戏时所起到的关键作用。

如果这种原型论（无论它叫什么）能在关于语言和世界关系的成熟科学理论中占据一席之地的话，那么，配对模型就需要与我们关于自身的广义科学探究范围，以及我们所栖居的世界范围相配合。毕竟，当我们像科学家那样思考世界时，我们会把自身和我们的语言视为世界的一小部分，但（对我们来说）却是非常重要的部分。因而，做出限制的第二个原因在于：如果配对模型能够被纳入科学的视角，那么这一视角本身似乎规定了可用的事实和使真者有着怎样的形态。粗略地说，这些可以获知的形态是我们通过自然科学认知到的那类轮廓。

为什么至少从表面上看，这最终被证明是一种严苛的限制呢？因为，似乎有许多真之陈述不能被齐整地连线到自然科学所揭露的任何事实之上。实际上，问题不只是典型的匹配不当的情况，例如，美学的真、道德的真，以及其他规范性的问题的真，或者那些关于意识的问题的真。（这应该是显而易见的吧？）至少，存在争议的是，它们所涉及的问题是否更为接近于科学家心中所虑及的问题，例如或然性、因果性、可能性和必然性，以及各类条件句事实等问题，甚至包括悬在所有这些问题之上的问题，即数学本身是否具有至高无上的真理性。

因而，日常话语中呈现的丰富世界和科学所描述的明显贫乏的世界之间存在着令人诧异的不配对情况。近代哲学的大量工作就是试图解决这种不配对情况方方面面的问题。这项工程通常被简单地称为自然主义。我目前称其为大写的自然主义（Naturalism），从而把自然主义（naturalism）这个通用术语留给另一种更为基础的观点。（在这种观点看来，大写的自然主义本身是不自洽的。我会在后面解释这一点。）

大写的自然主义者的信条大概是这样的：自然科学所认知的事实是唯一存在的那类事实。但是，大写的自然主义者在玩受到限制的配对游戏时，他们承诺的不单是这一信条。大体而言，人们可以接受这一信条而无需认为这一配对游戏为我们提供了关于语言和世界之间关系的有用模型。（例如，奎因就是其中的一个例子，虽然我们需要做一些解释。）在把该信条同原科学（proto-science）的一些理论——即那种为配对游戏提供原始模型的、关于语言和世界关系的原型论——结合起来时，难题便产生了。根据原型论，我们的陈述"代表"或"表征"了世界的某些方面。大写的自然主义者则把原型论同下面这种做法结合起来，即根据信条而对可用的使真者做出限制，但这一结合带来的难题让它们耗费了许多哲学上的精力。

我强调原型论的作用,是因为它揭露了大写的自然主义者观点中值得注意却易受攻击的地方。根据大写的自然主义者的理解,原型论应该算作"关于语言本身,我们能够正确地说出什么"这一问题的一种假说,这是一种自然主义式的解读。如果原型论最终被证明是一种糟糕的假说,那么,大写的自然主义者玩配对游戏的动机也将会被削弱。但是,这也会釜底抽薪地削弱我们对语言以及语言在世界中的位置的科学理解。在此意义上,这种削弱带来的不是一种反自然主义的结论,恰恰相反,这取决于一种证明:那些持科学次优论的自称自然主义者们是错的。

如果我们将这种原型论称为(大写 R)的**表征主义**(Representationalism),那么,刚才提及的可能性是指这种可能性:对我们自身的语言实践做出充足的自然主义的解释,这种解释应该能够击败大写的表征主义,并揭示那是关于语言和世界之间关系的一种拙劣的理论。随之而来的结果便是,无大写表征主义的自然主义(naturalism without Representationalism),或者说,无镜的自然主义(naturalism without mirrors)。

在第九章"无大写的表征主义的自然主义"中,我通过区分"客观自然主义"(object naturalism)和"主观自然主义"(subject naturalism)这两种自然主义来阐明这些要点。"客观自然主义"便是我们刚才所说的简单的自然主义,"主观自然主义"则是以实现"我们人类(包括我们的思想和言谈)的确是自然世界的一部分"为起点的哲学观点。这一章关键的主张是,主观自然主义之于客观自然主义而言,具有明显的优先性。因为,从前者的视角看,后者所依赖的语言假设可能被证明是错误的;并且,我们有充足的理由认为这是一个严重的威胁——大写的表征主义可能也被证明是一种糟糕的(原型)理论。如果是这样的话,那么配对游戏对我们在"就语言在自然世界中的位置,给出哲学的解释"这一任务来说,是一个糟糕的类比。

但是，还有什么其他选项呢？本书余下的诸多章节都旨在回答这一问题。在这些章节中，大部分时候我觉得自己的角色是一名房产经纪人，拖着各种不大情愿的客户参观拜访那些被人遗忘的房产。一般情况下，我假想的这些客户是指某些竞争理论的代表人物，而我试图说服他们相信，如果迈向这种替代方案的话，我们可以用更小的代价来更好地满足他们的需求。

这些竞争理论大部分都与那些处理配对游戏难题时的各种常见进路有关——就此问题而言，较之于自然值得关注的使真者，我们似乎有着更多的真之陈述。我们需从那些对人们更为熟悉的选项的简要探究开始，这是了解我所提出替代方案的最佳方式。

2. 位置策略

问题在于，为各类真（truth）在自然世界中找到"位置"（placing）。① 相较于使真者而言，我们似乎有更多的真——拼图片多于能够放置它们的位置。由于这一难题系于两组不同集合的基数的明显不匹配情况，那么，不出意料存在三种基本的解决方案。第一种方案认为：这两组集合可以匹配，因为它们本来就是匹配的；存在着某种不那么明显的映射关系，这种关系能够帮助实现两组集合间的完全匹配。第二种方案认为，问题产生的原因在于，我们少算了右侧，实际上存在的可用的使真者比我们所认为的要多得多。第三种方案则认为，我们多算了左侧，实际上存在的使真者所需的陈述比我们所认为的要少得多。

第一种选项可被称为**还原论**。这一方案值得注意的最近版本是杰克逊（Frank Jackson）给出的解释，这种解释如今通常被称为"堪培拉计

---

① 我不太确定该术语有着怎样的起源。布莱克本（Blackburn, 1993b）曾这样使用了这一术语。麦克道威尔（McDowell）在早前的讨论中也这么使用。

划"。② 我在本书的两篇文章里将我的方案同杰克逊的方案做了比较,即第六章"自然主义和 M 世界的命运"以及第十二章"形而上学的语义基础"。尤其是在后一篇文章中,我将试图揭示杰克逊的计划在何种意义上依赖于关于语言的一项重要假设(实际上,这一假设便是大写的表征主义)。我将论述这些假设存在着各种各样的问题。

人们通常觉得第二种选项包含了两个次选项。第一个次选项接受大写的自然主义施加的限制,但认为自然科学范围内的事实比我们认为的要更多。③ 第二个次选项则认为,这种限制本身就是错的,我们需要认识到,非自然的事实是存在的。④ 有争议的是,这两个次选项是否仅措辞不同,这一问题与我们将什么称为"科学"有关。然而,我们此处无需对其做出讨论。与此处讨论相关的是这两个次选项所具有的共同点,即它们都把最初的难题归因于我们起初在评估该模型右侧可用的使真者时太过吝啬。在本书第一篇文章(即第二章"形而上学多元论")中,我比较了这些(我所谓的)"超级附加的"(super-additive)或"膨胀的"(expansionist)策略和我将为之辩护的那种更为经济的策略,这一策略将公允地对待那些类似的多元论直觉。在这一篇文章中,我论述了我与维特根斯坦站在一道,认为探究的策略具有多元性的原因在于,我们使用语言讨论事物的方式具有多样性,而非因为世界中实现存在某些形而上的或自然的多样性。尽管只有一章(即第十章"无镜的非适度性:理解维特根斯坦的语言多元论")具体提及了维特根斯坦,本书中的大部分文章均以不同的方式旨在阐明这种"维特根斯坦式"的观点,并为之做辩护。

---

② 我和霍桑(John Hawthorne)在一篇合作文章《如何为非认知主义者辩护》(即第五章)中首先使用了这一标签。该文最初是于 1994 年提交给澳大利亚哲学联会在奥克兰举办的会议的论文。正如我们在发表的版本上解释的那样,尽管这一标签已经变成我们堪培拉反对者的标志,但它起初的用意是"反讽的"。
③ 查默斯(David Chalmers, 1996)是我们熟悉的一个例子。
④ 经典的例子是摩尔(Moore, 1903)关于道德事实的观点。

不出意料，第三个选项是，试图缩约左侧的规模，换句话说，试图减少使真者所需求的陈述的数量。在这种情况中，也有几个次选项，它们值得我们付出时间对它们做出仔细区分。

取消论

回想一下，模型左侧的拼图片应该代表着真之陈述。取消论者处理的便是左侧"过度"的问题，即那一令人感到窘迫的"剩余"，毕竟那些明显的候选拼图片应该能被分配给右侧的自然一方的位置上。取消论者认为，我们是大规模错误的牺牲品。我们认为的真之陈述所构成的子集，实际上大部分有着系统性的错误。例如，或许根本不存在道德事实。如果这样的话，那么那些真值取决于这类事实是否存在的所有断言，便都有着系统性的错误。

虚构论

虚构论是一个类似但不那么极端的观点，它就陈述和使真者之间存在的明显的不匹配情况做出了相同的诊断，但是它得出了一个更为平和的结论。取消论者倾向于把有问题的假的陈述（false statements in question）比作科学理论中被弃置的主张，认为假的陈述也应该有相应的命运。虚构论者对错误的态度更为温和。他们接受"有用的虚构"这种想法，即假的断言在语言游戏中也起到了某种有用的目的。例如，做出道德或模态判断的实践在某些方面也可能是有益的，尽管事实是这些相关的判断确实是错的。如果这样的话，我们便无需找寻使真者，也无需放弃这种有问题的语言游戏。

表达论

表达论者更进一步地讨论了同样的教训，即我们最初名单上的陈述里的一些"点"与世界中的事实不匹配。⑤ 表达论者坚持认为，尽管我们将某些语言用法视为陈述，但这些陈述根本不是真正的陈述，而是有着其他要点或起到其他功能的言语表达（utterance）。这意味着，一旦这些"伪陈述"被修剪掉了，真之陈述同世界中的使真者之间的显而易见的不平衡关系便会消除，或至少会削减。在表达论者看来，关于这一难题的通常理解至少在一定程度上体现了这种对语言的错误理解。

此时，值得注意的是虚构论和表达论之间的重要差别。为了使得事情具体化，我们不妨思考道德的例子。虚构论者认为，道德判断分为日常用法（everyday use）和字面用法（literal use）。当我们按照字面的理解"伤害儿童比伤害犬类更加可恶"这一陈述（并将它解释为一个道德判断）时，该陈述为假。（为什么呢？因为，按字面义，不存在使之为真的道德事实。）然而，按照日常用法的理解，在我们均参与的虚构中，可以正确地认为该陈述是真的。

相比之下，表达论者则无需承认该陈述在某种意义上按字面理解是假的。表达论者会说，恰恰相反，在字面意义上视之为假，这恰犯了一个错误，即把它错当成了另一种言语行为。在虚构论者旨在的意义上，这种言语行为**没有**字面上的真值。

因此，表达论者或许会希望赞同日常的道德判断，而无需将之追溯至任何东西，也无需承认所有这类判断在字面意义上为假，即便是在书斋中凭空妄想。表达论者同日常大众的观点一致，并进一步提出问题：这类事实**真正**存在吗？——这种尝试源于对语言的错误理解。一旦我们明白了道德判断并非真正是描述性的，我们便会明白这类形而上学的问题源自范畴错误。表达论者向我们保证，如果能以恰当的方式看待事物，那么我们便会明白问题根本不会产生。

---

⑤ 这并不意味着表达论者是虚构论者的继承者。更准确地说，虚构论者是原表达论者（proto-expressivists），他们尚未认识到，对于大写的表征主义而言，还存在勃勃生机的其他选项。

3. 准实在论和全局性

我们不必说道德判断在字面上是假的，这种策略的优势也似乎有着抵消性的劣势。难道表达论者无需放弃这样的观念，即可能在某种日常意义上，这样的判断是真的吗？实际上，如果表达论者的确没有试图使得判断就事物之所是（how things are）而言是真的，他们如何进而解释我们称这类判断为真或为假这一事实呢？

解决这些问题的最好方式是，通过讨论**准实在论**（quasi-realism）这种表达论的版本。多年以来，布莱克本一直捍卫这一理论（具体请参见 Blackburn 1984；1993a）。准实在论和表达论有着相同的理论起点，它们都认为某些我们（容易看到的）的陈述，其基本功能不是去描述事物实际上是什么。尽管如此，准实在论旨在揭示，这类表达式为何有着描述的"陈述性"（statementhood）的标志，具体而言，即能被视为真的或假的。

布莱克本强调，准实在论的诉求是，它提供一种处理位置问题这一难题的方式，例如道德和美学话语中的情况；它既不诉诸不可信的形而上学，也不诉诸错误理论（error theory）。如果成功的话，准实在论便能够解释为什么做出道德判断的大众实践恰好如此秩序井然，它也将能够解释为什么关于"是否存在**真正的**道德事实"的任何进一步的形而上学探究必然是不得要领的（原因在于，形而上学探究的前提建立在对我们运用道德语言做什么的错误理解上）。

准实在论在目前的讨论中有着重要的意义，因为我们这里提出的观点，从许多方面说，它都可被理解为一种一般化的（generalized）或"全局"版本的准实在论。本书的许多文章都对这一观点做了这样的理解，这一理解最清楚地体现在最近的一篇文章中（第十一章"实用主义，准实在论和全局的挑战"）。要理解这里的一般化（generalization）过程是如何进行的，我们首先要注意到表达论做的事情是，从配对游戏中移除一些（显而易见的）承诺——并说配对模型是一种糟糕的关于这些承诺与世界之关系的模型。（准实在论具体补充的是，对为什么从表面上看配对模型"看上去似乎"是适当的加以解释。）可以推测的是，为了取代配对模型，表达论对语言存在问题的那部分的用法做出了一些积极解释——这些解释同如下的基本（"主观自然主义式的"）前提兼容：在自然环境中，使用存在问题的语言的生物就是自然生物。

当然，一般来说，表达论者做的是**区域性**（locally）工作。他们认为，我们的一些判断的确是事实性的或描述性的（并且，因此可以推测，只要判断是有用的，我们便可以根据配对模型来描述判断的特征）。他们还认为，对于我们的所有判断或承诺来说，它是否真正事实性的或描述性的，这的确是个真实的问题。（当问题的答案是"否"的时候，我们便需要选择表达论者的方案了。）然而，表达论者相信这里存在着问题，他们相信某些判断在积极的叙事中**根本没有**起到真正描述性的作用，就承诺而言，表达论者认为它们也没有真正的描述作用。换句话说，表达论者替代配对模型的积极方案不依赖于这一主张：配对模型是我们**曾经**拥有的关于自然语言和自然世界之间关系的有用模型。因此，大体来说，我们在放弃配对模型的同时成为一名**全局**表达论者，不会有什么障碍。

其实，全局表达论是我想捍卫的观点。这种我想捍卫的观点承袭自准实在论对如下问题的强调：作为语言最初出现的那些部分，即表达和投射（projections），为什么会呈现为它们如今的形式（should take the form that they do），尤其是，为什么它们的形式是陈述形式，并且它们能被当作真的或假的。但是，正如我将解释的那样，我同准实在论者有着许多细节上的分歧——如果准实在论者的答案源于模仿"真正表征性的"判断这种想法的话，或许必然会如此，因为在我看来，并不存在"真正表征性的判断"这种东西。⑥

4. 无大写的表征主义的自然主义

如果朝着这个方向进行分析，那么我想捍卫的观点可以视为一种全局表达论（global expressivism）。但它与各种区域表达论不同，不仅仅是因为它是全局的，而其他的表达论是区域的，它们之间有着更为根本的区别。区域表达论在某些方面接受大写的表征主义。它们传达的消息只是，配对游戏的适用范围不像我们倾向于认为的那样广泛——我们的某些陈述（或显而易见的那些陈述）有着其他的、非表征的功能，因此它们不需要使真者。我们可以设想一位这样的表达论者，他实际上提出，存在一种可能的语言，这种语言中所有（显而易见的）陈述均不具有表征功能。这便是在设想一种语言（甚或就是我们自己的语言），偶然地，就这种语言而言，全局表达论被证明是正确的叙事。但是，这也意味着在设想这种语言时保留了原型论的作用，以及语言有着真正的表征功能这种想法。

我想更进一步。我不仅认为我们自身的语言中没有真实的表征这种语言功能，而且认为表征（**在此意义上**——我随后会对这一限制条件的重要性做出更多解释）是我们应该完全弃置的理论范畴。正如许多理论

---

⑥ 正如我将解释的那样，我认为准实在论对"某些陈述涉及真实的表征"这一想法的承诺，已经阻碍了发展出一种关于判断和断言的充分的、一般的理论这项事业。在其他方面，它也没起到什么好的作用。它通过把（例如）道德判断为什么以它如今所是的形式呈现这一问题从为什么所有的判断都以这样的形式呈现这一更深层的问题中剥离开的方式，使得所需解释的对象变得模糊了。在我看来，我们最好向后探究，应该紧紧攥住深层的问题，认为这不单纯是预设了大写的表征主义，在此方面，布兰顿（Brandom）提供了一个清晰的、我们所需的方法论模型。我认为（参见第十章第八节，以及第十四章），我们随后可以一跃去扫除问题的一些具体方面。本书第三章"语义的最小化理论和弗雷格论点"提供了一个类似回应弗雷格-吉奇（Frege Geach）论述的方法论。在所有情况中，准实在论者策略性的错误在于，他们对其对手太过宽容了，他们承认已有的关于真实表征的相关阐释（更多讨论请参见第八节内容）。

家所认为的那样，应该做的正确事情不是去证明我们所有的陈述都不真正是表征性的，而是完全停止谈论表征，放弃以表征的方式提出关于语词-世界关系的理论。这有点像"同时性"这一概念的情况：我们从相对论那里习得的教训不只是我们生活在一个不存在绝对同时性的世界里，还有，出于理论上的目的，我们应该完全放弃绝对同时性这一概念。

如果我们由此放弃表征概念，那么在某种意义上，表达论的胜利也将得到默认。毕竟，表达论的关键特征在于，它对语言某些部分的功能提供了非表征的解释，而如果放弃了表征概念，那么便没有留下什么了。此外，在当前的语境中，从另一种意义上说，"表达论"这个词也有些不适当，原因是它和人们所熟悉的区域表达论之间有着关联，后者不加反省地接受了表征主义式的框架。因此，有时我称这种观点为"实用主义"，尽管这个术语也是一个理不清的概念。

对于当前的讨论来说，我想就这一观点——无论这一观点被称为什么——做两点强调。首先，这种观点明显是一种自然主义的观点：它采纳了语言人类学家的科学视角，把人类语言当作自然世界中的现象来研究。它或许会拒斥大写的自然主义，或者拒斥"客观自然主义"，但它自身是一种自然主义的观点，这是毋庸置疑的。

其次，这一观点不主张"就我们的语词和自然世界的关系而言没什么可说的"这种荒谬的观点。相反——如区域表达论的例子所充分表明的那样——它可能认为就"为何我们情境中的自然生物会使用这种有问题的语言形式"这一问题有许多可说道之处。它否认的只是，**表征**是一种有用的理论范畴，其用处在于能借以说明语词和（自然）世界的关系。（这不仅与存在其他描述语词-世界关系特征的理论语汇这种观点相容，还相容于——正如我们随后将会看到的那样——表征的概念有着其他更有用的理论用法这种想法。）

在某种意义上，这是人们熟悉的一个想法。近代哲学中有许多批评大写的表征主义的著名人物，例如杜威、维特根斯坦和罗蒂。从另一种意义上说，这也是一个人们难以关注到的观点。就我而言，我很早就觉察到它在当代哲学地图上占据着一个特殊位置：从某种意义上说，几乎是中心位置，或者至少是从人们所熟悉或流行的地点容易到达的位置；在另一种意义上，它也几乎是隐而不显，鲜有人知的。可以猜想到的是，其中的一部分原因在于，人们有着诉诸简单的语言模型的强烈直觉，配对游戏就是关于这种简单的语言模型的一个隐喻。大写的表征主义是人们容易发现的、清楚易懂的方案——我将在下文第十二节中对之做出更多的讨论——大写的表征主义被深深地嵌入在当代哲学理论中。

在地图上找到其位置，揭示它的本质和抵达它的道路，也需要我们能够拜访它实际处所周边的位置，而后注意到通往正确方向的小道。（我已经提到从准实在论出发的小道。）然而，从某种意义上说，我们需要持续地从几个不同的方向来找到正确的小道。每一条小道从另一角度看似乎会构成障碍。让我们来简要地对一些视角做出讨论，而后说明本书中的文章是如何解决问题的。

5. 避开那类错误的实用主义

实用主义者和表达论者指出，存在着何种各样的承诺，它们似乎与我们自身的心理，或更为一般意义上我们的处境所具有的偶然特征，有着特别的联系。例如，评价的、或然的，以及因果的承诺等，它们均被视为与"我们是决策的制定者和能动者（agent）"这一事实有着（许多方面的）联系。这类事实，即关于我们是这类生物的事实，关于这些特征之间相关性的事实，以及我们同自然环境之间的关系的事实，对于我所谓的那类想就语言的特殊部分的功能和谱系给出解释的实用主义者而言，是十分重要的原材料。实用主义者想指出，认为表征主义式的模型是一个糟糕的理论的理由之一是，这种模型未能足够重视这些因素。为语言的各个部分"安置"特征是一种盲目的做法，因为语言的各个部分依赖于使用它们的自然生物置身于的情境具有的各种偶然特征。

在这一点上，掩盖我倡导的那类实用主义的一个因素是，存在着这样的一类观点：它们在类似的意义上敏锐认识到语言有着偶然的依赖性，但它们未能脱离大写的表征主义的舒适怀抱。在近来的文献中，许多这类观点都在利用"反应依赖性"（response-dependence）这一概念，但至少这一概念的主要倡导者之一约翰斯顿（Johnston 1993）迈出的是朝向实用主义的一步。这一标签下没有太多的内涵，但重要的是发现了一种非常特别的理论，它解释了我们就语言和说话者情境中偶然方面的关系所具有的类似直觉。第四章"通向实用主义的两条道路"做出了这一关键区分，并为非表征的路径做辩护。

在我看来，认识到说话者情境中有着偶然性，这是问题的一个方面；问题的另一个方面在于，认识到非表征主义的可能性。问题的两个方面很自然地契合在一起，实际上，它们能强化和支撑彼此。然而，要发现其中的裨益，我们的确需要持续不断地聚焦于这两个方面——如果我们把两个问题分开看，忽视它们之间可能有着非常规的互通性这种可能，那么我们会错失问题吸引人的地方，看不到其中互惠互利之处。

6. 对形而上学做出限制

与一般意义上的表达论一样，准实在论也促使人们对其适用的领域保持一种形而上学的寂静主义（metaphysical quietism）。如果考虑到这一有问题的承诺不是一个真正的事实承诺（factual commitments），那么（例如）是否存在**真正的**道德事实这类形而上学问题便是误导人的问题了。准实在论者坚持认为，形而上学问题犯了范畴错误，它们误用了道德语言。尽管如此，由于寂静主义依靠的是，真正的事实承诺和非真正的事实承诺之间有着差别，人们可能担忧寂静主义是不可行的，尤其是在这种一区分被放弃时。

在我看来，这种担忧实际上是无根据的。在我的全局表达论中，放弃这一区分的理由是放弃大写的表征主义本身。于是，在这种意义上，根本没有什么承诺被视为真正的事实承诺，因为这种理论范畴已经被弃用了。但是，表达论者关于形而上学寂静主义的论述只依赖于这样的事实，即在一些特殊的情况中不再使用这种理论范畴——故而，如果从开始我们可以弃用它，我们在所有情况中便不该启用它了。

然而，朋友多多益善，在这几篇文章中我诉诸几位著名盟友的权威，以支持我的观点所要求和蕴含的那种形而上学寂静主义。卡尔纳普便是盟友之一，但人们往往认为他在《经验主义、语义学和本体论》（Carnap 1950）中对形而上学所做的值得颂扬的攻击已经被奎因决然地驳倒（根据二十世纪哲学史的流行说法，奎因进一步使得世界成为形而上学中一个安全的领域）。在我看来，这是一种大错特错的解读。奎因的批判不但没有触及卡尔纳普的形而上学的寂静主义或其实用主义，奎因本人也应该被解读为一名寂静主义者和实用主义者——实际上，在许多方面，奎因比卡尔纳普更为彻底。第十三章会直接讨论这些问题。⑦

尽管如此，我对卡尔纳普的感激不完全是单方面的。这些文章所捍卫的一般观点，在反驳奎因对卡尔纳普的反对时，为卡尔纳普的观点提供了重要的新支持。奎因挑战卡尔纳普是否有资格在语言框架周边放置栅栏——实际上，卡尔纳普坚持的是，存在几类存在量词，它们各自在不同的框架中发挥不同的作用。奎因认为，一旦我们抛弃了"分析/综合"的区分，这些栅栏也会随之消失。如其所是的那样，我们仅留有一个斗兽场，我们只有一类存在量词，我们用它就如公牛充满信心地审视

---

⑦ 关于对奎因的解释，另请参见 Price（2007a）。

整个斗兽场那般。我认为抵制这一反对意见的关键点在于，阐明那种卡尔纳普本人工作中隐在的推论，即使得语言框架卓然而立的是那种表达论者引起我们关注到的那些功能和谱系上的因素。卡尔纳普应该指出，在此意义上，语言框架的多元性是功能上的多元性。⑧

正如我提及的那样，这种功能多元论挑战的是"语言的功能是单一的"这种理解，这种理解似乎隐含在奎因自己的观点中——对于奎因来说，使得陈述构成语言的一部分这一重要的任务在于，记录与自然科学有着基本连续性的活动所得出的结论。这种方法论的一元论（methodological monism）起到的作用有个值得关注的方面，即这种观点同奎因的语言观的其他方面格格不入。正如其他作者已经指出的那样，尤其难以将它与他关于真和指称的紧缩论观点融贯起来。在此方面，我们也将会看到，奎因的确算是我思考的那一纲领的盟友，这个盟友在他对卡尔纳普多元论的著名挑战中给出了自己的答案。

7. 对语义学做出限制

正如配对游戏本身所揭示的那样，关于形而上学的寂静主义同关于语义学的寂静主义休戚相关。这一游戏是关于那种建基于语言之上的方法论的隐喻，这种方法论在当代形而上学中占据着主导地位。以这种方式从事形而上学，人们从我们视之为真的那些陈述开始，而后询问**什么使之为真**，或者询问这些词项**指向了什么**。

---

⑧ 然而，我会在第十三章中解释，在某种重要的意义上，卡尔纳普无需否认只存在一类存在量词——更好的说法是，我们有着单独一套逻辑装置，但这套装置在不同的用途中能够发挥不同的功能。我提到这种表述也能够反驳奎因对赖尔（Ryle）关于存在量词多元性这种观点的著名拒斥。这也为我想提出的那种观点所具有的更为一般的特征提供了模型，即在一定程度上把语言同一性或同质性和语言在另一层次上的多元性结合起来。在一种新的意义上，这种更高层次的形式和结构因此变成有着多元目的的装置。下文第九节会对此做出更多的讨论。

然而，重要的是注意到存在两种进行这类探究的方式，一种方式较弱，另一种则较强。根据较弱的方式，我们可以用紧缩论的方式来理解所涉及的语义词项，认为所涉及的只是奎因意义上的语义上行（semantic ascent）。这"看上去似乎是"我们正在讨论语言——就语句和词项的关系提出一些严肃的理论问题——但实际上我们讨论的是对象。提问"什么使得雪是白的是真的？"或者"什么使得'雪是白的'是真的？"只不过是另一种提问"什么使得雪是白的"之方式——在这种情况中，这种提问是合理的，但是这一问题应该借助冰和光线的物理学知识来回答，而不是根据形而上学中的事实或事态来回答。不存在额外的**语义的**待解释项（explanadum），并且也不存在某种特殊的形而上学问题。

那么，一般来说，这种关于语义词项的弱的、紧缩论的观点允许我们把"什么使得 P 是真的？"解读为类似于"什么使得情况 P 是真的"，或直接为"为什么 P？"。这是一种简单的、一阶的解释要求，从中产生了各种不同的意义，而做出怎样的解释则取决于牵涉的主题是什么。这不是二阶的探究，这一探究不揭示我们对"使真活动"（truthmaking）的明确的或实质的关系做出了何种理论承诺，也不揭示我们对以语言为基础的形而上学做出了怎样的理论承诺。我们的理论目光从未离开过世界。

此外，"世界"一词在这里无需被解读为"物质世界"。我们已经发现大写的表征主义是如何同如下（合理的）预设结合起来的：语言是一种这样的自然现象，它引诱大写的自然主义者为所有真之陈述寻求自然的使真者。但是，如果我们此时把大写的自然主义和使真活动的概念放在一旁——即把我们所有的语义概念紧缩掉——我们可以借助对其他问题的关注来提出"什么使得 P 是真的？"这一问题。例如，我们可以问"什么使得'对动物造成不必要的伤害是错误的'是真的？"，这要求我们做出某种道德上的解释或阐述，而无需感到任何来自大写的自然主义者的压力，即把这一陈述解读为关于物质世界的探究的压力（就此而言，我们没有来自某种其他世界的**形而上学的**压力）。⑨

此处还有值得一提的另一种使用弱的或紧缩论的语义概念的用法，即在**阐释**的语境中的用法。如果我说"Schnee ist weiß"（雪是白的）是真的当且仅当雪是白的，可以认为，显然我是在谈论语言（此时是德语），而不是在谈论雪。目前而言，在这些语境中讨论的要点是，它们也不依赖于语词-世界间实质的语义关系。因此，这再一次说明它们不需要大写的自然主义者的那些思考。我们的阐释立场不需要诸如表达论者所做的那种区分。尽管在阐释中，我们关注的是语言，从某种意义上说，我们并不关注那种为形而上学提供支持的语词和世界间实质的语义关系（第十一节将对此做出更多的讨论）。

以弱的或紧缩论的方式解读形而上学中的语义词项的用法，这种情况也大抵如此。然而，在强的意义上来理解语义概念时，形而上学家的理论目光的确聚焦在语言之上。由此出现的形而上学的规划以这样的假设为基础：某些语言项——例如语句或词项——有着实质的语义属性，或处于实质的语义关系之中。在这一假设的前提下，回答关于这些语义属性和关系所提出的问题，将能够为探究非语言的世界中的事物提供一个间接方法。

为了对形而上学做出限制——实际上，也是为对更为根本的大写的表征主义（它结合了大写的自然主义者召唤那种具有语义基础的形而上学的信条）本身做出限制——我们有必要对那种实质的、非紧缩论的

---

⑨ 在对拉姆齐（Ramsey）的真之冗余论的分析中，布莱克本就语义上行做出过类似的表述。布莱克本提及，根据拉姆齐的观点，从"P"到"P 是真的"的这步推理——即他所谓的"拉姆齐之梯"——没有把我们带往一个新的理论层次。他评论道（1998b: 78），有一些"哲学利用拉姆齐架设在平地上的梯子向上爬着，而后声称顶部有更好的风景"。用我们的话说，布莱克本所指的那类哲学是那些未能发现流行的语言方法——例如对使真者、成真条件、指示等的讨论——根本没有为形而上学的节目单上增加新的内容，除非所被讨论的语义概念比拉姆齐、维特根斯坦以及奎因等人探究的那些概念更为健全。我在这一点上完全赞同布莱克本的观点，但我想鼓励他在自己的木板上蹬起步子来：我认为这种平面上的语义阶梯也击败了残留的大写的表征主义，而这种大写的表征主义使得他的准实在论不同于我的全局性的观点。

语义学做出限制。语义紧缩论，或最小化的理论，因此将会是本书中的主角。

当然，这里我也站在一些伟人肩膀和权威之上，就此而言，二十世纪"伟大的最小化理论者"主要指拉姆齐、维特根斯坦以及奎因等。但在这里，我也不是单方面地受惠于他们。我的工程作为一个整体，提供了对于语义紧缩论而言有着重要意义的新观点。这种观点揭示了，我们无需借助语词-世界的实质语义关系来构建语言理论这种鲜为人知的优势——具体来说，它为那种引人注目的，关于语言承诺的作用和功能的多元论（准确地说，实际上是那种大写的自然主义所预先否定的那种多元论）留下了空间。有了这幅蓝图，通过比较我们关于真的谈论显而易见的同质性和更为基础的功能上的多元性，我们势必不再可以通过因果-功能的方式——不管以怎样貌似合理的方式——来说明语义关系的特征。正如我说过的那样，我认为这一想法为语义紧缩论提供了重要的支持——它支持的是，一旦我们错过了多元论，我们便错过吧，我们还可以认为断言性的语言可以起到相同的作用。

8. 真和判断的真正作用

在某些方面，我所说的紧缩论与人们所熟悉的语义紧缩论是不同的。具体而言，我赞成这样的指控：人们所熟悉的那些紧缩论未能充分注意到真和假这两个概念的规范性特征。去引号的真似乎太过"单薄"以致不能在关于断言、承诺和判断的一般特征的成熟理论中起到恰当的作用。

这一观点的诱因之一是——它体现在本书"'真'作为合宜的摩擦"一文（即第八章）中讨论到的我与罗蒂的分歧那里——我感到实用主义者在试图把真等同为某种有根据的断言性（warranted assertibility）时，经常忽视他们自身理论观点的来源，在某种意义上，甚至忽视了他们自身准则的来源。在我看来，更好的替代方案是，尝试**以语用的方式**解释为什么我们的真之概念不能与有根据的断言性工整地连线起来——换句话说，就是去解释，对于更强的概念来说，我们有着什么实践上的用法。⑩ 在我看来，我们可以借助断言和承诺间恰当的规范关系来为问题提供可行的答案——实际上，粗略地说，我们所需的这些规范使得某一断言成为一个**承诺**，而非只是对某一观点的表达。

这一观点正好强调了真之规范性特征，正如诸如赖特这样的作者所强调的那样（Wright 1992），我感到仅借助对真之去引号的解释将无法适当地处理规范的维度。然而，不同于赖特，我不认为这是一个放弃紧缩论的理由。恰恰相反，正如我已经说过的那样，我认为我们所需的是对那种所讨论的独特的语言规范的作用和谱系做出语用的、解释性的说明，即对真之规范概念做出表达论式的说明。⑪

我在早前的工作中也从不同的方向得到了同样的结论。我当时讨论的契机是威廉姆斯（Bernard Williams 1973）提出的一个问题：如果"真"是"薄的"，或紧缩的，那为什么还将它的运用限制在断言之上？正如威廉姆斯所指出的那样，不清楚的是，为什么"真"这一概念不能够被用于其他种类的表达之上，例如疑问和请求。⑫ 在《事实和真之功能》（Price 1988）一书中，我给出的答案是，借助规范的结构把断言和承诺联系起来，尤其需关注这些结构在分歧明显的地方所起到的作用。我认为，这更能体现出我们运用语言行事的意义，并且，这也是对断言性的

---

⑩ 即便凭借有些人根据每一真之谓词是否都是恰当的这一标准来区分实在论者和非实在论者，认为所论及的真之概念是十分强的概念，以致能被算作是"实在论式"的概念——正如在讨论表达论式的类似物时清楚表明的那样——我们无需在某种形而上学意义上将之视为关于真之实在论。

⑪ 在未收录进本书的一篇文章（Price 1998）中，我讨论了赖特同霍里奇（Paul Horwich）在这些问题上的争论。我认为，尽管赖特对规范性的诉求是正确的，但是紧缩论在战场上赢得了更大范围的胜利：像在别处一样，我们所需要的是对相关规范的功能和谱系做出紧缩论的、语用的或表达论式的解释。（我在第八章中对这一文章中给出的积极提议做出了很大发展。）

⑫ 有些作者在这一点上试图诉诸句法，认为除了把真之谓词附着在指示性的语句之上是一种语法行为，把真之谓词附着在其他表达式之上均是"非语法的"。但是，这无疑在语法方面提出了相同的问题。

语言边界的主要限制。

这一提议基于关于真和假的规范（或者说，在我们看来，其作用似乎与真和假紧密相关的那些话语的规范）在语用上有着重要意义这一论题：粗略地说，我的意见是，这类规范在使说话者认识到意见不一致这一重要方面（即帮助确认具有不同意见的说话者不单是"各执一词"，用我的一个例子说，就像在同一家餐馆点了不同菜的顾客一样）起到了不可缺少的作用。

在《事实和真之功能》一书中，我论述了这种真之观点对那些通常作为表达论和非认知主义动力的种种直觉做出了新理解，所带来的效果是，对话中的某些部分比其他部分具有更少的"事实性"。该书开篇检视了这类观点的如下依据：指示性的话语有着"认知的"和"非认知的"的差别。我们还可以用许多词来刻画这种（据称的）差别："描述的"和"非描述的"，"表达信念的"和"不表达信念的"，"事实的"和"反事实的"，等等。尽管如此，在我看来，它们都起到相同的作用，但我们找不到任何充足理由做这类区分。

这听上去似乎攻击的是非认知主义的基础，但我的意图实际上更为不偏不倚。我认为我是在批评非认知主义及其对象所共有的预设。双方都预设了在语言中存在真正的差别，尽管它们在这一差别在哪的问题上持不同意见。我论述的是，这种预设是错误的，因此它们双方的观点我均不赞成。

更为重要的是，我对非认知主义阵营有着更多的认可。实际上，我当时提出的是我现在所谓的全局表达论。在该书的第二部分，借助刚才对真所具有的辩证作用这一论题的描述，我提供了一种理解非认知主义某些主导性的直觉的方式。我认为人们可以以各种方式来理解这些直觉，在这些方式中，意见不一致可能被合理地被证明为有着"无过"的特征（我们可以联想到对会话中存疑部分所起到的功能上的作用所做的语用的或表达论式的理解）。我认为，我们因而做出的归类只是一个程度上的问题——这一理论图景没有就语言的事实和反事实的用法做出截然的区分。

那么，实际上《事实和真之功能》一书的大量篇幅攻击的是大写的表征主义，也攻击了它腹部的脆弱之处——即便根据它自己的理解——它需要同关于语言的非表征用法划清界限。这一攻击迈出了很大的一步。一方面，我试图釜底抽薪地割除如下预设：认为我们所讨论的领域中存在一个有着充分根据的区分。另一方面，我试图说明，可以认为有些语言现象同这一问题相关——尤其是对真和假这对概念的运用来说——这自然而然把我们引向了所谓的区分只是一个程度上的问题这一结论。

正如我已经解释过的那样，本书中许多章节都可视为对相同目标的直接攻击。这一攻击登上了准实在论用来攻城的梯子，探索了语义和形而上学的紧缩论以指出不存在内在的避难所，不存在梯子所不能抵达的真正的表征内核——实际上，我们到处都需要准实在论。

在这条路通往何处的问题上很容易犯错。正如我在几篇文章中（如本书第九章第六节）中所提，许多作者认为语义紧缩论能够轻易战胜认知主义，这使得（诸如）道德事实是"向真的"（truth-apt）这类问题变得不甚紧要。他们未能发现把道德判断和科学判断等同起来，这种做法不一定能战胜前一种表征主义式观点。它可能（在此情况中，只是）击败了后一种表征主义式观点，是拒斥大写的表征主义的全局性的理由。在我看来，这一错误在很大程度上导致了人们无法看到当代哲学中的全局表达论的观点——尽管表达论者在未能发现自身立场的全局性上有着自身的原因，即未能看到坚固的回应是在另一端。

然而，在我看来，似乎一旦看清了这一突击路线，看清了真正的端点，我们仍需小心待之。在对语义上行"薄"的一般特征的理解上，如果采取最小化的理解，我们会因而有着使得关于断言和判断的某些重要且实质的问题变得模糊的危险，因为这种理解太过依赖于拉姆齐阶梯的平面性特征了。传统的准实在论者或许会希望他不会触及这些问题，至少在表征的内核这种他们认为最为紧要的方面。但是，如果不存在这种表征的内核，这个选项就不存在了。《事实和真之功能》走出的蜿蜒曲折的道路有着这样的优势：它至少把这些问题的某些方面放到了舞台的中心，并提出一种在随之而来的框架内，去重构非认知主义洞见的方式。

9. 语言的双层结构

正如我在《事实和真之功能》中所言，我对"真"的观点有这样的提议：就语言的真值评估（truth-evaluable）用法而言，其功能的结构图景分为两个截然不同的层次。在较高层次上，这幅图景为我们提供了某种统一性或单义性：在对真所有的关键运用中，"真"本质上是相同的会话规范。（可以把这个观点同区域准实在论者就真正的"真"和"准真"之间做出的区分进行对比。）然而，在较低的层次上，功能有着容纳多样性的空间，即语言任务或"游戏"的多样性，每一任务或游戏与我们不同的心理需求以及处境相关。

在我看来，这一双层图景有着许多吸引人之处。通过剥离较高层次上常见的语词-自然-世界之间的关系（例如，放弃为断言、承诺和判断提供单一的、统一的阐释），这种双层次图景为语言理论添加了新的维度，在功能多样性上达到了更高程度上的自由。当这两个层次压缩在一幅图景中时，后果便是，原先隐而不现的理论空间的区域被开启了。（这里，不妨联想一下小孩看的立体书。当我们打开书页时，模型便从书页上升起，映入眼帘，从一堆杂乱的纸片变成可以辨识的三维结构：这里是歌剧院，那里是海港大桥。）

我们再度看到，表达论的传统形式（尤其是准实在论）是一种试图占领这些区域的事后诸葛亮的做法；他们围绕由所缺失的维度施加的那些限制，费力地探索着。当这两个层次被分离开来时，这些尝试会自然各得其所，不被曲解。

诚然，本书中提供的模型在这两个层次上均是泛泛而谈。但是，我在别的地方已经做出了许多必要的工作。可以说，我已经从货架上取下了可用的部件，完成了当代哲学中人们熟识的一个项目。实际上，我的提议的主要新颖之处主要体现在以这种方式把这些工程联系起来的思想中。

在较低的层次上，我们讨论的工程是布莱克本，以及休谟传统中的一些其他当代表达论者所从事的事情。正如我所说过的那样，我认为只要按我建议的方式对它们重新做出定位，这一传统中的许多洞见便能直接接入我的框架。

在较高的层次上，我认为"真"有着全局的会话作用，这种提议亟需被融入对断言、承诺和判断的本质和谱系进行的更为丰富的解释中——当然，这些解释不是建立在预设了大写的表征主义的基础上。我也简单说明了本书中有几章内容（如第十章第九节）以及《事实和真之功能》(1988)能解释这一提议，但是，的确应该做出更多的论述。在这里，我也对已经获得的认识持乐观态度。我认为布兰顿（Brandom 1994；2000）已经详细发展出了我需要的那种对断言的推论主义式解释。在我看来，关键的地方在于，布兰顿一开始便明确地拒斥大写的表征主义，正如他总结的那样，他提供的是替代"表征范式"的"表达论式方案"（Brandom 2000：10）。

在把我的提议同其他两种不同版本的"表达论"，即布兰顿的表达论和休谟式表达论，联系在一起时，似乎存在一种张力。毕竟，休谟意义上的表达论源于认为真正的、纯粹的断言是"追踪世界的"（world-tracking）这种理解，通过对这种意义上的断言进行审慎比较，它为一些特殊的情况给出自己的处理方式。前文提及，布兰顿明确拒斥这种对断言的理解。根据我的提议，消除这一张力的方式是，抛弃休谟式表达论中的表征主义残余。如果斩掉了这些残余，我们便能无所拘束地理解布兰顿的观点了，他对我所谓的关于断言性的语言双层图景中较高层次的图景做出了解释，换句话说，他解释了所有的断言性语汇有什么共同之处。正如对较低层次的图景所做的解释那样，这完全相容于如下做法：将许多休谟式表达论者必然讨论的那些具体概念和语汇的功能从架子上取下。

所以，情况恰恰相反，这里不存在真正的张力。但是，在我看来，这种显而易见的张力有着某种启发性。它的成因源于当代哲学中关于表征概念理解上的分歧，而这是我们需要加以关注和澄清的地方。（实际上，我认为对大写的表征主义的诉求在很大程度上是因为我们未能对大写的表征主义加以澄清。）

10. 表征的两种概念

那么，让我们来考察一下认知科学、当代语言哲学，以及心灵哲学中的表征概念吧，它可能是一个类型（type）概念或殊型（token）概念。（假想一下，我们对这些领域做出探究。）我的提议是，在各种用法趋向于汇聚的地方，区分出下述两个节点或观念上的诱人之处，这种做法是很有用的：其中一个节点是，积极主动地对待系统-世界之间的联系，它优先考虑这样的想法，即表征的工作是与其他某些事物的［通常指一些**外在的**（external）因素，或环境的条件］**协变**（co-vary）；另一个节点则优先考虑表征的**内在的**（internal）认知作用，在此意义上，殊型，在某个关系网中，根据它同其他相同一般种类中的其他殊型间的关系，而在一些认知的或推论的结构中占据一席之地或起到某些作用，从而我们可以将它理解为表征。⑬

---

⑬ 我在 Price（2008）中详细讨论了这一区分，我在那篇文章中分别把这两个概念称为外表征和内表征。

受到大写的自然主义深刻影响的人，自然而然会认为这两种表征概念是相配的。在内在的意义上，表征的首要功能是，起到外在意义上的表征的作用。我们可能需要做出一些努力才会发现这两个概念可能并不需要彼此。在我看来，这些努力十分值得。这一前景打开了这样的可能性：相较于人们一直所持的朴素观点，表征在内在意义上是一种内涵更丰富、稳定性更强、可实现更多目的的工具。⑭

一旦我们认识到了关于表征的内在的和外在的概念的区分，我们便会看到这两种不同的概念因为有着不同的理论目的而有着不同的功用。具体地说，这会启迪我们认识到，至少我们在接触到语言时，关于外在的那类**语义概念**是无用的——换句话说，关于语词和语句同外在的世界之间关系的概念大体上没有什么用，语言作为一种语义的存在时，有用的可能是真和指称间的关系。可以说，这一结论是语义紧缩论者从其他方向获得的结论。根据这种观点，我们印象中存在着这类外在的关系，这是语言的一种伎俩——这种解释误解了"去引号"这种老生常谈的本质。但是，我们可以认为这种观点没有拒斥内在的概念：没有认为"通过对心灵的和语言的表征在各种网络中所起到的作用来描绘它们特征并对之做出界定"是一项无趣的工作。

如何理解这些网络呢？就此而言，我们或许会想要对几种非常不同的理解做出区分。根据第一种理解，构成网络的是自然中的因果表征的（或起到因果功能的）网络。根据另一种理解，网络则是规范的和推论的网络。根据第三种理解——至少可以认为这种理解与其他两种理解不同——网络是演算性的（computational）网络。⑮ 然而，随着问题进一

---

⑭ 准实在论再一次为我们提供了一个有用的垫脚石。准实在论者已经承诺了如下思想：某物可以起到类似于"真正的"信念那般意向和目的，而它则根植于"非认知"层次上。

⑮ 这种情况中［我很感激斯莱扎克（Michael Slezak）帮助我看清了这一点］，乔姆斯基提供了一个很好的例子，让我们认识到人们不仅可以以这种方式理解表征，也可以明确认为我们同时无需接受指称概念：

（转下页）

步地深入，所论及的表征概念将会被剥去所有外在论意义上的表征内涵，我们将不再把它当成关于语词-（自然的-）世界的某类关系。

此时拼图片的隐喻又有用了。可以认为，这些内表征的概念为拼图片提供了命题的形状，这些形状使得拼图片获得了其独有的形状。正如前文所述，可能存在许多种内在的解释，但为了确定起见，我们暂时聚焦于因果版本的内在解释，并且明确地阐明这样的思想：右页勾绘的轮廓是自然科学所看到的世界。

我们需要强调，指出的第一种可能性是指，能起到内在的因果作用的拼图片可能要比能在右页找到使真者的拼图片要多得多。再次，在此处的讨论中心里记着准实在论，这也会有用。可以推测，准实在论者会坚持认为，我们的"准"信念——包括关于道德、机会，或无论什么的信念——在我们内在的认知经济体中，大抵起到与真正信念相同的作用（在这种情况中，我们只要根据它与行动间特有的、**附加的**功能关系来判断它是否是信念）。因此，它们是有着清晰轮廓的拼图片，尽管它们在自然世界中没有相应的、可与之匹配的轮廓。

一旦我们达到了这个理解阶段，我们便可以获得成熟的观点了。关键的一步在于，转变我们对理论目标的理解，我们的事业应从在自然世界中找寻拼图片所对应的形状的事业转向（用自然世界的语汇来）解

（接上页）

  对于语义学而言，就我们所理解的语言的用法来说，以指称为基础的语义学所做的论述（除了那些内在论式的句法上的论述）在我看来是薄弱的。自然语言很可能只具有句法和语用学；它仅在如下意义上具有语义学：研究那种装置，即句法的探究所探究的形式结构和表达的可能性这类主题，是言语共同体所实际使用的东西。受维特根斯坦、奥斯汀等人的影响，四十多年前的一般语法理论对此做出了最早的一些表述。（Chomsky 1975: Preface; 1957: 102—103）

  就此而言，自然语言由内在的演算和行为系统构成，后者包含了许多其他的信息和信念，这些信息和信念自身中蕴含的特殊的指引方式使我们能够对话和交流，做许多其他事情。这没有给索姆斯（Scott Soames）所谓的"语言关键的语义事实是……用来表征世界"提供什么东西，因为在索姆斯所意在的意义上，这种观点并不认为语言被用来表征世界（Soames 1989，Smith 1992 的转引中，把它视为语言哲学的核心问题之一）。（Chomsky 1995: 26—27）

释拼图片为何能够获得其独特的形状。我们可以摆脱如下束缚：拼图片必须有着同自然世界的语义关系，拼图片如今——或者内在的意义上的表征——可以在同自然世界具有直接关系的模型中占据一个新位置。像立体书的特征一样，它们从自然世界这个平面上拔地而起，而不受如下要求的限制：为它在外在的世界中寻找同它匹配或类似的事物。

当然，当我们打开书页时，立体书为我们做了全部工作。想要获得一个更具启发性的隐喻的话，我们可以把立体书的构造改为拼图，即一种三维拼图游戏。我们起初有大量的图形或碎片，每一片我们都视之为真陈述；我们还有一个大拼图板或游戏平台，我们在上面描画了自然世界（以这种方式，我们能够凸显自身的情况，即在世界之中，我们是有着特定属性和情境的生物）。从后果上来看，我们随之而来的任务是，以一种连续的方式来玩这两类游戏。我们需要把作为子集的碎片组成一个群集（cluster），把它们组合起来以能够像在拼图游戏中通常所做的那样，相邻的形状能够界定彼此的形状（或许，最终组成超越于所有碎片的最高级群集）。我们需要把每个因此而成的群集放置到大纸板的正确位置上，以形成一个整体，于是各个群集的边缘承载着与说话者（这种情况中，是我们自身）情境的具体特征相关的正确关系，而这里所说的特征即是纸板上所勾画的轮廓。

举例说，如果把碎片当作或然性陈述，它们彼此间便有着一定的内在关系，这些关系相应于推论的或因果-功能的关系，它们在一般意义上界定了内表征及其概念成分。但是，它们还需与拼图板上展现的决策行为有着一些功能上的关系，这样它们才算得上**或然性**的陈述。[实际上在这种情况中，后一种限制可能会涉及一种额外的复杂情况。粗略地说，或然性概念的发展似乎能使我们获得一种特殊的认知体系，或至少或然性的概念发展是同这种特殊的认知体系——例如，关于信念决策的贝叶斯模型（Bayesian model）——并驾齐驱的。这意味着，将具有或然性的碎片以恰当方式放置到拼图中，这将要求它们对自己做出合适的校准，一要根据拼图板上描画的行为，二要根据基于模型整体视角的某些结构之总体特征。]

那么，至少可以粗略地说，游戏的第一阶段同到底什么使得拼图片成为一个**陈述**有关。第二阶段则和语用因素相关，它们可以在决定陈述**是什么**（即我们通常说的，其**内容**是什么）的过程中起到关键作用。总而言之，我们完全缺少的是这样的思想：后一类事实是由一些我们已经在自然世界中分辨出来的相应的、匹配的形状所决定的。

结果便是，模型中有着实质性的**内**表征概念——在解释什么赋予碎片或动画图像以轮廓时，这是一个有实际价值的理论——但模型中不存在实质的**外**表征概念。此外，正如这个模型所阐明的那样，内表征概念不受自然世界的基数的限制。只要我们能够发现那些碎片的作用——它们不再被视为自然世界中的相应轮廓——我们就能愉悦地承认，存在的碎片要比可用的轮廓要多得多。实际上，这是表达论和准实在论独创性的洞识，我们在这里为它提供了更有魅力的家，出于理论上目的，这个家建立在外表征完全消失的图景中。

当然，这个模型仍然能够接受关于配对关系的紧缩论理解。早前，我们借助如下这种配对游戏来思考这种理解：我们通过描绘左侧拼图片的轮廓而勾画出右侧的图片。每一个陈述和其使真者相一致，正如拉姆齐平面上的梯子所要求的那样，我们此时还未能将自然的使真者区分开来。这项工作也能为这种新的、更丰富的模型所容纳，在这个模型中，碎片自身所被给定的形状是自然世界中已经具有结构的人造物。设想一下，如果我们为整个工程拍了一张照片，我们便能够一片一片地在那张照片上找到相应的碎片。但是，在这种情况中，自然世界并没有起到什么特殊作用——实际上，同解释模型中的图型和结构这种起初的工作相比，自然世界的作用大大变小了。

11. 配对作为解释

还有另一种"紧缩论"版本的配对游戏，即我们玩的是由不同的设计者做出的两册拼图片。这里的目标是用一个个拼图片拼出两套拼图。我们需要试着把左页歌剧院所包含的拼图片放置到右页歌剧院的拼图片之上——或者，按照右页那些不同且陌生的图形语汇的形状，至少放置到我们认为最有可能构成歌剧院的可能拼图片上。

奎因和戴维森所设想的彻底解释理论类似于这种配对游戏。我已经简单提到这种理论并指出，彻底解释理论也是无视基数难题的，至少除非这两册拼图片所对应于的语言有着非常不同的概念资源。在把语句和语句进行配对时，解释者不关心语句是否与自然世界中的某些事态相匹配（除非语句至少在某些具体方面，需要有效证据支持）。因此，在相关的意义上，解释性的表征概念也可被视为内表征——这个事实同如下这种常识密切相关：彻底解释的工作与关于真和指称的紧缩论观点相容。⑯

彻底解释的情况以某种方式阐明：语言哲学中的许多思考似乎没有触及我建议的那种观点。大写的表征主义起到的基础作用要比人们起初认为的要小得多。例如，我们可以思考一下模型理论的立场。只要我们从内部构建模型，可以说，当我们能看到结构的形式时，我们已经是语言使用者了（就像在拼图片周围画轮廓的小孩一样），整个过程可以避开关于基数问题的忧虑，避开那些推动着位置问题的思考。一旦我们试图在大写的自然主义的意义上把模型理论转变为一种关于语言和自然世界关系的观点，这些忧虑就会出现。这一转变依赖于大写的表征主义，但模型理论本身并不依赖于它。

类似地，只要我们以这种内在的方式，把语言哲学中的形式机制理解为在更高的、相似的层次上——在这一层次上，我们不就某些特殊的

---

⑯ 请对照第十章第五节中的讨论，以及威廉姆斯的讨论（Williams 1999）。

概念的起源和作用做出根本性的、功能上的区分——对语言特有的结构和关系的描述，这类语言哲学似乎也完全相容于当前的观点。

这类理论似乎必然是一种赝品。如果我的观点终究是正确的话，那么便说明这类理论遮盖了潜在的多样性，并且它不研究语言同自然世界间值得关注的各种关系。实际上，对具有某些哲学气质的人，即对于那些精通于综合起形而上学和语言哲学的当代哲学家来说，他们直言想要"通过语言的镜片"，通过使真者、指称关系等诸如此类的关系来研究实在，这类理论必定是不令人满意的。我猜想有着这类气质的哲学家，其观点建立在关于语言及其在自然世界中的关系的错误观点上——这是一个深层的、一阶的、科学上的错误。（我们再度看到，这个假设同几代表达论者所给出的建议类似，但如今以一种更为一般且更为稳固的形式表述出来了。）如果这个假设是正确的，那么这些哲学家的研究进路（与这些进路毗邻的是上文所述的，看上去是虚构的进路）根本不是真正可采用的方法。

我要强调的是，得出这一结论并不意味着在把形而上学这盆洗澡水倒掉时，要把语言哲学这个孩子也倒掉。诚然，哪里是孩子，哪里是洗澡水，这并不总是容易区分的。找到其中的界限是一项大工程，相较而言，目前得出的结论只不过是初步的想法。然而，正如阐释的例子所揭示的那样，我们可以自信地认为，存在一个界限可划，在那边界之处，全无澡盆内的内容。

12. 大写的表征主义是显而易见的吗？

这些辨别有助于澄清对大写的表征主义的拒斥中蕴含什么，以及不蕴含什么。主导性的原则是，只要那种表面上合理的大写的表征主义式直觉仅具有紧缩的语义内涵，我们这些反对大写的表征主义的人就没有理由拒斥它。

澄清这一点可能会让人心生疑窦，从而否认"语言是表征性的"这种观点。例如，弗兰克·杰克逊评论道，"尽管很容易发现大部分语言是表征性的，但这种观点时常被否定"。他接着说了自己的一个观察，在他"参加过的会议上，那些攻击语言表征主义的论文作者，口袋中有着一片纸条，上面写着会议就餐的地方，以及出租车出发去机场的时间"。杰克逊问道，怎么会这样呢？他指出，"这是因为混淆了语言是表征性的这种看上去明显正确的观点与许多其他有争议的观点"（Jackson 1997: 270）。

在我看来，杰克逊非常正确，这里的确有把问题的一方面同其他方面合并起来的危险。就我们的讨论而言，我们这些反对大写的表征主义的人需要清楚地认识到，实际上，语言在紧缩论的意义上传达了信息。**当然**，如果某一符号断定了"P"，那么它可能告知我们 P。但是，只要我们接受了紧缩论，就不再有理由认为我们需要借助语词-(自然的-)世界之间的强力关系来解释这一事实——其中的强力关系是大写表征主义的餐食，也是我们反对大写表征主义的这些人所反对的东西——除了相应的去引号这种老生常谈的做法外，再无其他。此外，人们也容易有相反的直觉。例如某大学的露天自助餐厅内有个符号，它给参加会议的人传达的信息是：**禁止顾客把无机垃圾投入绿色垃圾桶内**。这句话提及了一种（准？）商务性的关系，一个关于颜色的性质，一个禁令，以及一些普通的干燥商品；那么，在某种意义上，这句话所传达的信息至少由这四个部分构成。然而，这四个部分在语用上具有单义性这点的确不是**显而易见的**；解释此符号所传达的信息只是对底层的内容做出解释——即对顾客、颜色、禁令及非有机垃圾这个层次上的东西做出解释——而在此层次上，语用的因素没有作用？

传统的大写的表征主义结合了两种关于语言和思想的假设。第一种（可以称之为"内容假设"）假设认为，语言是被用来编码或用语句的盒子分装事实性信息——即信念和断言的**内容**——的媒介。第二种（可以称之为"符合假设"）假设认为，这些信息盒均是"关于"外在世界的某些方面的，且关涉的方式大抵相同。对于每一个语句，以及每一个相关的信息盒来说，它们恰如其分地勾绘了世界之所是，或可能所是的样子，即能证明语句是关于世界中所包含的事态或事实的为真的描述。

一旦有了这两个假设，人们便会很自然地把语言当作用来表征外部环境中的那些与语句相应的对象的媒介，并在人与人之间传递相应的信息盒。我的提议与之相对，认为应该把这两个假设分离开来，我们应该用如下理解来取代符合假设：在我们同环境间复杂的交互作用中，各种语言信息起到了更为丰富和多元的作用，并且这些作用是非语义性的作用。然而，只要我们能够区分开我于上文提到的两种表征概念，并允诺在这种区分下理解信息这一概念，那么，不管语言传递了怎样的信息，我的提议均不会包含任何挑战。在这一点上，我赞成杰克逊：语言是表征性的，这观点显而易见是正确的。我想强调的只是，这个观点中不蕴含大写的表征主义，因为这个观点不依赖符合假设——相反，这个观点能够很好地兼容全局表达论。

13. 形而上学的望远镜？

在批评大写的表征主义时，我论述了未来的形而上学家们实际上需要密切关注语言，理由有两个。首先，正如表达论者长久以来强烈主张的那样，那些初看应该是形而上学所处理的问题可能完全是另一类问题。其次，即便我们认为只有形而上学才能提供正确答案，仍然可疑的是，通过为语义工具安排一定比重，我们是否从中能获得什么。同这两个理由相关的是一个道义上的问题，即未来的形而上学家们不能忽视语言哲学中某些深层的问题。

于是，在某种意义上，我和威廉姆森（Timothy Williamson）意见大致相同。在最近一篇论述语言问题在哲学中的作用的文章中，威廉姆森对那些相信语言哲学毫无用处的形而上学家们进行了批评：

27　　　　某些当代形而上学家似乎相信他们可以平安无事地忽略形式语义学和语言哲学,因为他们的兴趣在很大程度上在于超精神的实在。他们像是认为可以平安无事地忽略望远镜的物理学原理的宇航员一样,因为他们的兴趣在于地球外的宇宙。问题的微妙之处在于,他的态度使得他更可能混淆望远镜的特征和遥远的繁星的特征。(Williamson 2004: 127-128)

然而,从另一种意义上说,我和威廉姆森有着不同的意见。因为,威廉姆森这一关键隐喻生动说明并赞同了大写的表征主义者的理解,而这是我所反对的。正如莱特(Brian Leiter)在解释威廉姆森的要点时指出的那样,在他为某本书(该书也收录了威廉姆森的一篇文章)所作的导论中写道,"语言之于哲学家如同望远镜之于宇航员:它们都是研究者接触其'真正'主题的工具"(Leiter 2004: 6)。根据这种理解,威廉姆森和莱特带给我们的教训是,需要当心哲学实践。我们不应该把望远镜所具有的能力视为理所当然——"工具,作为借以抵达'实在'的工具,除非我们对它有充分的理解,否则可能会侵蚀我们对'实在'的理解"(Leiter 2004: 6-7)。

可以推测,威廉姆森和莱特心中的对手犯了两个错误。他们要么认为我们无需语言之镜就能"直接"获得实在,要么认为语言之镜非常透明且不会曲解实在。然而,在当前的讨论语境中,我们应该清楚地认识到,邻近这些观点的还有另一个对手,威廉姆森的隐喻则忽视了这一对手。因为该隐喻把语言比作表征性的工具,然而,如同我们所看到的那样,这是一个许多语言哲学家反复提及的主题;至少在某些情况中,也正是这种表征性的理解使得哲学误入歧途。

粗略地说,这类对手认同语言工具"可能会侵蚀我们对'实在'的理解"。实际上,在暗示威廉姆森和莱特自身的观点在对关于语言功能的理解上是误导人的时候，这类对手赞成的意见要比威廉姆森和莱特所持的观点更强。可以认为，这类对手承认语言是某类工具，是我们人类在同物理环境的互动中所使用的器官。但是，这类对手坚持认为，至少在同形而上学相关的方式和情况中，这并不意味着语言必然是**表征性的**工具。

当然，这种立场的某些版本——尤其是我们所熟悉的表达论版本——最多在程度上与威廉姆森考虑的那类观点有所不同。根据那些版本的立场，语言至少有时候是"望远镜性质的"，即便其中的曲解和投射比它乍看上去的要更为明显，范围更加广泛。然而，正如我强调的那样，关于这种观点还有一种更为系统性的理解，这种理解认为表征性的理解——直截了当地说——是无用的，至少作为一种形而上学的工具，是无用的。根据这种观点，把语言的特征描述为形而上学的望远镜体现了一个基本的哲学错误。

但是，如果语言不是望远镜，那它是什么呢？如布兰顿指出的那样，一个传统的回答是，语言是明灯。⑰ 我认为近代技术能够帮助我们更加精确地阐述这一点。设想一种数据投影机，它能够把内部的影像投放到外部的屏幕之上。或者设想地更好一些，我们可以用一种未来隐喻，

---

⑰ 布兰顿提到，"启蒙思想把心灵当作一面**镜子**。浪漫主义则针锋相对地把心灵的影像比作**明灯**（lamp）。不应把广义上的认知活动理解为一种消极的反映，而应理解为积极的显示"（Brandom 2000: 8）。布兰顿在这里引用了艾布拉姆斯（M. H. Abrams）在这一重要传统中关于这两个主题的经典研究（Abrams 1953）。就明灯隐喻而言，艾布拉姆斯自己所给的例子不仅包括诸如柯勒律治和华兹华斯这类浪漫主义诗人，还包括"热情奔放的"爱丁堡散文家"克里斯托弗·诺斯"（约翰·威尔逊）。威尔逊曾获爱丁堡大学道德哲学教席，休谟早前因太过反宗教而与这一教席失之交臂，威尔逊似乎在这一点上同休谟一样招致了别人的反感。《苏格兰人》称他为"圣经的嘲讽者"，对他的任命是"对社会风化的暴行，这种暴行可与卡里古拉（Caligula）任命他的马为执政官相匹敌"。他在另一方面也和休谟品味一致，他是有名的羊杂制造者，他用于"调配肉和野味"的调料由比顿夫人保留了下来。就心灵的明灯属性来说，威尔逊说道，"众所周知……我们创造了现存的十分之九的外在的事物……我们所认为的成千上万的事实只不过是任性的虚构——我们或许只会提到其中的两个例子：日出和日落"（Wilson 1832: 721）。出于当前的考虑，我认为我们确实最好以休谟的更具规律性的投射主义为基础——即便按照我解释它的方式，对这个隐喻做出升级以使之符合全局性的要求。

设想一种全息数据投影机，它能够将三维立体影像投射到空气中。这不是投射到外部的、原始的世界之上。⑱ 相反，整个影像是自立的（free-standing），我们可以把我们理解的总和直接视为由事态构成的世界，世界就是我们认为事态所是的样子。

在这一点上，新来者（或许，他能够有着一个我们无法拥有的立场）或许会知道这台投影机含有一个内在的屏幕，这个屏幕上的影像同外在的影像相符，他便认为这个装置是一个望远镜。很显然，这使得事情向后倒退了。这类事实似乎类似于陈述，因为前者是后者所投射出的影像，而不是反过来——这里的透明性是语义下行的透明性，是拉姆齐语义阶梯意义上的透明性。

这可能听上去像是不甚靠谱的观念论开出的处方，所以我们需要再次强调其自然主义的性质。这一新的模型正好坐落在理解人类语言用法的事业内，它是自然生物在自然环境中的行为形式。但要明白这一点，我们需要仔细地把这一新的模型从我们曾经用来描绘这种解释的事业的模型中区分出来。这两种模型均可以或多或少地同左侧，即我们可以发现拼图片那一边，或投影机的内部屏幕连线起来。此时，在每一种情况中，我们均有着语言用法的初始数据，或者至少是某些以恰当方式遴选出的语言用法的子集，例如（显而易见的）断言用法，或正在进行思考的共同体内视之为真的陈述。

但是，两个模型在右侧是不同的。在新的模型中，右侧的全息影像在最一般的意义上喻示着世界，**如同正在进行思考的语言使用者所理解的那样**——它们把所有的总和视为世界（因此，正如隐喻所示的那样，其总和是对用法的投射）。然而，在同最初的拼图片模型相关的自然主义版本中，我们在右侧获得的是不同的东西：如同从科学视角看到的自然

---

⑱ 这就是与休谟所谓的"虚饰和被污染"的不同之处——此观点的全局性的本质要求人们认识到这一点不同。

世界，在这种语境中，我们试图**解释**左侧展现的语言行为。[19]

我们忽略诸如支持整体论所有显而易见的理由，对目前的讨论做一番简单总结吧。解释的工程类似于这样：我们发现说话者倾向于说"P"（也就是说，"P"出现在这一模型左侧所列的陈述的列表上）。我们此时询问"他们为什么要这么说呢？"；并且一般而言（无需伪称这一区分是明晰的），我们寻求的解释既需能解释说话者的特征，也需能解释其自然环境的特征。注意到在我们自身的情况中，这一态度似乎总是看上去有着偏倚性或反讽性。我们说出 P，而后思忖**为什么**我们会这么说，我们如何能做出这种判断——当然，我们需要寻求更深层次的答案，而非仅仅满足于"因为我认识到 P"这种回答。（这是人文科学的践行者所具有的反讽特征，当然，我们情不自禁地把这些践行者视为自己探究的对象的例子。）

以某种更为抽象的形式，这个工程变为解释我们（内在的）表征的功能和谱系的工程——也就是说，不管以何种方式（例如因果功能的，或推论的）理解我们的内在性，我们均把语言词项描述为内表征。在一般情况中，如之前一样，我们期望既从说话者自己的本性和特征方面，也从其自然环境方面做出解释；我们期望对这种复合物的重要性做出综合且有联系的叙事。（请再次思考休谟式的关于价值或因果性的表达论模型。）正如我已经强调的那样，我们也应该期望在一般意义上对认知或逻辑的结构起到的作用和具有的重要意义做出解释，我们通过这些结构才能把所研究的这些项目建构成内表征。

那么，至少这一工程首先不会把语言视为形而上学的望远镜，而只是把语言看作一阶科学探究的基础的被解释项：我们可以将自己的语言行为以及同我们认知生活相关的方面理解为自然生物在自然环境中所具

---

[19] 请注意这一版的自然主义模型反过来说也不同于大写的自然主义者所玩的配对游戏，后者的游戏任务是，把拼图片同自然世界中的使真者相配对。

有的特征。正如我们（在某种意义上）自十七世纪以来便知道的那样，这个工程要求我们认识到，我们自己的承诺以及环境均起到了贡献。因此，这一工程有着类似于传统形而上学的思虑。可以说，我们在问"什么样的世界在**这里**看上去是**这样**？"这一问题时，我们通过做减法而少了些关于世界的视角观点——此时，"这样"指的是我们的承诺和全息影像，而"这里"指的是宽泛意义上我们所处的自然情境。

从某种意义上说，这听上去很像是威廉姆森和莱特的工程，但它的确有着更多的反讽味道。我们不再把哲学家的任务视为，加入**透过语言**的望远镜凝视世界的大众（这只不过增强了我们对可能有的曲解的敏感性）。毋宁说，我们把大众获得的东西视为新探究的起点，这一新的探究既有人类学维度，也有物理学维度。更为严格地说，这一理论框架是自然主义的框架；根据这种解释以及根据它自身的观点，它更加不是一种朴素的框架。具体地说，因为我们自身受制于更加严格的自然主义，这一框架更加不愿意假定形而上学旧有的观点，它只允许我们接受（大写的表征主义者当作他们的）面值。这一默认的假设一直是，它们不应该被理解为面值——它们的面值是两类成分的总和，其中一类成分根植于我们自身，另一类则根植于自然世界。

14. 科学的位置

我们或许会希望能够适时地缓和一下这一有着反讽性的假设。或许，人类一方的成分最终可能完全修剪掉。我们会从全息影像中雕刻出世界本身，可以说，我们将仅剩下关于自然的赤裸描述。

然而，在实践上，我认为我们有很强的理由认为，这个界限是无法抵达的——我们人类一方的作用从来不会变成零。最深层的理由与"遵守规则"思考有关：在我看来，这些思考揭露了一般而言什么是重要的，我们的判断以某种特殊的方式依赖于"以同样的方式"这些倾向。

这些倾向可能是不同的，因此构成了我们语言立场上不可消除的偶然性。（在本书的文章中，我在不同的地方提出了这些问题，第七章中的讨论最为详细。）

这对科学本身来说意味着什么呢？这里，我的提议似乎面临着两难。要么科学是享有特权的、非视角的（non-perspectival），通过它我们能够发现真正的表象到底是什么（因此至少能够以这种简化版的科学形式来挽救显而易见的那种大写的表征自然主义）。或者我们不得不成为反讽主义者，认为科学提供的也只是一种视角；在科学一方，这似乎也可以算得上是自毁根基。

如果响应第一种观点，在我所描绘的那幅图景中，自然科学似乎自动有着特权。然而，在另一种框架的情况中，我们的工作是，以自然的方式来解释我们这类生物，在我们的情境中，能够运用那些框架；例如，为什么像我们这样的生物应当能使用规范语汇。在这种情况中，我们不能诉诸在先存在的规范，或设定的规范，来做出解释。然而，在我们运用框架谈论自然世界本身这种情况中，事情必然会有所不同——自然实体本身起不到解释的作用。从自身的角度出发，这项工作难道不因此承诺了这些实体有着特殊身份吗？

在我看来，对这一挑战的正确回应是（参见第六章第五节），**从当前工程的视角看**，承认科学本体论有着特权——既然该工程包含了我们在一阶科学上反思我们自身的语言实践，那么科学本体论为什么没有特权呢？——但是，反对者认为否认这一结论有着重要意义。科学仅是一种我们用语言玩的游戏。根据其自身的本体论，每一种游戏都毫无疑问地有着特权，但是仅是从一定视角看才有着这些特权。科学的特权来自"它自身的视角"，但错误地把这种特权当作绝对本体论上的特权，那么科学便被误当作形而上学或第一哲学。

此外，科学当然也不在那些未能聚焦于科学语言本身的工程中享有特权。相反，我已经强调过，我认为的表达论应该是全局的，不管在任何情况中，这种表达论都关注这类具体的问题，诸如模态概念的用法、一般概念的用法，以及关于真的规范的用法。在科学语言中，所有这些问题至少发挥着作用，正如在其他语言中那般。

然而，在这一点上，两难选择中的第二个观点似乎会威胁到这个观点。如果科学语言不享有特权，难道反讽的观点不会自我破坏，变成一个我们不应严肃对待的观点吗？这些都是难以回答的问题，但我怀疑这一威胁是对关于科学的具体哲学理解的威胁，而非对科学事业本身的威胁。如果我们认为科学是消除视角的一种本然的观点（view from nowhere），那么这种理解下的科学当然会面临着威胁。但是，为什么不把这种挑战当作科学内部的一件事情，即对关于科学的具体哲学理解的挑战呢？

为了更为具体地说明这里的情况，假设（如我在其他地方建议的那样，例如，Price 1991a，2001，2007b；Menzies and Price 1993）我们应该接受因果性以及相关的概念有着视角性的谱系。这是对人类认知和语言实践的具体方面所做的科学解释，科学借助我们自身的某些特征来解释其起源和功能。[尤其是，我们是**能动者**（agents）这一事实，它以某种具体的方式内嵌在时间内。]必然的结果是，因果性概念在科学中的用法（实际上，包含了我们正在做的这一解释的用法）也会反映出相同的能动者视角。因此，**科学**会揭示出，只有从这种内嵌的观点来看当下的科学实践，这些实践的某些方面才可能是"有意义的"。

这会对科学，尤其是那种以自身为基础的科学，构成挑战吗？在我看来，完全不会。相反，它与漫长的科学传统是连续的，在这一传统中，科学紧缩掉了其实践者所具有的形而上主张，它提供的新方法比之前有着更少的上帝似的属性。科学的一些重大胜利已经以新的方式从世界的视角告诉我们，我们自身有多么重要——从我们试图理解的观点看，这一观点是多么地特殊啊。我们人类可能会发现这些教训是扰人心神的，但随着人类自愿变得自谦，科学也已变得兴旺。当前的讨论中，也无例外。

的确，这算不上对那种怀疑论式威胁做出了判决性驳斥，怀疑论式的危险似乎潜伏在我们面临的两难选择中的第二个选择之中。但可以合理指出的是，科学先前也被认为面临着这种危险，但它渡过了难关。同样可以合理地回应说，科学这次面临的威胁更为严峻。这些讨论当然尚未有定论，但我的这种自然主义还有一张牌可以打。即便所提议的那种解释项目对于科学来说构成了一个深层威胁，正如怀疑论者所认为的那样，我们也不能因此认为科学的结论是**错的**，或许，这使人非常懊恼，但这完全是另外一个问题！

15. 无镜的自然主义

本书中提出的观点似乎是激进的，当然，这一观点既不流行，也未在当代哲学的领地中占据一个显眼的地标。然而，从另一种意义上说，它同许多人们所熟悉的想法之间没有很大的差别，因为这个观点只是把某些相对相似的道路聚合起来。实际上，我对大写的表征主义的挑战可以归为四个简单步骤。第一，语义紧缩论已经对大写的表征主义提出了挑战，其方式是拒绝为语义属性和关系提供任何实质的理论作用或内容。第二，位置问题也在以下的意义上被用来挑战大写的表征主义：表达论和准实在论为这些问题中的某些问题提供了一个吸引人的解决方案，但当所做的思考进展到其在自然方面的局限时，我们发现这种挑战了大写的表征主义的方案只是作为一种结果而出现的。

第三，那些对相反观点所做的论述要么是误入歧途的（我此时想的是，我在本章第八节中提出的观点，即试图运用语义紧缩论来反对表达论，这实际上反对的是大写的表征主义），要么是诉诸那种无法看到的理论资源，诸如为真正的"描述性"的陈述所提供的有着充足根据的标准。最后，对大写的表征主义的可行的捍卫只能取决于我们能否在理论上对诸如信念、断言、承诺及判断等概念做出充分说明。但在这里，我们也有理由认为，这一最具前途的进路也不会导向大写的表征主义，因为（在第十节讨论的意义上）它依据于内表征概念，而非追踪世界的外表征概念。

如果要给出一个最为关键的要点的话，这个要点是：只要我们的断言是表征性的，那么就可以认为它们一致是（uniformly）表征性的，无论其主题是什么——换句话说，在此意义上，表征是一个单义的概念。但是，如果我们把表征视为同我们自然环境间的关系的话，它所具有的单义性便会引起位置问题这一严峻的问题。解决这一问题的方式是：抛弃外表征概念，赞同内表征概念；认识到对这一替代图景的把握在很大程度上依赖于去引号的老生常谈；并坚持借助不同的、非语义的语汇来对我们与自身的自然环境间的关系作出理论说明。只要我们在另一个维度上——在抛弃大写的表征主义时，开启的那一语用的、功能的维度上——践行我们的自然主义，我们就能保持单义性的重要之处，并同时完全避开位置问题。

那么，如果我们认真地对待这一思路，我们将有着怎样的位置呢？一方面，正如我已经说过的那样，我们会发现自己置身在许多著名的理论地标之中。近处的是"形而上学的问题常常出现在关于我们的信念和承诺的谱系的错误理解中"这种休谟式的直觉，人们熟知的语义的和形而上学的紧缩论理论，以及对断言做出推论主义解释的策略。原来，从这些为人所熟识的任一观点出发，都可以轻易地到达我们的目的地，因为，这是一个所有观点交的地方。然而，要发现这个地点，我们不得不搬开遮蔽它的障碍。我必须把镜子移到一旁。[20]

---

[20] 感谢布兰顿、格里诺（Patrick Greenough）、伊斯梅尔（Jenann Ismael）、克里格尔（Uriah Kriegel）、莫雷蒂（Luca Moretti）、罗蒂（Richard Rorty）、夏普（Kevin Sharp）、夏皮罗（Lionel Shapiro）以及威廉姆斯对本章早前版本的批评。

第二章
形而上学多元论

休谟是近代形而上学的圣方济各（Saint Francis），是苦行的本体论者的守护神。虔诚的休谟主义者把具有形而上德性的世界视为这样的世界：在这个世界里，唯一的事实是那些关于事物实际所是的、世界的、一阶物理事实，正如戴维·刘易斯（David Lewis）总结的那样，这些物理事实是"许多关于局部物质碎片的具体事实，只是一个又一个小东西"（Lewis 1986a: ix）。休谟自己在本体论上的苦行部分源自他的经验主义思想，部分受到伟大的中世纪方济会形而上学家的影响，例如受到奥卡姆的威廉（William of Ockham）的影响，还有一部分则毫无疑问源自对本土思想机敏的接受。然而，不管休谟的苦行有着怎样的来源，休谟学说仍然影响深远。休谟式的理念仍然对当代哲学起到了巨大的影响。

然而，像富足的方济会修道士一样，许多口头上支持本体论经济美德的形而上学家已经偏离了正确的道路。人们时常判定休谟的世界太过狭窄了。有些不再信赖休谟的人拓展了贫乏的休谟体系，以便能使之符合于模态事实；有些人则做出拓展以使之符合于主体的经验或意向的精神状态；还有些人使之符合道德事实；等等。共同的论题是，值得尊敬的形而上学根本不能在休谟所限定的那一贫瘠领域里存活下来。

如今，一个富足的方济会修道士令人羞赧的事情并不是"他已不再贫穷受苦"这样的事实，也不是诸如此类的事实，而是道德上的不一致，即他主张德性但却未能根据他自称的对有德性的生活的理解而过活。我们有两种质疑这种不一致性的方式。第一种是，向方济会士做出解释，即让他根据自己的理解而认识到他没有过上虔诚的生活，这是一种事半功倍的方式。实际上，这是那些认为应该对休谟式世界做出某些具体拓展的人所运用的策略，这些人认为，我们可以用某种更为经济的方式来满足这些拓展所旨在的目的。① 另一种紧缩策略更为微妙。对于方济会士额外的消费而言，这种策略接受拓展的情况，但是，这种策略同时指出，接受这种情况的后果便是破坏了对德性生活方式的极简主义理解。换句话说，在接受方济会士完全有资格满足正常人类的欲望时，我们暗中破坏了方济会士所主张的那种异常的虔诚。

或许，形而上学情况中的相似之处并不是显而易见的。本章中，我想揭示的是，形而上学的情况中的确有相似之处，这一事实对我们关于当代形而上学的一系列争论有着意味深远的影响。粗略地说，其效果是，消除了各种非休谟形式的形而上学实在论和某种类似于维特根斯坦式语言多元论之间的界限。此外，只要划出了界限，后者便是默认的立场。故而，这种形式的多元论不仅是当代形而上学诸多争论中重要却被广为忽视的选项，实际上，它还是一个出类拔萃的选项。从某种意义上说，我将会解释，它是哲学的测地线，如果要离开这条路线，所有人都必须能给出好的理由。因此，本章对那些背弃休谟的当代形而上学家们提出了挑战：要么拥抱世俗的多元论，要么回归纯粹的信仰，因为不存在高洁的中间道路！

本章由五个小节组成。第一节界定了我们旨在讨论的那类多元论是什么，并把它从那些更为常见的多元论中区分出来。在第二节中，我通过对反对多元论的各种意见的讨论来思考我们所讨论的那类多元论，特别是一元论学说，这种学说似乎是背弃休谟的人所预期的；此外，我将注意力聚焦于本章的核心问题，即这种一元论的立场同我们旨向的多元论之间是否存在站得住脚的现实差别。第三节将论述，尽管反对休谟主义的人公

---

① 新近的例子是范·弗拉森（Bas van Fraassen 1990）对关于模态的当代非休谟式解释所做的批判。

然声称他们的思考有着本体论的本性，但他们无可避免地依赖于某种语义划界——根本地说，即在关于语言的描述的和非描述的用法之间所做的划界——这一点至少使得他们同多元论者相比有着表面上的劣势，因为多元论者无需这种划界。而后，第四节概述了不能划出所需的界限的一种情况，并把注意力转向了对随之产生的那种多元论和某种其他新近出现的进路（这些进路处理的是相同的形而上学的主题）之间关系的讨论。第五节中，我以实在论者以及工具论者对他们所做的批评为参照，阐释了这种多元论的优势和特征。或许令人诧异的是，这种相当维特根斯坦式的多元论最终却被证明是为实在论提供了一种特别的安全保障。

1. 两种哲学多元论

人们熟悉的那种哲学多元论是奎因的"本体论的相对性"这一标签例示的多元论，或许人们也可以从其他形式的科学相对主义中以不同的方式认知到这种多元论。这里的多元性在于，可能存在许多可供选择的科学世界观，每一个世界观（在原则上都能）在经验上都有着（或多或少的）相同程度上的充分性，它们均有特权声称它们提供了关于世界的"更加真实的"（truer）描述。当然，这种形式的多元论本身分为几个种类或亚种。例如，奎因式的多元论和库恩式的科学相对主义之间可能有着深层的差别（参见 Romanos 1983）。然而，考虑到当前的讨论目的，重要的是这些观点具有的共同之处，即他们所承认的多元性包含了一系列做同样的事情、**执行相同的语言任务**的不同方式。可能存在同样有根据的可能的科学世界观，但是，所有的这些世界观都是科学的世界观，在此意义上，它们是同一层次上的语言活动。换句话说，我们可以恰当地称之为**平面的多元论**（horizontal pluralism）。

平面的多元论不仅仅局限于科学的层次。它是某种相对主义的产物，只要相对主义盛行，平面多元论就会随处可见。例如，在伦理学中，人们熟悉的论题是，存在许多同样融贯的道德观，没有一种道德观客观上优于其他道德观。为什么这是一种**平面的**多元论呢？我们再一次看到，是因为它所筹划的多元性被限制在单一的语言平面或层次上。虽然如此，不同的道德系统均是**道德的**系统。它们有着共同之处，依据这一共同之处，人们认为它们是以不同的方式执行了相同的语言任务。"我们应该如何恰当地描述这一共同之处的特征？"这是一个很好的问题。如果相对主义想避免退化到"相同的语词对不同的人来说可能意味着不同的东西"这种乏善可陈的观点的话，这个问题必须有个答案。

如果存在平面的多元论，那么垂直的多元论（veritical pluralism）是什么呢？垂直的多元论是这样的观点，即认为应该承认各类话语（例如，道德话语和科学话语）有着不可还原的多元性。这类多元论是我们将重点关注的多元论。[我将主要使用**话语多元论**（discourse pluralism）这一术语。] 我想指出，话语多元论为背弃休谟的人提供了一个自然的或者原初的舒适的家。

这种话语形式的多元性，或"语言游戏"，是后期维特根斯坦哲学中的重要主题。典型的评论如，"我们未能意识到所有的日常语言游戏有着惊人的多元性，因为我们语言的外衣使得所有的事物变得相似"（Wittgenstein 1968: 224，相似的讨论请参见 §§23—24）。美国实用主义传统中似乎也存在着同话语多元论十分相关的要素，古德曼（Goodman）和罗蒂是新近最为重要的代表。的确，古德曼和罗蒂的多元论不仅仅是垂直的，它还包含了平面的或相对主义的要素。然而，一方面，在比较古德曼和罗蒂两人的观点时，我们发现垂直的要素是独立的；另一方面，奎因的观点也体现了垂直要素的独立性。奎因有时候十分靠近纯粹的平面的多元论，认为所有的事实话语既可以被消除，也可以被还原至物理话语。这一观点认为，可能有可供选用的物理话语——正如奎因所总结的那样，"不受裁决影响的，可供选用的物理理论"（Quine 1981: 98）；这一观点还认为，在任何其他层次上不存在其他任何东西。显然，奎因会拒斥古德曼这样的提议：基于平等的立场，承认进一步的"世界版本"——例如艺术和音乐——有着多元性，这体现在他"世界的序列或版本始于荒谬"（Goodman 1981：97-98）这一观点中。

然而，更为准确地说，在认可某些抽象对象（例如集合和数字）存在的意义上，奎因自己是一名非物理主义者。但这并不是说，他想要成为一名话语多元论者。恰恰相反，他批判这样的提议，即对这类对象的接受，在某种意义上，完全不同于对物理对象的接受：

> 有些哲学家顽固地坚持认为，逻辑或数学法则所说的"真"同天气预报或嫌犯的供词所说的"真"是关于"真"这一模糊的语词的两种用法。还有些哲学家顽固地坚持认为数字、集合这类的"存在"同物质对象的"存在"是关于"存在"这一模糊的语词的两种用法。使我困惑的主要是他们为何如此顽固。他们能有什么证据呢？为什么不把"真"视为模糊却是非常普通的一个语词呢，为什么认识不到真的逻辑法则和真的供词之间的差别只是逻辑法则和供词之间的差别呢？相应地，"存在"的情况亦如是。（Quine 1960：27）

随后我会论述这一观点起到了反作用。话语多元论是这一争论中的默认立场，我们无需诉诸所谓的"真"或"存在"具有模糊性来捍卫这一立场。恰恰相反，话语多元论的反对者才会需要诉诸这些概念中某些合宜的"厚的"或实质的同一性（奎因钟爱于薄的概念，但薄概念不能胜任这一任务的要求）。因此，我想提醒人们，奎因本人或许最好被理解为一名关于抽象对象的话语多元论者。因而，他例示的是当代哲学中诸多未来的非休谟式实在论者所面临的困境——我将对此有所论及。（奎因的例子令人诧异之处在于，他的困境源于他自己的关于真和存在的最小化理论。）

接下来的第一个任务便是，从那些处理着同样哲学主题的其他各种方式中将话语多元论区分出来。

2. 话语多元论及其反对者

作为一种独特的哲学理论，或许我们理解它的最好方式是讨论它否定了什么，或对与它形成对照的其他处理问题的方式进行讨论。在本节中，我将描述四组这样的对比。我在如下四种其他处理哲学问题的方式中区分出了多元论：还原论，两种非实在论（irrealism），最后是我所谓的附加的一元论（additive monism），这种一元论是非休谟式形而上学家们所追求的观点。（我们随后讨论的主要兴趣点在于，附加的一元论者能否可以被理解为话语一元论者。）

为了勾绘大体的讨论框架，我们可以用不成问题的论题为背景来讨论成问题的论题——例如，在自然科学的背景下讨论道德。为了使问题简单化，我们假设背景性论题的位置（status）是不成问题的。我们做的第一组区分源于对相关问题的回答——即对关于所讨论的论题的位置的两个问题的回答——所做的两种不同组合。第一个问题是：它（所旨在）的主题是否不同于作为的背景的话语的主题？第二个问题是：所讨论的主题是否完全合法，即不管依据什么样的标准，所讨论的主题都能够被恰当地运用到背景性的话语之上？（随着本章的进一步展开，这里"合法性"一词的意思会变得更加清楚。）用我们的例子说：道德话语的主题不同于自然科学的主题么？[②] 此外，它是一个完全合法的话语吗？或者它

[②] 关于科学中是否有自治层次上的解释这一问题已有很多讨论。尽管如此，那些认为存在这类层次的人通常坚持认为，物理学有着本体论上的优先性。例如，关于精神的（mental）功能主义者通常宣扬本体论的物理主义，尽管心理学中包含有关于（对之做出特别整理的）物理实体或属性的自治模式的描述。出于当前的讨论目的，我仅假设这种本体论的标准能够担负起重压，故而这类观点（在同笛卡尔式二元论相比较的意义上）的确算作图2.1中还原论的一种形式。如果这一假设实际上是站不住脚的，那么，我认为多层次描述的拥护者——例如我称之为失去信仰的休谟主义者——难以将其观点从关于科学体系的话语多元论中区分出来。

有着哪些方面的不足？

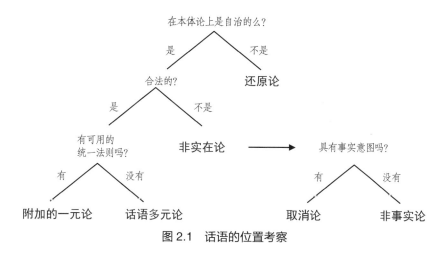

图 2.1　话语的位置考察

话语多元论对这两个问题均给出了肯定的回答，故而，它可能与那些对其中一个问题持否定态度的观点不同（当然，它也与对这两个问题均持否定态度的观点不同，但这种观点略微让人感到乏味，我也不会进一步提及这种观点）。第一个对比因此是同**还原论**的对比，与还原论相对的观点为了保留合法性而承认自治性。（我们现在讨论的是图 2.1 概念树中的第一个层次。）还原论者赞同话语多元论者关于道德话语的合法性的观点，但为了使得这一观点更加可靠，还原论者否定其主题有着本体论上的不同。相反，还原论者认为，道德是自然科学的一个分支——但由于我们一般不知道道德事实和自然事实之间有种某种恰当的同一性，这一事实便变得模糊了。还原论式的道德话语有着合法性，其原因在于，道德话语实际上是自然话语，尽管它是一种被掩盖了的自然话语。③多元论者既想要自治性，也想要合法性，而还原论者已经准备好为了后者的利益牺牲前者。（当然，还原论者可能并不把这看作一种牺牲。）

---

③ 我们要铭记同还原相关的概念是一个本体论的概念。参见前一条注释。

我们的下一个对比是同做出了另一种牺牲的两个观点进行对比，与这两个观点相对的观点是，为了保留自治性而退步至合法性。这两个观点勉强承认我们有多种基础，认为我们需要对之做出单独的处理。然而，事实是，从某种意义上说，我们有理由在一个共同的标题下来处理这两个观点。

非实在论因此有两种主要形式。第一种形式是**取消论**（eliminativism），这种进路极好地体现在麦基关于道德话语的**谬误理论**（error theory）中（Mackie 1977）。实际上，取消论者认为话语存在问题的地方在于：话语既寻求合法性，又寻求自治性；但是，话语未能与任何实在之物连接起来，故而有着系统性的错误。这一成问题的主题因此在意图上是合法的，但却未能完成这一意图。尽管有了麦基的讨论，取消论仍然不是道德哲学家们尤为青睐的一种观点。但是，取消论在别的某些领域里更受青睐。例如，它最近已然是意向心理学中占主导地位的研究进路。长久以来，奎因也被视为关于"意义"的取消论者（因此，至少在某些方面，也是关于心理学的取消论者）。

非实在论的第二种形式——我称之为**非事实论**（non-factualism）——更为普遍。非事实论是这样的一种研究进路，它通过对事实特征予以支持而保留了存在争议的主题的自治性。故而，取消论者认为道德话语试图成为关于事实的话语，但未能成功地把两者连在一起；非事实论者则认为，道德判断从未试图成为关于事实的判断。道德判断不能存在因为未能连接至事实判断而失败的问题，因为它的语言作用不是尝试去与事实判断相关联。当然，这的确是值得关注的问题。在道德的情况中，传统观点是**表达论**的或**情感主义**的观点，即认为道德判断表达了某种价值性的心理态度；而**规范主义**式的（prescriptivist）观点则认为道德判断近似于命令。

非事实论是一种非常常见的学说。众所周知，除了道德哲学中的情况，这种研究进路也被运用于审美判断、数学陈述、科学中的理论句、第二性的质、知识判断、更为一般意义上的心理学、意义归因、指示的和虚拟的条件句，以及或然的、因果的和模态判断。（无疑我未能列举完全。）人们并不总是能赞赏持这类立场的某些基本的哲学观点。很显然，这类观点认为语言的事实性和非事实性的用法之间存在着重要差别。或许，不那么容易发现的是，非事实论者需要因此承担起如下义务，即解释语言的非事实性用法能够（至少在表面上）表现为事实性的用法这一事实。

在认可和试图完成这一义务上，布莱克本是当代哲学家中做了最多工作的哲学家（例如，Blackburn 1984，1993a）。布莱克本吸收了我们的态度和偏见都是对世界的投射这一休谟式思想，并把投射理解为我们自身建构起的表面事实（seeming facts），他接着论述了非事实论者能够解释我们的对话似乎表明存在这类事实。他试图向我们揭示投射论者有资格拥有真之概念，并有着实在论式的语言实践所具有的其他标志。故而，投射论可以为布莱克本所谓的**准实在论**提供支持。在这些所采用的术语之下，关于存在争议的论题的合法性，非事实论者的退让是非常温和的。诚然，道德话语（或不管什么话语）并非**真正地**是事实性的；但是，这一话语有着事实性所具有的标志，以及表面上的合法性。故而，根据这种观点，仅存在一个实在世界，仅存在一个**真正的**事实领域，但我们的语言能够以非常恰当的方式运作，如同似乎存在许多世界和事实的领域一般。④ 如果这种观点还不全然是话语多元论的话，那么其原因便在于语言的事实性用法和非事实性用法之间的确有着重要差别。如果不存在这种差别的话，非事实论便不再与话语多元论不同了。

---

④ 为什么这样说，"……似乎这里的领域比它所是所是的那样更加具有广包性"，这样一来，非事实论就变成了一种附加的一元论？请容我在这里做一点预告，我们将会看到，语言的事实性和非事实性的用法之间有着实质差别，这既对附加的一元论者提出了要求，也对非事实论者提出了要求。

在否认话语存在问题的地方既不在于自治性，也不在于合法性上，与话语多元论不同的观点便很多了。现在，我们讨论两个问题分歧中均未留意到的那种对比——即话语多元论和我所谓的**附加的一元论**之间的差别。附加的一元论在如下方面赞成话语多元论：拒斥还原论，以及非实在论的两种形式。附加的一元论认可话语的多元性领域中，每一个领域可能是自治的且完全合法的。两者的不同仅在于揭示这些独立领域的方式。附加的一元论把这些领域看作某个**唯一的**事实宇宙（而非一个单一**物理**宇宙，这大概是为了避免陷入物理主义的还原论，但这个宇宙在某种意义上是**唯一的**）的子领域。如下主张使得附加的一元论不同于话语多元论：存在某种能够统合起各种不同的自治的话语的东西；使得它不同于还原论的物理主义的是这样的一个主张：不管统一性的原则（unifying principle）是什么，该原则绝不是"所有的事实最终是物理事实"。

人们不禁会思考话语多元论和附加的一元论间是否存在真正的差别，或者说这个显而易见的问题只不过是一个空洞的隐喻。如果不存在真正的差别，那么该如何描述作为结果而来的那种唯一的观点呢？这些被忽视的问题对目前许多哲学争论来说有着十分重要的意义。附加的一元论似乎是我们起初便讨论的背叛休谟的人意在的归宿——当代的非休谟主义者通过因果性、模态、心理、抽象对象、道德等多种进路来研究这些主题。从表面上看，这些解释均认为，较之于休谟式世界所承认的事实，世界中存在着更多种类的事实——例如关于因果关系的事实，此外还有关于恒常关系的事实。当然，这些观点的倡导者不认为自己是维特根斯坦式的多元论者。但是，不清楚的是，是否还有容纳其他观点的概念空间。附加的一元论者需要揭示，有某种东西统合了不同的各种自治话语。如果不能做到这一点，多元论便是默认选项——如果不能维持这里的差别的话，自称为一元论者的人必须回归到多元论。因此，我想主张成为一名维特根斯坦式的多元论者比许多人认为的要困难许多。因为这种明确地抛弃了休谟式形而上学的最小化理论体现在这里的效果便是紧缩论——它破坏了休谟式形而上学德性观。

这些问题决定于是否有统一性的原则这一问题。附加的一元论者在这一点上可能诉诸什么呢？

3. 坚持一元论的原则？

乍一想，随附性（supervenience）这一概念可能成功。或许，附加的一元论者相应于这样的观点：成问题的论题随附于不成问题的背景（尽管前者不可被还原为后者）。在否认两种话语之间具有还原性和随附性时，话语多元论便包含了更加极端意义上的自治性。然而，稍加思索，我们便会认识到随附性这一概念不可能成功。在论题和背景这两个方向上都存在着反例。非休谟式的形而上学家们一般否认关于法则、因果性等诸如此类的事实是随附于关于一阶事物的具体事实的（例请参见 Armstrong 1983）。⑤ 反过来说，尚不清楚的是，多元论者是否需要否认随附性。布莱克本对道德随附性（Blackburn 1971，1984，1985）的讨论可以为我们提供一个很好的反例。布莱克本主张，他的投射主义的准实在论不仅是对道德随附性的说明，我们还可以用它来具体解释为什么具有随附性。准实在论的确不是话语多元论的一种形式。但是，我认为它的不同之处主要在于，准实在论假设了一些更强的实在论形式在某些地方是适用的，例如适用于（至少某些）非道德主题。所以，如果我们抛弃了这种假设，我们便会有话语多元论，因此能将准实在论"一路扩展下去"。同时，我们仍有权使用布莱克本对道德随附性的解释，因为余下的部分仅依据于这样的思想：道德话语是对价值态度的投射。因此，随

---

⑤ 我的论点是，我们最好运用话语多元论以清楚地重铸这些观点，但显而易见，这些观点并不旨在于此。

附性似乎是独立于话语多元论和附加的一元论之间的问题的。

随着随附性的出局,下一个建议可能是,附加的一元论从根本上来说是一种形而上学学说,而话语多元论从根本上说则是一种语言理论。一元论者坚持认为,关于事实的自治领域都是唯一的宇宙或**形而上的整体**(totality)的一部分,而多元论者似乎否认关于事实**语言**有着统一性,他们赞成的观点是,各种不同的语言用法有着某些相同的表面特征,即穿着维特根斯坦式共同外衣的各种语言游戏。(这些特征是什么呢?我稍后会做出更多讨论。)但是,尽管我们当然能凭借其自然的特征来区分这两种理论,但是这种做法并没有排除两种理论同源同宗这种可能。毕竟,多元论者完全可以接受这种观点:形而上学本身也是语言外衣表面上呈现的一种形式。多元论者可以从这一源头中汲取出统一性。因此,如果形而上学本质上关注于本体论——用奎因的话说,即"何物存在"的问题——那么,形而上学和语法便变得不可分了。本体论是一个关于量化的问题(a matter of quantification),而这正是多元论者或许视之为语言外衣成分的那种语言特征,它为话语提供了类似的语法目的,而内在于这些话语的语言功能则有很大不同。(类似的表述也适用于真之概念。)

一元论者可能会反对这一点:他们心里有着一个更为实质的本体论原则,还有,他们与话语多元论的争辩已主要依赖于我们是否有资格使用这类概念之疑问。我认为这个讨论思路是正确的,但它遗漏了故事里一个重要的方面。这一争论不完全是本体论的争论,它还必然有着语义的或语言的维度。因为,在某种重要的意义上,这一形而上学的观点要求适用于形而上学观点的各类话语都能够发挥相同的语言功能。这便是在要求这些话语在同一种意义上是**描述性的**,要求它们有着共同的真之目标,共同关注于描绘出事实实际之所是。对于一元论者来说,在那里(out there)存在一个统一的世界是不够的,同样关键的是,在语言存在争议的每一部分内,各类陈述均要与那唯一的世界中的相关事实有着相同的关系。如不然的话，一元论便是无足紧要的：人们容易找到一个统一的世界，在这个世界里，语言的每一种用法**从某种意义上说**是相关联的。一元论者要求的是，一定要**从相同的意义上说**。故而，一元论要求有一个共同的语义理论，以及一个统一的世界。

当然，一元论者可能只是从语义的层次开始，声称他们关注的是**真**、**事实**，或诸如此类的东西（他们还会主张以一种实质的方式解释语义概念，这种方式不相容于多元论者的如下建议：概念属于语言共同的外表层）。然而，我的观点是，即便所承诺的起点不是语义层次，**它也必然最终要达到语义层次**。实际上，一元论者需要在事实性的话语（即那种的确在描述或意图描述这种形而上整体中的一部分的话语）与非事实性的话语（即那种无此意图的话语）之间做出划分。⑥

话语多元论者和附加的一元论者似乎均需履行这项义务。然而，我认为存在着一种重要的不对称性，一元论者应对此负主要责任。因为**多元性**是显而易见的，（一旦还原论被拒斥）主题的不同将会保证多元性。一元论者需要对其倡导的**统一性**做出坚固的论证。所以，附加的一元论不仅终究被证明包含了语言理论，一元论还需要具有或蕴含语言的特征，但是，人们将会发现，一元论比话语多元论明显更加依赖于语言理论。一元论者必须认为事实性话语的同一性不只是表面上的（用维特根斯坦的隐喻说，不只是外衣的）。多元论者则可以满足于温和的语言"功能多元论"，认为蕴藏在句法皮肤之下的、我们生活里各种话语的作用之间的差别，可能与我们各种内部器官之间的差别相同。⑦

因此，附加的一元论者欠下了语义理论上的巨额债务：他们欠我们

---

⑥ 严格地说，一元论者可以融贯地认为，所有的话语都是事实性的［这是刘易斯（Lewis 1983）所持的观点］。重要的地方不在于这类事实-非-事实的差别，而在于事实性本身的特征。

⑦ 这些器官也展示了令人诧异的表面上的相似性，对于不知情的人来说，它们都只不过是生肉而已。有谁会猜到肾是一个过滤器，大脑是一个思想器官，诸如此类的问题呢？多元论者想表明的是，语言的功能可能有着类似的多元性和模块性。

对事实性话语的特征做出坚固的说明。(我们已经注意到,非事实论的情况也如此。)我想对这一点做出探究并加以论述,话语多元论比附加的一元论更具吸引力,就此而言,也比其他非还原论式的竞争理论更具魅力。实际上,我想提出的是,无论用什么样的货币还债,附加的一元论都不可能偿还它所欠的债务了。我们可以用负债者自己的货币来付款,把事实和非事实之间的区分看作不能兑现的原始货币。然而,普通科学经济学建议我们不要选择使用这类原始货币。多元论甚或物理还原论是较为经济的选择。⑧

这种论述思路源于会令许多读者感到诧异的主张,即语言的事实性和非事实性的用法之间不存在现成可用的或有充分根据的差别。我在其他地方(Price 1988)对这一主张做了详细辩护。在下一节中,我将概述这一论证的要点,以及话语多元论一些相关的优点。然而,我认为这一主张应该不会真正让当代哲学的读者感到诧异,因为从某种意义上说,这一主张是关于意义的奎因式怀疑论的自然发展。如果有什么不同之处的话,事实性是一种语义属性,是一种"陈述性"的属性,或者说,是那种所有**断言性**话语共有的属性。因此,它是意义的特别成分,而奎因对意义的普遍怀疑——不管在何种实质性的意义上——可能已经让我们认识到存在这种属性的可能了。⑨

---

⑧ 物理主义可能最终变成话语多元论的一种蜕化的形式,即作为这样一种观点:实际上只存在一种自治的与合法的话语,尽管可以存在许多种。

⑨ 奇怪的是,奎因本人似乎从未注意到他的怀疑论会有着这样的后果。正如我们在第一节末尾注意到的那样,奎因认为他关于真之最小化的直觉是用来支持这样的观点的:存在着单一的描述性话语的类别,该观点反对,(例如)那些以工具论的观点来审视关于抽象对象的讨论的人所持的观点。但是,他未能注意到这是我们在清理木板上的碎屑时取得的"胜利"。默认立场是多元论的立场——不是非事实论者的立场,而是维特根斯坦式的理论,即认为我们对真之讨论的表面上的统一性涵盖了话语或"生活形式"功能上的作用之间具有的广泛差别。

4. 真与事实性

我已经说过，话语多元论和附加的一元论之间的差别在于，前者不诉诸（实际上，明明白白地拒斥）这种假设：陈述事实的或描述性的语言用法不仅仅是表面范畴。把这种假设看作多元论者所支持的观点，似乎是一种任性的做法。因为，这种范畴存在哪里，这难道还不明显么？陈述事实的言语表达（utterances）只是那些有着真正的成真条件的言语表达，是那些有着断言作用的言语表达，是那些表达了关于世界的真正的信念的言语表达。这些理解当真是不成问题的吗？

多元论者回应这一挑战的方式是，把注意力转向这种可能性：这些常识性的直觉可能仅仅依赖于语言的表面属性，即语言外衣遮住了更为根本的多元性。诸如真、事实、判断、信念等此类的基本范畴，它们对我们关于语言的用法的理论解释来说，必然是关键的吗？抑或说，它们仅是语言的产物，是语言本身孕育的范畴，因而不是由关于语言的适当的解释理论所预设的东西？一开始，多元论者仅要求我们承认后一种答案至少在观念上是可行的——根据常识，我们无法排除这一回答。因此，当认识到常识的用法正是这里理论的探究对象时，诉诸常识的做法便被排除掉了。所有的讨论方均同意，通常的用法揭示了我们所讨论的各类话语之间有着表面上的统一性。问题在于，这种表面上的统一性是否仅仅停留于表面。

或许令人诧异的是，在这场争论中占据了更好的自然主义高地的却是多元论者。问题在于，这种关于语言用法的**自然**理论能否完全揭示出语言的结构。粗略地说，问题在于，这样的自然理论能否揭示语言的结构，这种语言结构造就了陈述事实和非陈述事实之间的差别。这并不是说，多元论者必须承认**所有的**语言概念最终是自然的（这将引入多元论者一般力图避免的还原论）。多元论者只是想让我们认识到这样的可能性：依据自然语言来理解语言或许并不能揭示所存在的事实和非事实的差别。作为一个自然主义的问题，这不是一种可以先天被决定的事情。所以，话语多元论最终是一种经验理论，虽然它有着非常高的理论性，并且这种理论关切的是自然世界的语言方面。

附加的一元论者肩负的责任不仅在于，揭示一般的用法是以有着实质属性的事实性为基础的，他们还需揭示，它有着特定的分布（particular distribution）。一元论者试图揭示有争议的话语得以统一的原因在于，我们有着"勾绘世界"等诸如此类的共同关切。话语的多元论者并不否认科学的言语表达和道德的言语表达在作为有意义的言语行为时有着相似性，他们否认的只是在某种更为实质的意义上，它们两者均"陈述了事实"或"描述了事物实际之所是"。故而，多元论者的一个可行策略是，论述常见的对这类特征进行描述的尝试均不能解决分布问题；或者，尤为需要排除"所有的话语均是事实性的话语"这种显得琐碎的可能性——也就是说，不管言语的形式是什么，都要保证言语具有陈述性这种属性。如果人们对陈述性的分析不能排除这种可能性，那么我们便不大可能相信一元论者在人们关注的话语的事实位置（the factual status of the discourses）的问题上，提出的主张是有理有据的。

我在《事实和真之功能》（Price 1988）中采用的便是这种怀疑论式策略，这种策略使得人们提出的关于陈述性概念的各种分析变得无足轻重。举例来说，人们时常认为，事实性话语的特征体现在它同真之概念的关系上。真正的事实性言语表达是那些真正承载真的（truth-bearing），或真正"旨在真"，或诸如此般的言语表达。然而，正如有几位作者已经指出的那样，所涉及的真之概念最好能够起到这类作用。显然没有任何作用的真之概念是冗余的或去引号的真之概念，这种概念仅仅依赖于标准的同一性原则，即这样的事实：对于任何语句 P 来说。"P"和"P 是真的"似乎在很强的意义上是在相同的事情。⑩故而，如果这时候还需要真

---

⑩ 正如我们已经注意到的那样，奎因关于真之最小化的理论也属于这一类理论。

之概念的话，我们便需要威廉姆斯所谓的真之**实质**理论（Williams 1973：202）。我在《事实和真之功能》中认为，并不存在这样的一种理论。试图提出这样理论的人必然会在如下某一点上失败：要么他们与去引号理论一样，认为每一种话语都是平等的；要么他们已经以某种其他形式假定了陈述事实和非陈述事实之间存在差别。

还有另一种这类选项，它源于信念和其他类的命题态度之间的心理差别。这种提议源自那种以休谟式道德心理学为基础的情感主义理论，这种理论在描述性的或表达信念的语言和表达性的或表达价值态度的语言之间做了对比。处理道德话语的情感主义方式为处理其他问题的类似方式提供了一个模型。在这个过程中，它至少隐在地提出了一种一般理论，该理论用于解释事实性的和非实时性的语言之间有着怎样的本质差别，这种理论认为，事实性的语言表达信念，非事实性的语言则表达其他类的态度。这一理论的问题在于，能够划出所需的心理上的界限的希望微乎其微，在此之前，它还需说明其他处理这一问题的方案均是不正确的。⑪ 我们需要一种实质的信念概念，但是我们只有能够在以一种实质的方式在某个其他地方划出同样的界限时，才能拥有实质的信念概念。

从奎因自己对分析/综合二分教条的攻击来看，这种在逻辑的周边发展传统理论的怀疑论式尝试是当代哲学中著名的一个范例。并且，正如我们已经注意到的那样，结论本身似乎已经得到奎因本人的认可。奎因关于意义的非实在论思想似乎非常认同这样的观点：对于事实性的、描述性的或者语言整体能承载"真"之部分而言，不存在实质的同一性——不管在任何实质的意义上，都不存在这种单一的语义范畴。实际上，我们可以仅将这种观点看作奎因在语义学上做的工作与他在本体论上做的工作是相应的，即坚持哲学中不存在有限的、有着二阶优势的观

---

⑪ 关于最初的情感主义情况，最近有几种尚未得出结论的尝试凸显了这一困难，这些尝试试图排除这样的可能性：欲求或评估态度本身可能代表着具体的某类信念。具体请参见 Smith 1987；Pettit 1988；Lewis 1988；Collins 1988；Smith 1988；Price 1989；Pettit and Price 1989。

点，哲学必须设法应对一阶理论所携来的东西（deliverances），根据面值来进行理解。

无论如何，这些怀疑论式论述的结果是，强调了话语多元论有着经济的优势，表明事实性话语的有用特征并不像我们倾向于假定的那样唾手可得。但是，这一情况可能因为多元论自身的负债而发生逆转。首先，多元论欠我们一个说明，即说明它认为语言表面上所具有的同一性是什么，例如，那些明显运用到相同的指示性句法以及真之概念的话语具有的表面上的同一性是什么。其次，我们有资格被告知作为基础的**多元性**体现在何处，即这些不同的话语在垂直面上的差异体现在什么方面。与后一点相关的重要问题是，我们如何为多元的宽容性（pluralistic tolerance）设置界限。显然，因为某些概念上的冲突，人们会有着较不宽容的反应，原因很简单，人们必须非此即彼。显而易见的思想是，当相关的理论均试图起到同一个语言作用或占据同一个语言层次时，这样做是恰当的；但是，这在一般的意义上意味着什么？

话语多元论者要履行一些实在的义务。然而，我认为他们不会不欢迎这些义务。相反，履行义务为多元论提供了一个机会，即展示它相对来说是有信誉度的，多元论可以表明，它有着偿还这些观念上债务的方式。在《事实和真之功能》中，出于这些目的，我试图对"真"做出恰当说明，这种说明能够隐在地解释为什么语言的多样用法应该可以被视为类似于"真之承载者"。我的基本思想是：尽管语言的用法有着多元性，但不同的用法在如下方面有着相似性，即在每一种用法或话语中，在提及和化解话语共同体成员之间的分歧上，有着某种潜在的实用性。真之概念鼓励共同体实现这种潜在性。共同体的确通过在说话者持不同意见时产生消极的社会价值，持相同意见时产生积极的社会价值的方式来实现这一点。分歧因此变成社会性的不稳定状态，出于长久利益的考虑，我们因此应该鼓励争论。

当然，这种研究进路的确不要求争论永远是有益的。像任何一种进化理论一样，它关注于长久的利益。对于多元论者而言，重要的是，它不要求所追求的那种利益永远是相同的。多元论者因此能够承认不存在一种始终如一的方式，诸多语言游戏的每一个游戏都以这种方式影响我们人类；此外，他们还能够承认，这些游戏全部或大部分都能在争论中带来**某种**利益，因此可以获得一个真之概念。实际上，我认为多元论者能够做的要比这些要多很多。因为，多元论证明了我们关于真之概念的用法在各类不同领域内的话语中**不是**始终如一的。**只有**多元论有着做到这一点的柔韧性，其他的研究进路过于僵化，以致不能认识到语言中存在着陈述性事实和非陈述性事实的二元论。

话语彼此之间有什么变化呢？它们解决争论中有着不同倾向这一问题的方式是，认为每一个参与者最初都不能被判定为错误的——例如，可能发生这样的情况，关于某种或然性的分歧可能最终被证明是源自这样的事实，即相关的说话者获得的证据是不同的。对于一个争论而言，这样的结果会使得人们忽然不情愿将真或假这些概念运用于相关的判断之上。在语言的不同部分中，这种无错的分歧常因不同的原因而发生。然而，足以令人惊讶的是，人们似乎有可能通过对相关的那类话语在功能上起到的独特作用的理解来解释分歧在哪里，与此相关的是这样的一般原则：真和假的源头在于它们在鼓励进行有用的争论中所起到的作用。（顺便提一句，在这个过程中，人们有可能对带来了非事实论的那些诸多知觉做出解释，但在这么做时，我们无需像非事实论者那样，对语言做出如下有问题的划分：把语言划分为陈述性事实和非陈述性事实的两类。）

这一研究进路和赖特（Crispin Wright）新近的、可称之为真之"微妙结构"("fine structure" of truth)的工作类似（Wright 1992，1993）。赖特区分出了许多不同部分，这些部分可能是（但无需全部是）同话语中某一具体区域相关的真之用法的特征。实际上，他建议，我们可以根据那些包含了真之概念的特征来对主题做出分类。按照我的理解，他主要关注描述的和分类的这两种方式。然而，我认为以这种方式被分辨出的结构可以被解释为——如上文所概述的那样——其根据在于对"真"在语言中起到的功能所做的一般阐释。是否以我先前所勾勒出的方式来给出最佳阐释，这仍有待讨论。但是，如果这种阐释是赖特计划内的事情的话，我认为它必然在**解释性**上而非在**分析性**上与我做出的阐释类似：其关注点不在于"什么是真？"这样的问题，而在于"一般的说话者为什么会有真之概念？"这样的问题。

值得注意的是，赖特也认为这种关于真之立场支持的是不做承诺的形而上学（non-committal metaphysics），这种立场至少是一种自然的退路。在达米特（Dummett）的意义上，他将这种立场描述为反实在论的立场，其依据在于，可以认为这种立场所要求的最小化的真之概念源自断言性这一概念。我在这一点上持不同意见，我认为在此意义上，实践中的最小化的真之概念已经是一个实在论式概念了，其理由与造成"否定"的原因有关（Price 1990）。撇开这一问题，因为我强调的是话语多元论经济上的优势，我认为赖特的如下评论持大抵相同的立场："反实在论因此成为任何争论中自然的最初立场。我们从这种立场中看到应该避开的东西。不管在哪，实在论者都应该背负起这样的责任"（Wright 1933：69）。如果把用"多元论者"替换"反实在论者"，用"反多元论者"替换"实在论者"，这便切中了我的观点。

这项工程也与布莱克本的准实在论类似。例如，关于道德话语的准实在论者试图论述，尽管道德判断不**真正**（really）是事实性的，但它有着事实性的标志，也有着可敬的真之概念。所以，尽管只存在一个**真实的**（genuine）事实领域，但根据这种观点，准实在论是非常恰当的，因为人们所用的一般用法（尤其是真之用法）似乎喻示着，存在许多事实的领域。正如我们早前注意到的那样，准实在论和话语多元论的不同之处在于，准实在论者设定他们的任务是受限的，即只有在语言的事实性和非事实性用法之间存在实质差别的前提下，它才是适用的。如果不存在这一差别的话,准实在论便不再与话语多元论不同了。话语多元论再度成为默认立场。但是,只要受限的准实在论还是人们持有的观点,准实在论者有兴趣解释为什么某些话语应该使用"人工的"真之概念这一有用概念,这显然将与上文描述的工程一致。

总结而言,除了有用的语义统一性原则(useful principle of semantic unity)是一种特别且昂贵的原始理论(theoretical primitive)外,我们还有充分的根据怀疑,附加的一元论者是否能够拥有这种有用的语义统一性原则。此外,我们还有充分的根据在"解释我们语言有着怎样的表面统一性(以及这种统一性的限度)"这项工程上持乐观态度,其根据在于,只有话语多元论是合宜的理论。当然,这并不是定论,但需要做出辩护的是附加的一元论者。

5. 多元论作为可辩护的实在论

此时,强调话语多元论不是一种非实在论立场或许会有帮助。多元论者全心全意地接受存在关于事态、可能世界以及数字等类的事实。多元论拒斥的是附加的一元论者这样的做法,即试图在这种存在论判断上进一步镀上形而上学的光泽。(这种光泽最终被证明源于对成问题的立场在语义上做出的区分,正如多元论者所认为的那样。)熄灭这一光泽,话语多元论者便可以愉快地同非形而上学或"最小化的"实在论者握手言和。⑫

或许更令人诧异的是,相较于对手所倡导的传统意义上的实在论,这种实在论却尤为受到保护。话语多元论有助于反对工具论的挑战(instrumentalist challenge),这种挑战在当代哲学的一些分支中继续受到

---

⑫ 在同坎贝尔(John Campbell)的讨论中,这一点栩栩如生地向我呈现出来。话语多元论似乎同坎贝尔所谓的简单观点(Simple View)相容,这种简单观点是关于某类既定的实体或属性的观点。参见 Campbell 1993。

来自实在论者的压制。这种防御根本不适用于一元论，因为我们将会看到，多元论者能够用来反对工具论的解毒剂同样适用于附加的一元论。

工具论者反对近代哲学中有着休谟式倾向的人，为本体论上的苦行（ontological asceticism）提供了一条简单的道路。为了避免实在论者做得太过分，他们告诉我们，我们仅需将关于这种本体论的**讨论**视为一种方便的工具。这样来理解**讨论**是无妨的，而在本体论上，它是绝对自由的。因此，与实在论相比，本体论中有许多可以保留的东西，并且保留这些东西没有任何其他的额外成本。

当然，实在论者经常回应道，报价太好了以致不可能是真的。在别处有一笔花费，虽然乍看之下可能并不怎么显而易见。实在论者声称，接受工具论时我们缺少这样的能力，即解释为什么这个工具是有效的。因此，对这种解释的需求变成了一笔工具论者无法偿还的债务。

这种回应在一些情况中是有效的，但在另一些情况中便不那么有效了。例如，不管它在反对理论物理学的工具论上有什么价值，它在反对关于可能世界的实在论上毫无用处。此时，实在论者一般会承认，对"为什么关于非现实的世界的谈论是有用的"这一问题做出恰当的解释仅能诉诸对现实世界的谈论——也就是说，实际上承认这种谈论仅在似乎没有其他世界存在的时候才是有用的。类似的思考或许也适用于意向性心理学的情况。实在论者多半会认为对"为什么关于信念和意欲的谈论是有用的"这一问题的充分解释，在原则上可以蜕变成借助科学理论做出解释，这种解释无需提及意向状态。

在这类情况中，实在论者需要一种不同的策略，他们或许想求助于奎因。难道奎因没有教导我们"是否存在可能世界"这样的问题只不过是"可能世界能否在最有用的关于模态和相关论题的哲学理论中被量化（quantified）"这样的问题吗？假如工具论者的确没有否认我们关于可能世界（包括量词）的**谈论**，难道我们不因此而相信奎因在拒斥工具论者所声称的"不存在可能世界"这一观点上的权威吗？这一讨论本身难道没有为我们一直所持的存在性主张（existential claim）提供所有保证吗？

然而，重要的是要认识到有两种解释这个论述的方式，它们源于两种非常不同的解释奎因本体论观点的方式。根据其中一种解读，奎因的理论实际上是一种本体论的寂静主义原则，即在本体论上不存在独立的二阶科学，存在的仅是一阶的专家在其工作和生活的过程中所做的与存在量词有关的琐碎之事。我将回到对这一观点的讨论：我认为这种观点的确对工具论进行了反驳，但这种反驳不是形而上学的实在论者所期待的那类反驳。然而，似乎还有一种以非常不同的方式解读奎因的倾向。根据这第二种解读，专家的一阶活动提供了原始数据，然后，我们将奎因的原则运用到这些原始数据上，产生了二阶的本体论结论。换句话说，人们把一阶专家对某类实体的量化这一事实看作构成这类实体的确存在的**证据**。因此，奎因的理论不但没有消除本体论的科学，它成为兢兢业业的本体论者工具包中的主要工具——它是一种用于探视那些隐形的存在者的"魔眼"。

如果奎因为我们提供了这样的一种魔眼，他实际上提供了用以反对工具论者（至少是那些不准备反对奎因的工具论者）的有力武器。"你自己来看"，实在论者会这么说，他们邀请工具论者透过奎因的镜片来窥视实在。但我认为，要澄清这一点就是要凸显如下这一点：奎因无意于这类事物。解读奎因的正确方式是寂静主义的方式。⑬ 现在这种解读也算作反对工具论者的解读。工具论者坚持认为，并不是所有好的理论都（借

---

⑬ 在我看来，这种对奎因的误读同对科学的最佳解释（best explanation of science）的作用的误读一样。接受目前所具有的关于观察的现象的最佳解释构成了科学实践的一部分。这只不过是个自明之理：声称我们所具有的解释是最好的，实际上说明的是，我们对它的信任要比任何其他已有的解释要多。还有一种试图从中得出关于推论的二阶原则的倾向，即认为相关的理论，因其提供了最佳的解释而可能是真的，因此值得我们进一步信任之。另一种类似的错误则在于，认为做出最佳选择的原则是，使得人们的期望效益最大化，为这一被关注到的理论分配一个进一步的价值，这个价值超越了并高于预期的效益。

助其存在量词）有着本体论上的承诺，因为这取决于所研究的理论是否真正是描述性的，抑或它仅是一种工具。正如奎因理论的寂静主义原则所主张的那样，并不存在这类进一步的问题。

但是，这支持了实在论了吗？是的，但支持的仅是话语多元论那种最小化的实在论。寂静主义原则所否认的恰是附加的一元论者和工具论者所需要的东西。工具论是非事实论的一种形式。像附加的一元论一样，尽管有着不同的理由，工具论也依赖于语言的事实性和非事实性用法之间的实质差别。一元论者需要解释什么使得不同领域内的话语协同起来，非事实论者需要解释什么使之分野。工具论者因此欠我们一个解释，他们需要解释这些被判定为"仅是"工具性的话语所缺乏的东西是什么，以及通过这一考验的话语所不缺乏的东西是什么。如果没有这种解释，似乎就不可能阻止上文提及的那类支持工具论的论证一路走下去了。所有的话语因此只能被理解为虚构的话语，人们将会失去针对工具论的那一立场。模态的和道德的话语将和其他任何一种话语一样，有着相同的立足点，正如多元论者和附加的一元论者所支持的那样。

所以，事实的和非事实的实质差别，这是工具论者所需要的。通常这应该是以本体论的方式来兑现的。人们认为工具论者否认了某类实体的存在——例如可能世界或数学对象。但是，我们刚刚获得了一个怀疑可以充当那一根本性差别的理由。按照奎因的理解，本体论的承诺或多或少是一个严肃的理论承诺所带来的平淡无奇的后果，即便一直有着论述哪类本体论是最好的意识形态这样的空间。因而，工具论需要事先区分纯粹的和仅是虚构的理论承诺。本体论上的区分将随着这一区分而来，但不会提供这一区分，或至少不会提供，除非我们准备好了抛弃奎因这样的原则：我们只有依据人们所接受的理论蕴含的量化结构才能走出一条通向本体论的道路。

所有的这些讨论同样适用于附加的一元论。奎因的本体论寂静主义使得一元论者无法以本体论的方式来寻求统一性原则。⑭ 然而，没有什么能够阻止话语多元论者接受奎因的理论；多元论者也会对在所有既有层次上的会话做出最有优势的理论表述表现出兴趣，他们也能以奎因的方式来发现哪种表述最具理论优势。因此，多元论者对工具论的反驳，在附加的一元论者看来，无异于自杀。

话语多元论因此捍卫了一种特殊形式的实在论——这种独特的观点隐藏在某些非实在论的版本中。一个推论便是，在关于物质（matter）的问题上，那些发现自己有着实在论直觉的人，要么容易受到工具论者的攻击，要么需要认真地对待多元论，因为多元论是它们唯一可以拥有的实在论。

6. 结语

我们起初以两种方式回应富足的方济会士道德上的不一致性。其中一个回应仅指出他本可以做得更少。这一回应相应于对因追求形而上学的奢侈而背弃休谟的人所做的挑战。实际上，这是非事实论者为了使人们理解诸如模态话语，论述如下主张时所做的事情：我们无需设定一个模态事实的领域；相反，我们可以把话语解读为非描述性的话语，如此一来，关于它的解释就不要求有这样的事实了。我在本章的主要目标一直是以另一种紧缩论的方式来挑战非休谟式的形而上学。相较于假定方济会士同其他任何人一样有着相同的人类需求，并同样有合理地满足这些需求的权利，我坚持认为，在承认这一点时，我们推翻的是这样的观点：自甘清贫中包含一些特殊的德性。

话语多元论因此允许背弃休谟的人谈论可能世界、模态事实等，而

---

⑭ 我在第三节中论述了，不管在任何情况中，一元论者的同一性原则不可能完全是本体论意义上，因为它必然包含有语义的成分。目前的要点是，如我们所看到的那样，奎因的寂静主义动摇了本体论策略的根基。

仅臣服于得到修正的奎因式要求,即这样的一种本体论为所讨论的具体话语提供了最为经济的基础(粗略地说,这一基础最能够保证话语能用来服务于它在人类生活中旨向的功能)。它拒绝做出这样的让步:这样的一种谈论绘制了单一的、独立的、实在的和直接的客观结构。相反,我们多元论者坚持认为,存在这样一种图景的思想是以关于语言的谬误理论为基础的,即以这样的观点为基础:存在一种单一的描述性或陈述事实的话语的实质范畴。⑮ 我们可以从这一观点中推出,关于形而上学德性概念的休谟式理解一直是误导人的。在承认堕落的休谟主义者获得形而上的慰藉的同时,我们因而否认了他们所追寻的休谟式形而上的德性,因为我们认为从不存在这类事物。

多元论因此对当代形而上学关于如下诸多论题的争论缺乏热情:模态、数学、道德话语、条件句,以及许多其他类似论题。最后举个例子,动机良好的多元论可能会允许人们认同某种如丹尼特(Dennett)对意向心理学的作用和起源所做的那类解释,但人们无需虑及这些观点是否等同于关于心理的工具论。⑯

有些读者可能会看到这种假想的优势,好比盗窃于诚实的劳动——或者,更为准确地说,懒散于诚实的劳动。但我认为优势应该在于,懒散胜于不必要且无产出的劳动——停止哲学中那些充满误解且毫无生产力的缝合性工作。的确,我们不能确定这一缝合性工作一直会是无生产力的,但是,明智的举动是思考最终的生产力依赖于哪些一般问题,这些思考将足以促使人们对这一问题产生怀疑。我强调的是,这些是自然主义的问题,尤其是与作为自然现象的语言相关的问题。(例如,这认可了那一重要的描述性的和非描述性的区分了吗?)这样一来,多元论的反对者将很难理所当然地忽视这些问题了。

---

⑮ 我们多元论者认为许多试图以第一种方式来对堕落的休谟主义者做紧缩论处理的人也深受这一错误观念的祸害。

⑯ 关于丹尼特本人对这一问题的回应,请参见 Dennett 1991。

至少，我们现在可以更好地理解最初探究的东西，并在此基础上继续我们的工作。然而，我们或许想要探究哲学中其他缝合性工作，探究其他此时似乎更有前景的任务：也许是来阐释获得真之描述性/解释性的一般研究进路；也许是在宽泛的意义上对不同领域内的话语做康德式审查或分类，在这样做时，我们需要以它们在人类生活中所起到的作用作为参照；⑰ 也许探究各种话语间的关系和断裂，这是很好的问题，我们此时探究的是一种不同的哲学——当然，这种哲学不是懒散的哲学。⑱

---

⑰ 或许，各种试图使得第二性的质的概念一般化的工作都体现了这个主题。例如，Wright 1993、Johnston 1993、Johnston 1989、Pettit 1991。我在本书第四章中对这类项工作进行了批判，并给出了与话语多元论一致的替代方案。

⑱ 我很感激在堪培拉、布里斯班、悉尼以及伍伦贡的听众，尤其感谢伯吉斯（John Burgess）、坎贝尔（John Campbell）、约翰·霍桑（John Howthorne）、迈克尔（Michaelis Michael）、佩蒂特（Philip Pettit）、谢潘斯基（Michael Schepanski）以及沃克（Mark Walker）等对本章早先版本所做的诸多评论。

第三章
语义的最小化理论和弗雷格论点

二十世纪中叶哲学的语言运动中,言语行为理论是影响深远的理论之一。在哲学自身的范围内,这一运动带来的产物大都没有产生持久的影响。在此方面,哲学的语言转向中最具特色的一个运用,其命运尤其令人感到诧异,这个运用体现在这样的观点上:许多传统的哲学问题都让位于对语言某一部分所具有的独特功能的理解。最为典型的是,人们认为关键的洞见是,与表面上看上去不同,语言的功能既不是断言性的,也不是描述性的;传统哲学问题产生的原因至少部分是因为未能认识到这一点。因此,道德哲学中的问题被认为是由于认识到道德话语是表达的而非描述的,心灵哲学中的问题被认为是由于认识到心理归因的独特作用,等等。二十世纪五十年代的哲学刊物中,这样的观点俯拾皆是。(这一研究进路在那个时候似乎没有一个被广为接受的名称,我拟称之为"非事实论",因为它最重要的特征在于,否认语言有某种陈述事实的作用。)

在那时,许多非事实论者力图吸收言语行为理论这一新术语,至少在一定程度上吸收奥斯汀(J. L. Austin)的理论。然而,多少具有讽刺意味的是,让非事实论名誉扫地的著作之一便是塞尔的《言语行为理论》(Searle 1969)。[①]非事实论因而与这场语言运动脱离了关系,但它至少

[①] 塞尔早在 Searle 1962 中便就这一问题做了论述。

在一定程度上从后者中汲取了灵感。情况便是这样的，但言语行为理论却在哲学之外蓬勃发展，它先前在哲学中虚假的作为被谩骂或被遗忘了。人们大都认为非事实论的覆灭主要缘于塞尔在二十世纪六十年代所做的一系列批判，以及由吉奇独立做出的批判（吉奇从弗雷格的论述中汲取了灵感）。

然而，哲学中的死亡鲜有彻底或永久的，人们新近重新关注到非事实论，尤其是在相对较新的在关于语言内容和心理内容的问题上的运用（例如 Kripke 1982, Boghossian 1990）。如今，哲学新手很容易忽视掉，这种研究进路几乎在一整代哲人看来是不足信的。重新审查人们通常所认为的关键反驳，这似乎是值得做的事情。毕竟，或许非事实论的确已经逝去了，而对一个已经逝去的哲学观点来说，其新的爱好者可能并未注意到它已逝去。如果非事实论没有逝去的话，那么知道它如何从那些致命的打击中逃生也很好。

因此，本章以对我称之为"弗雷格论证"（the Frege argument）的简要评估开始（尽管我将吸收吉奇和塞尔已经做出的有着推进性的论证）。该研究的一个可能结果是，重新确认吉奇和塞尔得出的结论，因此回归到 1965 年前后的状态上——或许，结果不会令人兴奋但有用的是，如果弗雷格的反驳是成功的，如今的非事实论便不得不再度躺回坟墓里。然而，实际的结果非常有趣。一方面，弗雷格论证最终被证明并不具有人们先前所认为的那种效率，以至于非事实论仍然是一个可行选项。人们已经接受的观点是，弗雷格论证的重要性在于"推翻了"语言哲学，这一结论表明，最好重新思考当代哲学。在上世纪五十年代的哲学家看来，许多当代形而上学的争论是不会有结果的且有着理解上的错误。如果不依靠弗雷格，想要驳回这种语言观的哲学家可能是位勇士，也可能是个莽汉。②

---

② 关于这一主题更多的讨论，请参见 Price 1992。

然而，在当前的语境中，我想强调重新审视弗雷格论证另一个不同的益处。我们将会看到，突然打开的这些问题是语言哲学中关注的一些基本问题，这些问题也是言语行为理论的根基。现在看来，我认为当言语行为理论在上世纪六十年代从哲学中分离时，关于断言、判断、描述等概念的核心问题很多都悬而未决，这一点是清楚的。我希望让人们认识到，重新审查弗雷格论证就是以一种尤为富有成果的方式来重新讨论这些问题。

本章由三个部分组成。在第一部分（第一节到第四节）中，我论述到弗雷格论证远没有定论。它给非事实论者施加了某些限制，但是，却未能揭示这些限制是无法达到的。我将会提及非事实论的一些重要工作，这些工作试图揭示它们的观点可以符合这些限制。结局似乎是最糟糕的，即非事实论者的罪责在于它作为一种语言理论太过复杂了，事实论者似乎避免了语言理论的复杂性——对于语言理论那些所有让人感到不快的方面来说，人们很少抱怨复杂性这个方面。

与此同时，想要把非事实论从这种复杂性中解脱的欲望促成了本章第二部分（第五节到第七节）的内容。这一部分吸收了人们近来感兴趣的理论，我在这里称之为 "最小化的语义学"（minimal semantics），它是对讨论中运用到的所谓 "真之最小化的理论" 这一术语的拓展。③ 简要地说，我认为非事实论者或许（1）承认道德判断（不管是什么判断）在某种最小化的意义上是陈述性的，非事实论者做出此让步以便能以同样直

---

③ 我从赖特那里第一次听到 "最小化的真" 这一术语，他在 Wright 1993 中使用了这一术语。Horwich 1990 也在一种非常不同的意义上使用了这一术语。粗略地说，赖特所谓的最小化的真指的是一种最弱的真之概念，这种概念同话语区域实在论（realism about an area of discourse）相容。他的这一概念既包含了真之去引号的方面，也包含了真之规范性方面；他认为，话语的某些部分（但不是全部部分）可以运用更强意义上的真之概念。另一方面，霍里奇则或多或少在去引号理论的意义上使用这一概念，他的这本书便旨在论述我们不再需要任何更强意义上的理论。出于本文的讨论目的，不管最小化的理论被理解为规范性的还是去引号性的，均无足紧要。尽管我在其他地方赞成的是赖特的观点，认为去引号并不能保证规范性，因此我们应该对这两者分开进行讨论。参见 Price 1988 part II; 1998。

接而简单的方式——这是事实论者所拥有的方式——来满足弗雷格论证提出的要求；但是（2）以这种方式重述了它们关于道德判断的特征的理解，以便使自己同如下命题不相矛盾：这些判断在最小化的意义上是陈述。迈向最小化的语义学的这一步因此能够使得非事实论者避开弗雷格论证。

我想指出的是，在这个过程中，我们获得了关于如下两者关系新的且富有启发性的观点：真之条件句语义学（truth-conditional semantics）和那种关于语言的语用思考，人们通常认为这种思考是对语力（force）理论的适当关注，或在更为一般的意义上说，是一种言语行为理论。根据新的表述，非事实论将我们的注意力引向话语中具体部分的功能上。（当然，非事实论对功能这一面的谈论不是新的；新的地方在于，功能明显是从关于我们正在讨论的言语表达的**语义**身份中分离出来的。）那么，认识到非事实论不必是一种语义理论，这使得我们不把功能的语义学（functional semantics）当作一种额外的、附加用于处理语效和语调的理论，而当作对意义理论的补充，其中，意义理论的任务在于解释语言的用法如何能够具有某种具体的意义，例如，言语表达如何具有道德判断的意义。

的确，这种重新做了表述的理论是否应当被称为非事实论，这是不清楚的。我们将会明白，这种理论不再否认那些有争议的言语表达是事实性的或断言性的表达。相反，它将这些言语表达视为相对表面的或不值得关注的语言范畴，在它们上面，覆盖着许多不同的言语表达。最让我感兴趣的地方恰在于语义和功能在范畴上的这种分层。例如，它暗示着，断言同人们一直所认为那样的相比，是一类稍微不那么根本的语言范畴。至多，断言是一种高阶范畴，它能够归并起一些非常多元化的语言活动。

与此同时产生了这样的问题：这些多元化的活动有着怎样的共同性，根据这种共同性，多元的活动得以成为单个高阶范畴的一部分。在本章的第三部分（第八节）中，我聚焦于对这一关键问题的讨论而得出结论，早先的工作常常忽略掉这一关键问题。我注意到，从某种意义上说，这一问题体现了弗雷格论证的某些洞识，因此我把非事实论者重构为他们的先辈那样，这是殊为不易的一件事情；但是，我也注意到，这一问题是非事实论的反对者不能逃避的问题，故而这些新问题是公允的双刃剑。

1. 弗雷格—吉奇—塞尔论证和塞尔未使用的漏洞

弗雷格论证开始于这样的观察：非事实论者的解释性特征在于，它仅对那些（**标准的，canonical**）语句或言语表达做出解释，标准的语句或表达有着这样的构成："……是可能的""……是善的""……是真的"，等等——它们不是从句，而是完整的句子。弗雷格论证注意到，存在许多其他由此构成的（**从属的，subsidiary**）言语表达，并认为人们提出的这些解释至少不能够解释某些新情况，然而他们有义务这么做。正如吉奇所言：

> 非描述的行为（performances）理论一般仅是在称某物为"P"的意义上思考"P"的用法；例如，关于真之确证的理论（corroboration theory of truth）思考的仅是在称某一陈述为真的意义上思考"真"之用法，而关于"恶"的谴责性的理论仅在被用于称某物是恶的时候才被想到；"真"和"恶"之谓词在"如果……那么"从句中，或在选言的从句中的用法则被忽略了。
>
> 人们不能要求对这些词项的用法做出的解释不同于对它们被用作称某物为真或恶的时候的用法做出的解释。因为这么做便意味着"如果 x 是真的（如果 w 是恶的），那么 p；但是 x 是真的（w 是恶的）；因此 p"这样的论述模式中包含着含糊其

辞的推理谬误，然而，实际上这些推理明显是可靠的。（Geach 1960: 223）④

塞尔版本的论述有几分不同，不同之处在于他承认我们有可能拒绝接纳吉奇所诉诸的假言推理的可靠性。塞尔反对诸如"好""真""知道"，以及"可能"之类的语词有着他所谓的"言语行为分析"（the speech act analysis）的性质，塞尔把其一般形式理解为"语词 W 被用于施行言语行为 A"。塞尔说，

> 任何关于语词（或词素）意义的分析必须同这样的事实相一致，即同样的语词（或词素）能够在包含它的所有在语法上不同的语句中，意味着相同的事物。（Searle 1969: 137）

例如，

> 语词"真的"在询问句、指示句、条件句、否定句、选言句、祈使句等语句中意味着或能够意味着相同的事物。

然而，塞尔认识到为了能够满足这一"充分性条件"，言语行为的分析家们——

> 没有承诺这样的观点，即每一个关于 W 的字面表达都是关于 A 的施行（performance）；更确切地说，他们承诺（可能主张）的观点是：关于没有施行这一类行为的言语表达，我们必须解释它们是哪种言语表达。（Searle 1969: 138）

---

④ Geach 1965 中重复了这一论述。

塞尔因此似乎赞成，从句在条件句中所起到的意义同它的标准用法的意义相同的情况下，我们就无需对此从句做出解释；我们仅需在如下情况中做出解释，即从句在条件句中的作用因受到规则的约束（这一规则同条件句的形式有关）而取决于标准用法中的从句的意义。如果吉奇诉诸可靠性的做法是成功的，那么这一观点似乎站不住脚了。演绎推理的可靠性将以这种在两种语境中保持不变的从句的意义为基础。

然而，如若承认这一可能性，塞尔则未能利用它。他正确地指出：

> 言语行为分析家们……仅……需要揭示……那些没有施行行为 A 的字面言语表达同施行了行为 A 的言语表达有着某种关系，这种关系纯然是功能上的，即所表达的语句同标准的指示性语句有着某种关系，而我们在表达标准的指示性语句时，施行了行为。（Searle 1969: 138）

但是，他认为这意味着如果这种语句"是过去时态的话，那么所报告的行为便是过去的；如果语句是假设句，那么行为也是假设的，等等"。他接着提醒我们如下明显的一点，即：

> 关于语词"好的""真的""可能的"等……言语行为的分析没有满足这一条件……"如果这是好的，那么我们应该买下它"不等值于"如果称赞了它，那么我们应该买下它"；"这曾经是好的"不等值于"我曾经称赞过它"；等等。（Searle 1969: 138—139）

尽管塞尔本人没有以其他方式涂绘这样的理论图景：诸如"P 是好的"（It is good that P）这样的从句的意义在各种语境下可能同它们自己本身的意

义有着系统性的关系；但是，如果一般的反驳得到回应了，这一问题也便清晰了，沿着这个方向我们将找到解决问题的方案。然而，来自演绎推理的论述成了拦路虎。让我们来验证下这个拦路虎的威力吧。

2. 诉诸演绎推理

正如吉奇注意到的那样，这一论述可追溯至弗雷格（Geach 1960：129-130），弗雷格在论述不能将语句的否定算子（negation operator）理解为一种语效符号（sign of force，指当被说出时，语句有着否定性的语效）时使用了演绎推理。弗雷格的论证分为两个部分：

Fr1：他注意到否定性的语句可能充当一个条件句的前件，而此时它不算作一种否定，由此可以认为，在这种情况中，否定句标记的是前件的意义或由前件所表达的思想。

Fr2：他由此推论到，如果我们想准许包含着这类条件句的演绎推理是有效的话，我们便不得不准许否定句不是否定的标记，即便相关的否定句是独自成立（stand alone）时。

Fr1 中援引的一般原则大约是这样的：

嵌入的语效排除（Embedded Force Exclusion，EFE）：当被嵌入在语境中时，语效修饰语（force modifiers）便不可能发生。

我们将很快回到对这一点的讨论上，但让我们首先思考 **Fr2**。这里的论述似乎是，演绎推理的有效性取决于（在条件句的前提下）前件从句的意义同该从句（在断言的前提下）独自成立时的意义完全一致。随之可以推出，因为（根据 **Fr1**）否定从句在前一种语境下不是否定性的，那么它在后一种语境下也不是否定性的。但是，正如黑尔（Hare 1971：87）所指出的那样，这样的论述可以解释为：当从句独立成立时，它也没有断言的语效。因为它在被用作为前件时，也缺少这种语效。

因而，一种更为宽容的解释是，**Fr2** 的论述依赖于如下主张：

> **意义同一性**（Sense Identity，SI）：即推论
> （1）如果非 P 那么 Q；非 P；因此 Q

是有效的，仅当第二个前提具有的意义（或表达的思想）同条件句的前件的意义（或表达的思想）是相同的。

如果我们认同 **Fr1** 的结论，即否定算子在决定（1）中的条件句前提的意义上有着修饰意义（sense-modifying）的作用，那么，它在第二个前提中的作用也必须是修饰意义的。因此，正如 **Fr2** 所主张的那样，否定算子有着修饰语效的作用，即便在标准的情况中。

诉诸演绎推理，其功能因此是将 **Fr1** 的结论扩展至关于否定算子的标准用法上（在吉奇那里，诸如模态和伦理算子也有着类似的情况）。但是，如何证成 SI 呢？从表面上看，吉奇的评论不能提供证成，不然这一推理便犯了含糊其辞的谬误。当然，"如果 P 那么 Q；因此 Q"的句法形式体现了一个谬误论证，这个句法中的谬误基于这样的事实，即 P 在每一个前提中是在不同的意义上被使用了。然而，直截了当地声称任何这类论述都是谬误的则犯了丐题的错误，我们要考虑到双方都同意（1）是可靠的。因为双方均赞成这一主张不相容于这样的观点，即（1）中"非 P"的两次出现有着不同的意义，但是，双方的分歧恰在于，在这不相容的命题中，该放弃哪一个命题。

总之，弗雷格和吉奇以 EFE 原则为依据来使用 SI。支持"在条件句的前件中，否定算子的修饰意义"这一主张的正是 EFE。但是，接受

EFE 的依据是什么呢？显然只是这样的观察：在这种语境下，没有做出任何否定。但是，这恰恰包含了我们在前一节中注意到的那一错误，即塞尔认识到的（但未充分做出探究的）我们应该避免的漏洞。实际上，塞尔认识到，为了能理解否定算子在嵌套式的语境中出现意味着什么，我们没必要说明这种次要的用法的意义同它独立出现时的用法的意义相同。它对包含它的语境的意义的贡献应该源于这样的事实，即当它按标准的用法被使用时，的确是一个否定的符号——这便够了。那么，我们便有明确的理由认为，就相关的次要立场中的否定而言，它有着指示语效（force-indicator），理由便是：为了揭示如果从句被独立地表达时，它将有着这一语效。

我们看到，塞尔本人没有利用这一漏洞。但是，到目前为止，我们在演绎推理中没有发现任何能阻止其他人这么做的障碍。相反，诉诸演绎推理在这一点上不得不以"不存在这种漏洞"这样的假设为基础。

3. 统一性的吸引力

弗雷格和吉奇的确对 **SI** 做了另一种论证，然而，这种论证也诉诸演绎推理。不同于上文中的论证，这一论证不依赖于 **Fr1** 的论证。实际上，它提供了一个独立于 **Fr1** 的结论的论证（也就是说，在条件句的前件中，否定算子修饰意义）。这一论证一开始便提醒人们注意，我们显然在如下表达句中有着意义上的同一性：

（2）如果 P 那么 Q；P；因此 Q（此时 P 不是否定性的）

并且，这一意义上的同一性显然对这里论证形式的有效性来说是关键的。随之，这种论证主张，如果（1）是有着相同推理形式的一个例子——在某种意义上，（1）的确是——那么，意义上的同一性必然起到了相同的作用。"统一性"似乎要求存在关于条件句形式的一般解释（common account），根据这种解释，意义的同一性在保证可靠性上一直发挥着作用。因此，这不是诉诸诸如可靠性的必要条件，而是诉诸对一类推论（这些推论在结构上明显有着相同的性质）的可靠性做出统一解释的需求。

这种理论同一性无疑是合理的，但是，获得它的唯一方式是把（1）看作（2）的一种特殊情况吗？为什么不把（1）和（2）看作有着更为一般形式的推论的两个特殊子类呢？在那种情况中，可靠性的一般标准是否包含所要求的意义的同一性，这是不清楚的。或许可能存在某种更为一般的条件，可以被还原为（2）这种特殊情况中的意义的同一性。在下一节中，我将对这类解释中的一种解释略作讨论。

4. 非事实论者对条件句的解释

那么，概括而言，试图回避弗雷格论证的非事实论者的任务似乎加倍了：首先，要合法地解释从属的从句中起到修饰语效的结构为什么有着重要性；第二，为"如果……那么……"这种结构的语言功能给出一般解释，以便能保证有效的论述能够（至少）在前件（antecedent）的位置上包含这种语效修饰语。我们最好先处理后一项任务，因为从属的语效修饰语的重要性必然取决于所讨论的从属的语境的本质。我们不应该期待一种单一的解释，它能够适用于任何一种从属的语境。当然，每一个解释都有共同之处，但是，这可能只不过是共同指向了所讨论的语效修饰语在标准的语境中的意义。

如今在论述某些存在争议的言语表达不是一类真正的断言时，非事实论者一般依赖在信念和其他种类的命题态度之间做出的区分。事先在心理上预设了这种区分，事实论者首先便争论，我们可以把断言描述为关于信念的语言表达；其次，这种存在争议的言语表达表达的是某种其他类的命题态度。因此，反对弗雷格的人或许会告诉我们，否定句表达的是怀疑（disbeliefs）而非信念；情感主义者告诉我们道德判断表达的是价值态度；或然性的主观主义者告诉我们说出"P是可能的"这样的话时，表达的是说话者对P有着很高程度上的信心；等等。

我们这里关心的并非这是否是一般来说会通向非事实论的必然道路，而是这样的事实，即依据相关的命题态度来说明语效的特征，这提供了避开弗雷格反驳（Frege objection）的方法。这种策略要求指示性的条件句本身可以被理解为非断言性的。真诚地说出"如果P那么Q"意味着说话者有着某种倾向，这种倾向可被称为"推论的倾向"——它是一种心理状态，指的是如果说话者有着同言语表达"P"相关联的心理态度的话，那么她将会有着同言语表达"Q"相关联的心理态度。例如，说出"如果天不下雪，那么鲍里斯便已经去游泳了"这样的表达即是表达了一种从怀疑的状态，即天在下雪，推理出鲍里斯已经去游泳了这样的信念的倾向。

这个建议明确地说明了，当起到修饰语效的表达式充当的是条件句的前件或后件时，它对标准的表达式起到了同样的作用。在每一种情况中，它标识出了（marks）整个言语表达的意义同某种命题态度（诸如怀疑、信心的程度、评价态度等）之间的关联。我们所讨论的具体发生的表达式的其他特征，首先确定了所给定的那类表达式包含了怎样的具体的命题态度——换句话说，即包含了怎样的内容——其次是，这一命题态度同言语表达整体相关联的心理状态如何建立联系。举例来说，在否定的标准情况中（即说出"非P"这样的表达），否定是最外层的算子这一事实意味着，同言语表达整体相关联的心理状态只不过是怀疑本身。而在条件句的情况中，（例如）表达式出现在前件的位置上，则表明拥有我们所讨论的怀疑状态是同该条件句相关的推论倾向的前件。（如果条件句本身作为某一更大的言语表达的一部分，那么这一决策过程可能会被迭代。）

把这个建议从如下的主张中区分出来是很重要的：条件句是对说话者拥有的这种推论倾向的**报告**。假若真是这样，条件句的言语表达将会是**关于说话者心灵状态的断言**，我们可以根据说话者是否实际有着这样的推论倾向来判断它的真假。然而，这一提议旨在根据条件句的**主观断言性条件**（subjective assertibility condition）而非其**成真条件**来解释条件句的意义——也就是说，根据说话者一般情况下的状态来给出条件句的正确用法。（我对"主观断言性条件"这个术语的使用包含了这样的意义：陈述 P 的正确用法的一般条件是某人相信 P。这样说并不是说在断言 P 时，某人断言他相信 P。）⑤

上述提议类似于黑尔在回答弗雷格反驳时所给出的提议——尽管前者或许比后者更为刻意。黑尔相当好地总结出了共同的核心洞见，他说道，"如果我们知道如何做演绎推理"，我们便知道条件句的意义。换句话说，关键的地方在于，我们能够确认"如果 P 那么 Q""如果我们知道我们能够确认［P］，那么我们便继而能确认［Q］"（Hare 1971: 87）。因

---

⑤ 关于这一重要却常被忽视的区分的更多讨论，请参见 Hare 1976。在一个相关点上，达米特曾建议，如果沿着"假若我赞成 P（或对 P 做出承诺），我便承诺了 Q"这一思路来解释"如果 P 那么 Q"的话，那么这一条件句可为非断言性的前件提供容身之处（参见 Dummett 1973: 351—354；另请参见 Wright 1988: 31—33）。然而，恰是因为这一建议混淆了条件句的主观断言性的可行条件和相关判断的内容，这一建议容易受到这样的反驳，即在说"如果 P 那么 Q"时，某人不是（不必然是）在说关于自身的情况。在思考关于或然性的非事实论者的解读的这一语境下，科恩（Cohen 1977: 29, n19）反驳了达米特的方案。科恩注意到，如果达米特的解读适用于或然性的情况，那么这一解读应该也可用于构造如下表达式的意义："假若我谨慎地断言（同意）A，那么我应该断言（同意）B。"但是，这一用法不是"如果 A 是可能的，那么 B"这一表达式所解读的用法。因为，尽管假若我谨慎地断言（同意）午后天气多云，我也应该断言（相信）我对天气的预报是非常小心的——这可能是真的，但"如果多云是可能的，那么我是非常小心的"则不是真的。

然而，根据上述所叙观点，条件句"假若我谨慎地断言 A，那么我应该断言 B"同从某人谨慎地断言 A 的信念推出某人断言（或将会断言）B 这一信念的倾向相关。没有什么能够阻止某人持有这一倾向，但这一倾向不是从相信 A 是可能的推出相信 B 这一信念的倾向；正是后一种倾向同"如果 A 是可能的，那么 B"这一条件句相关。（科恩在那里对达米特的解读做了进一步的挖掘，指出"如果 A 是可能的，那么我应该不喜欢谨慎地断言 A"没有什么特别的用法，而在同一条思路上，有这样的用法："即便 A 是真的，我也不愿这么说"。当前的观点也大抵以相同的方式来处理这一问题。）

此，说"如果非P那么Q"便意味着（尽管不是**说**）某人的心灵状态是如此这般的，以致如果某人否认P的话，那么他便会确认（或准备好确认）Q。因此，推论（1）的正确性相当于这样的事实：（1）正是由条件句的前提所传达的（signaled by）预备做出的推论；关于（2）也大抵可以这么说。在这两种情况中，推论的正确性因此是分析性的：条件句的标准用法只不过是为演绎推理颁发特许证书。再者，否定算子在条件句前件中的修饰语效的作用如今也清晰了。它有助于具体说明情境的本质，在这些情境中，说话者表明她将准备肯定后件——也就是说，在这些情境中，她将准备否认P。

在黑尔或我的表述中，这一解释当然只是个开始。为了能够揭示"推论的倾向"这个概念能够为一般语言中的指示性条件句，以及包含了这些条件句的简单的逻辑推论提供令人满意的解释，还有许多工作要做。并且，即便这些解释能够适用于条件句，它也许被拓展至许多其他附属的语境，（非事实论者认为）在这些语境中可能出现起到修饰的语效的算子。对于每一个这样的语境而言，我们需要能够把语境自身的一般语言功能同关于所讨论的算子的可行假设（working hypothesis）联系起来，也就是说，它们独立的用法是用来传达某些非断言性的语效。然而，即便如此，这种关于条件句的解释的确可用于制定一个关键且一般的要点。用黑尔的话说（当然黑尔关注的是道德情况）：不可能在语句不是断言的情况下来描述"语句包含了否定"这一事实；人们必须根据更为复杂的否定性的言语行为来解释这一事实；只要我们能够解释这些语境和否定性的语境之间的关系，那么在语境不是否定性的时候，就没有什么能够阻碍（no bar to）否定的出现（Hare 197：93）。

根据已有的文献，黑尔不是唯一一个试图对有着非断言性的前件和后件的条件句给出解释的人。此外，我已经提及了达米特（参见注释5）。布莱克本也提到了这一问题，他的意图还在于反对弗雷格论证而捍卫一种伦理的非事实论。他的建议是：

(3) 如果 P 是善的，那么 Q 是善的

本身便是一个价值评论：粗略地说，它表达了说话者对如下倾向［或如布莱克本称之为的"道德情感"（moral sensibility）］的赞成——假定某人赞成 P，那么他赞成 Q（具体请参见 Blackburn 1971, 1984）。像我和黑尔的理论一样，这种解释有着这样的关键特征：它使得内嵌的修饰语效**取决于**而非**同一于**该修饰语效在标准的语境中所起到的重要作用。然而，这么说的话，在我看来似乎布莱克本的解释相较于上文所描绘的进路来说，稍不合理。其缺点在于，布莱克本的解释没有为条件句的言语表达提供单一的统一解释，他将内嵌着道德从句的条件句视为一种特殊情况而给出了必要的解释——一般来说，条件句不表达道德情感。我怀疑布莱克本混淆了两种认同概念，第一种是语义上的认同，即我们在赞成某一命题时而对命题的认同；第二种是特殊的道德认同，即我们在赞成时对某一行为或事态的认同。存在争议的是，赞成是否总是包含有评价的或规范的成分。赞成某一命题就是认为该命题是对的、正确的、真的。但这只不过意味着赞成某一伦理命题涉及两类价值态度。同意战争是罪恶的便认为"战争是罪恶的"这一命题是正确的，并在那一意义上认同它；同时，它还表达了某人对战争的不赞成。然而，有了这些关于认同的概念上的区分，似乎便无理由说接受了道德条件句必然不止涉及语义上的认同。条件句本身无需表达道德态度，即便它可能表明了说话者的道德和非道德态度之间有着某种结构上的依赖性。"如果所有的战争都是恶的，那么海湾战争是恶的"只不过是一种逻辑真。⑥

---

⑥ 布莱克本（Blackburn 1988）回到了有着道德前件的条件句的问题上。他在那里区分了研究这一问题的两种可能路径，一种（"慢轨上的准实在论"）保持了他自己旧有的路径，另一种（"快轨上的准实在论"）则更类似于如上所提的路径。他论述了两种路径比它们乍看上去要有更多的相似性。我同意他的说法，但怀疑当局限在道德的情况时——这不是布莱克本版本的慢轨准实在论而是某种更接近于黑尔的东西——快轨准实在论能够带来什么。

5. 最小的转向

因而弗雷格论证的威力比看上去的要弱很多。当然，它不是无懈可击的，为了揭示如何能够利用其弱点，人们已经做了大量工作。同时，似乎的确至少有一次冲锋（charge）成功地在那些试图规避弗雷格论证的富有创意的尝试中突围了。即便成功地突围了，人们还要付出提出非常复杂理论的代价。存疑的是，这是否算得上是反对需要付出如此代价的观点的论证，但这有效地表达了这样一种遗憾：我们不能够拥有简单的标准解释。要是我们能够正当地保留诸如可靠性、真之函项的联结词等诸如此类的老生常谈，而无需切断自身同非事实论的洞识的联系就好了。

嗯，或许我们可以。我们可以在人们新近谈论的关于最小化的真之概念中获得一个积极的暗示。在此方面，霍维奇在关于最小化的真之理论的新书中提到，这种真之概念同诸如元伦理的情感主义立场不相容，当然此处的情感主义者指的是未坚持根据真来试图说明其道德判断的观点的特征的那些人，因为在这种情况中，最小化的概念无法支撑起真之分量（Horwich 1990：87—88）。⑦

在当前的情况中，这意味着我们或许可以把最小化的真之概念拓展至最小化的陈述性概念（a minimalist notion of statementhood）。（最小化的）陈述只是我们有理由认为"它（在最小的意义上）是真的"的任何言语表达——换句话说，实际上，它是能够提供被代入"P 是真的"这一语境的结构良好的替换项（well-formed substitution）的语句。如今确定的是，情感主义者以及其他非事实论者没有否认某类指示性语句在这一最小的句法意义上是陈述；他们心中想着的是一些更强的论题（尽管

---

⑦ 有一个类似的思潮，它有时被用作反对非事实论的论证，例如 McDowell 1981 以及 Wiggins 1976。

或许他们根据更强的真之概念来表达这一论题）。因此，根据现有的证据来看，在回应弗雷格论述时，我们有着做出简单折中的余地。如果弗雷格主义者承认关于可靠性、真之函项的联结词以及诸如此类普通的老生常谈的话，那么非事实论者便有资格认同这些老生常谈的表面价值，而不必着手那令人惋惜的错综复杂的回避策略。

双方都可能基于他们发现最小化的真之概念和陈述性是无吸引力的而抵制这种折中。正如前文所述，非事实论者可能想根据更强的真之概念来建立自己的立场，而弗雷格主义者则可能感到最小化的概念对于逻辑和语义理论的目的——包括对诸如演绎推理这种推论的可靠性做出的解释——来说，是不充分的。我不拟在本章直接讨论这些思考。[⑧] 相反，我想概述出，如果非事实论认同这一折中的话，它将可能采用的形式，因此间接展现出这一折中可能是人们乐于接受的。我也想揭示出随着这一折中而来的最小化的语义理论的特征——尤其是，指出它与正统的弗雷格语义学有何不同之处。

6. 事实和语义功能

假若我们接受道德判断在最小的意义上是描述性的，即我们可以认为它们在最小的意义上是真的或是假的，那么我们如何来阐述关于这类判断的非事实论理论呢？

我们可能诉诸心理学，认为道德判断不表达信念，而只表达价值态度。这样做的直接麻烦是，我们关于陈述的最小化概念将会带来最小化的信念概念：最小化的信念将只是那种最小陈述中所表达的命题态度。因此，我们需要在信念态度和价值态度之间做出实质的区分。这里我们

[⑧] 在 Price 1988 第二章中，我详细地论述了非事实论不可能以令人满意的方式建立在真之概念上，而霍维奇（Horwich 1990）在回应这一主张时说，最小化的真之概念对于各种理论上的目的来说，不是充分的。

在最小的意义上使用的"信念"概念最好是关于一类特殊信念的谈论。由此而至的立场相当于下文所说的心理学的观点。

让我们以这样的老生常谈开始：语言发挥着许多不同的功能。人们容易赞成这一点，但更为困难的是，决定如何雕刻出细节——语言的各种功能到底是什么，或者说，在这一语境中，语言的功能实际上意味着什么。一个非常诱人的观点是，认为语言的主要功能之一（或许实际上首要的功能）是描述或做出事实性判断的功能。我想敦促人们认识到我们应该抵制这一诱惑，与之相反，我们应该把这一特别的功能范畴视为人造的范畴，它是由语言结构本身所强加的。我想给出这样的建议：它显而易见的那种同一性和融贯性是表面上的，覆盖其上的是可观的多元性。用一个我在其他地方诉诸的类比来说，我想建议的是，描述性这一功能范畴类似于人工任务（manual tasks）。人工任务的共同之处本质上是，它们都可以或能够徒手完成（performed by hand）——从生物学的视角看，正确的说法不是说手已经进化至能够完成一个单一功能的那类任务，而是说那类功能是由各种分类的任务所组成的，这些任务偶然间由于这样的事实而遇在一起：在偶然的进化过程中，人的手完成或可以完成所有的功能。

我将用"最小化的描述"这一术语来表示任何能够在最小的意义上为真或假的言语表达。这一建议因而是，在最小化的描述的集合内，我们可以发现能够起到各种不同语言功能的言语表达的子集。（当然，当我们能够在某一言语表达中结合起这些次语句的构造时，这些子集将有重叠之处。）

现在，让我们假设某些最小化的描述起到的功能之一有着这样的特征，即它们是关于物理世界的一般描述和（或许更具争议性的）科学描述。直截了当地说，我们可以说这部分语言的功能是，表达说话者所处的物理环境中存在着的某些条件。如果我们试图更加精确地说明这一点，将会有许多问题浮现。一方面，人们很难避免不知不觉地陷入关于事实、事态等诸如此类的语义的语言中,这将会很快把我们引回到我们试图远离的那一立场上,即相关的功能是作为整体的最小化的描述所起到的功能。另一方面,在诸多相关的方面,对"物理的"限制是不明确的。例如,我们把这类事物视为倾向吗?或者,它们模态特征已经排除了作为倾向的可能?

不过,做出精确的表述不是关键的。重要的是,非事实论者应该能够留意到(例如)道德话语的功能与那些至少作为非道德话语的重要部分的功能或功能簇之间有着怎样的差别。就这一或许可以做出的对比而言,假定存在一个单一的、清晰可辨的语言任务会使事情简单化了——让我们称此任务为物理信号(physical signaling)或自然描述——但我们应该以更为一般的方式来详细阐述这一论题。

鉴于这种简单化了的假设,我们因而有了最小化的描述的语义概念(或许更好的说法,是句法概念)和自然的描述(或物理信号)的区分。那么,我的建议是,我们可以认为非事实论者的核心论题是这样的,即在某些情况中,我们系统化地混淆了最小化的描述和自然的描述。道德判断(或不管什么判断)是最小化的描述,但是它们不是自然的描述。毋宁说,它们起到某种非常不同的语言功能。

这一建议在什么程度上同非事实论者通常会说的那类事物相容呢?从某种意义上说,对"语言的功能是曲解"的强调,这是任何非事实论论题的核心成分。首先,非事实论是这样的学说,即人们系统化地曲解了某一类言语表达系统(这造成了重要的哲学后果)。然而,人们通常根据语义范畴来总结功能上的要点——陈述事实—非陈述事实的区分,或诸如此类的东西。换句话说,我们应该以语义的方式来理解相应的功能上的划分。但是,根据目前的解释,非事实论者的要点变成纯粹功能上的了,语义学在区分出的双方都是最小的那类语义学。然而,在我看来,令人诧异的是,这一转折对非事实论者的推理在哲学上的功效影响甚微——相应地,在哲学上的后果也大抵如此。例如,因为标准的原因

(standard reason),人们裁定对道德属性所做的自然主义还原是不恰当的（即是说，它曲解了道德判断的语言作用）。

让我们来更具体地思考其中的原因。考察下情感主义吧。情感主义者一般会说，道德判断表达的是价值态度而非信念。只要我们在最小化的信念和自然的信念之间做出区分［相应地，在最小化的描述和自然描述（物理信号）之间做出区分］，情感主义者的这一观点便同我们所需的解释相符。因为这样我们可以把情感主义者的论点理解为这样的观点，即道德判断表达价值态度，并且尽管（当然）存在最小化的信念，但它们不是自然的信念。（正如我们可能总结的那样，它们的功能不在于把主体的精神状态同物理环境相匹配。）这一主张实现了这样的一般工作，即平息了关于道德事实本性到底是什么的哲学忧虑。至于描述所指向的事态的真正本性是什么这一问题，是一个可以用自然主义的方式恰当提出的问题——如果相关的描述是自然的描述的话。在这种情况中，它可能是一个可以用科学方式加以探究的问题。但是，如果我们拥有的全部是最小化的描述（或实际上我们是从最小化的语义视角来思考自然的描述）的话，那么这一问题便犯了范畴错误。唯一可能的答案是同最小化的真之概念有关的那种老生常谈。

让我对这一提议可能引起的两种思考略作讨论吧。一种是这样的思考，根据这种观点，关于道德话语的非事实论同某种形式的道德实在论之间似乎不存在差别，也就是说，尽管存在道德事实和事态，但它们不是自然世界的一部分，故而不可被还原为自然的或物理的事实。（类似地，反驳将会是，我们无法从某类形式的二元论中区分出关于心理归因的非事实论。）我认为这是非常重要的一个反驳，要公平地对待这一反驳，我们要对它多加注意，而在这里我无法对它做出更多的讨论。简要地说，我的观点是，在如下意义上这一反驳容易招致和预期相反的效果：它的效果是削弱了这类非还原论的实在论的信誉。在最小化的语义学的背景下，我认为不可能从（维特根斯坦式的？）多元论形式中区分出这些立场,前者认可"语言包含许多不同种类的话语"这种可能性。的确,非事实论也是沿着这个方向提出来的,但是我认为它进展得更好,我们能够以其他方式来兑现它对不同话语的不同程度上的客观性思考(参见 Price 1992; Price 1988; part II; Wright 1988, 1993)。

第二种思考同我们一开始的问题更为密切相关。人们常用关于意义理论结构的新弗雷格观念来说明非事实论的特征。也就是说,非事实论者经常被描述为有着这样主张的一类人:人们错误地认为某些句子构造的作用是修饰包含这些构造的语句的意义,而实际上它修饰的是语效。否认存在否定句,即弗雷格最初在描述弗雷格论点时所做的攻击,再度为我们提供最为清楚的例子。⑨ 如果以我建议的那种方式来描述非事实论,非事实论那一吸引人的特征将会何去何从呢?我们应该以专门的一节内容来讨论这一问题。

7. 最小化的语义学中的意义、语效和功能

我们可以在如下思潮中聚焦上述思考。最小的真之倡导者强调它与塔斯基的真之理论以及研究意义理论的真理论路径(truth-theoretic approach)之间的密切关系。[相反,关于真之真理论概念的"最小理论"则已经为诸如麦克道威尔这样的作者所强调(具体请参见 McDowell

---

⑨ 认为对否定所做的否认性解释(denial interpretation of negation)是非事实论的一个例子,这似乎会让人感到奇怪。正如亨伯斯通(Lloyd Humberstone)总结的那样,"非事实论的……传统发展和以语效为基础对否定的处理之间似乎存在着惊人的不连续性。从未没有人提出关于否定陈述的非事实论论题"(Humbergstone,私人往来函件)。的确,有些版本的非事实论在吸收关于否定的否认性观点(denial view of negation)时会出现麻烦。以拥有成真条件的方式来描述这一观点的特征能够合理地坚持诸如下述观点,即当 P 为假时非 P 非真,P 为真时非 P 为假。然而,如果以弗雷格主义者的方式来解释,这类有着其他形式的非事实论的否认性观点看上去便更加自然了——一般的主张是,有些言语表达缺乏断言语效。在我看来,亨伯斯通所谓的"非连续性"实际上是个程度上的问题,相关的可变因素在于,可以轻松地将真和假拓展至我们所讨论的有着非断言性语效的言语表达上。在否定的情况中,真与假的双极性实际上保证了这种拓展是非常容易做到的。

1981）］。但是，难道这不意味着⑩如果非事实论者认同最小的真，那么他们就会变成事实论者了吗？由此产生的意义理论中，例如，有着"非P"这一形式的言语表达便有着断言的语效。

非事实论者的反应必须是，接受这一结论但否认它有着其反对者所声称的重要性。关键的要点在于，根据最小化的解释，该结论同非事实论者关于否定（在这里）的重要性的积极论题不相容。因为关于否定的非事实论者无需声明放弃这样的观点，即否定在语言中的首要作用是提供一种普遍的工具，人们借助它用以表示对某些具体的命题的反对；或用心理学上的总结，这个观点是，否定是关于怀疑的表达（expression of disbelief）。因为此，非事实论者如今也注意到这种否认的活动是那种可以根据最小化的真之概念来描述的富有成效的语言活动，因而在最小化的语义学的意义上，变成了一个断言。

值得一提的，这打开了一个比反对派所提供的更为可信的关于否定的观点。在接受弗雷格对关于否定的否定性解释（denial interpretation of negation）的批评时，吉奇认识到，这让他承诺了如下观点：怀疑（disbelief）必须被理解为"信念不是"（belief that not）。他说道，

> 相信，类似于看到，没有相反的极……"赞成"和"反对"之间的区分，以及喜爱和不喜爱的态度之间的区分仅在欲望、意志以及激情的领域内，而非在信念的领域内有容身之处；这揭示了把宗教信念当作为喜爱某种事物的态度是错误的。（Geach 1965：455）

撇开吉奇对宗教事实论（religious factualism）的仓促辩护不谈，让我们来思考这种观点对我们关于否定的意义的理解有着怎样的影响。至

---

⑩ 实际上，正如麦克道威尔所暗示的那样（参见 McDowell 1981：229, n9）。

少在同时赞成 P 和非 P 两者一般会犯某种严重错误的意义上，所有人都会同意不能同时接受 P 和非 P。弗雷格主义者是如何说明否定这一令人印象深刻的特征呢？显而易见的建议似乎是，它源于这样的事实，即通过对否定的真值函项的分析（truth-functional analysis），P 和非 P 不可能同时为真：如果 P 为真，那么非 P 则为非真，相反亦如此。然而，按照现有的情况来说，这个事实并没有为我们带来更多的认识，因为就"P 为真"和"P 为非真"［或"非（P 为真）"］这个对子来说，初始的问题只不过再度出现了。似乎有所推进的是，注意到如果 P 是真的，那么非 P 为**假**，但这只不过是以引入另一个难题为代价而避免了当前的难题。如今需要解释**真**和**假**是什么，借由真和假，人们会欠考虑地赞成某对命题是以这样的方式联系在一起的。简单地讨论两个语句的真值是"不相容的"或"不融贯的"，这是没有用的，因为这样一来，问题将会是为什么不相容性本身是重要的——为什么理性的说话者应该在她赞成的诸多言语表达中尽力避免它。

所有的教训在于，"不相容性"的概念有着内在的双极性：也就是说，它需要两个人非常合拍地跳探戈舞，从某种非常特殊的意义上说，这两个人必然不可能一拍即合。在心灵-语言-世界三角关系的某个节点上，这种不相容性必然会出现。脸皮足够厚的哲学家们可能倾向于在这三角关系的语言-世界关系的某个节点上接受初始的双极性，此时双极性或许指真与假之间初始的对立，或者指否定性的事实和肯定性的事实之间的排斥性关系。在这两种情况中，他们均有着把形而上学和心理学的、语言学的实践关联起来的任务。实际上，他们不得不解释说话者如何认识到世界中有着不相容的关系，他们联系起自己关于否定的理解，因而在避免"P 且非 P"这种判断形式时，他们表现出了适当的审慎性。

如果我们从心理学一方开始，那么事情便简单多了。我们既不需要否定性的事实，也不需要真和假之间初始的对立，我们仅需要领会我们面临的情境是，生物的行为部分或许是为我们将之不严格地称为承诺的东西所决定的——各类不同的行为倾向是可变的。这个背景下的前提是一个非常简单的前提：如果生物只能借助天生具有的工具来迎接未来的话，那么它需要有着根据过去的经验来为未来做准备的能力。似乎可信的是，这是任何有着合理且复杂系统的行为倾向的生物所具有的特征，如果倾向促使它们产生不同方向上的行为，那么相关的状态间可能会发生冲突。为了避免行为上的混乱无序，任何能够做出这种承诺的生物因此需要能够从它当前的储备中移出一些承诺，并添加一些新的承诺。尤其是，它需要能够在行为中具体产生冲突之前，辨认出这些冲突，并对相应的承诺做出调整。它需要能够根据另一个承诺而**拒绝**某个承诺。

这种拒绝的行为在功能上不同于认同这种更为简单的行为（认同的行为是，在某人现有的储备中增加一个承诺）。更为重要的是，它与更为简单的行为在功能上的关系，具体体现了我们正在探寻的不相容性。（连续地拒绝并认同一个既定的承诺的不可能性和同时进入并离开同一个房间的不可能性大抵相同。）可以推测的是，如果我们把否定解释为一种原初的否认符号，而否认是在语言上对拒绝的表达，那么，我们应该有望解释同时认同 P 和非 P 这种企图有什么错误。

总结而言，我们在回复吉奇时可以说，尽管严格说来，吉奇说"信念是非双极的"是正确的——因为我们可以在不知道另一极的情况下理解承诺；而对信念的功能的思考则明确说明了，拒绝做出承诺的能力对除了最为单纯的信念持有者之外的所有人来说，都是关键的。判断如若有用，它必须在最初的阶段就是双极的——承诺既可以被拒绝也可以被认同。这也是我们对语言事实开始做出解释的起点，如不然的话，语言将仍然保持其初始性和神秘性，这种解释依赖于如下假设：否定的首要作用是表明否认，或表达怀疑。⑪

---

⑪ 关于这个假设的优点以及复杂性的更多讨论，请参见 Price 1990。然而，目前的解释（根据对承诺做出拒绝这一过程的需求做出的解释）在我现在看来，比我早先的论文中的相应部分更为简洁，也更加有力。

这个建议是，否定因而最初便是语效修饰语，目前为止，它表明语言的推理（a linguistic move）和语言其他部分的不同在于，它有着语用的重要意义，即有着不同的功能上的作用。然而，一旦被归并进来，有着这一新的重要意义的言语表达，与旧有的言语表达一样，将受到同样运算（operations）的恰当限制。如果这个建议令人感到困惑的话，那么下面这个类比可能会有帮助。负整数起初是通过一种相当新的运算而被引入的，人们用正整数来运算，以得出一种新的数学实体——这种实体不再是原先认知意义上的数字了。已有的运算（例如"加"）自然也被拓展而被运用于这些新实体，然而，结果是人们渐渐也把新实体看作数字。采用这样的符号约定，即符号指的是有着"［…］"这样形式的数字，通常的表达"–2"因此在句法上可以被更为清晰地表达为"–［2］"或者"［–2］"，这取决于我们是否把负号所指示的运算结果本身视为数字。这里没有唯一正确的分析，有的只不过是表征同样事物的可供我们选择的方式。唯一实质的问题是，为什么 –［2］是那种可以被当作数的东西，被当作旧有用法的拓展——这一问题的答案在于，这些算数运算是否能够自然拓展至更大集合内的数字。（在语义学的情况中，存在相应的问题么？我们将在下文中看到，存在相应的问题。）

在否定这种情况中，结论是，我们不必在否定表示否认（或表达怀疑）这一观点和否定表示断言有着否定的内容（或表达这样的一个信念）这一观点之间做出选择。只要我们能够以恰当的方式处理最小化的信念概念，那么我们就能同时拥有这两个观点。怀疑或异议是在先的，因为正是这种体现在功能上的概念首先揭示了否定的存在和作用。但是，假如怀疑的表达是以最小化的断言形式呈现的，那么我们就可以认为它是对信念的表达。

用弗雷格的方式总结说，我们可以说意义和语效的界限不是绝对的——我们可能有着两种（或更多的）分析既定的言语表达的方式。"非P"可能既被看作对命题 P 的否认，也可以被看作关于非 P 这一命题的断言。对否认的功能做语用上的解释时，我们无法将关于意义（meaning）的理论与"意义"理论（theory of sense）相分离，它们都是子理论（sub-theory），其任务在于，解释语句为何具有特定的"意义"——例如，语句为何具有否定判断的"意义"。

这两种分析结合了意义理论的两个不同的方面。这种老生常谈——知道语句的意义就是知道其正确用法的条件——有着两种重要的不同解读（我们并不总是能以恰当方式对这两种解读做出区分）。我们可以认为它指的是我早前称之为主观断言性条件的东西，从而它便等同于这样的主张：

（4）知道"天在下雪"的意义就是知道当某人相信天在下雪时，说"天在下雪"一般是恰当的。

或者，它可能指成真条件，如此一来，主张便是，当且仅当天在下雪才能正确地说"天在下雪"，或者，用人们更为熟悉的表达式说：

（5）"天在下雪"是真的当且仅当天在下雪。

当然，这些主张是不相容的，的确有这两类关于意义的知识。（5）体现的是我们期待的对内容作具体说明的真之理论（a content-specifying truth theory）的定理形式——用母语言（home language）中的语句来具体说明对象语言中的语句的意义。正如人们经常强调的那样，这项事业仅需要薄的真之概念。因此，它一贯适用于对象语言中所有最小化的描述部分。

另一方面，原则（4）则有着应对功能视角的资源，这对人们提议的对非事实论的重构来说，十分关键。我们可以举这样的例子：

（6）知道"非P"的正确用法就是知道只有在怀疑P的情况下，说"非P"一般是恰当的。

请注意，如下这个例子与（4）是相容的：

（7）知道"非P"的意义就是知道只有在某人怀疑P的情况下，说"非P"一般是恰当的。

根据最小化的信念的方式来解释，我们可以认为（4）对于所有的最小化的描述来说，是真的。但是，只有（6）抓住了有着形式非P的言语表达的独特之处。

那么，总结而言，人们提议的对非事实论的重构在建立意义理论的目标上不会遭遇到什么特别问题。在某种程度上，我们可以通过说明具体内容的真之理论来实现这种目标，重构后的观点同标准的解释一致；而在另一种程度上，这种真之理论需要由有着形式（4）的命题来补充，这种形式有着足够的灵活性，从而能够容纳重构后的观点所采用的功能视角。

8. 结论：对断言的解释

在本章开篇处，我暗示了重审弗雷格论证的重要性不仅体现在该论证直接影响着非事实论者研究各类哲学主题的路径是否有成功的可能性，还体现在它所允诺的新鲜视角。透过该视角我们看到语言哲学和言语行为理论中一些为人忽视的问题。正如我们将看到的那样，后者的利益部分依赖于一种与前者有关的重要限制条件。非事实论者走的路并不像上文所示的那般顺利；对那些有兴趣在这条道路上颠簸前行的人来说，真正的宝藏更在于语言自身而非语言在哲学上的运用。

概言之，我已经建议帮助非事实论最好的方式是，先采取策略性的撤退，而后在新的基础上再度进军。非事实论者应当承认他们陈述自己观点的方式——即用语义学的方式——是错误的。他们本应当这么说：他们所反对的错误在于，把实质的形而上学结论曲解为语义学。向语义学妥协并没有什么重要的损失，因为语义的冰层实在太薄弱了而不能支撑起任何一方的观点。非事实论者关于（例如）道德话语所具有的独特作用的直觉最好根据它起到的功能而非以语义的方式来说明。

正如先前提到的那样，因此带来的观点是否应该被称为"非事实论"，这是个问题。人们可能会建议非事实论者举旗投降，放弃他们站不住脚的语义立场。从某种意义上说，这是一个相对不重要的变化。这种观点仍然留有同许多非事实论者的宿敌作战的资源。例如，在道德的情况中，它仍然不仅反对那些栖居在有着神秘的道德事实和属性世界中的形而上学实在论者，它还反对那些逃离形而上学的梦魇却转而投入取消论或自然主义的还原论怀抱中的人。非事实论者一直坚定地反对这些选项，并在这一新的旗帜下继续战斗。

虽然如此，传统的非事实论者可能对这一新的调整中的某些方面感到不适。非事实论者习惯于同反实在论一道出现，即便在某些情况中，这么做会让人感到不大舒服。接受了这一新的图式时，他们同盟者自然是实在论者，尽管是那种非形而上学的实在论者。再生后的非事实论者将会发现自己与提出最小化的实在论的哲学家们，诸如维特根斯坦、戴维森和罗蒂等人，惺惺相惜［尽管我在其他地方指出（参见 Price 1992），再生后的观点在一个关键方面对这些最小化的解释做了改良，它把我们的注意力引向了语言的不同部分有着怎样的**目的**这一问题］。

当代哲学家中，布莱克本的观点似乎同我重构后的非事实论观点相近。布莱克本一开始讨论这样的休谟式观念，即我们把自己的态度和偏见投射到世界上，并把世界看作由我们自身构建的表面事实所构成的。他接着说，非事实论者可以这样解释我们的话语，即仿佛真有这样的事实——换句话说，休谟式的"投射主义"有资格拥有真之概念，以及实在论的语言实践所具有的其他标志。因此，投射主义支持布莱克本所谓的"准实在论"（具体请参见 Blackburn 1984）。根据这一观点，道德话语（或不管哪类话语）没有**真正的**事实性，但它——并且有资格——有着事实性的标志。

这些标志之一便是，能够有用地被内嵌在条件句的语句中，并且，正如我们在第四节中提到的那样，布莱克本对道德陈述在这种语境中起到什么作用做了解释。我们发现，在诉诸二阶的价值判断时，应该对布莱克本的解释做出批判，因为它在道德这一特殊情况中吸收了太多的条件句形式所具有的一般特征。如果从我们在回应弗雷格论点时诉诸的最小化的语义学视角看，布莱克本的研究进路似乎也毫无必要地复杂化了。然而，在为布莱克本做辩护时，应该承认准实在论的研究纲领具体体现了一个洞见，即在急促地迈向最小化的语义学时，我们有着迷路的危险。不是所有的语言功能都有着真与假上的有用性，然而，按照最小化的理解，所有的语言功能都有用。关于语言的基础功能，那些试图成为多元论者的人因此欠我们一个解释，即解释在语言中所获得的承载着真的形式是什么，因而他们需要一个一个地解释为什么那些迥然不同的功能均应该诉诸它。例如，只要条件句同使真者的形式有关联，我们就需要被告知条件句所具有的一般功能如何服务于道德话语、模态话语等话语。

这听上去或许是我们在援用最小化的语义学时试图避免的那种困难的个案工作。借由这般长路绕行，我们因此取得了什么进步？在我看来，从非事实论的视角看，这个情况取得了一个关键方面的进步：语言的使真者形式起到怎样的一般功能，这一问题如今已经是所有争论方都需回答的问题。先前，在用语义的方式来表达自己的观点时，非事实论者实际上对他的对手做出了让步，即后者有权使用未经审查的真正事实性的（或承载真的）语言用法。这种解释上的责任因此几乎完全落在了非事实论者一方。新的研究路径则更加公正地分配了这一负担。的确，非事实论的反对者可能没有**注意到**，关于建构出的使真者在语言中的作用，我们可以提出一个一般性的问题；但是，这不大算得上是一个反对非事实论的论点。实际上，这里的论点在于，第四节末尾提到的困扰我们的复杂性不只是非事实论者的负担。诉诸语义学的最小理论没有规避掉这一复杂性，因为困难的解释难题依然存在；但它的确确保了负担被以恰当的方式被平摊了，并且所有的争论方都承担了公平的份额。

正是在这里我们发现了所承诺的理论上的好处。在以上述方式回应弗雷格论点时，非事实论者把我们的注意力引向语言结构的复杂性程度问题，但人们可能没什么理由关注这一点。我们的注意力被引向了这样的可能性，即在断言的或陈述的话语所具有的显而易见的统一性面具下，可能掩藏着不同的功能上的多元性。仍然更为重要的是，多元的功能之上有着共同的形式这一模型引出了这样的问题：共同的形式**有什么用**——它在服务于这些多元的功能时**做了什么**。直到非事实论者强调多元性，我们才有理由不满于那种对断言性话语做出的非常简单的理解——简单地说，即这样的观点：它用作于做出描述性的主张，用作于陈述说话者相信（或声称相信）的事实是什么。当然，还有其他表述这一理解的方式，但这些方式都理所当然地认为所表达的至少是单一、合理且融贯的语言功能。我们建议并捍卫的非事实论为我们提供了质疑这一假设的理由。再生后的非事实论者认为，一般的表述很少有甚或没有解释上的价值，它们只不过会把肤浅的术语（如"事实""真""指称""陈述""信念"，等等）捆绑在一起而在炒着冷饭。真正具有启发性的解释是，在更为基础的意义上，根据这些词语和术语（至少是那些日常使用中的词语和术语）就语言的功能所起到的贡献来解释它们。新的非事实论者指出，从某种重要的意义上说，这种解释无需是一元论的解释——同一个工具可以胜任许多工作。

总而言之，在我看来，在吸引我们注意力的上述讨论中，最为关键的问题是这样的：**断言性的话语对我们来说有什么用？**这里可以区分出许多子问题。真和假的概念有什么用？（它们在语言共同体的生活中，起到了什么功能？）那种明显依赖于真的语言的构造——例如，条件句——

有什么重要性？再者，它如何帮助我们拥有它们？此外，存在一类真正的判断吗，这类判断不同于更为一般的承诺？⑫

为了能够应对这些问题，我们有必要对我们自身的语言实践采取分离解释的立场。我们需要搁置我们熟识的概念和判断以便能够看到更为广阔的图景，并因此分辨出相关的概念和实践在我们生活中所起到的作用。在一定程度上，这种分离的视角对非事实论者来说是容易的，他们习惯于论述，细看之下，语言有着令人误解的外衣。对言语行为理论者来说也是如此，因为他们也习惯于剖析语言隐藏的功能。然而，我想敦促人们认识到的主要论点在于，大体而言，争论的双方都没有做出足够的让步。两个阵营都倾向于把断言、描述以及诸如此类的语言范畴当作根基的一部分——当作其他工作可以依据的坚实基础。因此，他们未能发现对这些范畴进行解释审查的重要性。在我看来，弗雷格的论点有着非常重要的理论意义，它将我们的注意力引向了那些长期以来被忽视了的问题。

9. 跋：还原论的形而上学的意义

在我看来，上述讨论对当代形而上学中的一系列争论进行了一些有用的阐释。尤其是，这一讨论强调并澄清了人们未能充分认识到的一个**语言上的假设**，这一假设是广为流行的还原论纲领的根基。该纲领中的前沿论证是由刘易斯和阿姆斯特朗在上世纪六十年代说提的心-脑同一性理论。刘易斯和阿姆斯特朗分别提议，精神状态的独特之处在于它们所起到的因果作用。例如，痛只不过是以某种方式（例如借助针扎或加热）

---

⑫ 对于我的观点（参见 Price 1988，1992）和布莱克本的观点之间的争论来说，这最后一个问题是关键的。用布莱克本的话说，我是那种把准实在论的工程"一路拓展下去"的人。在我看来，布莱克本面临的困难在于，非全局的准实在论有着自相矛盾的危险：准实在论在局部上做得越好，它便越无理由不"走向全局化"。

容易导致的状态，并有着特定的结果（龇牙咧嘴、哭出声来、竭力避免，等等）。基于这种概念上的分析，所有的这类结果都可以借助物理的方式来阐明，这样的物理主义原则随即导致了这样结论，即精神状态是物理状态。但是，哪一种物理状态呢？这些状态只不过是那些起到相关因果作用的物理状态罢了。众所周知，刘易斯利用拉姆齐的取消论的理论方法来服务于他的论述。

这种研究进路一直被视为，为还原论的唯物主义提供了一个一般模型。据我所知，杰克逊（Jackson 1994）阐明了这种一般纲领最为清晰的形式。[13] 杰克逊紧随"拉姆齐化"的道路，认为概念分析是形而上学中一种恰当的普遍策略。正是那篇文章，以及刘易斯本人新近的文章（Lewis 1994）促使我试图阐明我已经察觉到的对关于心-身同一性最初论证的担忧。在我看来，在任何一种情况下，这种还原论式纲领均源于一个关键却通常未被承认的假设：简单地说，即这样的假设，被还原的理论（reduced theory）同还原的理论（reducing theory）在语言上做着相同的工作。除非在我们所讨论的这种情况中这一假设是站得住脚的，否则所提议的还原便会犯范畴错误。

让我们来思考下如何能使这个观点变得清晰吧。在我看来，一个好的策略就是如实地指出它的情况。这个纲领可被运用于如下情况，即我们语言的事务中一开始具有的概念同这一纲领中的物理描述所给出的概念是不一样的，这一点非常清楚。诉诸这种情况中的相关假设也是不可行的，我希望人们注意到如下事实：这在争议稍少的情况中也是必须的。具有反讽意味的是，我心中所想是关于价值的情况。[14]

然而，我错误地认为没有人会想把拉姆齐的还原运用于价值概念上，实际上这对相关的例子几乎起不到什么影响。我的论述不是还原的，而

---

[13] 杰克逊在 Jackson 1998 中更为详细地发展了这一纲领。
[14] 杰克逊和佩蒂特（Pettit 1995）捍卫的正是这种探究价值的进路。

是简单地要求有这么一种情况，即在此情况中人们很容易发现有一个问题，即概念被还原至的东西与语言事业中那些物理性合适描述（我们可以根据拉姆齐纲领来兑现这些描述）相同。为什么在价值情况中这是明显的呢？原因不过是，我们熟悉哲学中谈论价值的几代非事实论者的思想，他们的核心论题是，我们必须能够从一般的描述中区分出价值判断的作用。

杰克逊和佩蒂特认识到我们需要这类假设，他们明确地预设了认知主义。然而，他们似乎理所当然地认为这一假设可以用语义学的方式兑现，例如这样的论题：价值判断真正是"向真的"，等等。我在上文中强调的论点是，这似乎是试图在错误的层次上解决问题。老练的非事实论者将会直接否认我们是在这个层次上在语言中做出这种值得注意的区分的。"当然道德判断（在最小的意义上）是向真的，"明智的情感主义者会说，"但这同我的如下主张也是非常相容的：这种判断在功能上不同于自然的描述。"

因而，还原论的纲领似乎为某种类似于实质的语义论题——我们讨论的语言中各个不同的部分有着共同的目的，即描述世界，说出事物是怎样的，或诸如此类的目的——所驱使。只有在把这个语义的论题同物理主义相结合时，才能为还原论提供驱动力。然而，语义的最小化理论的效果则多少有点削弱了这一论题，以至于语言的不同部分如何能够拥有共同之处变得不再清晰了，最初的结果似乎是和局。我们或许可以说，根据最小化的方式，仍不清楚的是，为什么我们应当想成为一名拉姆齐式的还原论者，但同样不清楚的是，人们为什么明确地反对运用这种算法。对还原论的控告可能在于，它犯了一种范畴错误，我们无法用语义的方式和最小化的理解来确切地阐述这个错误。

然而，我们可以从功能的立场来表述人们控告的这一可能的范畴错误。这仅取决于认识到，语义上的最小化和统一性与功能层次上的实质多元性是相容的。（正如我们先前总结的那样，最小化的描述必须是自然的描述。)更为重要的仍然是,功能的立场没有为削弱还原论的**驱动力**带来威胁:只要我们能够充分揭示大众**谈及** Xs,Ys 和 Zs 这样的事实,并且这个解释把这些活动同大众在从事物理学时所做的活动区分开了,那么,我们为什么应当把 Xs,Ys 和 Zs 还原为物理学中所谈及的事物呢?

所以,在判断拉姆齐的还原论是否恰当时,这种功能的立场是重要的。重要的是,要领会到功能的视角是科学的和自然的视角。因此,我们——尤其是物理学家——不可以先验地排除对它的考虑,还原论的纲领最终被证明是依赖于关于语言的后验的理论论题。再者,大众的直觉没有为我们提供从这一理论视角解决问题的任何方案。这种直觉提供的是待解释项——我们所追求的是,关于我们所具有的大众直觉的起源和功能的理论——而非解释项。故而,除了站在我们所讨论的概念背后,询问它们为什么会形成,它们在运用到它们的生物的生活中发挥了什么功能这一难走的道路外,的确没有什么处理这些问题的方式了。虽然它有着自然主义的特征,但似乎完全更加是维特根斯坦式的立场。⑮ 由于未能注意到从这一立场来应对问题,还原论的形而上学默认把所有的钱押注在这样的假设上:指示性的话语在功能上是意义明确且单一的。在我看来,这不是一个非常好的下注,当然,这也不是人们可以闭着眼就可以打的赌。这里的教训是,如果你想以这种方式从事形而上学,那么你最好先思考语言——你最好以维特根斯坦式的方式思考语言!⑯

---

⑮ 这里存在着两种不同且重要的解释立场:一种是试图"从内部"解释语言的用法,允许解释项包含某种共有的现象基础(shared phenomenological basis),所讨论的话语也建立在这一基础之上;另一种解释则更为分离,它以或多或少生物学的方式来解释所讨论的用法。正如马利根(Kevin Mulligan)帮助我明白的那样,可能是前者而非后者的立场更为维特根斯坦式。如果这样的话,那么我在这一点上同维特根斯坦这位大师便分道扬镳了,因为我想同时支持这两种立场。

⑯ 我非常感谢布莱克本、斯托尔扎(Daniel Stoljar)、亨伯斯通,以及麦克德莫特(Michael McDermott)等人做出评论。我也感谢在莫纳什大学和新南威尔士大学开设的研讨课中的参与者所提供的帮助。

第四章
通向实用主义的两条道路

1. 导论

就某一话语来说,对相关主题缺乏内省(insider)观点的说话者似乎不可能明白话语的具体主题。常见的例子还包括感官缺陷:无法分辨音调的人不可能理解关于音乐的话语,嗅觉缺失的人无法品酒,色盲难以察觉室内精装的细节,等等。传统的第二性的质的观点因而提供了一个明显例子,即概念似乎体现的是这种主观形式——主观形式依赖于人类具体且有着相当偶然性的能力。

人们容易想到更进一步的一些例子,这些例子更多是源于具体的知觉和准知觉上的无能(disabilities)。(例如,不理解"球"的意义的人能够理解成为一名击球手意味着什么吗?)但是,这是问题的终点吗?这种现象在语言中延伸了多么远?应该如何精确地说明它的特征呢?如果它对相关概念的形而上学身份有着重要意义的话,那么有着怎样的重要意义?这类问题一直是近些年关注的焦点。这一工作的初始动力大都似乎是这样的建议,即道德概念和第二性的质之间或许存在一种有用的对比。这毋宁说是致使我们对如下问题产生兴趣的一个具体问题:人们对由第二性的质(和/或道德概念)展现的那类主观性的本质和重要性产生了更为普遍的兴趣。诸如约翰斯顿、赖特这样的作者一直试图发展出一般的形式框架,在此框架内,人们能够根据具体的人类能力来表征某类独立的概念（具体请参见 Wright 1993，Johnston 1993；也请参见 Johnston 1989，Wright 1992）。①

正如约翰斯顿充分认识到的那样，促使人们寻求为这种第二性的质的情况体现出的主体性提供一般解释，其极好的动机在于，使我们自身准备好来自哲学中最具魅力的问题之一的攻击：我们运用于世界的概念框架在多大程度上是取自世界本身的，在多大程度上是"源于我们"的？实用主义严肃地对待这一问题，但它却常常会遭到鄙视，在这样的哲学氛围中，令人高兴的是，约翰斯顿对这个问题投以关注。

与此同时，在我看来，约翰斯顿损害了实用主义。他把反应依赖性（response dependence）视为明显由第二性的质所展现的主观性的一般类别（the general species of subjectivity），使得人们无法看到存在另一条具有吸引力的通往相同的领地的道路。这一后果也体现在约翰斯顿自己的立场中。在《重审客观性》（"Objectivity Refigured"）一文里，约翰斯顿有力地论述了与证实论和普特南的内实在论不同的那类实用主义还有容身之处。而后，他向我们肯定了这种通向实用主义的道路"借道于对反应依赖性概念的发展和运用"（Johnston 1993：103）。所以，当他得出这样的结论时是令人扫兴的：对反应依赖性的运用是有限的，即便对那些已准备好修改一般的用法以为它寻找到体面的形而上学基础的哲学家们来说，也是如此。尽管约翰斯顿试图从对待理论"正确性"的反应依赖性的处理方式中挽回些一般意义上的后果，那些希望在形而上学的领域中取得历史性胜利的实用主义者仍会有扫兴的感觉。

我想揭示的是，问题在于是否选择反应依赖性作为通向如下这种一般问题的道路：我们对世界的表征有着多大程度上的主观性。还有另一

---

① 为了保留对这场讨论中最初准备好的论题的关注，我将聚焦于约翰斯顿的工作。然而，考虑到赖特的解释援用了有着双条件句内容的条件句，这类似于约翰斯顿所使用的条件句，而我主要的关注点在于，为阐释相关语言表达的意义的那种相当独特的方法做辩护，我认为我所说的大多数话同样可用来反驳赖特的研究进路。

条可以选择的道路，这条道路向人们允诺了更大的好处。实际上，这表明我们讨论的主观性是全局的，它影响到语言的所有部分（尽管对语言不同的部分而言，影响的程度是不同的）。但是，全局的事业最终被证明对道路的选择尤为敏感：另一条可以选择的道路在局部的情况中有着优势，但是，如果实用主义的事业要全面推行这种方式的话，我们则必须强制人们选择全局的道路。故而，我在与佩蒂特一道探求全局实用主义时，②我认为，在以反应依赖性的方式设置路线时，他用错误的星辰来为我们共同乘坐的行舟引航。

故而，本章的主要任务是哲学制图学。我想在哲学的地图上绘制出通向实用主义的那条备选之路，并让人们注意到它的一些优点。这一目标便是为那些不能抵制诱惑的人（他们认为，关于世界概念的所有节点上，我们均有功劳）绘制出危险最小的路线，并且，为了不太敢冒险的灵魂的利益，描绘出一幅完成的图画，以便他们至少能朝我们驶向的怪兽望去。

2. 阐释意义的两种方式

使得通向实用主义的两条道路分道扬镳的是这样的事实：它们取决于阐明概念或言语表达的意义的两种不同的理论策略。第一种策略是反应理论家们（response theorists）运用的策略，它体现在如下约翰斯顿所谓的"基本等式"的简单形式中：

（1）X 是 C，当且仅当在合宜的条件下，X 倾向于在正常的主体那里导致反应 R_c。

---

② 实际上，我们两个人都在"遵守规则"这个旗帜下航行（参见 Pettit 1991：588；以及 Price 1988：192—195）。

我将称此为**内容条件**（content condition）。这个术语没有什么太多的内涵。约翰斯顿、佩蒂特以及其他一些人警告我们不要把这类双条件句解释为对左边（LHS，left-hand side）指向的概念所做的还原**分析**。然而，内容条件这一术语与对表达式的第二种解释形成对比，我将这第二种解释成为**用法条件**（usage condition）。这种条件的一般形式大抵如下：

（2）当言语表达 S 为有着心理状态 Φs 的说话者所使用时，从表面上看（prima facie）它是恰当的。

同（1）形成对比的一个具体的用法条件将会是：

（3）当言语表达"X 是 C"是为——当出现 X 时——在经验上有着反应 R_c 的说话者所使用时，从表面上看它是恰当的。

用法条件因此告诉我们关于某一表达的**主观断言性条件**的一些情况——即说出某一表达是恰当时，**说话者本身**一般必须获得什么条件。就此而言，当然这只是在理论描述的语言实践中迈出的第一步。它遗漏了对格莱斯（Gricean）意向态度层次的谈论，而仅提及了这幅更大图景中的一小部分。虽然如此，它可能是重要的第一步，正如人们熟悉的那些例子所揭示的那样。

情感主义：当言语表达"X 是好的"为赞成（或意欲）X 的说话者所使用时，从在表面上看它是恰当的。

亚当的猜想：当言语表达"如果 P 那么 Q"只有在为对给定了 P 便有 Q 这一条件句有很高信任度的说话者所使用时，从表面上看它是恰当的。

断言和信念：当断言"A"为有着信念 A 的说话者使用时，从表面上看它是恰当的。

再次，这些原则只是对相关的言语表达的用法条件所做的实用主义式解释中最为基本的成分。所以，在这一点上否认如下论点是不中肯的：当某人赞成 X 时，说"X 是好的"并不总是恰当的。当某人相信 P 时，说"P"并不总是恰当的。但是，某人的确相信 P，他才应当断言 P，这一原则之中仍旧有一些重要且提供有用信息的部分。

我将会论述，相较于内容条件，用法条件更适用于实用主义的洞识。然而，需要强调的是，我不认为对内容进行说明的条件在阐释意义的哲学事业中毫无用处。在我看来，实用主义者同其他人一样，发现对内容进行说明的那类塔斯基-戴维森（Tarski-Davidson）式的真之理论是有用的。相较于如下表达式（5）来说，我们对（4）不应该有更多的不安：

（4）"X 是好的"是真的，当且仅当 X 是好的。
（5）"X 是可充电的"是真的，当且仅当 X 是可充电的。

我的论述只关心实用主义者就"话语在具体方面对人类能力或视角的依赖性"提出独特论点时所使用的合适工具。我想敦促人们认识到，最好以用法条件的方式而非那些论述反应依赖性的哲学家们为我们提供的双条件句的内容条件的方式来提出这些论点。

我在上文提过，考虑到约翰斯顿和其他一些哲学家不遗余力地指出，这些原则不可被解读为直接的还原分析，我把这些双条件句描述为"说明内容的"，这可能会有争议。我不想纠缠于对可能存在的各种概念分析的讨论。我只是想揭示，即便我们不贴标签，反应理论家们和用法的实用主义者之间也存在着一条清晰的界限，因为用法条件不会导致约翰斯顿和佩蒂特从他们对反应依赖性的解读中得出的几个关键结论。这已经足以揭示，内容条件和用法条件代表着通向实用主义的两条不兼容的道路。我们也有着一些更为青睐后者的理由。

还有一个需要指出的术语上的问题：一旦认识到内容条件和用法条件提供了阐释具体话语对人类才能、反应和能力的依赖性的两种不同策略，那么，人们便需要决定我们是否应当认为"反应依赖性"这一术语同时适用于这两种策略，或仅适用于以内容为基础的研究进路。正如我对"反应理论家"这一术语的用法已经表明的那样，我采取的是后一路线。考虑到双条件句的内容条件在那些引入了"反应依赖性"这一术语的哲学家的工作中起到的关键作用，当我们在拒斥这些双条件句的研究进路上运用该术语时，我认为这可能会让人产生误解。因此，我把那些依赖这些内容条件的人称为**反应理论家**。

应该强调的是，反应理论家们在描述他们的实用主义立场的特征时，他们所做的许多一般评论同基于用法的研究进路是非常相容的。在《实在论和反应依赖性》（"Realism and Response Dependence"）第一节，佩蒂特让我们——

> 思考光滑、清淡、红这些概念。它们是为我们这些能够——许多其他有智力的生物或许不能够——做出一定反应的生物量身定做的：我们能够发现某物在触觉上是光滑的，在味觉上是清淡的，在视觉上是红色的。正如我们会说的那样，这些概念具有反应依赖性。（Pettit 1991: 587）

我们可能赞成佩蒂特，认为这些概念依赖于人类具体的反应或能力，但我们不认为这意味它们应当（更别说**需要**）被视为由约翰斯顿引入的严格意义上的"反应依赖性"这一概念。本章的主要论点是，揭示存在可以替代反应依赖性的路径，并提供一条更好的阐释依赖于具体反应的那类依赖性。或许，遗憾的是"反应依赖性"这一有用的描述性术语已经同"关于一般现象是什么"的不太一般的解释挂钩了，但情况就是这样。关键是记住通常的实用主义纲领不是这里所讨论的。这场争论关注的是使得这一纲领生效的正确策略是什么。

最后，应当注意约翰斯顿本人区分了实用主义者可能力争的两类结论。第一个结论是关于话语的描述性学说，因为它探究的是日常的用法。第二个是一项修正性建议，即用人们认可的实用主义术语表达替代已有话语。我的主要兴趣在于描述的学说，即对"如何阐述实际的语言实践"等相关问题感兴趣。我想揭示的是，以用法为基础的研究进路，在这一描述的层次上，的确比反应理论家的方案要好得多。但是，我们将会看到，因为它在这里起到了更好的效果，用法的研究进路避免了一些难题，反应理论家运用这些难题来激起人们对理论进行修正的欲望。语言的修正主义者一如既往地承担证成这一变革的责任。对于反应理论家来说，他们声称的证成可能是，某些领域的话语目前所运用到的（非反应依赖性的）概念不能明显地反映出它们对人类偶然能力的依赖性；人们提倡的修正旨在使得这里的依赖性变得清晰。然而，以用法为基础的研究进路揭示，它要解决的问题并不存在。用法条件提供了另一种描绘具体话语有着之于人类反应和能力的依赖性的方式，而反应理论家们则完全是在错误的地方摸索。人们讨论的话语本身就可能充分地反映出它们的主观起源，因而无需对之做出修正。

我稍后会再来多谈谈用法的研究进路的优势。第一个任务是揭示用法和内容的研究进路是真正不同的。做到这一点的最好方式是，揭示用法的研究进路没有反应理论家们从他们基于内容的解释中正确推出的某些后果。

3. 用法条件：理论上的严格性

如果可以把约翰斯顿的双条件句称为基本等式的话，那么，或许作为替代选项的用法条件应该被称为**更为**基本的等式。因为，用法条件具体体现了一种关于语言实践的非常"严格和一般"的理论上的基本视角。因其非常一般和严格，它在哲学上的影响相对来说非常微弱。它承诺的太少了，却因此能够与许多视角相容。例如，它相容于最为彻底的实在论——关于某一特定主题的实在论者也会承认该主题受制于在上文**"断言和信念"**中描绘的用法条件。

类似地，用法的视角本身没有让我们承诺如下观点：说话者的反应或心理状态提供了一条通往相关言语表达的"真"的享有特权的道路。这在**"断言和信念"**的情形中体现得很清楚，其中，这种思维错误是一种普罗泰戈拉式的错误，即认为因为我们在相信 P 时断言 P，于是断言 P 即是说某人相信 P（因此，如果某人相信 P，P 则是真的）。

更值得关注的是，即便在能够为反应理论家的双条件句提供直接的其他选择的情况中，例如（3），用法的视角似乎也没有承诺这种获得"真"的享有特权的道路。举例说，我们可以考察一下摩尔的道德直觉主义，它明显蕴含了可错论。此时，"X 是善的"的首要的用法条件便是那些能具体呈现 X 有着道德价值这一直觉的条件。但是，这可能被当作可错的和可以取消的条件，例如在这样的情况中：普通的说话者可能就某类实体的道德身份犯系统化的错误。（例如，普通的说话者可能会展示出非理性的偏见而支持所谓的值得支持的穷人。）因而，通常意义上的共识既不是保证"真"的充分条件，也不是必要条件。数学中的实在论或许可以为我们提供另一个例子，它与用法条件的相关之处在于这样的信念：人们有着证据。在这种情况中，在共同体内中取得通常意义上的共识，对"真"来说，可能是充分的，但不是必要的。故而，即便在这些情况中，**用法的视角不必然保证反应享有特权**。用佩蒂特的话说，它更为相容于"宇宙中心论"式的实在论。

另一方面，同反应理论家们提供的研究进路相比，基于用法的研究路径也与没有做出那么强的实在论承诺的观点相容。具体而言，它与如下观点相容，即我们讨论的话语领域的确没有成真条件，或者说它们有着非事实性的特征。上文提到的"**情感主义**"和"**亚当的猜想**"两个原则提供了一些例子。情感主义一般与这样的观点有关，即认为道德判断是非事实性的，并缺少成真条件；而有些人认为，亚当的猜想体现了如下观点的核心：指示性条件句没有成真条件。

基于用法的理论同非事实论相容，这一事实或许体现了它与基于内容的解释最为惊人和值得注意的对比。对反应依赖性的解释自然是对成真条件的解释。这当然内隐于基本等式的双条件句形式之中——毕竟，没有什么能够阻止我们把"……是真的"添加到左侧一方。反应理论家们因而获得了事实论，所以很难对备选观点做出严肃思考。约翰斯顿指出，那些持反对意见的人应该为其中的错误负责：

> 一个合宜的（关于价值的）反应依赖性的解释可能因而威胁要使得准实在论变得冗余。不知何故，准实在论的纲领捍卫了我们在表达价值时运用成真条件的权利。

然而，

> 关于价值的反应依赖性的解释意味着……无需**争取**关于表达式的成真条件形式的权利……我们自然有权拥有那些成真条件形式。（Johnston 1989：173—174）

佩蒂特则简单地略过此点讨论，提到"从传统的反应依赖性论题发展到工具论式的……理论，不存在什么压力"（Pettit 1991：607）。无疑，这意味着某种东西已经丢失了。清楚的是，这样或那样的非实在论理论中，我们可以常常看到人们在哲学上对具体概念和话语对人类能力有着依赖性投以关注。情感主义提供了一个为人熟知的例子，但还存在着许多其他例子。例如，布莱克本的准实在论纲领便提供了一系列的例子——正如布莱克本指出，这些例子可以追溯至休谟哲学中著名的一些重要主题上（Blackburn 1993a）。这些例子阐明，实用主义关注的对语言之于人类能力和反应有着依赖性，这实际上与非事实论是相容的。所以，如果反应理论家对实用主义纲领的解读不能为非事实论留有余地的话，那么这个解读便是十分糟糕的——或者至少如下这样的观点是糟糕的，即认为这是对实用主义能够胜任的工作的唯一可行解读。

不管怎样，用法的进路提供了一种视角，透过这一视角，我们再度看到了准实在论的思考。它恰用关于价值的倾向性理论（dispositional theories of value）诉诸的那些材料——即说话者一方所存在的，认为某些事物和事态有价值的倾向——来说明用法模式的特征。但是，它这么做的根据在于，不对"符合这一特征的用法模式是否要以真值条件的形式呈现（如果是的话，如何呈现）"这一问题预先做判断。从表面上判断，如果真是这样的话，说话者可能以非常简约的方式来表露语言中的相关倾向。人们可能会嘘声一片，也可能会欢呼雀跃。许多动物能够以各种前语言的方式来成功地表达它们的喜爱和憎恶。所以，认为某些事物有价值，其他事物没有价值，这种活生生的倾向无需支撑起有着**成真条件**的语言实践，但是，探究为什么以及怎样证成了我们本身的确以断言的形式表达了价值倾向，这些做法完全是恰当的。这是准实在论者需思考的事情。我们无疑可以透过用法的视角来提供这些思考，因而"反应依赖性的解释不可能理解它"这一事实强调的是，用法视角和内容视角之间的差别。两个视角都是实用主义的视角，它们均根据人类的反应来解释价值话语的特征。但是，内容条件和用法条件是以非常不同的方式来处理这些反应的。

在试图解释用法条件提供了一条通向实用主义的更好道路时，我将给出四个主要的论证。第一个论证（第六节）有赖于这样的观点带来的后果：我们关注的那类实用主义在被运用于语言之时，其运用是全局的。我认同这一观点，但认为，除非以用法的实用主义方式来表述，否则它会导致不融贯性。因为它基于全局性,第一个论证在反对约翰斯顿——他把反应依赖性视为区域的学说(实际上潜在地是可修正的学说)——这样的反应理论家上,没有直接的作用。为了反对这一立场,我的第二个论述(第七节)在某种意义上颠倒了上文提到的约翰斯顿对准实在论的冗余论解读。我认为,不管对话语的反应依赖性解读(或重读)的依据在哪,准实在论者也有依据来对有着成真条件的实践做出充分**解释**。故而,只有在它是不必要的时候,反应理论家的重读才是有效的。但是,这里的关系不是对称的:以用法为基础的研究进路通常在反应依赖性的进路失效时生效。具体地说,它完全兼容于最小化的形而上学立场,即在反应依赖性论题上,被约翰斯顿视为实用主义主要对手所持的立场,这与哲学中许多值得注意的论题相关。

在捍卫修正式的反应依赖性解读时,人们或许至少在某些情况下会主张,这种解读独自便能**证成**在我们生活中起到重要作用的那些判断。我的第三个论述(第八节和第九节)与这个主张背道而驰,在论述的过程中,揭示了基于用法的研究进路的确比解释各类判断所起到的作用更好。所有的争论方都赞成对价值判断的解释应该能够解释为什么它们能够激发我们(并**应该**这样);对或然性判断的解释应该解释它在不确定性的情况下与决策有着怎样的关系;等等。我想揭示的是,反应理论家们在这一关键的工作上的确做得很差——他们对合理性(rationality)这一概念的说明,在某种程度上,是含混不清的。

最后(第十至十三节),我将论述用法进路就日常语言的某些微妙用法做出了更为准确的解释。具体地说,它就我们在不会犯错的争论中遭遇到的主体性和客体性的奇怪混合上,它要比基于内容的解释要更好。③这应当是向如下这些人提出的建议,即相对于约翰斯顿来说,对语言实

---

③ 在我看来,所有的话语都有可能显示出这样的分歧;因此,以用法为基础的实用主义有着全局性的特征(参见 Price 1998:chapter 8)。

践做大范围修改这种图景更感到悲观的人。

下面两节将为这些论述打下基础，尤其是，我们的注意力将会转向对反应依赖性和人们更为熟悉的其他哲学策略进行有用的对比。

4. 断言和信念：一些普罗泰戈拉式的教训

"断言和信念"原则体现了一个没有争议的思想，即对语言的历史和心理基础的解释在对信念概念的解释中起到了关键作用；或许它们不能解释成熟形态的命题态度，但至少能够解释行为承诺这种弱的概念。因为，显而易见的是，信念构成了**断言的**语言活动的基础，并维系着这类活动。无信念的生物不可能做出断言。不管我们就断言有着怎样的观点，我们都会想指出这样的事实：说话者一般仅在他们相信 P 时才会断言 P。然而，所有这一切都没有蕴含这样的观点，即在说出 P 时，说话者断言他（她）相信 P。的确，这意味着我们一般可以从她说出 P 这一事实中推出该说话者相信 P。但是，就认为断言的内容和信念一般所表达的东西是同一的这个观点来说，存在着几种简单的反驳。

具体而言，这种同一性会导致多种意义上的分析后退（analytic regresses），这可以说是恶性的。例如，假设我们的兴趣在于对断言**做出**一般解释。我们正讨论的这个观点告诉我们，要把断言 P 解释为相关的说话者相信 P 这种断言。作为讨论目标的断言概念再次出现了，这是一个十分关键却未经分析的概念。

另一方面，让我们来聚焦于讨论断言 P 的内容。我们讨论的这个观点现在把我们引向了这样的原则：从某种意义上说，这一内容等同于说话者相信 P（that P）这一断言的内容。那么，后一断言的内容在同样的意义上等同于说话者相信说话者相信 P 这一断言的内容；如此等等。对可数的但其内容无限的语句（denumerable infinity of content sentences）来说，这个方法是清楚的，那些语句的相关内容在指定的意义上全都是等同的。目前来说，我们获得的不必然都是些恶性的东西。毕竟，逻辑上等值的可数无限语句可能有着同样的内容，这个思想是人们所熟识的。但是，它在恶性的边缘摇晃：如果我们在双条件句的右边（RHS, right-hand side）添加上一些分析的压力的话，整个结构就会垮塌。例如，如果我们在心理的维度上说，相信 P 就是相信"P"是真的——也就是说，相信某人相信 P——那么，我们便会立刻感到迷惑。或者，如果我们在语义的维度上说，**使得我的断言为真**的是，P 是我相信 P 这一命题的实情（truth），那么，我们便再度陷入后退。如若不是已经存在着不融贯性，那么所讨论的立场至少是高度不稳定的。④

更进一步地说，如果对信念的指称是以这种方式成为断言判断内容的一般原料的话，那么一个显而易见的理论策略便是，试图把它分离出去，而后关注断言间的差别，即这一具体信念的内容——这样将会把我们带回到初始的立场上。或许这也是最佳的实践策略。如果**所有的**断言一开始便都有"我相信 P"这种形式的话，那么，最有优势的策略可能便是，放弃这一资格而提出准断言（quasi-assertion）的话语，这种形式的话语以一种不合格的方式佯装着谈论世界。我们已经有了所有的材料。制约着对真做出归因的原则因而是，我们不应当担心什么**真正**使得这些准断言是真的——毕竟，它们只是我们自己玩的修正游戏——但我们应当准备好**说**，当我们有了相关的信念时，某个准断言是真的［或"准真的"（quasi-true）］。因而，当且仅在某人相信 P 时，他应该准备好做出准断言 P，或把准真归派给准断言"P"。

因此，我们可以从普罗泰戈拉主义者的理论资源中构造出一种非普

---

④ 约翰斯顿认为，"只要它使得双条件句以及相关的同一性变得空洞的话"，也就是说，普罗泰戈拉主义者针对的是还原的定义，而双条件由于太弱而不能提供这种定义，那么，循环性会给普罗泰戈拉主义者带来问题。（Johnston 1993: 106）但是，无穷后退构成了威胁，这是因为双条件句太强了，而非因它太弱。

罗泰戈拉式的实践。为了避开这个陷阱，我们仅需要指出下述可能性：后一种实践可能是我们现实的实践。在稍后的讨论中，这将是我反对基于内容的反应理论的策略。

5. 自我描述主义

因而，在人们熟悉的**"断言和信念"**的情况中，我们很容易区分出信念在"以用法为基础对做出断言的语言活动做出的解释中"起到的恰当作用，以及人们可能错误地认为它在"关于断言性言语表达的内容或成真条件的理论（这种理论以内容为基础）"中起到的作用。然而，对哲学家来说，在不太常见的情况中要把这一区分牢记于心，似乎更为困难。例如，我们可以思考人们熟悉的那种非认知主义的（或非事实论的）观点，即某些存在争议的那类言语表达不表达**信念**，而表达某种其他类的命题态度。这便是简单版本的情感主义就道德判断所持有的观点，也可以说是简单的主观主义就或然性的判断所持有的观点。这些情况中的相关的命题态度相应于**赞成**和**信任**：情感主义者说，"P 是好的"表达了说话者对 P 的赞成，而不是她对 P 的信念，即相信 P 是好的；而主观主义者说，"P 是可能的"时候，表达了说话者对 P 有着很高的信任度，而不是他对 P 的信念，即相信 P 是可能的。

人们熟悉的这些表达论立场是以用法而非内容为基础：道德的和或然性的言语表达为我们提供的是用法条件，而非内容条件。但是，人们经常将它们同如下对道德和或然性判断所做的**自我描述的**（self-descriptive）解释混淆起来：在说"P 是好的"时候，说话者**说的是**她赞成 P 这个事实；在说"P 是可能的"时候，说话者**说的是**他对 P 有着很高的信任度。然而，我希望如下这点是清楚的——至少是经过反思后——自我描述主义实际上和表达论非常不同。这一差别就像是在我们相信 P 时而一般会说出 P（that P）的（正确）观点和我们在说出 P 时而说我们相信 P 的（错误）观点之间的差别。在这两种情况中，造成差别的原因在于相关的心理状态可能起到了不同作用：在**解释**语言实践中发挥的是基于用法的作用，在对构成实践的言语表达的内容做出**分析**或**阐释**时发挥的是基于内容的作用。表达论以用法为基础，而自我描述主义则以内容为基础。

然而，在信念和断言这种标准情况下，人们容易将自我描述的解释混同为不融贯性，但是，认为它可以替代情感主义和或然性主观主义时，人们犯的不是一个容易被发现的错误。实际上，这种做法似乎有一些吸引人之处，人们可能会更倾向于认为，它在道德和或然性的判断中实际上意味着什么，以及那些看上去正常的断言，不会留给我们什么谜团。根据这种观点，这些断言的主题唯一的古怪之处在于似乎也与表面看上去的那样不同：它们同说话者的心灵状态有关，而不是和世界的道德或或然性的方面有关。（这些观点不是非认知主义的观点，而只是关于它们的那些**显而易见**的事实性指称的非事实论的观点。）自我描述主义者可能因此会困惑于情感主义者所关心的问题，即为什么道德判断会采用指示的形式，并且，道德判断似乎是有成真条件的。"一旦以我所建议的方式来阐释道德判断，"自我描述主义者或许会说，"我们会发现我们对表达式的成真条件形式有着自然的概念上的权利。"

当然，反应理论家们提供的内容条件要比那些天真的自我表达论者提供的条件要可靠许多。同样，我认为我们可以对这两种立场进行有效的对比。在我看来，把表达论解释为自我描述主义这个谬误和对反应依赖性纲领的特征所做的描述，它们有着同样的盲目之处，只是前者比后者更为具体——这个盲目之处在于，对在同样的心理学基础上勾绘基于用法的解释这种可能性视而不见。如果没有别的需要注意的地方，那么，在我重新回到对基于用法的研究进路的可能性和优势的讨论时，把自我表达的谬误视为我们应该小心对待的教训，这会有助于我们的讨论。

6. 全局实用主义的后果

正如我在第一节中提到的那样，佩蒂特认为，所有的概念都是依赖于反应的。他的论述有赖于维特根斯坦关于遵守规则的思考：根据任何有限的样本集合，在无法将所意在的概念以某种独特的式运用于未来的情况中，概念 F 之于新的可能情况 X 的适用性永远——最终——依赖于把 X 视为 F 的语言共同体成员所具有的倾向。（如果根据词项而非概念来阐述这一论点，这个论点或许会变得更为清楚。）如果承认这个论点的话——我认为我们应该承认它——佩蒂特的论点对于我们当前的关切来说，有着重要的衍生影响。它使得人们对倾向的分析方法做全局的普遍化处理。如果——

（6）X 是善的当且仅当 X 倾向于唤起（也就是说，如此以唤起）我们的"价值"反应。

那么，为什么不这样说——

（7）X 是 F 当且仅当 X 倾向于唤起（也就是说，如此以唤起）我们反应中"类似于 F's 范式的东西"。

我们无法基于如下基础来拒斥这一建议，即 RHS 指向的反应的本质有着一些不合理的地方。佩蒂特论述的论点以及关于遵守规则思考本身的根本论点在于，语言依赖于这类反应或倾向。我们对"椅子"这个词的使用最终依赖于这样的事实：我们有着基于接触到的小数量的样本而做出普遍化处理，从而将之运用于新情况的能力。⑤

---

⑤ 当然，对词项做还原的定义是一种可行的方式，但是，正如克里普克（Kripke 1982）指出的那样，这只不过是使得必然发生的事情延缓发生了。

然而，如果我们严肃地对待（7），会有怎样的后果呢？在思考这一问题时，让我们暂时认为反应理论家们的双条件句完全是对内容的具体解释：如果他们的解释不是还原的分析的话，那么至少是指出了概念上的等值性或双条件句两边的内容。那么，显而易见，（7）的后果是，我们不能以这样的方式来谈论世界本身，而仅能够谈论它对我们的影响。这样一来，所有的内容均变得彼此相关以及人类中心论的。

回想一下，这正是把普罗泰戈拉式的观点运用到如下观点上时发生的事情：断言 P 即是断言某人相信 P。在第四节中，我提到了对这一观点的几个反驳，主要基于这样的思想，即它对恶性后退带来威胁。任何试图将（7）视为对概念归因的分析（analysis of concept ascription）一般形式的尝试都似乎受到了类似问题的困扰。如果双条件句描述的不是内容间的等值性的话，那么至少是关系的等值性（即成真条件是相同的）。如果这个学说是一个一般性学说，那么，RHS 变得更为复杂了，同时它有了和 LHS 相同的逻辑形式——即"X 是 G"——这一事实将会向我们保证内容语句的可数无限性，所有彼此联系的具体内容都有着同样的等值关系。在这里，循环性与先前一样同样威胁着我们：如果在 RHS 上添加些微力量，那么整个结构就很容易垮塌。

反应理论家能够通过坚称相关的双条件句**没有**分析上的意义而避开这一困难吗？这似乎是存疑的。正如在普罗泰戈拉式例子中体现的那样，即便 RHS 具体说明了使得 LHS 是向真的这个建议足以能扭转局势，而反应理论家们似乎也向我们做出了这样的承诺。例如，正如我们已经看到的那样，约翰斯顿依据双条件句以阐明反应理论家们对成真条件有着"自然的概念上的权利"，而佩蒂特则明显把它当作他如下建议的基础，即反应依赖性没有对非事实论施加任何压力。⑥ 但是，LHS 根据 RHS 而

---

⑥ 佩蒂特也指出（Pettit 1991: 608），由于 RHS 缺少所提及的各种反应和条件，这种条件句的 LHS 在经验上是可错的。

获得其真值（或向真性），而 RHS 必须以同样的方式获得自己的真值（或向真性），那么，这个后退显然是恶性的。（用个类比来说明，我们说一个对象只有在站在对象顶部才有牢固的根据，而它站立其上的对象本身也需要有牢固根据。现在，假设一个乌龟站在另一个乌龟之上，一直如此下去。我们能够说明站在顶部的乌龟有牢固的根据吗？不能，因为每一层乌龟都会面临同样的问题。）

我认为这是对基于内容的全局反应理论的决定性反驳。当然，这对区域的反应理论家们来说，这不构成一个问题；这对如下理论也不构成问题，即接受语言是全局地依赖于"蹈常袭故"的倾向；同时，如果人们试图运用用法的条件而不是内容的条件来解释这些倾向起到的作用的话，这也不会有问题。那么，我们实际上可以成为全局的实用主义者，但我们需要抛弃反应依赖性而支持用法的条件。

7. 冗余论论证

第四节中，我提及了另一种对普罗泰戈拉式的观点的反驳。运用普罗泰戈拉主义者自身的资源便足以构建出一种替代性的"语言游戏"，在此游戏中，恰当地指向信念是以用法条件而非以内容条件的形式进行的。那么，实际上，普罗泰戈拉主义者自身的资源提供了一个关于在实际话语中可能正在发生之事的可行的替代模型。和后退的论点本身不同，我们可以进一步发展这一思想以抵制基于内容的区域的反应理论。

让我们来思考一下反应依赖性的解释所需要的原材料，如以"红"为例。一个言语共同体内的成员——为了能具有关于颜色的倾向性的解释，以便能给出"玫瑰是红色的，紫罗兰是蓝色的"这种真的形式——必须知道怎样的实情呢？情况大体上只不过是这样的，共同体成员在一些类似的场合对一些类似的对象做出反应，这表明他们对类似的反应经验有着共同的稳定倾向。反应理论家于是告诉我们，在恰当的条件下，对共同体的正常成员来说，当共同体内的某一成员说"玫瑰是红色"时，他们说的话是真的当且仅当玫瑰有着导致某一具体的心理条件（即"红"的反应）的倾向。

假设一个共同体有着恰当的反应，一般来说，他们根据这一模型来使用"红色的"这一词，并且他们在理论上也足够精通，并能够认识到这便是他们正在做的事情。从原则上说，随后做出怎样的语言方针政策，这取决于他们。自此以后，当他们在教导他们的孩子如何使用"红色的"这一词时，他们会佯作认为在世界中有着独立于反应的红色属性，并在实践上对此加以确认。我的意思并不是说，他们会清清楚楚地告诉他们的孩子，"红"是独立于反应的；他们仅会将"X是红色的"当作那种能够为真或为假的断言，它独立于人们把某物视为是红色的倾向。现在需要讨论的要点是，如果要向人们灌输这种理解，需要达到什么要求？如果我们关于颜色的原始概念已经是独立于反应的——正如约翰斯顿认为的那种可能——那么，可以推测的是，这些语言政策的制定者仅需定下心来，遵循那些说英语的原始大众所遵循的教育实践。但是，如果这还不足够的话，他们可以在人类获得概念的可错性上习得额外的一课，对颜色佯作有着认识论上的谨慎性。这里的关键之处在于，即便是这样的观点也与新手在拓展这些属性时所使用的一般方法（即使用范式那些情况）相容。（它所要求的是这样的一个额外教训：即便是范例，也是可取消的。）

政策制定者因而着手在新的说话者的实践中灌输两个主要习惯或原则。第一个原则是，制约有着"X是红色的"——实际上，相应的例子是（3）——这一形式的断言的用法条件是首要的。第二个是这样的习惯，即习惯将"红"视为某种受到客观言语模式影响的东西。在断言性实践这种一般背景下，结合起这些经验，人们会教导新手根据知觉和信念概念——当然，是那种普通的，指向世界的知觉和信念，而非内省的知觉和信念——来描述他们关于红的经验。在将这一对红的独特反应视为相应信念的知觉基础时（这一基础是可取消的），我们打开了通往这样评论的道路："你相信它是红色的，但它**真正是**红色的吗？"这反过来可能致使人们进行理性重估的标准方法。由于他们熟悉了**一般的**客观模式，所以说话者将会被带到自己和他人对颜色判断进行反思性审视的实践中。客观模式带来了合理性探究的方法和动机。但是，我们需要注意到合理性是以怎样的方式进入这幅图景的。它不是对所讨论的言语表达的内容进行具体说明的一个部分，而是那些选择采用客观的言语模式，使用指示的形式，并谈及真和信念的那些人可以随意免费取用的礼物。基于用法的（而非基于内容的）实用主义吸引我的地方之一似乎在于，它把合理性放置在了恰当的位置上，即话语外部的而非内在的位置上。（下一节中对此会有更多的讨论。）

  当然，我们不能随意地采用我们喜欢的客观模式；更确切地说，在一些情况中，我们的自由度不是很高。这适用于颜色的情况，原因是我们关于颜色的反应是十分类似的，整个共同体内的成员经由理性的重审而获得的某些领会是十分类似的。但是，我们需要注意的是，这些要求非常具有弹性。实践兼容差异性的程度也是非常大的。首先，人们可以迅速利用一小群志趣相投的反应者具有的相似性。但是，人们不是通过使共同体标准变得"相对化"来做到这一点的，而是通过探究共同体内具有的相似性而让人们可能对非相对化的主张有着相同程度上的理性认同。

  我将会再回到对这一点的讨论上。在第十一节中，我认为，这种同话语共同体的视角的弹性为基于用法的进路提供了另一个优势。目前为止，我仅想简单地强调如下这一更为基本的观点，即以内容为基础的反应理论家们在建构自己的解释时所具有的资源——即为整个共同体所接纳的充分的反应统一性模式——同样也为非反应依赖性的话语提供了充分的基础，人们根据用法条件对其做出了理论上的说明（这也实际影响着刚开始学习说话的人本身），对那些特征做出了描绘。因此，反应理论家做出的解释似乎陷入了冗余论的危险。

　　反应理论家可能会反驳，这一所谓的备选方案实际上等同于对所讨论的话语进行基于内容的反应依赖性的解释。为了明白情况并非如此的一个方式是，我们需观察到不同于反应依赖性的解释，基于用法的替代方案没有承诺全局错误在先验上是不可能的。从原则上说，我们可以从如下一种或两种视角中得出这种错误的不可能性：之于所讨论的话语中的实践者的视角，之于反思话语本质的理论家们的视角，或之于两者的视角。然而，从践行者的视角看，基于用法的解释中没有什么能够排除掉全局错误的可能性。话语被明确地设计为不排除这一点（在第三节，我通过对可能会犯错的道德直觉主义者的讨论揭示了一般意义上的可能性）。这为理论家的视角留下了空间，在这里，谈论错误便意味着犯了范畴错误：因为基于用法的理论在语义上是简陋的，它没有告诉我们什么时候相关的言语表达是**真**的，而只是告诉我们如何恰当地**使用**它们。⑦

　　这一关于理论视角的要点也为那些提出所设想的话语具有怎样的成真条件（一方是反应依赖性的成真条件，另一方是实在论者的成真条件）这一问题的反应理论家提供了答案——在这一点上，他们或许希望揭示，可以作为替代方案的实用主义是无容身之处的。答案便是，**作为理论家**，我们一开始便不需要陷身于提供成真条件的事业之中。作为**说话者**，我们可以同大家一起说 "X 是红色的" 是真的，当且仅当 X 是真的。作为**理论家**，我们只对如何**使用**这种话语感兴趣。（的确，用法的一个重要方面同说话者对 "真" 和 "假" 这样的词语的使用有关，并且这需要做出

---

⑦ 人们越来越熟悉这样的观点，即语义最小化理论和形而上学的最小化理论趋向于携手并进。这里，语义上的简陋伴随着形而上的简陋。正如我在第三节中提到的那样，基于用法的理论告诉我们关于所讨论的共同体做出的形而上的承诺的信息是非常少的。但是，它相容于——或许鼓舞了——最小化的形而上学立场，约翰斯顿（Johnston 1993：§4）认为这个立场对几种有着哲学趣味的主题所做的反应依赖性的修正性解读（a revisionary-dependent reading）构成了严峻挑战。约翰斯顿未能看到的是，在拒斥反应依赖性时，形而上学的最小论者无需拒斥实用主义。通往实用主义的用法路径仍然是畅通无阻的。

解释。然而，其中没有什么先验论证，因为至少只要准实在论仍是一个切实可行的选项，这种实在论就会使得用法的实用主义者感到为难。）

这一替代方案因而是一个真实可行的方案。但是，如果它并非已经是反应依赖性的，那么是否还有些理由让我们更钟情于反应依赖性的实践呢，或钟情于对实践做出修正？一个可能的建议是，只有反应依赖性的解释才能够使得我们**证成**所讨论的实践。⑧这将和方才做出的观察联系起来，即只有基于内容的研究进路才能在理论的层次上对真做出讨论。只有这一研究进路才提供框架——如果幸运的话，我们可以借此框架表明，至少有一些我们视为真的判断实际上是真的。

这是一个吸引人的想法，但我认为它是错的。在我看来，反应依赖性趋向于使我们付出这样的代价：降低我们一开始想要证成的实践的价值。这最为直接地体现在如下这些情况中，即初始的话语具有的特有承诺对行动能够产生一定的特有后果，于是，证成相关承诺便是去证成这些承诺所引起的行动。最为重要的那些例子中包含了价值和或然性这样的概念。我想揭示的是，用反应依赖性来替换这些概念，这与行动之间没有什么恰当的关联，因而对替换的判断的证成将不能证成相关的行为。正如我们将会看到的那样，那些在模棱两可的意义上使用合理性这一概念的反应理论家们已经使得这一要点变得模糊了。当这些模棱两可性被化解时，人们将会看到，关于或然性和价值的反应依赖性的解释要比它所反对的基于用法的解释更糟。

---

⑧ 寻求证成或语言实践的合法性是约翰斯顿《重审客观性》一文的重要主题。在第一段中，他告诉我们，"配得上进步的实用主义这一名号"的是提出"关于我们实践的真正解释是否可以证成实践"这一问题的批判哲学（Johnston 1993: 85）。这一问题的可能答案当然是否定性的，具体说是这样的观点：试图证明我们的语言实践并不比试图使得我们的（例如）消化的实践合法化更为恰当。在这两种情况中，我们可以对相关的实践做出描述，或许会说它们在我们的生活中起到什么样的功能，但仅此而已。我怀疑约翰斯顿会对实用主义感到不悦，因为他认为实用主义不过如此。无论如何，在下一节中我将试图解释那些的确想获得更多的人将不会在反应依赖性中有所发现。的确，他们也不会在基于用法的实用主义中有所发现。我的论点是，基于内容的理论在此方面没有任何优势。

8. 证成的选择

一方面，道德认知主义者需要解释道德信念为何是真正的信念；另一方面，还要解释它为何有着本质上的激励（motivating）特征。似乎相信 X 是善的和对 X 有着渴望之间有着分析性的关联。为什么会这样呢？我称此为**赞同问题**（Approval Problem）。⑨

在决策理论中有个类似的问题。一方面，关于或然性的认知主义者需要解释或然性的信念为何是真正的信念；另一方面，还要解释这些信念为何与特定程度上的信念有着非偶然的关系（因而同打赌行为的关系也不是偶然的）。相信 P 是可能的人倾向于对 P 有信心，并采取相应的行动。然而，为什么会这样呢？我称此为**信任问题**（Confidence Problem，参见 Price 1983a; 1988：第 4 章）。

在或然性和道德情况中，表达论观点吸引人的地方在于，它们提供了非常简单的解决这些问题的方案。例如，如果道德判断表达的是估价态度，那么赞同问题便消失了：道德承诺只是对意欲的表达，实际上，我们无需进一步解释为什么它们总是伴随着意欲。价值和或然性如果对认知主义者构成了问题的话，那么，对那些认为在关于或然性的信念和相应的信念度之间，或关于价值的信念和相应的情感倾向之间有一条清晰的心理界限可划的人来说，也会构成问题。如果存在这类重要的心理界限的话，人们便需要解释如此区分的诸精神状态为何趋向于同时发生。

在这两种情况中，问题既有着描述的特色，也有着规范的特色。为什么相信 X 是善的人**的确**趋向于意欲 X？并且，他们为什么**应当**这么做？然而，不管特色如何，我们需要从证成我们的意欲和可信度的更为

---

⑨ 我在 Price 1988 第 4 章中使用了这一术语。史密斯（Michael Smith 1989: 89）把相同的问题称为"道德问题"。

一般的问题中区分出这些问题（因此，也需要把它们同从中衍生出的行为相区分）。看到这一更为一般的问题的最简单方式是，假设我们已经在其规范的版本中解决了赞同问题和信任问题。换句话说，即假设我们可以揭示我们可以根据关于价值和或然性的信念来证成我们的意欲和信念度。显然，思考我们关于价值和或然性的信念是否正确，这仍然是有意义的思考，因而在这种更为宽泛的意义上，我们仍然可以思考我们具有的意欲和信念度是否正确。

实际上，这种更为宽泛意义上的问题即是证成行为倾向的问题，作为决策者，我们根据行为倾向而与世界照面。我将称此为"行为的证成问题"，或简称为"行为问题"。为了解决这一问题，关于价值和或然性的认知主义者不仅需要以规范的方式解决赞同和信任两个问题，还要能够有着证成我们价值信念和或然性信念本身的方法。

在证成我们的价值信念和或然性信念时，会涉及什么？显然，这取决于这些信念有着怎样的内容。反应依赖性的魅力之一似乎在于，它提供了可以使任务变得可行的内容。毕竟，如果道德和或然性的判断是关于人类倾向的非常一般的判断，那么，所需的用于证成它们的知识便是一种自我知识。道德和或然性的主题变得更易于理解——形而上地说，对那些有着自然主义心灵框架的人来说，也更易于接受。

如果规范的解读能够解决赞同和信任问题，那么行为问题也将缩减至证成道德和或然性的信念的问题。如果那一问题开始看上去能从反应理论家的视角来接近的话——因为，从某种意义上说，这些是关于我们自己心理倾向的信念——那么，一个吸引人的前景便呈现了。解决行为问题的方案似乎已经眺目可见了。然而，我想指出这幅图景实际上是个十足的幻象。实际上，反应理论家只可能解决两个问题中的一个，但不可能同时解决两者。解决哪一个问题取决于它们的双条件句的内容条件究竟是什么，而造成幻象的原因则在于其中的模棱两可性。

让我们先来思考信任问题。我提到要分两步来解决行为问题，而这需要一种解决信任问题的**规范**的方案——换句话说，需要阐释相信 P 是或然的能动者**有权**（be justified）（而非仅仅倾向于）对 P 有信心。然而，如果反应理论家认为"P 是可能的"意味着（或是真的当且仅当）正常人倾向于对 P 有信心，那么，我们便不会以规范的方式解决信任问题了。毕竟，我们可以设身处地站在能动者角度想一想。你会相信在你情境之中的正常人倾向于对 P 有信心。但是，其他（不管正常或不正常的）人具有的习惯与**你**是否对 P 有信心会有怎样的关系呢？

这时通常的方式是着手获得一些规范性，也就是说，以合理性的形式来呈现规范性。粗略地说，反应理论家的建议是，"P 是可能的"意味着（或是真的当且仅当）一个**理性**的人对 P 有信心。我想揭示的是，这一策略是个死胡同，或者说，与它相近的所有策略都是死胡同，这是对合理性概念所做的一系列可能的解读均具有的特征。我以或然性的例子开始分析，而后把得到的教训运用于价值的情况上。

长久以来，根据合理的信念来分析或然性，这种想法似乎是吸引人的。我称之为处理或然性问题的合理性理论路径。简要地说，它等同于这样的观点，即 P 是或然的当且仅当一个理性的人——如果他对相关的证据有着正确认知的话——会对 P 有信心。[⑩] 合理性者如何应对信任问题的呢？根据它的标准理论，问题如今变成这样了：为什么相信对 P 有信心意味着**合乎理性**的人**实际上**会对 P 有信心？

根据对合理性概念的不同解读存在许多可能的研究思路。当然，此时对这些解读作穷尽无遗的阐释几乎是不可能的，但是如下这些选项将能够帮助人们阐明问题的本质：

[⑩] 新近的作者中，例如梅勒（Hugh Mellor）持有类似的机会理论（theory of chance），尽管在梅勒的哲学中，它是包含了诸多习性的杂糅理论的一部分，这种理论认为倾向是用来安排机会的（参见 Mellor 1971）。梅勒认为他的理论继承了拉姆齐在 Ramsey 1978 中提出的观点。尽管在这一论题上，拉姆齐和凯恩斯（Keynes）有着明显不同的观点。考虑到他根据理性的信念度来说明"逻辑"或然性关系的特征，凯恩斯或许也可被视为以理性主义的方式来处理或然性概念的早期倡导者。

I. 根据我们自身的认知倾向来兑现合理性。或者（a）合理性概念是我们倾向于接受的概念，或者（b）"合理性的"这一词被用来表达接受它被运用于其中的判断的倾向。

II. 以实践的有用性来兑现合理性。合理的信念是有用的信念。

III. 客观的合理性。合理性是一种客观的认知价值，而我们在当前情况中的实践反映了我们对它的存在和本质的觉识。

选项 I（a）等同于对相关的合理性概念做出的反应依赖性的解释。粗略地说，该选项认为，在认知上走出的一步是合理的当且仅当我们倾向于走出这一步。声称对 P 有信心是合理的因而是在描述我们自身具有的对 P 有信心的倾向。（至少有两种解读这里的"我们"的方式：可能是指说话者个体，也可能是指共同体。）选项 I（b）则有着更多的表达论意味：声称 φ 是合理的便是在表达（而非描述）对 φ 的倾向。（在这种情况中，人们认为倾向的承载者只有说话者。）然而，不管选项 I 采取哪种形式，反应理论家诉诸合理性从而能为我们的行为倾向提供规范的证成，这种想法最终被证明是一个幻象——如果合理性本身是以描述的或表达的方式被兑现的，那么不管它肩负的证成概念是什么，证成概念也应该以描述的或表达的方式被兑现。

选项 II 看上去或许更具前途。它是以世界为指向的，把理性信念当作那些发挥作用的信念。但是，具体的信念度有什么用呢？在最好的情况下，只不过是在（越来越久的）长时间内，（越来越）**可能**获得成功。那么，在此意义上——至少在对或然性的合理性解释对解决信任问题无济于事的意义上，以合理性的方式来分析或然性犯了循环错误。问题不过在新的层面上重新出现了。

选项 III 更为值得关注。它支持客观的认知价值，并根据部分信念具有的那种意义上的客观价值来解释或然性。为什么情况会是这样的：相信P是或然的人的确或应当也对P有着很高程度上的信心？因为声称P是可能的，即是声称在价值具有客观性的意义上，有这样的可信性是有价值的。所以，如果人们相信P是可能的，那么，他们——根据他们自身的价值性理解——相信自己**应当**对P有很高程度上的信任。

目前为止，一切尚好。但答案尚不能使那些注意到赞同问题的人感到满意。因为我们现在面对的是或许可被称为"合理性问题"的问题：合理性和动机之间有什么关系呢？这一问题也有着描述的和规范的维度：为什么相信F是合理的人**的确**相信F（或至少一般倾向于相信F）呢？并且，他们为什么**应当**这样？合理性为什么是重要的，为什么会这样呢？

正如赞同问题的情况所表明的那样，合理性问题可能会使我们易于对合理性做出反应依赖性的或表达论的解释。然而，在当前语境中，这些是我们在选项I中思考的观点。所以，如果要保持选项III的独特性，那么我们必须拒斥这个思路，而我们现在似乎很难处理这个问题。如果有人仍然准备在价值的情况中应对这个问题，那么他便无需再应对或然性的情况。合理性理论向我们揭示的是，如何以价值的视角来同时处理这两种情况。

那么，总结而言，对或然性的理性主义解释能够成功地为信任问题提供规范的解决方案吗？这取决于我们如何理解合理性概念。似乎有三种可能性，其中两种是死胡同，还有一种偏离了原有的方向：

（i）根据对合理性判断做出的反应依赖性的或表达论的解读，或然性的信念和信任之间的关系只是描述性的。或然性的判断所表达或描述的倾向只不过导致了相应的信任。它没有证成人们具有那种信任。

（ii）根据对合理性判断所做的功利式解读，关于或然性的合理性解释是循环的。

（iii）根据对合理性判断所做的规范式解读，可以用赞同问题来取代信任问题。

持合理性理论的反应理论家们因此在信任问题的规范性方面做了非常糟糕的工作。他们至多仅成功地把问题转化为价值问题。

然而，或许不会令人感到诧异的是，价值情况中也出现了同样的困难（当然，问题在这里便无处可藏了）。为了阐明问题的本质，我们先追随反应理论家，认为实质的合理性（substantial rationality）将我们引向的东西便是善的或有价值的事物。在其规范的维度，赞同问题此时与如下问题有关：在这个意义上，为什么我们实际上要珍视我们相信有价值的东西。为什么我们应当珍视实质合理性把我们引向的有价值之物呢？此外，答案的构成视我们对合理性主张（rationality claim）的理解而不同。似乎存在三种可能性，它们大致对应于或然性的情况。

I*. 依赖反应的或表达的合理性。这些研究进路根据我们自身的心理倾向来兑现合理性。正如或然性的情况所显示的那样，它们提供的解读赞同问题的方案是描述的而非规范的。

II*. 合理性作为一种认知价值。这一研究进路根据已经发挥作用的价值范畴来解释合理性。例如，它把可以合理地加以珍视的东西视为有珍视价值的东西。正如或然性的情况体现的那样，后果便是，使得合理性概念在为价值提供解释上毫无用处。这一分析导向了一个循环。

III*. 合理性作为自成一类的认知价值。如果合理性是一种具有独立性的价值，那么合理性问题便是赞同问题中一个独特的子问题。然而，对关于合理性的反应理论家们来说，它变成了赞同问题可被分解为其他子问题的核心。

让我们根据 III* 来思考合理性的规范维度。假定合理性概念是自成一类的，为什么相信 φ 是合理的人的确相信 φ 呢？一个可能的推理便是，这种解决方案是分析的方案，因为"应当"本身无需根据这种合理性概念来兑现。如果合理性本身是一个关键的规范概念，那么在这一点上，便不存在什么不同寻常的规范问题了。

然而，回想一下我们一开始对信任、赞同以及合理性问题的规范维度产生兴趣的理由：如果能够成功地处理这些问题的话，似乎便有可能为反应理论家们在行为问题第二阶段上面对的问题提供解决方案。第一阶段的方案要求人们能够证成自身具有的价值信念以及或然性信念。反应理论家们在这里似乎已经做得很好了，并且取得了进步：他们认为这种信念指向了我们自己的心理倾向。然而，如果由反应理论家提供的内容条件，它所援用的合理性概念是规范的且不可还原的话，这轻易取得的进步就会变得非常虚幻。证成如今依赖于**理性的**能动者的倾向，而不只是那些**现实的**能动者的倾向。此外，如果涉及的证成概念要根据同样的合理性概念来兑现的话，我们的探究本身似乎陷入了向后倒退的危险。

构成这一讨论基础的道德情况是简单的，它既适用于或然性的情况，也适用于价值的情况。如果反应理论者所说的内容条件援用了不可还原的规范概念，它们便完全未能处理与自然世界中的规范性相关的那些老难题。因而未能处理的问题是一个认识论的问题：像我们这样的生物如何获得相关的道德事实？我们如何**有权**持有关于这类事实的信念？[11] 另一方面，如果反应理论者所说的内容条件援用的规范概念是可还原的，那么信任问题和赞同问题便显得突出了：作为能动者，我们为什么应当为我们相信的同侪具有的心理倾向所引导？只有那些对相关的合理性概念的规范性含糊其词的人才能够猜想到，对或然性或价值做出的反应依

---

[11] 当然，这里存在着一个双重问题，因为人们对我们的信念所要求的证成是关于证成本身的诸问题。

赖性解释同时逃避了这一传统困境的两个犄角。

9. 作为固定点的行动

前一节的写作动机在于这样的观点，即反应理论家可能这样来回应冗余论争论：在对我们的信念做出证成的问题上，基于内容的解释要比其他各类竞争对手要更好。从某种意义上说，这一主张当然是真的。因为反应理论家的双条件句起到的效果便是，把相关领域内的我们所有承诺解读为，一部分是自我描述的，被做出这样解释的承诺通常比其他解读下的承诺更容易起到证成作用。然而，在两方面均反对反应理论家的反对者们——一方面更多的是传统的实在论者，另一方面则是各类反实在论者——可能会感到，这里包含了一个诡计。实际上，反应理论是通过改变主题来解决问题的。

在价值和或然性中，一个好消息是，这里的诡计——如果我们可以把它称为一种诡计的话——可以因为如下事实而得以避免，即在这些情况中发挥作用的心理状态（意欲和信任）和行为之间有着直接的关系。这意味着它们能够提供一个心理上的固定点，对证成的寻求旅程最终朝向的便是这些固定点。当反应理论家试图重构价值的或或然性的信念时，与信任和意欲之间的必然关系会把证成问题带回到同样的固定点上。相应地，这些关系也是信心和赞同问题的核心——对于任何认识到相信 X 是有价值的和意欲 X 之间，或相信 P 是可能的和对 P 有信心之间存在间隙的观点来说，都会有这些问题。正如我早前已经提到的那样，表达论观点最吸引人的地方之一在于，它把这里的间隙最小化了。

然而，在传统哲学对第二性的质的讨论中，不存在这类心理的固定点。例如，"看到红色"没有什么特殊的行为上的表现，如此一来，对 X 是红色的这一信念的内容的解释便必须能够解释，有着这一信念的人为什么一般会（或应当）表现出这一行为。"看到红色"在我们的精神生活中没有起到那类作用。这或许能够解释，长久以来，为什么反应依赖性策略在这些情况中看来如此吸引人。当世界客观内容的科学解释中，似乎没有余地留给大众颜色属性之时，这一策略对自身做出了修正，它投向了洛克式的倾向解释，它无需去面对类似于信任和赞同之类的问题。于是，洛克式解释的魅力——例如，通过牺牲观察者的独立性身份，颜色在科学中保留了一个可敬的位置——不会因为其他地方的难题而有所消减。

当然，如果这样来理解颜色属性的话，科学的观点**能够**证成我们对颜色的归因。一直以来，反应依赖性对我们承诺的阐释都试图使得我们更容易做出承诺。不管这一推理在颜色的情况中有什么价值，我已经论述过，它在或然性或价值的情况中不会有效。这里，我们想要的证成是对我们的信任和意欲的证成，而对倾向的修正没有为我们提供这类证成。

只要第二性的质构成了一种孤立的情况，以把它们解读为倾向的方式而将它留在科学的领域内，这种做法仍然有着明显的吸引力。但是，如果接受了"不管此时发挥作用的主体性的本质是什么，它都是语言的一个全局特征"这一观点的话，这一优势便会遭到暗中破坏。因为，在这种情况中，它也会影响到我们的科学话语，因而它无可避免地也会出现在根据修正倾向的解读而提出的其他话语中。在把多种感染源归结为一类时，接受科学的话语是我们具有的最为有益的话语，这的确是有优势的。但是，如果接受了我们可以在这种情况中（且别无选择地）忍受感染，一个显而易见的思想便会是，我们或许在其他情况中也能忍受。这将为我们关于颜色的古老、未经消毒杀菌、天真的话语作辩护，我们依赖于自身的内在认知的免疫系统来避免与自身的科学信念发生严重冲突。这从某种意义上说，这意味着一种关于颜色的准实在论，但是，我们是根据"相关的主体性有着全局的本质"这一主张来捍卫准实在论的，同样的准实在论的态度也适用于其他地方。根据这种观点，"真正的"实在论和准实在论之间不存在什么令人局促不安的分界，这个分界也不像准实在论的几个批评者认为的那样是个弱点。⑫

10. 理解用法

我已经论述过，全局性不相容于完全基于内容来阐释我们这里关注的那种主观性的研究进路；基于内容，不管做出怎样的解释，我们仍有着借以做出基于用法的解释材料；并且，在道德和或然性的情况中，基于内容的解释在证成相关的指向行动的心理状态的解释上，没有什么优势——如果有的话，也是反例。为了结束这里的讨论，我想指出基于用法的研究路径有着怎样的更进一步的优势。像冗余论的要点所体现的那样，这有赖于如下的事实，即基于用法的理论要比其竞争理论更加简朴且也更为宽容。这里的后果不仅是，基于用法的理论适用于所有基于内容的理论适用的情况，还有一个更强调的论点：在解释大众的语言实践时，在基于内容的研究路径不适用的情况下，基于用法的研究路径仍然能够完全适用。正如我们将会看到的那样，这一优势在那些其用法的模式体现了主客体方面微妙融合的话语中体现得最为明显。

11. 成真条件：主客困境

让我们回到对将情感主义理解为一种自我描述这类错误解读的讨论吧。人们经常注意到，自我描述主义无法解释关于道德客观性的一般直觉，尤其是关于道德错误和道德无知的可能性的直觉。例如，如下表达中不存在什么特别的反直觉的地方：

（8）我相信 X 是善的，但我可能是错的。

---

⑫ 其中也包括我，请参见 Price 1988：第 4 章；1992。

如下表达也如此:

(9) 存在着许多好的事物,但我完全没有意识到它们的存在。

然而,显而易见的是,人们要求自我描述主义者在句法上把这些命题理解为类似于如下表述的东西:

(10) 我相信我赞成 X,但可能的情况是,我不赞成 X。

以及,

(11) 我赞同许多事物,但我并不知道它们存在。

但是,(11) 显然是反直觉的,而(10) 则错误理解了道德错误的原因,它把错误归咎于自身。(在大众的道德实践中,自我知识不包含道德错误,这一观点明显是错误的。)那么,在此方面,自我描述主义者的释义未能公平对待一般用法中体现的要求,即在一定程度上处理道德客观性。

这一问题在道德分歧的例子中变得更为严峻。大众直觉认为"X 是善的"和"X 是恶的"这些言语表达有着表面上的不相容性,即便这些言语表达是由不同的说话者说出的。例如,在对"纪律是善的"这一断言做出回应时,人们通常会认为"纪律是恶的"这一言语表达是关于前一表达的清楚的(如果不是矫揉造作的话)异议。然而,自我描述主义者在不同的说话者表达否认命题之间看到的矛盾仅是"我赞同纪律"和"你反对纪律"这类命题间的矛盾。

当然,还有一些类似的对自我描述主义的反驳。它们与如下事实有关,即自我描述主义者提供的关于道德判断的成真条件太过主观,以致不能够解释通常的道德话语所具有的客观性，故而一个大有可为的回应因而是，在这样的一两个方面来进行"客观化"：（a）认为道德判断指向的不是个体说话者具有的价值态度，而是指向话语共同体整体具有的**一般**倾向；或者（b）不诉诸**实际**的反应，而诉诸**理想**条件下可能的反事实的反应。结合起来理解，这些步骤为自我描述主义者提供了类似于这样的东西：

（12）X 是善的当且仅当一般的人，如果他是在理想条件下认识 X 的话，会赞同 X。

换句话说，这些推理的效果是，在朴素的自我描述主义和反应依赖性之间架起桥梁。当然，正如反应理论家们认识到的那样，这也为道德错误和无知打开了道路。在某一个体说话者是反常的，或置身在稍不理想的环境这种情况下，他（或她）的价值估价可能会与客观标准格格不入。这也使得道德分歧成为可能：两个说话者就一般的说话者在理想条件下对某些事态做出反应会存在着异议。

在描绘道德用法的客观性时，也大抵会出现同样的问题。但是，在道德用法似乎为说话者的相对性、无过错的分歧（no-fault disagreement）留有余地这个意义上，众所周知，道德判断也是主观的：在存在道德差异性的情况中，用法似乎允许出现如下这种情况，即两个说话者都是对的。修正的自我描述主义理论能够解释这些现象吗？从表面上看，这种理论不能，当然既定的 X 是否用来唤起在具体条件下的一般人的既定的反应，这完全是一个客观的问题。

反应理论家们已经为这一挑战提供了答案，我随后会来考虑这一答案是否有着充分性。首先要注意，我们不能以否认道德相对性，或以其他某种方式诉诸道德情况的特殊特征来避免这一问题。因为，该问题决定于无过错的分析的可能性，并且，这些不仅是道德情况的特征。实际上，它们可能是全局的特征，它们凭借的是使得佩蒂特走向如下结论的关于遵守规则的相同思考：反应依赖性是全局的，因为运用任意一般词项的基础都是有限的，可以理解的是，言语共同体会在未来的运用问题上产生分歧。如果这里强调的是，这种分歧基于一个显而易见的分歧，那么我们就可以认为分歧是无过错的（参见 Price 1988：第 8 章）。一般说来，不管语言依赖于怎样的反应，不同的说话者可能有不同的反应，无过错的分歧有着隐在的原因。⑬ 故而，我当前关心的东西不仅是道德情况的特有之处。

只要认可了无过错的分歧的可能性，反应理论提出的解决方案便需就相关的"反应共同体"给出索引式的具体解释——例如这样的观点：

（13）X 是善的，当且仅当如果我在理想的条件下认识 X，我会赞同 X。

粗略地说，这一策略因而免除了（或至少稀释了）规范性概念，但仍然坚持参照理想条件（因此，怀有这样的希望，即坚持处理客观性问题的能力）。

修正后的解释当然可以解释道德错误：我可能在如下方面犯错，即在理想条件下我应该如何反应。但是，这种解释能够解释道德分歧吗？我们早前注意到，天真的自我描述主义者只看到了由不同说话者说出的"X 是善的"和"X 是恶的"之间表面上的矛盾，这种矛盾并不比"我赞同 X"和"他不赞同 X"之间的矛盾更为激烈。显然，这同样适用于基于内容的理论的索引式版本。规范因而起到了重要的作用，如果它被遮蔽的话，问题便会再度出现。

反应理论家们因而面临如下困境。如果他们略而不谈规范性概念，

---

⑬ 还有其他的可能来源吗？有，这些来源见于各种语境依赖性（context-dependencies）的情况。（参见 Price 1988：第 8 章）

他们获得的解释便不能客观地充分解释我们所讨论的一般的和表面上的分歧问题。另一方面，如果他们考虑规范性概念，他们的解释便不能解释无过错的分歧这种非常真实的可能性，这类分歧出现在其反应模式有着统计上的显著分歧的情况中。

在实践中，反应理论家们或许在不同的情况中会选择这一两难困境中不同的一方。他们可以在无过错的分歧不是最显要的因素时，偏向主观性，例如在道德情况中；在其他的情况下，可以偏向客观性（"一般的反应"）。然而，这只不过是一种破坏性的控制。两种选择都是不令人满意的，并且在任何一种情况中，任何这类分裂注定是任意的。无过错的分歧是语言中的全局现象，其发生随着每种话语程度的不同而呈现出差异。

让我们来聚焦于其中一种情况，在这种情况中，反应理论家们的确援用了一般条件，并且考虑到了引起这一问题——即在既定的方面，所讨论的共同体中是否有统计性的规范（statistical norms）——的敏感性。佩蒂特认识到（Pettit 1991: 608），如下情况是以内容为基础的理论造成的后果，即如果不存在一般性的回应的话，对应的属性归因应当被视为假的。一个与之相关的结论是，只要共同体的界限是不确定的，那么，相关的属性归因的内容也是不确定的。但是，我们不妨完全根据日常中的情况来思考一下这一后果。堪培拉是一座小城，它有着许多开阔的地方。如果以悉尼为参照的话，它是一个安静的地方。但是，假设我要否认堪培拉是一个繁华喧闹的地方的话，我是同堪培拉那些对喧闹十分敏感的居民谈话，还是同我所属的悉尼共同体内的成员谈话，抑或是同某些其他"一般的"群体说话？基于内容的研究路径的一个劣势便在于，直到问题被解决了，我方才提及的重要方面仍然是悬而未决的。

基于用法的研究进路一大优势则在于，它在**对意义做出具体说明的层次上**避免了这些模糊性。粗略地说，堪培拉居民和悉尼居民根据相同的用法条件来学习使用"繁华喧闹"这一词："这个地方是繁华喧闹的"这一断言，当某人的体验是"哦，多么繁忙"这样的反应时，它初看起来是恰当的。这说明了在哪种意义下使用该词项的两个共同体说着相同的语言。但是，这也为随后的分歧留下了空间，如果结果是堪培拉的居民和悉尼的居民在体验这一反应时有着不同的敏感性，反应理论家不得不试图以解释现有的意义在他们一直以来的语言实践中是不同的这种方式——或许参与者并不知道这些——来解释这一分裂。（"繁华喧闹"这一词在堪培拉和悉尼拥有的概念是不同的。）相比之下，借助用法来对意义进行具体的说明，我所谓的那种实用主义能够解释如下事实，即在某种重要的意义上，这一词项的确对两个言语共同体的成员意味着相同的东西——而解释其用法上的分裂的方式是，解释说话者置身于的背景是不同的，例如所讨论的实践的先决条件是不同的。

107　　把这些差异性放在背景中思考，而非将其纳入相关的断言内容，相关的论证主要有两个。首先，它能够更好地理解一般用法。天真的堪培拉和悉尼大众无需懂得他们的繁华喧闹的概念不是普遍概念，并且，抓着这种内容总量上的不确定性不放的做法，是一种将意义从说话者的理解中剥离的不合理做法。（这里潜伏着一种理论上的冗余性。即便我们一开始便认为这类内容有着不确定性，我们可以通过明晰的、有吸引力的理论推理来指出这些不确定性，因此关注于什么是说话者可以获得的意义这个问题。）其次，从根本上说，更为令人信服的是，在以语言表达式的内容来说明语言表达式的先决条件的意义时，不是所有的语言先决条件都可以被清楚地表达出来。这是人们熟悉的一个重要观点，它和阿基里斯和乌龟赛跑有关系。有些东西必须待在背景之中，它们甚为关键，却从未被说出。不管它们是什么，它们随着说话者和共同体的变化而变化。这样的话，我们便能够准确地把握我们在"繁华喧闹"的例子中所具有的东西：用法上的分歧不是因为内容上的差异，也不是因为任何一方犯了错误，而只不过是因为背景不同。

许多话语都能非常顺利地应对这些无过错的分歧。我们可以"关掉"客观的模式，但足以能安置这些不可调和的差异，而无需将有用的用法严格地奠基在一般情况的基础上。我们因而能够结合起客观性和有着一定包容度的主观性（或相对性）。[在《事实和真之功能》(Price 1988)中，我尝试根据客观模式的一般**目的**是什么来做出解释。] 基于用法的解释已经能够解释语言的这一特征，但是基于内容的解释则注定在实践的客观和主观维度之间被撕裂。

具体地说，基于用法的解释将规范性放到了恰当的位置之上。在这里，我们可以将它与真之融贯论做直接的对比。反对这种理论的人当然可以同意，长远看来我们**视之为真**的事物是我们所信之物的相交点——大概而言，即一般人在理想的理性讨论范围内所相信的东西。但这只不过是以用法为基础的真理论这种更为基础的理论导致的一个后果，即断言"P"是真的当且仅当某人相信 P，这在表面上是恰当的。在对信念进行共同重估的背景下，这一基本条件或多或少保证了一般人**视之为真**的东西长远看来将会是共同体所趋同于的东西。既然这一关于用法的事实可为任何一种真理论所解释——这些理论接受最小化的用法条件，这一事实便没有为融贯论的解释提供证成；融贯论的解释试图根据一般理性趋同于的东西来分析真，试图以分析的方式来解释真。另一方面，融贯论在其他一些方面上歪曲用法。（例如，在关于真的现象学方面：正如持符合论的理论家可能指出的那样，我们在理性的探究中关心的不是我们是否会赞同 P，而是 P 是否实际上如其所是。）

就融贯论而言——基于用法的研究路径也大抵如此——对规范性、合理性等诸如此类的概念来说，它们体现在对后果以及事后的解释中，体现在对用法规则的解释中，而这些解释均未提及内容。

12. 语用学来救场?

我们一直在思考这样的反对意见，即基于内容的理论在解释一般用法的某些特征时做了糟糕的工作。在许多方面，例如，如果反应理论家的双条件句描述的是相关的言语表达的内容,那么真和假之概念的一般用法不是其应当所是的那样。

在做出回应时,反应理论家们可能会试图援用语言用法的各种"语用的"因素,以解释这一明显的不协调情况。以已有的反应理论为基础,我们这里的任务可能是对那些显而易见的客观性或主观性做出解释。例如,如果人们更钟爱于(13)那样的对道德判断的解读,那么问题便是去解释为什么"X是善的"和"X是恶的"一般被视为不相容的——即便为不同的说话者所说出。⑭ 在这一点上,可以提出很多建议。例如,有人可能会建议,社会团结的益处为试图使言语共同体内不同成员的价值态度"排成一行"提供了理由,而如下做法鼓励了这一点,即把它们视为具体体现了真正分歧的一些情况。

还有其他一些可能性——语言的语用学是一块丰饶的领域——但是,我认为它们尽是误导人的。当然,问题不在于语用的思考本身,而在于它们为了平息争端而为之呼吁的那些成问题的纲领。具有反讽意味的是,基于内容的理论现在体现为准实在论者的方案,但有着额外的不利条件,即不仅必须解释为什么用法能够给出"显而易见的"成真条件,还必须能够解释为什么它不与真实的成真条件一致。一开始,似乎基于内容的理论在对用法做出解释的事业提供了一种吸引人的方式,这种方式避开了准实在论者那种非常单调乏味的方式:它援用人们的自然概念权,并继续做着一些更为有趣的事情。然而,在某些方面将客观性同其他方面的主观性结合起来这一令人尴尬的趋势,让我们投向了用法,基于内容的理论如今发现自己身陷同样的泥潭之中。反应理论家们有责任给出一种理论,用于解释所讨论的言语表达的"真实的"成真条件是什么。准

---

⑭ 另一种选择是,如果人们更为钟爱的基于内容的反应理论在客观性一方犯了错误,那么任务便是去解释主观性方面那些明显是无错的分歧。还有一种可能性——约翰斯顿似乎为这种可能性所吸引——至少作为最后留的一手,可以直接否认相关的所有话语参与者说着同样的语言(参见 Johnston 1989: 170)。

实在论者则没有这样的责任。⑮

的确，对实用主义的辛劳工作表示轻蔑，这可能不是使得基于内容的理论首先会拒斥准实在论路径的唯一因素。另一个动机可能是这样的感觉，即准实在论者通过指出大众真理不是单义性的而歪曲了日常用法，其具体做法是，在真正的真（此时，对话语采取实在论的态度是合宜的）和建构的真（此时，准实在论是我们尽最大可能获得的东西）之间做出区分。我想强调的是，在此方面我建议的基于用法的理论和基于内容的理论站在一道。它采取的观点是，语言中不存在截然的分裂，在此分裂处真正的成真条件消失了，取而代之的是另一些成真条件。实际上，整个语言的解释性工作是相同的：解释以特定方式对世界做出回应的倾向，这一事实会以客观的断言模式来表达。

最后，人们可能会感觉到在如下直觉中存在着一个支持基于内容的理论的有力论证：成真条件在意义理论（或语言能力理论）中起到了关键作用。当然，这一直觉似乎在抵制以非成真条件的方式处理各类主题（例如条件句）这种基调中，一直是有影响力的。这一点也与前一点有关：如果意义理论必须就那些的确有着真正的成真条件的陈述句提供一种解释，而对那些没有真正的成真条件的陈述句则提供另一种解释，那么它至少是不完美的。

这一建议需要做出三方面的回应。首先，除了那种关于成真条件的知识，存在另一种关于意义的知识的理解，即关于（主观的）用法条件的知识。基于用法的理论便是为这种理论量身定做的。简要地说，关于某一描述词项意义的知识等同于关于该词项表达了怎样的反应的知识。第

---

⑮ 这一责任的一个后果便是，基于内容的反应理论家注定要承认，存在着某些情境，在这种情境中，说话者自身关于真和断言的判断可能分道扬镳：要么她认可 P 是真的，但拒绝断言 P（或不赞成 P 这一断言）；要么她断言 P，但拒绝认为断言 P 是真的。此外，注意到基于内容的反应理论家现在的回应当解释为什么用法会和潜在的成真条件一致（当它的确如此的时候），以及为什么有时候两者会分道扬镳。实际上，这意味着基于内容的反应理论家需要对所讨论的言语表达的用法条件给出完整的语用解释，而非仅是对一些例外情况做修修补补的工作。

二，我们方才看到，基于内容的理论不能通过为相关的言语表达提供成真条件的方式来为一般用法（因而也不能为意义）提供完全的解释。诉诸语用的特征也是必要的。这一让步紧缩掉了所有对如下想法的一般诉求：意义只不过是一个关于成真条件的问题。⑯ 第三，人们广泛地认为，在任何情况下，真在意义的一般理论中的作用是通过非常薄的去引号的概念来完成的。如果需要的话，这种真之谓词易于通过约定的方式而被添加到语言上；但就事实本身而言，真之谓词同存在于基于内容的理论、基于用法的理论，以及准实在论之间的危如累卵的问题毫无瓜葛。⑰

13. 结语

总结而言，通向实用主义的用法路径主要有如下四点优势。它避免了威胁着全局版本的基于内容的路径所具有的恶性后退问题。在任何区域的情况中，人们才能比基于用法的路径更能经济地使用同样的原材料，即关于共有人类反应的相同事实。它为一般用法间的微妙差别，尤其是我们易于在无错的、分歧的话语中发现的主客观的奇特混合，提供了更好的说明。此外，它避开了赞同问题和信任问题，但在证成我们的信任和价值态度上，没有比它的反对者们做得更糟。

最后，请允许我对基于用法的实用主义可能最没有吸引力的地方做

---

⑯ 或许，在意义理论中存在一种削减语用成分的必要作用的倾向，即便在有良好的成真条件时。人们容易忽略为断言理论的内容提供真值条件理论的这种需求，即忽略把被断言的语言的成真条件同断言它所体现的要点（the point of asserting it）关联起来的语用理论。在我看来，这个计划是否融贯是存疑的，因为它实际上设定真之概念优先于断言概念（因此也优先于正确的断言）。但是，如果是融贯的，那么，这个计划的存在会不可避免地削弱成真条件的研究进路所具有的显而易见的理论优势。首先，我们大概可以推测它是所要求的那种（正式的）语用解释——它解释了，当某人相信 P 时，断言 P 是恰当的——中的一个组成部分。这把我们带回到基于用法的理论具有的主观的断言性条件之上，由于其中的差异，我们现在缺乏关于信念（或判断）的恰当的一般解释。基于用法的理论则包含了这一解释：信念（或判断）只是我们在做出相关的反应时所认识到的东西，而那些反应则会借由客观的真值条件模式而得到表达。

⑰ 关于这一点的更多讨论请参见 Price 1988：第 9 章。

出简单讨论。这一种研究进路要求我们同自身的语言实践拉开距离,以便能不去询问我们在说的是**什么**(即内容是什么),而去询问我们**为什么**这样说——为什么我们首先会使用这些语词和概念。许多哲学家似乎深为这一分离的视角所扰,感到它威胁了我们继续以一种有意义的方式参与这些实践的权利或能力。把某人的实践视为"向外的"这种企图因而带来了某种类似于广场恐惧症的东西——即人们会担忧自己同自己的价值和共同体失去接触。除了指出所涉及的这一观点只不过是我们人类这种生物已经提供给自身的视角的一小部分外,我不知道还该如何处理这一问题。将这种关于实践的分离视角视为我们生活的核心,这会让人感到不安。然而,至少自达尔文起,我们便不能逃离这一问题。我们无法避免这类不安的来源,除了通过自我欺瞒,最佳的处理方式似乎是,尝试缓解这些症状。⑱ 持久的宽慰需要人们有不为体现在人那里的理论视角和日常的语言活动之间的某些认知距离所困扰的能力。⑲

---

⑱ 无论如何,会有一些持续性的症状。在生活的其他领域内,我们似乎能够非常轻易地来调整这两种视角。我们是根据关于生物基础的知识而知道我们的欲望是否不容缓,满足这些欲望也不是非常令人愉悦的吗?如果我们知道为什么会痛,疼痛就会因此不那么让人不悦吗?除非语言行为有着某些特别之处,否则这些情况所表明的只是反对意见太珍贵了——不管怎样,大多数时候人们可以非常容易地在认知生活中结合起这两种视角。

⑲ 因而人们可能会预期澳大利亚人会是用法的实用主义者好手。不为这里的距离所扰的能力是其民族品质,而澳大利亚人也习惯于从消除的视角来深思一些值得关注的问题。这种无中生有的观点不无其优点——那些对界限的批评能帮助人们看到更大的图景。多数时候重要的是向后倒退,离开百老汇以便能客观地思索活动本身。如果无视这一悲观的思想,我们很可能会错失许多美妙之物,因此如下观点是一个很有魅力的猜想:采取分离的、批判的以及解释的立场的天然趋向可能已经证明澳大利亚哲学比它的天真的实在论这一著名标签有更多耐人寻味的特征。关于澳大利亚天真的实在论所做的一般的自然主义的解释归因于明媚的澳大利亚阳光。正如阿姆斯特朗(David Armstrong)总结的那样,实在在这些条件下获得了自身的势力。当然,还有一些持反对意见的假说,其中包括了恶意的意见,即澳大利亚哲学家仅在他们脱下帽子时才会变成天真的实在论者。一个貌似更为合理的假说认为,天真的实在论本身是对孤独——即捞救命稻草式地试图使得人们在由界限所导致的眩晕中保持平衡——的回应。约翰斯顿在《客观性的重绘》一文的早期版本中提到了这些沙文主义式的评论——令人遗憾的是,已出版的版本删掉了这些内容——在那里,约翰斯顿提到了具有澳大利亚特色的实用主义出现的可能。正如我已经指出的那样,这一有价值的计划有着可靠的地理基础。同时,也有可能澳大利亚的实用主义者——它们的心离百老汇太近而没有认知上的距离,故而也不能产生最具合理形式的那种实用主义。

第五章
如何为非认知主义者辩护

非认知主义与真之最小化理论相容吗？当代的论述主张它们不相容，因而诸如道德实在论者应该在意的是那些颇受欢迎的语义最小化理论。同样的说法也适用于其他主题（例如条件句）的非认知主义，其原因在于，论述仅依赖于这样的事实，即我们通常的用法将真和假之概念运用到所讨论的那类言语表达之上。鉴于这些思考，人们认为关于真之最小化理论没有为如下观点留下空间，即相关的言语表达本质上是非认知的。①

本章中，我们想使这种开向认知主义的列车脱离其正在上面行驶的快速轨道。我们想揭示，当对非认知主义的关键之处有了恰当的理解之后，我们会发现还有一个在很大程度上是任何采用了关于真之最小化观点的人未能触及的立场。然而，非认知主义的本质是什么，这是一个关键问题；下文第一节中，我们首先会捍卫比当代文本中的一般立场更为宽泛的一种立场。我们也需要澄清最小化理论的本质，第二节中，我们区分了两种有着重要差异的线索，这两条线索都是当代争论中的主线。在这一背景下，我们继而探究在面对最小化的理论时，为非认知主义做辩护的两种可能策略。

策略之一是杰克逊、奥皮（Graham Oppy），以及史密斯（Michael

---

① 例如，我们可以在如下文章中找到这些论述：Boghossian 1990, Wright 1992, Horwich 1993, Humberstone 1991. 至于关于类似观点的更早的表述，请参见 McDowell 1981: 229, n9。

Smith）在新近的文章（1994）中一直考虑的策略。它基于这样的思想，即关于真之最小化的理论能够很好地兼容于关于**向真性**的非认知主义，而后者可用来为非认知主义做奠基。第三节中，我们详细地讨论了这一策略。我们论述了这一策略在面对最小化理论的反击时，要比杰克逊、奥皮和史密斯认为的更为脆弱，也不那么具有一般性。此外，更为糟糕的是，构成其核心的要素不能够承载起相应的理论责任。

我们自己的策略——第一节中将引入该策略，然后在第四节中对之进行阐述——依据的是比关于非认知主义的本质的一般理解更为宽泛的一种理解。第五节中，我们将借助当代文本中的一些例子来阐明这种更为宽泛的理解。我们将解释它将使得非认知主义——或者说可从非认知主义中衍生出的学说——变成一种非常顽强的学说，尽管从事相同那类哲学工作的人可能是这种立场在哲学传统中的先辈。

在本章的最后两节中，我们将会讨论从这种更宽泛意义上的认知主义中衍生的某些重要理论。第五节讨论的是同语言相关的一些重要问题——尤其是真之概念——透过第二种策略的理论视角看，这些问题似乎尤为关键。最后，第六节中，我们将转而谈论什么为当前讨论提供了更为普遍的动机这一问题。我们认为，捍卫非认知主义的第二种策略为形而上学中越来越受欢迎的还原论策略——这种策略基于拉姆齐-刘易斯研究理论词项的方法，杰克逊是当代的主要倡导者之一——指出了一个严重的困难。简要地说，从我们的理论视角来确立使用拉姆齐-刘易斯还原论式纲领的前提条件，要比在传统的描绘中要困难得多。本章中提出的语言问题因此对当代形而上学来说也是非常重要的。

1. 什么是非认知主义？

关于某一类具体词项的非认知主义预设了一个更为一般化的区分：在一般的意义上区分认知的和非认知的话语。实际上，就如何描述这一区分的特征来说，相关的文献一般给出了两种可能答案。一种观点是，认为它一开始是个语义上的区分，我们可以以成真条件或诸如此类的东西来对之做出界定。另一种观点则认为它是更为基本的、心理上的区分，我们可以通过相关的心理状态的本质来对它做出界定——例如，它们是否是真正的信念。两种观点都可能会认为，另一种观点提供的描述是正确的，尽管另一种观点是衍生的或次一级的。实际上，还存在可能的第三种观点，它认为相关的语义的和心理的概念是被绑定在一起的，于是，它们两者都不可能真正声称自己有着优先性。在实践中，哲学家们倾向于从语义的解释滑向心理的解释，而后再回过来，而不说他们认为哪一个具有优先性——如果有个优先的起点的话。

让我们将非认知主义的这两种形式相应地称为语义界定的形式和心理界定的形式。它们有什么共同之处呢？实际上，我们有什么权利把这两种立场视为同一种基本观点的不同形式呢？最为基本的理由是，我们认为这两种立场的共同之处在于，它们根据非认知主义者的如下主张来说明语言**功能**或**范畴**的特征，即所讨论的语句与语言中的其他语句（尤其是语言中典型的具有因果解释性的那部分语句）有着**不同的功能，或属于不同的范畴**。在一种情况内，人们根据真来说明范畴的特征；在另一种情况内，则根据信念。但是，其共同的要素在于功能的或范畴的差别本身。为了支持这种诊断，我们需要注意到这种范畴上的差别巩固了哲学对非认知主义的支持，尤其是在反对还原论或取消论的推理中。非认知主义者认为，这些纲领，以及从中而来的哲学思虑，是以一种关于语言特殊的错误理解为基础的——基于对语言范畴的错误认知，认为所有具体的概念种类都有着范畴上的归属（下文第六节将对此做出更多的讨论）。

从原则上说，一旦我们发现可能有许多说明语言中存在相关差异的方式——我们无法事先确认唯一的一类可能性就是人们熟悉的语义的和心理概念所提供的可能性——那么，我们便容易认识到，非认知主义的确是一簇或一种可能立场的集合，这些立场共有的主题是，哲学易于犯这类范畴错误，但它们的差异体现在对这些范畴的特征的说明方式上。人们熟悉的语义的或心理的形式是这一一般种类中的两个特殊子类，但还存在着其他的子类。

因而我们想给出这样的建议，即最好在更为一般的意义上，而非在已有的文献中一般的意义上，来理解非认知主义，也就是说，把它当做**种**（genus），而不是当成子类或子类的总和。当然，术语选用上并不涉及什么实质的问题。如果有人更喜欢为语义的或心理的界定形式而保留"非认知主义"这个名称的话，我们完全可以用另一个名称来代替"种"。重要的是，这里对哲学来说最值得关注的地方，即如果未能注意到这个"种"，我们便不能看到这种一般化的哲学策略所蕴含的力量。

此外，一旦我们注意到了这个"种"，我们便容易认识到反对最小化的理论，捍卫非认知主义这种有力策略的可能性：容易发现第三种描述认知和非认知区分的方式，这种方式能够承载非认知主义者想要它承担的责任，即便我们在诸如真和信念这样的概念上向最小化的理论者让步。例如，在伦理的情况中，只要非认知主义者以其他的方式来描述伦理判断的独特功能，她就能在表面上免疫于关于真或信念的最小化的理论者所提出的反驳。

我们可以将捍卫非认知主义的方式称为"第三条腿"策略，因为它依赖于这样的想法，即非认知主义可以不通过当代文本中常见的两种方式来定义自身。一旦能够知道非认知主义所具有的功能上的一般特征，我们便能容易（至少在原则上）认识到第三条腿策略，不然的话，将几乎无法发现这种策略。同样，当代哲学文献中有着许多能够阐明如何在实践中运用这一策略的提议，而我们将在第四节中对之做一些描述。霍维奇（Paul Horwich）已经清楚地认识到了这一策略。在对语义最小化理论会轻视"元伦理学中的实质性问题"这一指控的回应中，霍维奇说道，这里的道德问题不是指最小化的理论和情感主义不兼容，而是指应该重新表述情感主义。对于一个最小化的理论者来说，他能够轻松地接受情感主义者的如下正确且具有哲学上重要性的关键洞识：从根本上说，某些伦理判断的功能和断言性条件不同于那些经验的、解释性的描述，认识到这一差别将会帮助人们解决围绕着伦理事实这一概念的哲学问题。我的要点是为了排除最小化的真之概念，我们无需——也不应该——以这种方式来表述这一立场。（Horwich 1990: 87—88）②

在第四节中，我们将会回到对第三条腿策略的讨论上。然而，在此之前，为了能够展示这一研究进路的相对优势，我们想思考一下最小化理论的本质，因为它在这些辩论中是关键的；而我们想对由杰克逊、奥皮和史密斯提出的作为对手的研究进路做出批判。

2. 什么是最小化的理论？

　　语义最小化理论者拒斥关于真之本质的传统哲学忧虑，他们认为传统的事业建立在错误的理解之上。然而，这一拒斥有着两种重要的不同形式。根据其中一种观点，传统的错误在于，假定了存在"厚的"或"实质的"真之属性，理解这种本质成为了关于真之哲学理论探究的主要目标。这一观点不否认在社会语言实践中来理解真之谓词的功能时，哲学有着一席之地——它否认的仅仅是，这种功能是用于指向实质属性的，哲学考虑的因而是这种属性的本质。

　　属性是"实质的"或"厚的"是什么意思？最小化理论的许多来源

---

② 霍维奇清楚地指出，他不只是提议回到如下观点，即伦理判断不表达信念，他这样说道，"我们无需拷问伦理问题、信念、断言等的存在，便能够领会情感主义的本质特征。"

有着如下的光鲜外表：实质的属性是那种在成熟的科学理论中起到因果解释作用的理论。因此，最小化的理论者具有的思想类似于这样：严肃的科学将**树**这种范畴运用于解释各式各样的现象，实际上也包括我们对"树"这一词项的使用；然而，严格的科学无需指向任何实在的真之属性，也无需解释我们对"真的"这一词项的一般用法，或有着任何其他的因果解释上的目的。相反，例如，它可能认为真之谓词的首要功能是作为一个语法装置，这种装置能够在语言中推进某类一般性，没有这种语法装置的话，人们便很难表达这类一般性。

我们可以沿着许多方向来发展这类观点。然而，出于当前的讨论目的，我们想聚焦于最小化理论这种一般思路和第二种思路之间的区别——在某些方面，第二种思路更为激进。第二种思路常被称为"寂静主义"，它源于这样的观点，即哲学就其传统的忧虑而言，实际上没什么可说的。具体地说，它主张哲学不能修正所讨论的问题的大众用法——我们是根据其表面价值来理解这些用法的。

在当代哲学中，人们时常将寂静主义或许错误地（参见 Blackburn 1990，1993c）与后期维特根斯坦的工作联系起来。我们容易看到人们为什么认为它对非认知主义构成了挑战。毕竟，传统非认知主义一个标志性的特征在于这样的主张，即我们不应该根据表面价值来理解通常的用法，不然我们会犯范畴错误。所以，如果我们要抵御当代的一些挑战，并捍卫并非那么无足紧要的非认知主义的可能性的话，寂静主义是我们应该加以思考的观点之一。

最小化的理论这两种形式的确是不同的。寂静主义者会拒斥这样的观点，即"真"是非实质性的（insubstantial），我们在通常的用法中不能为这种观点找到依据。至于他们本身，这第一类最小化理论者——我们可以称他们为"非实质论者"——几乎不必是寂静主义者，因为"真"没有深层的解释属性这种观点并未蕴含着日常实践具有优先性这种观点。实际上，某些这类理论是彻底地反寂静主义的。菲尔德（Hartry Field）

最近指出，在支持对真做出非实质的理解时，我们或许不得不推翻我们对诸如意义和同义性这些概念的通常理解（Filed 1994）。

那么，实际上，我们已经描述了关于真之哲学理论事业的三种观点的特征——**寂静主义**，**非实质论**，以及我们可以称之为**实质论**的非最小化理论的立场。此外，关于信念，人们容易明白为什么会有这么多类似的立场。关于信念的非实质论者会否认，信念需要在成熟的科学理论中起到因果解释的作用——无论是大众关于信念的谈论或其他的谈论。③ 关于信念的寂静主义者会拒绝所有关于信念的如下哲学视角：人们可能会依其表面价值而推翻大众实践。因而，我们有着六种可能的立场（参见表5.1）。

表 5.1　最小化理论和非最小化理论：六个选项

	实质论	非实质论	寂静主义
关于真	A	B	C
关于信念	D	E	F

根据表 5.1，我们可以参照最小化的理论来就非认知主义的希望做出几点基本的讨论。我们已经指出寂静主义为什么对非认知主义来说是一个麻烦，因为传统的非认知主义的关键信条之一是，我们应该根据其表面价值来理解大众用法。因此，在语义上定义非认知主义似乎与上表中的 C 选项不相容，而在心理学上定义非认知主义则似乎与选项 F 不相容。

然而，在面对与选项 B 或 E 对应的最小化理论时，非认知主义的问题则更加细微了。基本的张力似乎是这样的：如果语言中有着某种重要的差异，这一差异界定了持有成真条件（或类似的东西）的特征，那么

---

③ 当然，这一主张不仅是指成熟的科学不需求助于"信念"，它还指科学所具有的解释的需求不会要求有以"信念"进行命名的某类范畴——我们或许可以这样总结，不存在信念这种自然种类（natural kind）。

成真条件的概念因而在语言理论中起到了重要作用——这似乎与非实在论者的如下主张是不相容的，即"真"本身起不到重要的、有意义的因果解释作用。换句话说，在语义上定义非认知主义的人们似乎倾向于举出非实质论者关于真之概念的核心主张；类似地，在心理上得到界定的非认知主义和关于信念的非实质论均有着相似的情况，它们间只有一些细节上的不同。

寂静主义和非实质论因而导致了关于非认知主义的一类非常不同的问题。尽管如此，人们还是能够较为容易地发现，第三个策略同时避免了这两类问题。如果人们根据语言的功能来区分认知的和非认知的，同时人们不是借助真或信念来表达语言的功能的，那么，非认知主义者将无需依赖于实质的真或信念，他们无需挑战寂静主义者的如下主张：哲学就这些概念的大众用法而言，没有什么值得注意的东西可说。

我们将会在第四节中阐明第三个策略的这些优点。在此之前，我们先要讨论新近由杰克逊、奥皮和史密斯（以后简称"JOS"）在处理语义最小化理论问题时所捍卫的非认知主义立场。

3. 真知灼见还是老生常谈：JOS 策略

JOS 认为非认知主义是这样的一种观点：存在争议的那类语句"不是向真的"——"它们没有为真或为假的职责"（JOS 1994：287）。因此，至少一开始他们就采取了我们称之为语义的非认知主义的立场。基于有着这种特征的非认知主义，JOS 主要论述了如下四个观点：

（i）主张（正如语义最小化理论者所做的那样）真之归因不是对实质属性的归因，真之归因不会让我们对任何存在争议的语句的向真性做出承诺；

（ii）仅有关于向真性的合宜的最小化理论才能全面解析这

些支持认知主义的争论；

（iii）关于"大众的老生常谈"的思考旨在击败关于向真性的最小化理论，因此揭示了，基于任何存在争议的一类语句的向真性，认知主义者不能轻易地获得成功；故而——

（iv）非认知主义者的提议实际上需要一个一个地进行处理——最小化的理论并没有带来全面的胜利。

JOS 对（iii）的论证依赖于这样的主张：至少在一些关键情况中，语句仅在其正常的用法是用来表达信念的这种情况下才是向真的。④ 一旦认可了这一点，我们便可以推出，如果认知主义者在表达信念的语句上不能够轻易取胜，那么他们在向真的话语中——即"有着为真或为假的职责"的事业中——同样也不会轻易取胜。

换句话说，JOS 的要点在于，非认知主义者可以接受"真"有着非实质的属性，但他们通过**向真性**来定义非认知主义，并把向真性这一实质的概念奠基在实质的信念之上。尽管人们是在语义上做出定义的，但所导致的非认知主义实际上却落脚在心理的领地之上：例如，在伦理学的情况中，非认知主义者将需要解释道德判断或语句一般来说是不表达信念的。因此，JOS 捍卫的那种非认知主义的可能性近似于这样的多样性，这种多样性仅根据作为起点的心理因素来定义非认知主义。根据表 5.1，JOS 的策略等同于指出，成为一名非认知主义者的同时认同立场 B（即关于真的非实质论）是可能的，只要他同时也认同立场 D（即关于信念的实质论）。

我们可能以一种类似的方式从寂静主义关于"真"之看法中，来

---

④ JOS 认识到，信念和向真性之间的关联没有那么紧密，我们一般无权认为，某一语句是向真的当且仅当它在正常的情况下表达信念。例如，向真性的语句或许不能被用来违反"仅当"从句，而认为自相矛盾的判断是真的违反了"如果"从句。尽管如此，JOS 认为在认知主义和非认知主义争论的所有核心区域——伦理学、条件句，等等——对于认知主义来说，关键的问题是，相关的语句是否在正常的情况下被用来表达信念。

获得迎接挑战非认知主义的因素。这里的伎俩只不过是运用在心理上做出定义的非认知主义版本，而免疫于关于语义概念的那种寂静主义所具有的乏力后果。然而，让人感到疑惑的是，这一选项对 JOS 本身来说是否可行。考虑到他们根据向真性而非明明白白地根据信念来定义非认知主义，关于真之概念的寂静主义者可能会避开那种对根据表面价值来理解事物的观点——这种观点体现在"伦理学不是向真性的"这类主张中——的拒斥。那么，根据目前的情况来说，JOS 的论述未能够揭示非认知主义与关于真之最小化理论的那种寂静主义式的形式是相容的，他们至多揭示了，非认知主义相容于非实质论的形式。⑤

我们也需要注意，JOS 并没有论述非认知主义相容于联合了与 B 和 E 相应的那种立场，更别说论述与联合了 C 和 F 的立场的相容性了。他们捍卫的非认知主义和立场 B 的相容性依赖于立场 D，因为它决定于对那种能够恰当地起到因果解释作用的信念的思考。所以，他们的结论是，最小化的理论没有排除非认知主义，而只是对非认知主义做出了限制。非认知主义不适用于当代文献中关于真之最小化理论的其他两种更为激进的形式，并且也不适用于关于信念的最小化理论的两种相应形式。在心理的层次上，他们更加依赖于**反驳性的**（rebutting）最小化理论，而不是试图揭示它是与非认知主义相容的。

当然，这些论点可能没什么意义。在任何主题上，人们可能认为寂静主义是一种独立的、不可行的哲学立场⑥，在这种情况下，如果 JOS 对于立场 D 来说是成功的，那么他们便完成了我们对非认知主义的可能性做辩护的全部要求。同时，我们认为还有更多可说的东西。一方面，现

---

⑤ 应该注意到，这不是 JOS 自身的过失，因为他们把最小化的理论理解为某种近似于我们称为非实在论的东西。我们的论点是，在当代哲学中存在着一些其他自称为最小化的理论家的人，他们拒斥非认知主义，其动机更接近于寂静主义。

⑥ 认为寂静主义是一种哲学立场，这种观点是正确的吗？当然，就日常的实践来说，我们很难毫无争议地认为对智慧之爱不能够使得日常实践发生变革。实际上，智慧的人知道比常识更多的东西，难道这不是一种常识吗？

在我们就概念的地貌有了更为清晰的观点,至少值得一问的是,在更为一般的意义上对当代最小化理论做出回应是否可能——是否可能存在一种兼容于立场 C、E、F,以及 B 的非认知主义版本。正如我们在第二节末尾已经注意到的那样,我们在更为宽泛意义上对非认知主义所做的功能主义式理解便有着这种合理的(desirable)一般性。只要非认知主义者以功能上的区分为依据,而这种区分本身不是根据真或信念来兑现的,那么,非认知主义似乎与关于这些概念的最小化的理论形式都兼容。

然而,撇开一般性的问题,我们认为 JOS 的策略在其自身的范围内也是不令人满意的。在本节的余下部分,我们想揭示这一策略存在着内部的张力,JOS 未能充分认识到这种张力。⑦ 这一张力源自这样的事实:JOS 自身的方法论在某些方面与寂静主义非常接近。JOS 与寂静主义者都对日常用法怀有极大的敬意,认为对于"真"做哲学解释的首要任务是去校勘和呈现日常的大众关于"真"有着怎样老生常谈的理解。然而,在面对语义最小化理论时,这为非认知主义做辩护提供了一个非常可疑的基础。正如我们将会揭示的那样,存在疑问的是基于老生常谈的研究进路是否可以维持表达信念的话语和其他话语之间的区分,并以此为非认知主义提供一个申辩的机会。

哲学中这种基于老生常谈的研究进路有着明显的吸引力。正如 JOS 总结的那样:

> 这一分析进路的美妙之处在于,很难明白为什么有人会反对它。对这种分析的反驳在于,指出某种直觉上与之相矛盾的证据。但是,如果我们已经认为一切都是老生常谈的话,那么便不会有这样的直觉。(JOS 1994: 295)

---

⑦ 我们在第五节中也会指出对 JOS 的策略有着进一步担忧的理由。

同时，恰是这种进路的这一特征似乎有可能惊醒某位深思的非认知主义者。正是根据其特质，非认知主义是一种挑战最初的表面现象和表面直觉的理论。非认知主义者认为事物不是它们似乎看上去的那样，哲学家们——遑论普通大众——很容易受到语言表面现象的误导。

例如，用 JOS 的话说，非认知主义者需要论证道德判断和条件句判断不具有向真性——不负有"为真或为假的责任"。然而，乍看之下，大众把它们视为如此这般（being so）似乎没有什么疑问。有些伦理判断是真的，有些则是假的，这难道不是老生常谈吗？或者，人们能合理地思考，如果首相在他的下一次竞选中惜败，他所在的政党将会抛弃他，这是否是真的？信念的情况也类似，于是，在心理的层次上来理解非认知主义并没有什么优势。对他人所具有的道德信念的常识性指向（commonplace references）几乎只不过是大众实践所具有的微不足道的特征。如果我们接受自己为普通大众认为无可争议的观点所引导，那么，似乎语义的认知主义和心理的认知主义都将会被放逐。

当然，JOS 认识到了这一危险，但他们解决这一问题的尝试在我们看来并不令人满意。他们的尝试依赖于是否有资格采用基于老生常谈的分析纲领中的关键理由，他们在如下段落中对之做了介绍：

> 正确的观点是，在分析那种缺乏如下这种分析的概念时，不存在一个自然的停靠站：这种分析抓住了我们正在试图分析之的概念的核心（同样也是吸引人的关于这一概念的老生常谈）所在的整个网络——当然，前提是它们的确是核心的，且它们都可以得到满足。（JOS 1994: 297）

这句话具体展现了我们认为存在于 JOS 所采用的老生常谈式的研究进路中的关键张力。一方面，这句话强调了这种进路涵括一切的本质（all-inclusive nature)。(这体现在 JOS 批评赖特的某个段落中,因为莱特未能就老生常谈与真和信念的联系给出充分的解释。)但是,它也引入了具有如下功能的限制,即:使得该研究进路免于变得如此涵括一切**以致**必然包含认知主义。JOS 在如下段落中试图探究这些限制:

> 问题不是一个通常的说法上的问题,毋宁说,它是一个关于老生常谈的核心及其在经由仔细审查依然稳健的问题。在通常的说法中,我们……将"真"和"假"这类词运用于伦理语句和条件句上。这并不意味着我们应该即刻得出结论,认为有了老生常谈式的分析保证,伦理的语句或条件句就是向真的。根据那一研究进路,问题并不决定于在日常的关于伦理学和条件句的谈论中的"信念""真""假"这类语词的盛行度。毋宁说,问题在于如下主张的吸引力,即伦理语句和条件句是向真的,并能够在**经由根据相关的老生常谈而反思和解释这些问题之后**,给出信念的内容。毕竟,"有根据"(valid)这个词经常被用于描述陈述,而非日常话语中的论述,并且,"盘算"(thinking)和"内存"(memory)这类词被英语描述电子计算器内部发生了什么。但那并不意味着陈述是有根据的,计算器在盘算和记忆着,这揭示的东西是我们对这些问题经过思虑和解释后会说出的东西。(JOS 1994: 297)

然而,这一段落末尾处的比喻无疑转移了人们注意力。"有根据"这个词是哲学话语中的一个术语,而我们在谈论逻辑上的有根据性时,不必佯装使用的是大众概念。逻辑学家会很自然地发现,日常话语中"有根据"一词可以替换为诸如"合理的"这样的词。但是,JOS 这类非认知主义者在做出讨论时,无疑会尴尬地发现,被用于道德判断的是日常话语中的"真的"字面意义。

在思考的计算器的例子是不同的，但更具决定性。人们无需"对这些问题经过思虑和解释"便能发现，严格地说，计算器不会思考——我们知道这个隐喻始终只是个隐喻。（或许有些人不明白这一点，但是这些人在计算器是否真正在思考这个问题上犯了错误。然而，这与非认知主义并不类似。非认知主义者不会认为大众的实践是错误的，他会说大众实践在做的不是它似乎在做的事情。）如果我们暗示在诸如"我们大多数人相信拷问是错误的"这类语句中"相信"一词的用法存在某种非标准的维度的话，普通大众会觉得奇怪。如果我们暗示说计算器不会真正思考，他们则不觉得奇怪。

转到引用的段落中所提出的更为一般的问题上，JOS 的提议是，对于伦理学中的非认知主义似乎构成问题的老生常谈可能被证明与其他关键的老生常谈相矛盾。作为哲学家，我们可能会注意到这一矛盾，明白为了连贯性的利益，需要牺牲某些核心的大众的老生常谈。因此，我们可以在"根据相关的老生常谈来对这些问题做出应该的反思和解释"之后证明非认知主义是最好的理论。例如，我们可能会发现，在面对矛盾带来的痛苦时，人们不再能够坚持认为大众所谓的"道德信念"是真正的信念。

在相关讨论中，这种对大众老生常谈中矛盾的发现，似乎是基于老生常谈的研究进路可能用于否认向真性的唯一方式。但是，它对认知主义者构成了实质的威胁了吗？用 JOS 的话说，问题是去揭示在"应该的反思"之后，我们仍可能有好的理由去拒绝如下的老生常谈（因此能够避开"廉价的"认知主义）：

（1）存在道德信念

JOS（JOS 1994：298）指出，非认知主义可能为如下形式做论证：

(2)我们称之为"道德信念"的状态本质上是激发性的（motivating）。

(3)真正的信念本质上不是激发性的，它只有在结合起意欲时，才能导致行动。

因此，

(4)我们称之为"道德信念"的状态不是真正的信念［因此（1）不是一个"核心的老生常谈"，至少在严格的意义上，它不是］。

但是，根据基于老生常谈的分析，前提（2）和（3）的依据来自哪里呢？普通大众不会明晰地（explicitly）认同这些原则，因而需要假定这个想法必然内隐地（implicitly）存在于大众的实践之中。但是，同时有了（2）和（3）的话，这会与对（1）所做的字面解读相矛盾，那么把（1）当作老生常谈这一事实便意味着，他们隐在地承诺了**否认**（2）和（3）的联结。毕竟，隐晦的承诺只不过是连贯性所要求的东西。正如摩尔在很久之前就已经指出的那样，在常识的意义上发现的矛盾能够作为证明某人对其所具有的另一个常识做出了错误描述的证据。有了明明白白的老生常谈的层次上的融贯性，寂静主义者一直有着优势，因为他们无需从表面上深掘出隐晦的承诺。

因此，对我们来说，JOS 提议的捍卫非认知主义的具体策略有着致命的缺陷。我们强调的是，问题不在于论证非认知主义与语义最小化理论不相容这一主张上——一旦我们认识到可以用心理学的方式来制定非认知主义，而关于真之最小化的理论无需蕴含关于信念的最小化理论，我们便可以立即可以推出这一观点。这个问题同 JOS 本身为关于信念的非最小化理论立场所做的论述有关。基于老生常谈的研究进路的方法论似乎要求，明明白白的老生常谈总是优先于所声称的隐晦的老生常谈，而这是它们可能会发生冲突的地方。⑧ 如果这样的话，那么认知主义者在诉诸如下事实，即大众认为存在着道德信念，以及道德真理时，总有一个安全的基础。

4. 作为功能多元论的非认知主义

尽管对 JOS 的论述持保留意见，我们至少在精神上赞同他们的主要结论：我们也认同他们对非认知主义的理解，根据这种理解，非认知主义者的提议实际上应该需要逐个进行处理，并且，最小化的理论也因而不可能取得全面的胜利。我们已经论述到，只要首先对非认知主义有了正确的理解，这一结论就会以简单且一般的形式出现。第三条策略揭示的是，非认知主义与更宽泛范围内的最小化的理论立场相容：用表 5.1 中的选项说，即与立场 C、E 和 F 相容，也和立场 B 相容。

认识这第三条策略的关键在于这样的观察，即按照最为一般的理解，非认知主义是关于语言的各个部分起到了怎样的功能的学说。例如，在伦理学中，非认知主义的核心主张是，在某些有着哲学上重要意义的方面，伦理话语的功能不同于诸如科学话语这类话语，如果试图将伦理的谈话还原为科学的谈话，这将是不恰当的做法。一旦我们的注意力被引向了这种可能性，我们便不难发现承担起这类哲学工作的功能上的区分可能既不是语义上的区分，也不是大众用法中的心理上的区分。毕竟，这只不过比如下可能性稍微多了那么点可能性，即就语言功能那些值得关注的方面而言，并不是所有方面都是显而易见的，即便普通大众也能看到这些方面。

---

⑧ 要注意，如果（2）和（3）是作为推测性的心理学理论而被给出的，那么问题便不会产生了，因为这样的话，我们便有了主张大众只是在（1）上犯了错的基础。只有在认为（2）和（3）本身被视为老生常谈时，问题才会产生。

然而，在实践中，我们发现这是一个症结。我们的反对者声称他们难以明白这些语言功能可以是哪类事物，因而不明白非认知主义的立场为什么不能够以通常的语义的或心理的方式来兑现。这一困难的部分原因在于我们早先提到的术语上的问题：因此"非认知主义"这个词与语义的和心理的语汇有着直接的联系，从某种意义上说，当我们宣布放弃这些联系时，再使用这个词便不恰当了。我们选择用如下事实来冲淡这里的劣势：新的立场代表了一个新的属（genus），而非认知主义的传统形式则是旧有的一类种（species）；但这个选择没有什么实质的东西。这个属在哲学中是更为引人注目的立场，而这个立场明显与我们想捍卫的最小化理论相容——不管我们冠之以怎样的名称。

为了能够帮助人们明白这个立场，我们想展示一些哲学文献中已有的好例证。在本节中，我们将描述三种在这些方面众所周知的观点。每一种观点都包含了一个有关语言的某个具体部分所起到的独特功能的判断——持这种观点的作者做出的判断被用来应对传统认知主义所做的哲学工作，例如堵塞还原论的推理后路。然而，他们不是以非认知主义者通常采用的语义的或心理的方式来描述相关的功能，因而，接踵而至的观点与关于真和信念的最小化理论是完全相容的。（当然，我们对这些例子的使用不要求我们认同相关的关于功能的具体判断。我们呈现这些观点仅是用于帮助除非以语义的或心理的通常方式来描述非认知主义，否则便有困难而难以理解我们所谓的贴上功能标签的非认知主义这种可能性的那些人。）

首先讨论布兰顿开创性的文章《对指称的厘清》（Brandom 1984）。布兰顿论述，"指向"（refer）首先是一个用于构建复杂的回指（anaphoric）代词的装置。回指的概念也类似：当我们说"琼斯去商店，并且他买了一捆韭菜"时，代词"他"回指地依赖于"琼斯"这个词。布兰顿主张在这样的语言事件中发现"指向"的基本用法：

埃文斯对威廉姆斯说："琼斯喜欢吃韭菜。"

而后，威廉姆斯说道："埃文斯指向的那个人喜欢吃韭菜。"

这里"埃文斯指向的那个人"回指性地依赖于"琼斯"，其方式类似于第一个例子中的"他"对于"琼斯"的依赖。

这是对词项"指向"的语言**功能**所做的解释，而布兰顿很清楚地知道它与某种更为传统的路径之间有着一些相关性：

> 回指的研究进路不会告知我们如何理解诸如"指称是物理的，因果的关系"这样的语句。理由很清楚。根据回指的解释，尽管"……指向……"起到了句法上的关系的作用，其语义的作用是回指的和指代的，而非是关系性的。哲学家们一直误解了人们对"指向"这个词所具有的简单的用法……人们在寻求与有着句法上作用的每一个表达式相对应的对象时，犯了这种错误。(Brandom 1984: 487—488)

我们要强调的是，布兰顿不否认我们有着关于所指之物的信念，或主张所指向之物有时候是**真的**。然而，与此同时，他主张要认识"指称的谈论"和日常的描述性话语之间有着功能上的关键差别——根据这种差别，在试图将一种功能还原为另一种功能时，可能会犯范畴错误。既然布兰顿感兴趣的那种功能上的差别既不是有无证成条件的差别，也不是是否成功表达信念的差别，那么他当然不会以一种隐蔽的方式依赖于信念或真的实体概念。他也不会挑战寂静主义者不大愿意直面的大众实践。他将范畴错误归咎于试图基于因果关系的谓述模型来理解"指向"，以使得自身的理解似乎能够很好地相容于我们已经审查过的杂七杂八的各类最小化理论。

现在，我们来讨论第二个例子。在《智慧的选择，聪明的感觉》

(Gibbard 1990)一书中，吉伯德接手了情感主义的如下观点：规范判断的基本功能是表达说话者的支持或不支持的态度。他认为，以自然主义的方式分析规范判断错失了"认同之中的主要成分——而表达论式的分析则能捕获这个成分"(Gibbard 1990：10)。但是，吉伯德也很乐意说我们有着规范的信念，只要我们认识到规范信念和经验信念不是同样的东西即可。而他理所当然地认为，我们应该以理论心理学（它与人类进化生物学组成同盟）的视角，而非以大众关于信念的理解，来描述规范话语的与众不同的功能的特征。

吉伯德本人接着捍卫了关于规范话语的非认知主义的那种有着语义特征的版本：他认为，"规范判断不纯粹是关于事实的判断"(Gibbard 1990：105)。但是，他比许多非认知主义者都要对这一问题更为敏感，即这个判断意味着什么："根据我现在对它所做的解释，规范词项与其他词项更相似了。如果我们主张规范判断不是严格关于事实的，那我们在否认什么？"(Gibbard 1990：105)。他接着倡导的答案充满了对我们在描述实质论者和非实质论者之间存在的问题的特征时所使用到的一些词的怀旧：他认为关键点在于这样的判断，"我们的规范能力可以在无需如下假设时便能得到解释：存在一种特殊种类的事实，规范能力一般需要对这类事实做出应答"(Gibbard 1990：107)。

那么，实际上，吉伯德提出的问题同如下问题有关，即根据对事实性所做的实质论式解释，规范判断是否是事实性的。我们想强调的要点是，这一步推理不是规范判断有着功能上的独特作用这一判断的必要条件。吉伯德完全可以对事实性采取紧缩论的态度，正如他对信念持有的态度一样，并接受存在道德事实——但还可以继续坚持认为，根据规范判断表达了激发性的状态这一事实，规范判断不可被还原为自然判断。⑨（实际上，我们的讨论表明了，吉伯德早在他提出规范判断是否是事实性

---

⑨ 霍维奇在 Horwich 1993 中提出了这一观点。

的这一问题之前，关于规范话语，他便提出了反还原论观点。功能的观点是自立自为的，它不依托于后来的光环。）再一次地，这里主要的论点是，非认知主义在哲学上引人注意的工作——具体地说，即堵塞还原论者的推理后路的工作——是经由对功能的特征进行说明来完成的。基于这点理解，非认知主义者便无需坚持根据大众的语义和心理的概念来做出划分。

我们的第三个例子与关于真之非实质论理论本身相关。关于真之非实质论理论通常建基于关于真之谓词的功能的叙事之上。让我们主要关注霍维奇对此做出的讨论吧，例如 Horwich 1990 中的讨论。根据霍维奇所述：

> 真之谓词只因为某种逻辑上的需要而存在。我们偶尔会希冀就某一命题——例如，相信它，出于论述的缘故而假定它，或者希望它是如此这般的——能有某种态度，但是我们发现自己这样做时受到了阻挠，因为我们不知道命题准确说来是什么……在这些情况中，真之概念是没价值的。因为它也能构造出其他命题，这个命题是我们不能辨识的，但它又与我们认识到的那个命题有着亲密的关系，我们对它持有相同的态度也是完全恰当的。（Horwich 1990：2—3）

霍维奇没有得出结论认为，我们没有关于真之信念，或者说，所判断的真之事物不可能是真的。但是，他的确把对真之谓词具有的独特作用的解释运用到了那类与传统非认知主义有着相同目的的哲学中：一方面，我们在实践中对真之谓词有着持续的需求；另一方面，我们坚持认为任何把真还原为自然属性的尝试都犯了某种范畴错误。我们可以在下面引文中清楚地看到后一种寓意：

> 最小化的理论家希望强调的是……"真"不是复杂的或自然的属性,而是某种其他类别的属性。(菲尔德建议使用"逻辑属性"这一词。)这一行话背后的要点是,不同种类的属性对应于谓词在我们的语言中起到的不同作用,除非能认识到这些不同,我们才会试图就某种只有在同另一种属性相关时才能合法地出现的属性提出问题。(Horwich 1990: 38—39)

127 因此,霍维奇本身是个非认知主义者,在我们所谓的宽泛的意义上,他是认为非认知主义与关于真之最小化理论是相容的这一事实的一个活生生的例子。⑩ 实际上,关于真之非实质论几乎必然是一种非认知主义的立场,它主张真之谓词的功能不是——如其似乎是的那样——指向某种实体属性。为了能够理解非认知主义的这种一般特征,我们至少需要明白在这一具体的情况中,它与关于真之最小化理论这种常见的形式是不相容的。

撇开这个特殊情况不说,上文所述的三个例子为我们想要得出的主要观点提供了丰富的例证。在受十足的哲学动机驱使来理解非认知主义时,我们非常可能不根据真或信念来描述自己所持有的非认知主义立场的特征,同时也非常可能成为一名非认知主义者。因此,非认知主义不仅与关于真或信念的非实质论相容,至少一般说来,⑪ 它也与寂静主义相容。

5. 真之诸种功能

真之非实质论就大众的真之概念提出了一系列的问题,这些问题

---

⑩ 我们早前提到,霍维奇本人也认同这一相容性,并为之提供了例证。
⑪ 我们需要这种限制,因为,正如霍维奇的例子所阐明的那样,关于真之非实质论是一种非认知主义立场,这种立场无疑与关于真之寂静主义相容。

往往不是因为它们应该得到的关注而被提出。真之谓词的目的是什么？为什么它们的作用局限在它们在语言中所做的事情，也就是说，为什么在"P 是真的"这种建构被判决无效时，还存在许多关于这类建构的语句？如果真之谓词被运用于话语，而这些话语本身起到不同的语言作用，那么真之谓词之于相关的各种不同任务来说，能发挥一个共同的功能吗？

传统的非认知主义者应该提出这类问题，他们时常根据真来描述他们的立场，但仍然想在语句的内部划分出一个深层次的（"认知和非认知的"）界限，而真之谓词可被运用于这些语句的一般用法之上。然而，在某些方面，我们认为，缺乏我们一直在倡导的那种更宽泛意义上的功能，这已经阻碍人们认识到这些问题应当受到的关注。本节中，我们想辨别出这一领域内某些合宜的哲学思考，同时显示功能视角的价值，以及传统的非认知主义的某些错误。JOS 的讨论再一次提供了一个有用的衬托。考虑到这里的大众实践是有待被解释的东西，我们或许会期待基于老生常谈的方法论可能会对这类问题敏感。然而，在某些方面，我们认为他们持续了传统的非认知主义者的某些错误和疏漏，传统的非认知主义也因为类似的理由而受到批判。通过关注 JOS 的解释中错失了什么，我们希望强调这一领域内的工作是人们一般迫切想得到的东西。

那些根据"真"来说明其立场的特征的非认知主义者似乎经常奇怪地免疫于这样的思想：日常的用法中，我们够将"真"和"假"运用于语句，这一事实必然存在着某种基础。而对于那些语句，他们倡导的则是非认知主义的解释。毕竟，除非非认知主义愿意将某些深层的错误归因于大众——这个推理脱离了典型的传统倾向——不然人们不得不承认大众用法在此方面有着某种合法的基础。一个自然的建议便是，这些情况中的真之用法在某种程度上是符合语言习惯的或非标准的，但任何严肃的实现这一假设的企图都将会导向上文中面对的对真之作用的反思。毕竟，告知我们"真"在诸如伦理话语中的作用是不同的，却没有告知我们"真"在其他话语中，例如认知性话语，起到了怎样的作用，这种做法是不合情理的。

初看起来，"真"之非实质论者难以回答这些问题，因为只要真之概念是薄的，似乎便没有什么区分这两类情况的空间。只要人们根据"真"来理解非认知主义，非认知主义者便没有调遣"真"之非实质论的余地。实际上，这构成了如下主张的基础，即"真"之非实质论排除了非认知主义。

我们的第三条策略以完全不同的方式来理解非认知主义，从而避开了那些问题。在一定程度上，这对在心理上界定非认知主义的传统方式来说，也是真的。但是，JOS 版本的非认知主义能够摆脱这里的问题吗？如果能的话，仅是因为它也建立在心理的基础上，尽管它是以语义的方式而被界定的。然而，除非 JOS 准备好比他们在文章中实际所做的那样更为清晰地阐明其心理基础，不然的话，问题注定要再次出现。他们设想的非认知主义者将会声称，伦理的言语表达不是向真的，但同时不情愿地承认，在一般的用法中，我们能够将真与假运用于伦理判断（却不尝试修正大众用法的这个方面）。但是，在这些情况中，如果相关的判断不具有向真性的话，真之概念到底被用于做什么呢？不管答案是什么，真之概念如何与有着向真性的判断关联起来的呢？

可以推测到的是，JOS 会料想非认知主义者认为，通常的将"真的"运用于伦理判断的用法在某种程度上是符合语言习惯的，或不是那么纯粹的。但是，如果"真"起初便是非实质性的——例如，正如许多非实质论者认为的那样，它只是用于表达普遍性的逻辑装置——那么，其用法便很容易是纯粹的，"真"在"主教说的话是真的"这句话中起到的逻辑功能能否影响到主教是否在表述一个道德观点这个问题呢？同样的问题也适用于任何有着非实质论标签的问题：如果"真"是非实质的，那么便没什么空间来否认真之谓词的用法，在任何它通常会出现的话语中，是纯粹的——换句话说，没有否认所讨论的话语中的语句真正是向真的这种可能。⑫JOS 将语义的非认知主义与关于真之非实质论结合起来的策略因此似乎是不稳固的——注意，与它的近亲相比，这种立场从一开始就从心理上来界定非认知主义。⑬

如果以我们提议的根据功能来描述非认知主义的特征，那么我们当然需要提出本节一开始便讨论的关于真之功能的问题了。非认知主义者仍然需要面对这样的事实，即"真"以一种统一的方式被运用于语言的各个部分，人们认为语言的这些部分有着不同的功能。然而，非认知主义者这里的兴趣与那些关于真之非实质论者的兴趣一致，他们的共同兴趣在于给出一种融贯的解释——根据这种解释，关于真之功能的谈论可以与语言的其他部分相啮合，以这种方式我们便能够解释日常语言中的素材。我们认为这是我们倡导的更为一般意义上的功能视角所具有的优势，根据这种视角，我们认为可以对非认知主义做出最好的表述，并且也的确给了关于"真"的这些问题以应得的关注。⑭ 最后，我们需要强

---

⑫ 本章最初的版本认为，非认知主义者可能会说，将真之谓词运用于伦理判断上的大众用法是纯粹的，但这依赖于一个深层错误：大众错误地认为伦理判断有着认知意义。假定真是这样，这个推理便与我们发现的那种非认知主义——例如，实证主义者所持有的非认知主义——相一致。尽管如此，主要的观点仍没有被触及：如果认为认知意义是一种是否具有向真性的问题，而"真"是非实质性的，那么，假如真之谓词被运用于某一话语的语句上时，能够很好地发挥其非实质性的功能的话，在将真之谓词运用于该话语上时，大众具有的认知性身份不大可能有什么问题。

⑬ 在这一点上，JOS 本身依赖于这样的主张，即"老生常谈与……真之向真性和信念有着关联"（JOS 1994: 294）。然而，这种对"老生常谈"的理解似乎本身就是成问题的。为什么呢？简单地说，因为它们本身坚持认为道德"信念"是否是真正的信念是成问题的——"存在道德信念"最终是否是一种关键的老生常谈，即经过审查仍然有效的老生常谈是一个问题——然而，大众坚持认为，道德判断可以是真的或假的（因而具有向真性）。保证这里观点一致性的一种方式是，承认道德判断的确是向真的，因而拒斥（真正的）信念和向真性之间有着分析性的纽带。JOS 自己的方法论似乎不足以在先地拒斥这一可能性。所有的讨论方都勉强认为，存在着某种弱的意义上的"信念"，道德判断的确表达这类信念。为什么不说这是"信念"的一种自由用法呢？大众在认识到信念和向真性之间的关系时，运用的就是这种自由的用法。我们上文中的论点是，关于真之非实质论使得其他话语变得不可能了。在把"信念"——无论是严格意义上的，还是弱的意义上的——运用于某个话语上时，人们对这个非实质性的真之谓词可能感到熟悉；如果"真"是非实质性的，那么向真性也会变得廉价。

⑭ 关于这些问题的更多讨论，请参见 Price 1988，1994。

调,没有理由认为基于老生常谈的策略会提出透过这个视角提出问题。这类解释诉诸的语言功能可能不是大众剧目单上的节目,因而在任何老生常谈中,都不可能明确地或隐晦地提及这些节目。⑮

6. 非认知主义和还原论的形而上学

我们最后来关注一下这个问题在应该如何确切地表达非认知主义的立场上,有什么更多的意义。近来人们对形而上学中的还原论纲领产生了兴趣,这种纲领把刘易斯在二十世纪六十年代提出的心脑同一性理论视为最前沿的论证。概括地说,主要的提议是,就关于某些具体话题的大众老生常谈来说,我们应该以拉姆齐所建议的对待科学的方式来对待它们:我们将有问题的事项替换为存在量词上受限的变项,认为不管大众所谈论的是什么东西,都能使得"拉姆齐语句"是真的。正如他们对大众的老生常谈感兴趣这一事实所暗示的那样,JOS团队中包括了这一纲领的一些倡导者。⑯(某些倡导这一纲领的人采用了我们在本章先前版本中给出的反讽性建议,我们现在称之为"堪培拉计划"。⑰)

在所有的情况中,这一纲领都依赖于一个关键的语言学假设——简单地说,这个假设是,被还原的理论(reduced theory)所做的语言工作与还原性的理论(reducing theory)相同。除非这一假设在我们讨论的情况中确有根据,不然的话,所提议的那种还原也会犯一种范畴错误。(正是在这一点上,非认知主义与还原论对立。)当然,杰克逊本人认识

---

⑮ 我们在前一节中的例子阐明了这一点。在试图分别阐明指称的讨论、规范的讨论和真之讨论时,布兰顿、吉伯德和霍维奇都未试图使得零零碎碎的大众智慧变得系统化,他们只是提出了社会语言学理论中更为深刻的问题。

⑯ Jackson 1998 对这一纲领有着非常清晰的阐释。另请参见 Lewis 1994。

⑰ 不熟悉堪培拉计划的读者可能不会理解这个隐喻。堪培拉的批评者经常控诉,作为一个假想的城市、一个政府区,它缺乏"真正的"城市具有的丰富的多元性。我们的想法是,这种批评未能认识到,普通的语言用法有着功能上的多元性,就语言来说,堪培拉计划也犯了同样的错误。

到了需要这个假设。在他和佩蒂特的一篇新近文章中,他们试图将这一策略运用于"价值"的情况上,他们明确预设了认知主义(Jackson and Pettit 1995)。然而,他们理所当然地认为这个假设可以以标准的形式得到兑现。[结果证明,他们运用了心理学版本的一般叙事,指出"认知主义者……坚持认为实践的价值……是对判断和信念的表达"(Jackson and Pettit 1995:20)。]我们上文强调的要点是,这可能是在错误的层次上提出问题。精致的非认知主义可能会直接否定语言和语言心理学中的相关区分存在于我们能够抵达的层次。

我们在第四节中谈论的例子阐明了这一点。毋庸置疑,布兰顿、吉伯德和霍维奇都会否认,在拉姆齐-刘易斯-杰克逊纲领中,我们能够以某种恰当的方式谈论指称、合理性,以及"真"这些主题。在每一种情况中,他们都会认为,运用这一纲领就会在目标话语的语言范畴上犯错,这种错误是传统的非认知主义者敦促哲学应避开的错误。语言的范畴是根据"真"被划出的,但是它们与基于"真"的传统的非认知主义之间的连续性仍然是非常清楚的。未改变的是这样的想法,即还原论的纲领应该对范畴错误负责,为了避免范畴错误,我们应该对语言相关的那部分功能进行反思。总结来说,错过了功能主义的立场,我们便不能注意到堪培拉计划真正需要的那一假设的真正特征。实际上,功能主义的立场对这类还原论的威胁在于,它能够切断还原论的**动机**。一旦我们对大众有关 Xs、Ys 和 Zs 的谈论做出了充分解释,而这一解释能够将这些活动从他们在从事物理学时所做的活动中区分出来,我们为什么还要将 Xs、Ys 和 Zs 还原至物理学的表述呢?[18]

最后,重要的是要认识到功能的视角本身是科学的、自然的。因此,我们不能先验地排除它——尤其是,物理学家不能这样做——还原

---

[18] Lance and O'Leary Hawthorne 1997 对意义的谈论中,详细地探求了这一思路,Price 1992 则在更为宽泛的意义上对之做出了讨论。

论的纲领最终被证明是依赖于关于语言的后验理论的。此外，正如上文已经提及的那样，大众的直觉可能在处理透过这一理论视角提出的问题上，不会有什么帮助。这种直觉提供的是**有待被解释的项目**，而非解释，实际上，我们想要对大众的直觉的起源和功能做出解释。因此，具体地说，我们不是根据堪培拉计划自身具有的基于老生常谈的方法论提出问题——即便撇开这里明显的循环性不谈——因为几乎可以确定的是，对于大众来说，他们根本没有想到我们所关心的问题。因此，除了坚定地放弃这些存在问题的概念，并询问它们是如何发生的，它们在使用它们的生物的生活中发挥了怎样的功能，等等，便不存在什么其他可以真正通向这些问题的路径了。然而，尽管这些问题是重要的，它们在当代哲学中几乎是隐形的，JOS 对非认知主义的可能性的讨论方式可以很好地说明这一点。在把注意力引向以一个更为一般的视角来看待相同的问题时——具体地说，即揭示以功能为基础的非认知主义是更稳健的理论时——我们希望给予这些问题应有的关注。[19]

---

[19] 我们很感谢迈克尔、奥皮、佩蒂特、斯托利亚特（Daniel Stolijat）以及《澳大拉西亚哲学》（*The Australasian Journal of Philosophy*）匿名审稿人所做的有益评论和讨论。

第六章
自然主义与M世界的命运

像21世纪的沿海城市一样,人类话语的许多重要部分似乎受到了近代科学兴起的威胁。当然,这个问题不是新的,也不全是不受待见的。自七世纪以来,自然主义的潮水一直在上涨,涨潮的原因更在于知性的大气层变得澄清而非污浊。与此同时,有些受到威胁的区域还是人类生活中的重要区域——例如,四个M:道德(Morality)、模态(Modality)、意义(Meaning),以及心理(Mental)。当代形而上学中某些关键问题便与概念在这种自然主义的世界观中有着怎样的位置和命运有关。①

的确,有些哲学家认为这些主题中至少有一些是不值得保留的,科学潮水帮我们冲走了它们。其他一些哲学家则认为,我们的确需要保留它们,但已经无能为力了——实际上它们在科学的领地上已无一席之地,但我们不能因此减少对它们的敬意。然而,对于许多当代哲学家来说,两种观点都不吸引人。第一种观点——"取消论"——似乎低估了那些丧失了的主题的价值。第二种观点——"非自然主义"——似乎有时源自于对科学界限的自以为是的信仰,它未能就为何存在一种既外在于科

---

① 什么是自然主义?目前来说,我认为它是这样的一种观点,即认为我们可从自然科学的视角来正当地实施形而上学工程。对此不做更为具体的解释的一个理由在于,对这个问题的回答依赖于本文的主要工作,这个工作便是去揭示在形而上学中存在一种可辨认出的自然主义纲领,当代大部分"自然主义者"都忽视了这一纲领。

学,却又与人类生活相关的领域给出令人满意的解释。② 在对"M概念"进行攻击时,大部分哲学自然主义者却同时寻求某种救援策略,即在自然主义的框架内为 M 概念找到某种合法的位置。

然而,在我看来,当代自然主义中已然忽视了最具前途的救援策略。现在可提供的两种主要策略便是非认知主义和还原论。我想论证的是,当代的讨论是不完整的,至少在未能认识到存在第三条路径的意义上是不完整的。正如我将解释到的那样,第三种策略依赖于两个论题,尽管有些争议,但每一个论题自身都确有其理。在这里我不打算对每一个论题做出细致辩护:我只想揭示,如果两个论题都得到了认可,那么,我们便得到了可以取代非认知主义和还原论的一种有魅力的选项。

但是,新的研究进路与非认知主义有着许多共同之处,所以我在下文中会先讨论非认知主义,而后解释新的策略有何不同之处。之后我会将它与杰克逊的还原论式纲领做简要比较。我也会揭示,尽管这个新策略有着自然主义的精神,但它向非自然主义者抛出了橄榄枝。实际上,它以自然主义自身的方式揭示了诸如道德、意义等论题为何仍然是安全的,涨潮的科学潮水并未能触及或威胁到它们——它有着非自然主义的益处,却未落入形而上学的窠臼。

1. 非认知主义和卡尔纳普论题

非认知主义时常是一种对方才提及的那种哲学思虑的回应。人类话语的某些论题——例如道德——似乎很难在自然主义的世界观中找到一个位置。我们似乎面临这样的选项,即要么接受存在那种不同于科学所描述的实在的道德实在,或者认为科学已经揭示了道德话语的错误,即

---

② 当然,有许多为非自然主义的观点做论证的重要论述,其中有杰克逊(Jackson 1982)对质料的位置问题的思考。然而,我认为杰克逊是第一个认识到这些论述不足以消除非自然主义立场中的神秘成分的人。

未能与外部世界中的任何东西有关。非认知主义提供了一种逃离这种两难选择的方案。如果道德话语全然不是一项描述实在的事业——如果它具有的语言**功能**是非常不同的——那么，我们便把它留在原来的位置上，无需将之置于和从自然主义视角习得的本体论教训相矛盾的位置上。

这一解决方案在如下两方面令自然主义者感到愉快：首先，正如前文所述，它蕴含了这样的观点，即道德事实或属性在自然世界中无法得到安置；其次，这一逃离的代价是，语言功能这一概念本身是自然主义者所接受的。自然主义者全然同意如下假设：人类语言有着许多不同的功能。③

非认知主义在道德哲学中最具魅力，但即便在道德哲学中，有些人仍觉得它贬低了它声称要拯救的话语的价值。道德实在论者认为，如果这是一种援救的话，我们最好抓住机会用自己的话来反对自然主义的潮流。这种回应在如下论题上更为常见：形而上学家倾向于更为严肃地对待诸如模态、意义、心灵等论题。在这些情况中，很少有人认为非认知主义提供了某种值得一提的救援策略。④

近来，非认知主义受到了不同方向上的攻击。非认知主义者需要能够对他们声称的在语言中发现的差别，即认知的和非认知的会话之间的差别，给出解释。在实践中，这一差别以许多方式得到兑现，其中有些是语义的方式，有些是心理的方式。在语义一方，除了其他方面外，人们认为非认知主义话语是断言性的、非描述性的、无成真条件的、无向真性的或不陈述事实的。在心理一方，人们一般根据信念和非信念间的差别来划出上一差别：人们将认知的言语表达看作那些表达了真正信念的表达，而非是表达了例如欲望这样的心理态度的表达。

---

③ 当然，我们需要用自然主义者接受的方式来描述相关功能所具有的特征。不那么明显的是，正统的非认知主义是如何通过这项测试的。如果我们是根据意向来描述相关功能的特征，而意向性本身在自然主义那里是可疑的，那么非认知主义者便也面临着一个问题。
④ 在"意义"这个情况中，尚不清楚非认知主义是不是融贯的，我在前一个脚注中提到了其中的理由；引自 Boghssian 1990。

然而，尚不清楚人们如何以非认知主义者所要求的方式来划出这些差别。怀疑的来源之一便是真之最小化理论：粗略地说，真之最小化理论认为真之谓词具有的语言功能不指向实质属性，而是指向了某种其他东西——例如，或许提供的仅仅是语法上的便利。这种观点与非认知主义均关心语言的具体部分起到的功能，但似乎它为这样的主张留有空间：诸如道德这类话语不是真正具有成真条件的（或向真的）。举例说，如果真只不过是"去引号"的语法装置，我们难道不可以理解得出这样的结论：**任何**指示性的言语表达都具有向真性？⑤ 非认知主义者在否认存在道德的真的时候，她在否认什么呢？⑥

在非认知主义与"真"方面，观点也类似。就非认知主义与本体论而言，奎因的工作中，尤其是卡尔纳普在上世纪中叶所做的工作中，有着一个类似但稍稍不为人知的观点。卡尔纳普（Carnap 1950）认为，对于形而上学来说，不存在任何绝对的、独立于理论的本体论观点。我们只能把关于在某一具体理论或语言框架中提及的关于实体的本体论问题恰当地视为卡尔纳普所谓的"内部问题"——这些问题是在框架或理论内部提出的——而不能视为某种基于框架外的立场而提出的"外部问题"。（一般的说法是，卡尔纳普和奎因均认为，理论对之做出本体论承诺的各类实体是那些理论能对之进行量化处理的东西。）

卡尔纳普本人运用了这一结论，认为我们误解了关于抽象实体是否存在的柏拉图主义者和唯名论者之间的传统争论，除非我们在一定程度上能以下述两种方式中的一种来理解这场争论。首先，卡尔纳普承认，如果抽象实体存在的话，那么便存在这样合法的（内部）问题：在最令

---

⑤ Jackson, Oppy, and Smith（1994）对这个问题予以否定的回答，他们认为，人们可能是关于真之最小化理论者，但不是一名关于向真性或信念-非信念差别的最小化理论者。这的确是对的，但这在为非认知主义反对某种更为彻底形式的最小化理论的当代版本做辩护时，于事无补，因为当代的最小化理论的确拓展了那些概念的内涵（参见 O'Leary-Howthorne and Price 1996）。

⑥ Wright 1992 第一章对此论证做出了清晰的表述。

人满意的表征框架中，人们对之进行量化处理的是怎样的抽象实体——人们可能将某些唯名论者理解为，他们试图论述这种量化总是可以被消除的——人们认知到的那些实体中包含着怎样的具体实体？⑦其次，卡尔纳普也认识到，我们可以基于外部立场提出一个合法的语用问题，粗略地说，这个问题同相关框架的实用性有关。根据我将称之为卡尔纳普论题的那一论题，不被承认的是这样的问题：就是否"真正"存在集合、数字等来说，存在着外部的本体论问题。

这一论题似乎使得非认知主义者的处境变得困难了。如果道德属性、可能世界或意义是否存在这一问题没什么可说道之处，如下事实便能解决这一问题，即在语言的相关部分中对这些事物进行量化处理——而非认知主义者认可这一点，并且不想说语言的这些部分是有错的——那么，人们如何否认这些事物存在（因此，也否认语言的相关部分的确对它们做出了描述）呢？⑧此外，对那些人们声称存在的事物所具有的功能的反思将我们引向了这样的麻烦：语言功能可能不是它们看上去的那样，这一观点恰恰寄生于那一论题。

在我看来，这里的困难源自这样的事实，即非认知主义在其历史的早期转向了错误的方向。非认知主义者正确地认为，语言功能这一概念提供了一种解决形而上学问题的自然主义方案，但在根据所使用到的规范来描述功能的特征时，则犯了错误。为了更正错误，我们需要保留这样的洞见，即语言的不同部分可能有着不同的功能，在某种程度上，这是乍看之下不那么显而易见的事实，同时，我们需要放弃根据真、事实

---

⑦ 在极端的情况中，人们所认知到的范畴可能是空的，正如无神论者认为的那样，他们接受有神论的概念框架，但在这个框架内论证，实际上神不存在。我们可以将这个观点同如下观点相比较：人们将整个框架当作无意义的或语用上不相关的。根据卡尔纳普的观点，这两个观点都是合法的，但我们不应该混淆它们。

⑧ 的确，非认知主义者或许会说，卡尔纳普论题仅适用于语言的认知用法，而道德话语的认知特征则恰是非认知主义所否定的。但这里的论点是，如果道德本体论如此触手可及的话，这种否定似乎无道理可言。

性、信念等类似的概念来尝试描述功能的特征。

我想解释的是，由之而来的立场实际上从关于语义学和本体论的最小化理论中汲取了很大力量。具体地说，卡尔纳普论题在如下方面起到了关键作用。这个论题堵塞了自然主义者对我的提议的各种反对观点。这一堵塞时常看上去是反直觉的，但从某种意义上说，这恰是卡尔纳普的观点：他认为在哲学中迈出的诸多"自然的"步骤最终被证明是不可接受的，因为这些步骤预设了一个非法的外部视角。在我看来，这个提议无疑是合理的，但在这里我不会试图为卡尔纳普的观点做出辩护。我仅想指出，如果卡尔纳普是正确的话，那么 M 世界的命题问题便将呈现为一种出人意料的新形式。

2. 功能多元论

我将称这种新的研究进路为**功能多元论**。⑨ 功能多元论者认为，道德的、模态的、意义的言语表达是描述性的、陈述事实的、向真的、认知的、表达信念的等等——这不是只在某种伪造或"准"的意义上的，而是完全如此。尽管如此，多元论者坚持认为，这些描述性的言语表达在功能上不同于对自然世界的科学描述：它们在语言中起到不同的作用。它们是描述性的，但它们的作用不是去描述科学所描述的东西。

当然，正如我的表述旨在强调的那样，这使得功能多元论者听上去像是一名摩尔式的非自然主义者，他断言，除了科学谈及的事物之外，

---

⑨ 我和霍桑在 O'Leary-Howthorne and Price 1996 中使用了这个术语，但它指的是非认知主义。然而，这个术语与我当前使用的术语之间没什么明显的不融贯性。我和霍桑都注意到了，存在问题的观点不是一种标准的非认知主义，它是一种关于语言功能的相同直觉的产物，因此我们决定选用怎样的术语必须能够解释是否称之为一种非认知主义观点。在这里，为了能够强调与正统非认知主义之间的对比，我使用了一个不同的术语。在 Price 1992 中，我将相同的观点称为"垂直的多元论"，以使之与（"水平的"）那类多元论区分开来，后者仅承认在给定的会话区域里有着理论上的多元性——例如电磁学中理论的多元性。

世界包含有道德属性。这里的差别体现在，多元论拒斥这样的观念：存在一个单一世界，它既包含道德实体，也包含自然实体。我的意思并不是说，多元论用赤裸的多元世界替换单一世界，前者也同样没有吸引人之处。这里的论点在于，我们只有在独立于框架的外部立场上，才能就统一性或多元性做出判别，但卡尔纳普否认有这样的外部立场。失去了那一立场，功能多元论在基本的本体论意义上便既不是一元论式的，也不是多元论式的——因为根本不存在那种本体论上的意义。

多元论者认识到的多元性是语言功能的一种多元性，而这自然是可敬的观点。⑩ 尽管世界的多元性只不过是仅仅源自这样的事实，即在同一时间不仅只有一个功能得以被施行。从价值立场看，（让我们假设）我们认为价值和价值属性存在，这是一个正确的观点。从科学的立场看，认为存在电子也是正确的。如果我们认为电子是非常小的粒子，那么我便同时持有两种立场——用卡尔纳普的话说，两个框架都被运用了——但我们并不因此需要一个形而上学的幽灵。⑪

当人们倾向于接受本体论的一元论所描述的概念时——卡尔纳普论题意味着，不存在证成——功能多元论的可能性便变得愈发复杂了。当哲学家们思考描述或表征概念时，他们时常想着的是人们所熟悉的图景：一方是世界，另一方则是心灵或语言（表征则是中介）。一旦有了这幅图景，我想走上的道路便在实践中消失了。要么这幅图景中的世界指的是自然世界——此时我们或者以自然主义的方式来理解道德话语，或者将道德话语当作某种稍不纯粹且不那么成功的描述；要么世界指的是非自然主义的世界，这个世界除了科学所描述的事实，还包含有诸如道德事实之类的事实。

---

⑩ 请注意早前的警示——参见本章注③。
⑪ 显然，功能多元论者将不得不承认，框架或语言功能会以这种方式而被"混为一谈"。理解这一点的任务似乎明显比如下任务要简单很多，即非认知主义者所直面的任务，他们需要以标准的语义方式来解释相同的"混为一谈"的那些例子。

这幅图景似乎是无害的，但我认为它体现了两个错误。第一个是卡尔纳普论题纠正的错误，即设想存在一种可为形而上学所用的外在于语言的立场——这个立场外在于每一种语言框架或世界，基于这个立场我们可以探究世界。第二个是这样的错误，即未能注意到语言功能或框架的多元性，这一多元性在描述性话语中呈现为统一性。一旦我们认识到日常语言中存在不止一种可用的框架，并且没有一种框架可以作为形而上学式的独立立场的话，那么我们可以立即得出结论认为，这幅天真的图景是误导人的，除非我们明确将之限制在一副框架之内（在这种情况中，我们可以将之视为一种无害的形而上学图景，我们可以在内部谈论它）。

在一定的限度上，卡尔纳普本人已经得出了这一结论。卡尔纳普对第五个 M 世界，即数学（Mathematics）的诊疗，便是一种功能多元论式的诊疗，他试图将这种诊疗运用到其他四个 M 世界上。那么，为什么人们没有探查这一康庄大道呢？我认为，主要是因为对非认知主义的观念的把握，即我们需要根据语言的描述用法和非描述用法之间的差别来在其他地方定位非认知主义具有的功能上的不同之处。⑫

我随后会回到卡尔纳普论题上，因为我用这个论题来反对的那幅图景是非常顽强的，我将试图在几个不同点上再度做出断定。目前而言，我想转而讨论功能多元论似乎尤为令人困惑的一面，即这样的观点：描述或许在语言中不止有一种功能，这是哲学中值得注意的一个观点。

3. 描述作为一种有着多元目的的工具

从某种意义上说，描述性话语在语言中起到不止一种功能，这一主

---

⑫ 当然，在卡尔纳普时代，这个观念已经是根深蒂固的了。卡尔纳普本人将外部问题的"非认知特征"理解为框架的可接受性。

张完全是无关紧要的。即便我们撇开我们通过使用描述来实现诸多次级的目的——例如劝服、震惊以及娱乐——这一事实不谈,仅就内容上的差别来说,仍然有着诸多功能上的差别。关于土豚的描述性言语表达,其目的不同于关于受精卵的描述性言语表达的目的,这仅是因为土豚(我们与它的关系)和受精卵(我们与它的关系)是不同的。然而,这种功能上的多样化并不会威胁到如下假设,即描述本身构成了基本的功能范畴——实际上,语言的诸种用法有着功能上的分类系统,这个假设将描述本身(或者某种同类概念,例如断言)视为核心的语言概念。不管还有怎样别的用法,这些用法都是这一处于语言核心的描述用法的实例。

然而,并不是所有的人类工具都会在表面上呈现其本质特征。我们可以思考琴弦或绳子的例子,它们也有着许多不同的用法:捆绑动物、晾衣服、打包裹、绑定夹板、奏出音符等等。如果我们对人类人工制品用法的功能分类系统感兴趣,那我们将会如何呈现这些用法所具有的共同之处呢?如果存在某种恰当的理论的话,这个理论一定要能认识到琴弦有着某种核心属性——例如,长度、细度、强度,以及韧度等等——在这些用法中使用到了每一种或大多数属性。未能辨识出这些核心属性的理论至少有着两个方面的不充分性。首先,它无法为有着多元目的的人工制品(例如琴弦)和有着单一目的的人工制品(例如十字头螺丝刀)之间的差别提供恰当的解释。螺丝刀可能被用于许多不同的螺丝,但这不同于我们在琴弦的例子中发现的功能多元性。[13] 其次,这种理论也不能排除那些不依赖于任何核心属性的各类用法:例如,把线球用作镇纸。[14]

因此,如果我们对人类人工制品的功能分类系统感兴趣,"琴弦的用法"这种天真的范畴将不会在我们最终的理论中起到任何显著的作用。

---

[13] 当然,差别可能是程度上的问题。
[14] 这里检测的是可替换性:线球起到的功能可由许多其他物体所实现,且这些物体无需具有琴弦所具有的核心属性。将螺丝刀用作操纵杆则是另一个例子。

相反，理论应该诉诸核心属性本身，并对运用做出相应的分类，那些类别便是使用这些核心属性的不同方式。

类似地，我所谓的功能多元论者认为，诸如"描述"和"断言"这样的概念可能只不过是相对而言是表层的语言范畴的标志，其核心属性仍然有待发现——人们可能最终发现这些范畴在语言中起到多种功能上的作用，在此意义上，范畴的核心属性有着一些非常不同的功能。这些功能或许包含了科学话语中的断言所起到的功能。（实际上，我认为更为可信的是，科学话语已经是功能上多元的。下文中会就此作出更多的讨论。）但是，如果我们未能注意到同样的语言工具有着其他用法，我们便可能犯那种仅片面熟悉琴弦诸多用法中的一种用法的人会犯的错误。例如，想象一下这个人主要是在弦乐队演奏厅内熟悉了琴弦。遇到一只被拴住的山羊时，他认识到把山羊拴在柱子上的是一根弦，他不禁思忖，用这样的一种不可靠的工具如何可能演奏出音乐。他对弦的认识是正确的，但对它所蕴含的用法则有着错误的认识。

因此，功能多元论者需要回答这两个问题：语言的描述性用法或断言性用法的核心属性是什么？以及，包含了这些核心属性的语言形式所运用的那些（部分的）具体用法是什么？出于本章讨论的目的，我将简单地给出对前一个问题的可能回答，我在其他地方对这个回答做出了具体的辩护。⑮ 这个回答便是，断言性语言的核心功能在于表达说话者的心理状态和行为倾向，**这在一定程度上邀约持相矛盾心理状态的说话者来做批评**。断言性话语的关键之处因而是，它具体呈现这样的想法，即对外部标准的应答是规范性的，这便有了这样的效果：在有分歧的情况中，使得说话者承担起准备为自己观点做辩护的责任。真与假的概念起到了关键作用，它们是对相关规范的最纯粹的表达。

此外，我想强调，对于当前的讨论目的来说，重要的不是对断言话

---

⑮ Price 1988 对断言的相关解释或许也可起到同样的目的，参见 Brandom 1983, 1994。

语的核心功能所做的描述是否正确,而只是它给出了一种关于核心功能可能是什么的假设,据此我们可以发现相同的核心功能可能有着许多不同的运用。然而,我建议人们关注这个提议的其中一个特征,该特征是任何令人满意的选项均具有的:它避免了那种循环性,即如果我们试图根据每一组概念——这些概念功能上的重要性尚是存疑的——来描述断言话语核心功能的特征,便会牵涉到的那种循环性。⑯ 如果这些概念只是我们正试图理解其深层意义的包裹中的东西,那么我们被告知描述性话语的核心功能是"做出陈述"或"表达信念",这便无济于事了。这就像被告知弦是一根轻绳,或一根粗线一样。我们对正被讨论的工具所具有的潜在本质未有更进一步的理解。

让我们转向第二个问题:有着这一核心属性的语言装置能够达成哪些范围内的目的?在不同的情况中,描述能够起到怎样的不同功能?令人诧异的是,这些功能也恰是非认知主义者也诉诸的功能。这些功能或许也包含了这样的功能,即表达了一系列自身有着独特功能或以独特的方式依附于偶然的人类能力和反应的心理状态,例如,动机性的状态("意欲"),在推理("附加条件的信念")中起到独特作用的状态,或各类知觉状态。当然,非认知主义者诉诸这些心理上的差异以论证这些相关的态度不是信念,而功能多元论者则认为,这一步走向了错误的方向。然而,两种观点均承认心理差异的存在。

4. 信念和本体论

为什么当非认知主义者在说有着这些差异的心理状态不是信念时,会感到受到了约束呢?我认为,一个重要因素在于这样的思想,即因为

---

⑯ 至少,如果我们能用足够基本的方式来阐明心理状态之间的矛盾这类概念,那么便可避开这种循环性,所以说,它们本身不依赖于诸如真和假这样的概念。我在 Price 1988 第 7 章中提出了这个思考。

真正的信念有着真正的成真条件，认为（例如）道德信念是真正信念的那个人也对真正的道德事实或事态（当然，也对谬误理论）做出了承诺。如果人们不承认还原论的话，那么这些道德事态便不能是伪装的自然事态，那么我们似乎别无选择地走向非认知主义试图避免的形而上学神秘之处：存在非自然的事实，这类事实漂离于物理世界。

然而，卡尔纳普论题一度告诉我们，这基于一个对信念的不合法的理解，粗略地说，即这样的想法：信念是心灵在试图符合于先在的世界而达到的状态，其中，"先在"的意思是指，人们基于一个外部立场（该立场据说是作为语义学家和本体论者的我们所占据的立场）来提问我们的信念**指向**了什么，什么使得信念是**真的**。但是，根据卡尔纳普论题，不存在这样的立场。我们是事后（after the fact）依靠于我们已经认可的那些理论来建构语义学的。⑰ 只有作为道德语言的使用者，道德信念的持有者，我们才能够描述它们的语义学，才可能发现当我们的信念是以标准形式得到表达时，这些信念指向了道德属性。我们因此发现我们自身对道德属性的存在做出了承诺，根据卡尔纳普的观点，这是本体论承诺所具有的唯一意义。

非认知主义者和我所谓的功能多元论者共有的关键洞见在于，在这一点上余下的难题只是社会语言学问题，而非形而上学问题。至于像我们这样的生物为什么涉身于具体的语言实践中这个问题不是一个关于道德属性**是**什么的问题。然而，非认知主义者认为，只有在做出语言上的让步时，我们才能避开形而上学问题——这个让步指的是，接受道

---

⑰ 我认为，不混淆奎因所谓的"语义上行"所提示的伪外在性和卡尔纳普所思考的真正的外在性非常重要。语义上行是我们可在语言框架内实现的：它允许我们通过对框架本身的谈论提出实际上是内部性的问题。提问的方式不是"存在大于 100 的质数吗"，但我们可以这样问："'存在大于 100 的质数吗'在这句话中是真的吗？"只有在所讨论的句子保留了其阐释时，这类问题才是合理的；不然的话，就会像是在问这样的问题："'！@#$^&*'是真的吗？"卡尔纳普所说的外部立足点必然离我们很远：是否采用某一框架的问题类似于是否首先做出了阐释的问题。

德语言的确不包含真正的本体论判断这一观点——而功能多元论者则明白这个让步是不必要的。如果卡尔纳普和奎因对本体论判断的本质的认识是正确的，并且最小化理论者关于真之认识也是正确的，那么形而上学问题依然是空无内容的问题，于是这个语言上的让步便是不必要的了。

从社会语言的**内部**视角看，难道形而上学问题不会再度出现吗？这一视角是自然主义式的，至少在初始的方向上如此：它探究的只是自然生物（我们）行为的一个方面。但是，当我们就道德话语的功能发问时，难道不存在两种可能性吗？第一种可能性是，我们需要诉诸道德属性或道德事态，说话者的道德话语可被理解成对这些属性和事态的回应。在这种情况中，我们的立场如旧——也就是说，依然面临着这样的问题：这种事物的本性是什么。或者，如果我们不诉诸道德属性或事态，那么社会语言的视角似乎便已经向我们揭示了，道德会话犯了错误——除非，正如非认知主义者主张的那样，它一开始就不旨在成为描述性的。

但是，第二个结果也被歪曲了，错误的原因也和先前相同。在自然世界中不存在道德属性这一事实的确没有暗示道德话语犯了错误——如果道德话语的功能不是描述这种属性的话。在探究其功能时，我们发现（让我们假设）它表达了特定的一些心理状态，这些心理状态之间的差别体现在，它们在人类心理中激起了不同的动机。这是多元论者与非认知主义者分道扬镳的地方，假设这一功能是描述性语言的核心属性恰当起到的那些功能之一，那么这便能解释为什么道德话语会采取描述的形式，因而也揭示了为什么它会包含真之判断以及存在判断。我们也将因此对参与道德会话的说话者正在做什么有了一种自然主义式的理解，因而有理由否认这类说话者犯了某种全局错误，**即对道德话语的描述性功能不做丝毫让步**。相反，这个说明揭示了为什么这种话语的确（真正）采取了描述的形式，其依据在于，人们对"哪些核心属性是描述性语言真正独有的属性"这个问题做出的那些解释。

5. 科学的首要性

还存在另一种因素，这种因素或许可以帮助钟爱非认知主义的那些人反对功能多元论。对于那些聚焦于描述性语言在不同区域话语中具有的（显而易见的）作用的观点来说，难道它们不同时试图认为科学在某些方面是特别的和首要的吗？实际上，如果事情不是这样的话，在这幅图景中，如何理解人们承诺的那种自然主义呢？人们很容易将这个观点理解为这样的思想：同其他话语涉及的准描述相比，科学（或者某些子科学，例如它的观察部分）包含了**真正的**描述。如果我们这么认为，那么我们便以牺牲功能多元论为代价而承诺了一种非认知主义。故而，功能多元论者需要抵制这步推理，但需要应对这样的直觉，即科学有着某种首要性。

在我看来，解释在于这样的事实中：作为功能多元论者，我们在科学框架之内说话，而不是谈及其他框架。这为科学框架提供了一种视角上的优先性。例如，我们的观点是内在于科学的，而非外在于道德的。这种观点承认我们能够直接指向科学所支持的对象和属性，但不是——考虑到卡尔纳普论题——直接指向道德立场所容许的对象。人们会受到魅惑而认为，这因此使得道德实在在某种程度上是伪造的、虚构的或次级的，但我认为这是个错误观点。我们应该将这显而易见的差别理解为一种视角，一种人造的观点。错误地将它视为一种绝对的本体论差别则意味着，再度遗忘了卡尔纳普论题而落入了如下的蜃景之中：认为存在一种中性的框架立场，科学实际上为我们提供了这样的立场。

那么，对于功能多元论者来说，"科学话语的标志性功能是什么"这个问题便和"道德话语的独特功能是什么"这个问题同样重要和突出了。体现在如下事实中的循环，即前一问题本身是从科学视角提出的，便不是个循环了，例如，研究人类语言的深层结构并不比研究人类语言的用法有着更为严重的问题。然而，科学话语可能会是独特的，因为当我们就科学提出这种问题时，我们的答案将会指向所讨论的话语（即科学本身）能够支持的实体，在某种程度上，其他类的话语则不如此。

即便我们对方才提及的视角因素起到的作用打个折扣，仍有一个重要的洞见保留了下来。在科学的情况中，或至少在大众科学的情况中，似乎我们需要诉诸普通型的（ordinary-sized）物理对象以解释大众对这种事物的谈论，但从一定程度上说，我们不需要诉诸道德属性以解释大众对道德属性的谈论。这或许会鼓舞这样的思想，即真正的描述性话语——不管是怎样的话语——是那种需被解释为对先在的世界做出反应的话语，其中，我们需要根据讨论中的话语来描述这个先在的世界本身。

这是个迷人的想法，这个想法和人们在回答如何调和形而上学中的实在论者和反实在论者的主张这个问题的一个答案有关，这个答案是人们熟识的：粗略地说，即认为当公认的实体起到了因果解释的工作时，实在论便是恰当的。然而，如果这就是我们对于真正的描述性语言的标准的话，那么人们远不清楚科学，甚至大众科学，是否能算得上是真正的描述性的。例如，科学似乎在许多时候都具有不可还原的模式，或许不可还原性承诺了因果关系这一概念。然而，就我们的因果和模态话语（这些话语没有预设模态事实的存在）的用法来说，也可以对它们进行自然主义的解释——在这种解释中，这类事实的存在起不到因果作用。（这并不是像听上去的那样有争议。诸如刘易斯（David Lewis）这样的模态实在论者承诺了这样的一种观点，即人类模态会话的起源仅仅是现实世界的因果产物；因果上孑然独立于现实世界，其他可能世界因而也没有因果作用。更为一般地说，因果关系本身是我们所谈论的因果关系中包含的各种原因之间的关系，这一点是远不清楚的。）考虑到我们总是与殊型（tokens）有着因果联系，即便是类的词项和一般概念的用法也是存疑的了。所以，真正的描述这类范畴或许要比（乃至）大众科学所认为的要狭窄许多。实际上，情况可能是，不存在可以凭这些方式而得到阐明的语言——从对人类思想和语言的功能性反思中萃取出的纯粹表征，这类尝试中没有什么有用的剩余物。⑱

以一种稍微不同的方式来总结：我们不能理所当然地认为科学所使用的所有概念工具本身都可被解释为对科学所研究的专属对象的直接反应。认为科学能够或应当以它在研究引力时所使用的方法来研究因果关系，这或许是个错误的观点——即便最终能证明对因果关系的谈论是科学中不可切除的一部分。合宜的科学路线应该是去研究关于因果关系的**话语**——去询问我们为什么拥有因果关系，询问它为我们做了什么。正如我已经强调过的那样，这种对语言功能的反思一点也不会贬损它的初始用法。较之于科学对（例如）紧缩论者对真所做的功能主义的解释所具有的警惕态度，科学没有小心对待因果关系概念的功能主义解释的更多理由。

当然，某些哲学立场或许有理由小心对待对因果关系概念做功能主义的解释。例如，某些还原论纲领源于这样的原则，即从根本上来说，所有的因果关系都是物理因果关系。例如，在经典的阿姆斯特朗-刘易斯论证（该论证证明的是关于心理的唯物主义）中，这一原则支持了如下本体论主张：心理状态与某些物理状态是同一的。然而，对因果概念的起源和功能的研究或许会揭示，人们只能证成这些本体论主张本身蕴含的赤裸的物理主义一元论——根据卡尔纳普论题——而不能更进一步地证成这种关于因果关系的物理主义一元论。

6. 杰克逊的纲领

方才提及的那种心身还原论阐明了将 M 世界从涨潮的科学中拯救出来的主流策略中的第二类方式。当代还原论或许在杰克逊那一简练的纲领中得到了最佳显示，这个纲领源自将刘易斯对心灵情况的诊治进行一般化

---

⑱ 对关于实在的因果解释性标准的相关反驳，Rosen 1994: 309—313 提供了一个有洞见的讨论。

的处理，运用拉姆齐-卡尔纳普-刘易斯这个进路来研究理论词项。⑲

为了能将功能多元论与杰克逊的进路做一番比较，举个小例子将有助于我们的理解。我将以**酷**（cool）这个概念为例，如说英语方言（我推测，大多数读者都不熟悉英语方言）的说话者在说"街头信誉"（Streed Cred）时所运用到的那样。当街头社区的成员说某物 cool 的时候，他们并不是指该物的构成分子有着很低的动能。他们的意思是指，这个东西是好的，尽管他们是用一种特别的方式这么说。以什么样的特别方式呢？可行的答案部分取决于我们站在哪里。当置身于他们中间时，街头说话者可能凭借近义词来解释："酷的东西像是戏谑的。"他们或许会用另一种正面的衡量性词语来这么说。但是，我以为我们要么无法理解这种答案，要么这不是我们想要的答案，因为在面对近义词时，我们心中所想的理论问题会再度浮现。如果我想以一种自然主义的方式理解这种街头用法时，当被告知"酷"和"戏谑"是近义词，我们此时或许会得到一点帮助，但这对我们帮助不是很大。

让我们假定"那是酷的"这种街头用法是描述性的。有了这个假设后，杰克逊的策略便是去收集街头大众认为酷这一属性的各类真之陈述，而后通过将这些陈述结合进一个单一陈述而形成某种街头"酷理论"，之后再运用拉姆齐的技术，将所有包含了"酷"这个词项的发生替换为受某一存在量词约束的变项。结果便得到这样的一种形式：

存在某一属性 F 可满足 CT（F）

不管什么样的属性，只要该属性使得这一形式为真，该属性便是酷——换句话说，在理论 CT 中，能够最佳实现酷的作用的属性即是酷。

到这一点为止，杰克逊纲领中没有涉及什么功能多元论者会反对的

---

⑲ 杰克逊在 Jackson 1998 中对这一纲领做了详细的解释。

观点。从多元论者的立场看，我们无需反对以这种方式对赞成 CT 框架那些人做出的承诺进行整理。实际上，这种整理向我们揭示了，那些使用这一框架的人对有着某类（人们在理论内具体说明的）特征的属性的存在做出了承诺。

分歧体现在下一步中。对于功能多元论者来说，恰当的问题应该是去关心 CT 框架在街头说话者的生活中有着怎样的功能。就酷这一属性来说，没什么进一步的重要问题可问，并且不问这样的问题也不会带来任何神秘之处。为什么呢？原因很简单：有了属性 F，就有了 CT（F）。正如卡尔纳普论题告诉我们的那样，从这个框架外部看，问题就不会出现了。从外部看，出现的是这样的问题：为什么街头使用这样的一种框架；在这里，功能主义立场是人们应该采取的合适立场。（当然，这或许不能够提供一种完整解释。在某种程度上，框架可能只是历史中的一个偶然，语言约定使之留存了下来。）

然而，杰克逊的观点是，存在着进一步的本体论问题：与这个问题相关的是，满足 CT（F）的属性 F 是一种怎样的**物理**（或**自然**）属性。[20] 认为该问题是合法的——而不简单地视之为一种范畴错误——这种观点似乎源于两条论证思路。[21] 第一条是我们已经遭遇到的思路。如果我们因未能认识到描述可能是一种有着多种目的的语言装置而拒斥非自然主义者的本体论多元论，那么，人们一致认为对酷的归因是描述性的话，似乎只有自然世界是可供他们来描述的了。（当然，我们也拒斥用谬误理论来理解酷，但不管杰克逊纲领有着怎样合宜的特征，这些特征均使得谬误理论变得比平常更不吸引人了。）除了作为一种自然属性外，酷还能是怎样的属性呢？

---

[20] 这里，正如本章其他地方揭示的那样，没有什么注定是以这种物理的-自然的区分为基础的。

[21] 或许，存在三条论证思路，第三种思路诉诸物理主义的观点，即关于前一节结尾提到的因果关系的物理主义观点。如果我们在当前的情况中援用这种诉求，即基于街头说话者认为酷的属性是某种有着因果效用的属性这种观点，我认为多元论者的回应应当是去询问，街头用法中因果话语的功能是否支持了如下论题，即所有的因果关系都是物理的因果关系。

功能多元论者迎战这一论证的方式是，否认描述是一种意义明确的概念。在功能多元论者看来，语言的描述性用法共享有一个核心功能，但这个核心功能可能允许有一系列非常不同的运用。正如我已经解释过的那样，多元论者诉诸卡尔纳普论题，以使得这一观点免于退化为某种形而上学的非自然主义。

然而，这未能触及杰克逊的第二条论证思路，该思路依赖于（让我们假设所有争论方都同意）这样的事实：酷的属性随附于自然属性。如果两个事物在物理的所有方面都是一样的，那么这两个事物么都是酷的，要么都不是。那么，实际上，酷的属性是以某种有规律的方式与物理属性共变的。存在某种（或许是高度析取的）物理属性，该属性是某个对象是酷的直接条件——对象具有该属性，当且仅当它们是酷的。随附性要求存在这样的一种属性。假设这种属性存在，它与酷的属性共变这一事实确保了它起到了 CT 所描述的作用：CT 认为真是（be true of）酷的各类事物真有这一物理属性。

明白功能多元论者在哪里与这一论证分道扬镳的最简单方式是，探讨非认知主义者会在哪里走上另一条道路，而后转而用多元论的方式来表述。非认知主义者可以承认诸如"酷"这样的价值词项至少在两种意义上随附于自然属性。首先，我们能够说如果两个对象是物理同一的，那么通常来说，正常的街头说话者将既能判断出什么是酷的，也能判断出什么不是酷的。换句话说，我们对街头说话者的实践进行的研究表明，为了确保事情的确如此这般，他们对**酷**这个概念的使用是完全有规律的且受到规则限制的。这揭示了，原则上可以对正常的街头说话者认为是酷的那类事物进行自然主义式的具体解释。但这并未揭示出，变成酷的就是要获得标志出了这类事物的自然属性。存在着非常不同的命题，正如如下事实显明的那样：后一种情况使用"酷"这个词项，而前一种仅是提及它——我们无妨可以这样说，如果非认知主义者接受的是后一个命题，那么这将破坏如下主张，即"那是酷的"是非描述性的，破坏的方式是，为这个言语表达提供描述性内容。

非认知主义者可能认知到的第二种随附性要更强一些。情况可能被证明是，街头说话者本身认识到酷的属性随附于物理属性，在此意义上，我们本身便赞成这样的意见：如果两个事物在物理上不可区分，那么这两个事物要么都是酷的，要么都不是。这意味着在对酷做出归因时，街头说话者对某种物理属性做出了归因吗？非认知主义者回答，当然不是，因为我们可以思考下这个类比：我们可以轻易设想出一组极富洞见的观察者（例如，至少在网球比赛中），他们认识到如果比赛中的两个动作在物理上是不可区分的，那么，这时鼓掌对两个动作来说要么都是合适的，要么都是不合适的。这给人们提供了这样一种感觉，即鼓掌随附于物理性，但显然这并不意味着在鼓掌时对某个物理属性做出了归因。在非认知主义者看来，"那是酷的"情况也类似。它的功能更像是鼓掌的功能，而非是对属性做出归因的功能，并且它在某一意义上之于物理性的随附性可能在另一种意义上不会展现出来。

这里的关键思想是，功能上的多元性阻止了人们在随附性中做出精确还原的尝试：即便还原之路的确走不通，因为随附性的话语具有的功能不同于科学［被随附的（subvening）话语］的功能。这意味着，只要在某种深层的意义上，随附性话语和被随附的话语有着不同的功能，这个观点便同样适用于功能多元论者，即便他确认随附性的话语是描述性的。

故而，我认为多元论者可以在不接受同一性这种主张的情况下解释随附性直觉。人们可能会这样说，这并没有揭示出同一性主张是假的，而只是说明我们缺少提出该主张的动机。然而，多元论者想要说明它是假的吗？更好的方法似乎是，论证同一性的诸种主张只不过是不合语法规则的，除非它们能够尊重卡尔纳普论题提供的教导。询问在某一框架中被指向的某一实体是否等同于在另一框架中被指向的另一实体，这个问题似乎预设了框架具有独立性，我们是站在这个独立性框架的立场上提出这个问题的。如果我们拒斥存在这样的一种立场的想法，那么结局似乎便是，诸如"卡尔·马克思是格鲁乔·马克思的父亲"以及"卡尔·马克思是数字3"这样的同一性主张，其出错的方式是非常不一样的。第一个主张是假的，我们是在谈论人的框架内这样判断的。第二个主张"甚至算不上是假的"：它直接犯了一种范畴错误。

但是，这两类情况之间的界限在哪里？什么构成了一种框架？功能多元论者需要回答这些问题，相关的答案不仅承认诸如"卡尔·马克思是格鲁乔·马克思的父亲"以及"晨星是暮星"这样的同一性主张是有意义的，我们也显然需要承认，科学中某些可接受的还原论式主张也是有意义的，例如，硝酸是 HNO_3。这里有着许多重要的问题。诸框架是如何被个体化的？它们如何被结合进语言，以致我们在单个判断中使用到不止一种框架？框架可能存在某种嵌套结构吗，从而自然科学可通过某种广包性的框架（这个框架接受科学内的还原）而得以统一？

在这里我无法回答这些问题，也没有篇幅来给出一些答案了。我的目标是更加中庸的，即指出，从某种意义上说，解决 M 世界问题的还原论方法认为语言具有同一性，但我们最好不这样认为；而非认知主义（正如通常所理解的那样）不是挑战这一假设的唯一方式。

新的挑战，即功能多元论带来的挑战，源自卡尔纳普论题。一旦失去了卡尔纳普论题，自然主义似乎便会索求本体论的一元论。可以这么说，我们通过为描述性的语言提供一种单一目标的方式，而默认认为描述性语言具有同一性——存有一种被描述的单一世界。在阻止跨出这一步时，卡尔纳普论题激进地暗示了我们应该将 M 世界从自然主义的潮流中拯救出来。似乎有个可选的自然主义式选项，我们可用它替代非认知主义和还原论——这个选项有着非自然主义的魅力，它能够接受人们依其表面价值来谈论 M 世界，同时无需引入形而上学的幽灵。

当然，自然主义需要本体论的一元论这种观点已经是根深蒂固了，当代哲学自然主义者已经很难严肃地对待这样的意见，即可能存在一种

第三条道路。然而，我已论述过，严肃地对待这种可能性要求人们做的并不多：只不过是接受卡尔纳普论题，并愿意考虑这样的可能性，即描述性判断可能是一种有着多元目的的工具。我得出的结论是，在倡导人们更为熟悉的那些立场时，例如取消论的和非自然主义的，以及非认知主义的和还原论的立场时，应该思考他们拒斥的是这些推理中的哪些步骤，以及为什么要拒斥？如果两方都被认可的话，那么当代形而上学的争辩似乎将远未结束，起码可以说，这场争论还未涉及功能多元论的可能性。㉒

㉒ 感谢达利（Chris Daly）、科贝尔（Max Kolbel）、迈克尔（Michaelis Michael）、霍桑、奥皮、N. 史密斯、斯托尔亚（Daniel Stolijar）以及扎尔塔（Ed Zalta）等人对本章的诸多有益评论。

第七章
拉姆齐论言说和哨声：一个不和谐的音符

1. 导论

在1929年的文章《普遍命题和因果性》（Ramsey 1990a）中，拉姆齐认为，诸如"所有人都会走向死亡"这样的普遍一般的表述不是真正的命题。在这个观点，以及那篇文章其他部分所表明的大部分观点上，拉姆齐后来改变了想法。1929年之前，在《事实和命题》（"Facts and Propositions"）以及《数学逻辑》（"Mathematical Logic"）中，他认为，这种普遍化（generalization）相当于无穷连接句（conjunctions）（参见Ramsey 1990b: 48—51; 1990c: 236ff）。但是，在1929年时，他关于无穷概念的想法已经发生了变化，正是他对不受限制的普遍命题具有的无穷特征的思考将他引向了新的观点。

在我们看来，拉姆齐后期观点非常不稳定，在一定程度上，这既有着哲学意义也有着历史意义。因为，关于无穷性的问题根本上是那些潜在于维特根斯坦"关于遵守规则的思考"中的问题。从表面上看，如果这些问题揭示了普遍命题不是真正的命题，那么它们便揭示了我们所有的判断都不是真正的命题。拉姆齐就普遍命题的观点同对遵守规则的思考之间的关联当然既有因果的关联，也有逻辑的关联。1929年，维特根斯坦刚刚返回剑桥，众所周知，这一年标志着他哲学发展中的一个转折点——实际上，是一个U形大转弯。此外，众所周知，他同拉姆齐长时间的哲学讨论构成了维特根斯坦这一阶段思考生涯的主要部分。人们也清楚地认识到，维特根斯坦在那一时期全神贯注在做的事情与布劳威尔当时的思考——尤其是关于无穷性的思考——的影响有着很大关系。最后，我们都知道拉姆齐也至少部分受到了这些思想转向的影响——《普遍命题和因果性》大抵是那一转变的产物。

但是，就这些影响和互动来说，有些事情仍是不清楚的。一方面，拉姆齐和维特根斯坦两人，谁影响了谁？例如，可能是拉姆齐先发现了遵守规则思考的重要意义？在我们看来，拉姆齐没有意识到我们这里关注的不稳定性，这一事实表明，情况不是这样的。我们认为，如果拉姆齐已经注意到了对遵守规则的思考的话，那么他在《普遍命题和因果性》一文中倡导的立场便很难令人感到满意了。

另一个不清楚的地方是，拉姆齐后期转变的本质是什么，而这也是我们希望去澄清的地方。正如情况所表明的那样，希尔伯特的影响似乎比布劳威尔更大——拉姆齐的观点更是一种形式主义的，而非一种直觉主义的观点。他立场的不稳定性反映出了对形式主义观点（以及哲学中其他相似的观点）来说值得注意的一个一般性问题。

因此，我们认为《普遍命题和因果性》是局部转变中一个不稳定的产物，完全完成这个转变则要求拉姆齐已经领会了我们现在所谓的遵守规则的思考。但人们仅能猜测拉姆齐本该会完成怎样的完全转变，但这种猜测既没什么意义，也必然是盲目的。除了其他方面，拉姆齐的确告诉了我们应该如何解读如下结论，即普遍命题不是命题这个观点预示了这样一个他本会提出的更为激进的结论：（在假定的意义上）没有什么是命题。换句话说，他们仅给了我们一些提示去思考，拉姆齐非常实践化的实用主义思想如何可能是一种我们如今所谓的维特根斯坦式的或克里普克的维特根斯坦式的结论。

我们的第一个目标是，阐释拉姆齐在普遍一般命题和（他认为是）真正的命题判断之间的区别上具有不稳定观点的原因。我们的讨论包含了两条线（我们将分别处理它们）。

首先，我们将论述由于我们所领会的概念（尽管严格来说，我们认为，两种情况中的关键之处均不是无穷性的问题，而是某种类似于开放性或待探测性——我们将在下文中对它们的特征做更进一步的描述——的问题）有着"无穷"特征，关于无穷性的相同思考弥漫各处。所以，在所有情况中，我们都承受着将普遍一般命题视为非命题性的压力。因而，拉姆齐的"怀疑论问题"被证明是全局性的，而并非（像他本人所认为的那样）被限制在普遍命题的情况中。

其次，我们将论述拉姆齐对普遍判断所做的积极阐释——即它们是倾向性的（dispositional）——也适用于其他判断，这里的根本依据在于，对某一概念的领会（例如，习得某种习惯以能够在特定的情况中使用某一词项）有着倾向性的特征。那么，从某种意义上说，拉姆齐的"怀疑论的解决方案"也被证明是一种普遍的方案。在任何层次上，人们一旦发现怀疑论问题本身是个全局问题，拉姆齐对普遍一般命题的积极阐释为我们提供了将之从其他命题中区分出来的依据。

因此，第一个任务便是去理解，拉姆齐否认普遍化的量化语句不等于连接句的理由是什么？

2. 拉姆齐论"为什么普遍命题不是命题"

拉姆齐在《普遍命题和因果性》中给出的第一个论证是这样的思考：我们能写出普遍量化语句，但不能写出无穷的连接句。如果我们认为普遍量化语句表达的是命题，那么我们就被迫认为它们是与连接句相等的，既然它们是无穷的，那么"我们便因为缺乏符号操纵力（symbolic power）而无法表达"。但这不是一个好消息："我们无法说出无法被说出的东西，我们也无法用口哨吹奏出它"（Ramsey 1990a: 146）。

这个论证令人信服吗？乍看之下，显然不。我们可以思考下一个类似情况。如果你用1除以3，你会得到什么？如果你试图说，结果是一个十进制的无穷小数，那么你便永不会停止：0.33333……然而，这并不意味着你无法说出这个结果，你仅需要以一种不同的方式来表达，例如：

1/3 这样的分数。或者，我们来思考一个稍微复杂些的例子。一个圆的周长与它直径的比率是多少？如果你想说这是一个无穷小数，那么便将永不会停止；任何有穷的圆周率都是不精确的。但是，我们可以这样说出它，即"π"，因为这个词被构建的目的便在于表达圆周率。

所以，你无法写下无穷连接词但能够写下一般普遍命题这一事实未能够揭示出双方是相等的。情况可能是，一般普遍命题是你用来表达无穷连接句的方式，就如你用 π 来表述某一无理数一样。我们可以这样总结：对于那些我们无法用语词的形式说出的东西，我们有时候能够用口哨吹奏出它。或者，用詹姆斯（King James）的话说：在人们无法言说之处，人们应该探究用其他方式来表达的可能性。①

拉姆齐还得出了一些相当基本的观点，我们应该迫使自己思忖自己是否已经明白了这些观点。有种可能性是这样的。拉姆齐有时在谈及语词的用法时，他似乎不仅意指言语表达本身，还意指在接受这些表达时涉及的整个心理状态。② 或许，我们因而应当将拉姆齐的观点做这样的理解：我们永远不会接受无穷连接句，因为我们永远无法把握它们。相比之下，我们可以把握一般普遍命题。这使得这个观点变得与拉姆齐主导的，反对将普遍句视为连接句的其他两个论述类似起来。③ 让我们转而讨论这两个论述。

---

① 在这里，我们不应该被有穷论者对无穷小数的存在性的担忧分了心神。拉姆齐并不认为，可能不存在无穷连接句；他论证的是，即便它们存在，它们也不等于有穷表达句，因为它们不同于有穷表达句的地方在于，它们无法被写出。如果他的主张只不过是不存在无穷连接句的话，那么，这一关于什么能被写出的论述便是冗余的了。

② 因而在《事实与命题》一文中，拉姆齐在谈及信念中的心理因素时认为，心理因素存在于"语词、公开说出的话，或自己的私语，乃至只是假想的话"中（Ramsey 1990b: 40）。我们可以追随 Loar 1980，认为理解这一点的最佳方式是，不仅把这当作语词本身的事务，还要当成是"某人在接受如此如此的语句时所牵涉的整个事态"。

③ 请注意，拉姆齐仍然没有认同罗素为如下观点所做的论述，即认为普遍句不可能是连接句，认为前者而非后者蕴含了所能被列举出的对象完全是对象这种信息。拉姆齐在《事实与命题》中批驳了这一论述，他的论述基础是这样的观点：这个信息在逻辑上为真，因此没有为表达出的命题增加任何东西。拉姆齐的论述是否站得住脚，这是一个真正的问题：它以某种模态原则为基础，而他的反对者是否接受这些原则是有待商榷的（相关的讨论请参见 Hazen 1986: 496—498）。但是，即便拉姆齐的论述站得住脚，它也带来了许多关于命题同一性标准的难题，尤其是，命题是应根据必然等值性，还是应根据先天等值性，而被个体化的。但我们这里不拟探究这些问题。

第一个论述起初是关于**用法**的：无穷连接句的用法永远无法得到完全的使用。拉姆齐于是强调了这样的想法，他说到无穷连接句"超出了我们所想的或所知的"：

> 基本的那类信念是关于相邻空间的地图，我们可以使用这幅地图。然而，不管我们如何使之复杂化或为之填充细节，它仍然是这样的一幅地图。但是，如果我们自称将之拓展至无穷，它便不再是一幅地图了。我们不能够理解或操纵它。我们的旅程早早就会结束，我们不会需要它极为遥远的部分的。
> （Ramsey 1990a：146）

乍看起来，这似乎融合了两种非常不同的观点。一方面，有着这样的主张，即无穷连接句不会对我们有用，而我们也不需要它们。另一方面，还有着这样的主张，即我们不能理解它们。此外，对于第一个主张来说，它似乎也没有它理应支持的结论。可悲的是，世界中充满无用的对象，于是我们通常无法从主张（a）依照对其本质的某些理解，对象对我们无用，推理至结论（b）它不存在这样的本质。然而，根据拉姆齐对信念所做的语用解释，这里不存在谬误，也不存在模糊不清的地方。在《事实与命题》中，他认为，"我们通过指向语句将会引向的断言它的行动来定义语句的意义"（Ramsey 1999b：51）。更为具体地说："任何一组行动，只要它的有用性 p 是可被视为信念 p 的充分必要条件"（Ramsey 1990b：40）。④ 所以，不存在没有用法的信念，信念在任何行动中都是不成问题的。此外，

---

④ 后一引文引自拉姆齐讨论"未在语言中得到表达的信念"这一观点的某个段落。然而，那种相同的去引号的解释本质上适用于可在语言中得到表达的信念。只是这种解释需要人们以多种复杂的方式来为语词的作用在说话者的心灵里提供一个位置。例如，请注意拉姆齐对语言性信念的态度做的这些评论："说对某一语句感到有信念表达了这样的一种态度，即它有着某些属性，这些属性是与这样的态度一起变化的，即这个语句可能被击倒，或者说被抛弃。粗略地说，思考者仍然会行动，尽管存在被批驳的可能性，但如何具体解释这种情况，我是不知道的"（Ramsey 1990b：46）。在这么说时，我们不赞成斯科鲁普斯基（John Skorupski 1980）的观点，他认为拉姆齐在这些章节中提出的是关于信念的图像理论。

出于同样的理由，对于构成了对信念理解的东西，都是可以被使用的。

拉姆齐的第二个论述与我们能够相信一般普遍命题的根据有关，因而讨论的是我们可以相信它们的信心程度。我们怎么会有根据相信一个无穷连接句呢？

> 确定性的相关度是对具体情况或关于某一类具体情况的有限集合的确信度，而不是关于我们永不会使用的无穷情况的确信度，对于无穷的情况来说，我们根本不会确信什么。
> （Ramsey 1990a: 146）

对这两个论述，我们可以做两个考察。严格地说，第一个论述依赖于语言的一个特征，该特征比无穷性本身更为适度且无处不在。两个论述都可以同样很好地被运用于有穷领域，只要那一领域足够大以能够拓展至某一或一组说话者实际"遭遇"的情况之外。乍一看，关键点仅在于，普遍命题的真之实例构成的集合通常能很好地拓展至任何一个或一组说话者已经或将会熟悉的那些实例集合上。正如我们将会看到的那样，我们可以用多种方式来对这个概念——让我们称此为超出外延的熟识原则（Extension-Transcends-Acquaintance Principle），或简称 E-TRAP——进行有用的重新界定。然而，只要它是成立的，那么似乎便足以支持拉姆齐的两个论述。真正的无穷性似乎没什么重要作用。

其次，可将这两个论述与达米特的"呈现"和"习得"论述进行值得注意的对比，这两个论述是达米特在论述证实主义时运用的主要例子。达米特的论述关心的是词项的意义，而非普遍判断的身份，但是这些论述的基本特征与拉姆齐做出的上述论证非常相似。达米特论述了语词的意义不会超出可在其用法中呈现的意义，不然的话便会陷入不确定性、冗余性以及不可理解性等问题。超出用法界限的意义的差异性将既是无效的（在此意义上，它们对我们的语言实践没有影响），也是不可理解的

（在此意义上，说话者无法将它传达给另一个说话者）。考虑到新手能够通过学习而领会一个新词的意义，故而意义无法超出用法。

众所周知，达米特的这些论述受到了直觉主义思考的影响（具体请参见 Dummett 1978：216—217）。[5] 拉姆齐也会受到直觉主义的类似影响吗？罗素认为他受到了，并认为拉姆齐后期的文章"体现了迈向布劳威尔观点的倾向"（Russell 1931：481）。然而，我们这里的看法是，形式主义而非直觉主义给拉姆齐带来了首要影响。直觉主义代表了一种对如下担忧的可能回答：我们不能够像过去那样来理解普遍量词——这个答案源自这样的行为，即以一种我们可以理解的形式来重构普遍量词的内容。形式主义提供了另一个答案选项：根本不必赋予它们以意义，可将它们视为无意义的方法，但在运用这些方法时会产生意义。关于理论词项的现象主义有两种形式，即还原论的和工具论的，对这两种形式进行比较会有助于这里的讨论。还原论者类似于直觉主义者，他们的相似之处体现在：用现象语言来重构这些词项的内容。工具论者则类似于形式主义者，其相似之处体现在，试图为理论话语找到一种非描述性的功能。正如我们将会看到的那样，拉姆齐的研究进路与后一种而非前一种进路有着更多的相似之处。

我们片刻后便会回到对这些问题的讨论上。在那之前，我们想就拉姆齐的立场为什么是不稳定的多谈一些——根据拉姆齐运用在普遍命题上的标准，为什么没什么命题真正算是一个命题。

3. 根据这些理解，为什么没有命题

正如我们已经提到的那样，达米特将呈现和习得论述运用于所有词

---

[5] 认为达米特受到直觉主义者的影响并不等于否认他也与直觉主义者有着许多方面的不同。关于这一点的简明讨论，请参见 Moore 1990：141—142。

项的意义，而非只运用于普遍量词（以及相关的逻辑机制）的意义上。达米特的基本思想类似于此。以"……是红色的"这个谓述为例。如果意义是与成真条件相关的问题，那么"……是红色的"的意义将会取决于红色事物构成的集合的外延。根本地说，我们将会通过列举出所有红色事物的方式来给出"……是红色的"的意义——或许，这个列表会拓展至非现实存在的红色事物。即便严格地限制在现实的红色事物上，这个列表也会超出某一个或一组说话者遭遇到的那些红色事物的集合。这一事实（即我们先前所说的 E-TRAP）导致了这样的观点——对"……是红色的"意义的把握是通过对这个列表的把握而获得的——同呈现和习得论述是不相容的。因此，达米特得出结论，认为意义不可能是一个关于成真条件的问题。

我们目前的兴趣不在于达米特提供了怎样的其他理解意义的观点，而在于这样的观察，即源自语言用法的一个非常基本的特征的问题。我们可以这么说，根本没有什么词项能够逃出 E-TRAP——领会任何词项都会涉及一种开放的技能，一种将之运用到之前未遭遇到的情况的能力。专名或许是个例外，但这些专名无疑有着开放性的可能运用，拓展古德曼（Goodman 1983）对的"绿蓝"思考，我们便会清楚地认识到这一点。**所以，对于一般词项来说，我们根本不能以领会列表的方式来领会它的意义。**所要求的列表永远至少会超出我们当下所熟悉的情况。

关于这一结论，我们想要强调两点。首先，它的确似乎只是将语言词项具体拓展至拉姆齐关于一般普遍命题的思考。在这两种情况中，所做的思考恰都是实例的集合（一种情况中是指连接项，另一种情况中是指某一词项用法的真的实例）均超出了人类语言使用者能够使用或探究的范围。其次，所思考的问题也是所谓的遵守规则的思考中的核心问题。实际上，遵守规则的思考似乎揭穿了 E-TRAP 的本质。一方面，它们让我们直面这样的事实，即对词项的使用会产生出对语言来说关键的新情况（因此，在某种非常强的意义上，对意义的领会必然先于对相关情况总体的熟识）。另一方面，它们指出没有什么熟识的有穷基础能在逻辑上确定一个能运用于新情况的唯一推断（因此，不存在能将我们本身支离 E-TRAP 的唯一方式）。

考虑到这种关系，似乎有利于推断出拉姆齐并没有注意到关于遵守规则的思考，至少在他写作《普遍命题和因果性》的1929年。认为拉姆齐在那篇文章中的立场是高度不稳定的，这似乎是一种不宽容的观点。但是，更为不宽容的是，认为拉姆齐注意到了不稳定的原因是什么（即遵守规则的思考），他只是未能得出清晰的结论。

无论在何种情况中，我们都还未排除这样的一种可能性，即拉姆齐在划分普遍命题和其他种类的陈述的界限时，有着其他根据，这种根据与他对我们处理普遍命题的积极解释有关。或许，真正有用的工作体现在这种解释的积极方面。我们现在转而讨论的正是这个面向。

4. 拉姆齐的积极叙事，以及一种学术题外话

如果不把一般普遍命题理解为命题的话，我们应该如何理解它呢？拉姆齐认为它们是"变化的假言"，它们"不是判断，而是被用于判断'如果我遇到了一个 Φ，我会将它视为 ψ'"（Ramsey 1990a：149）。换句话说，我们在承诺一个一般普遍命题时，我们是以某种方式接受了一个形成信念的习惯。正如拉姆齐总结的那样：

> 相信所有人都会死亡，这意味着什么呢？部分是在说出这样的话语，部分则是相信就任何 x 来说，可以证明如果他是一个人，那么他便会死亡。

这个一般信念体现在：

（a）一个一般的明确叙述

（b）关于单个信念的习惯

当然，这两点是相连的，习惯源自根据心理法则所做的明确叙述，其中，心理法则给出了"所有"的意义。（Ramsey 1990a：148—149）

　　用当代的术语说，我们可以说拉姆齐的观点因而是，接受了一个普遍命题便是习得了一个有着双重意义的倾向——倾向于采取某类信念（不管人们是在什么时候采取什么样的信念），以及倾向于明确说出某个特定的语句。⑥他接着说到，既然它们不是判断，普遍句便不能被否定。然而，在可能没有获得相关倾向的意义上，人们可能不赞成普遍句。

　　拉姆齐是从哪里获得这些观点的呢？马耶尔（Majer 1989，1991）以及萨林（Sahlin 1997）已经指出了瑞士数学家外尔（Herman Weyl）的影响。在其1920年的系列讲座"论数学的新基础"（Weyl 1921）——拉姆齐对此非常熟悉⑦——中，外尔对普遍量词做的解释与后来拉姆齐做的解释非常接近。在将存在性陈述的特征描述为"抽象的判断"而非严格的判断后，他接着说道：

　　"每一个数字都有一个值 E"——例如，"对于每个数字 m 来说，都有 m+1=1+m"——这个普遍判断不是一个真正的判断，而只是在引导我们做出判断。（Weyl 1921：157）

---

⑥ 为什么拉姆齐没有添加这样的要求，即人们必须已经准备好做出普遍判断？可以猜想的是，他担忧人们实际上会认为他遇到的每一个人都会死亡，而不需相信所有人都会死，这或许是因为，人们相信会出现一个不死之人。拉姆齐解决这一担忧的方案不是非常令人满意：毕竟，断言必须是真诚的，这把我们带回了这样的要求上，即断言必须是被相信的。但是，他的确有着担忧，这一事实说明了他敏锐地觉察到了纯粹的倾向性解释有着一些问题，这些问题在后来克里普克对遵守规则的讨论中浮出了水面。（这里，我们很感谢《心灵》杂志的审稿人给出的建议。）

⑦ 显然，拉姆齐誊写了外尔讲座的相关段落，相关手稿现在在匹兹堡的拉姆齐藏馆中（参见 Sahlin 1997：73）。拉姆齐详细讨论了外尔的立场（Ramsey 1990c：228—233）。

外尔继续说道，既然它们不是判断，那么存在词以及普遍词都不能被否定。这便是他认为排中律不适用于量化判断的基本原理，其原因在于，我们无法有意义地确切表达出量化判断的实例（Weyl 1921：158）。

在这篇文章中，外尔将自己视为布劳威尔的追随者；而在后来的《数学与自然科学之哲学》中，他表明了这个立场（Weyl 1927：第9部分）。⑧ 所以，人们容易被诱导认为，显然是因为追随了外尔，拉姆齐迈向了直觉主义。但考虑到对量词的解释，外尔实际上离直觉主义的主流非常远。布劳威尔及其追随者并没有否认量词陈述——按照直觉主义式的理解——表达了命题；他们也没有否认这些陈述能被否定。当然，他们拒斥对量词的传统理解；但只有这一点是他们认为应该放弃的思想。直觉主义者因而在外尔提供的折中办法里——即认为量化句是有用的，但它们不表达命题——没有容身之处。⑨ 相比之下，外尔在1920年偏爱的那种研究进路——这也是后来拉姆齐偏爱的进路——与形式主义式的思考非常相符。人们认为量化句是一些装置，严格来说，它们本身并无意义，但我们可以通过操作这些装置来获得有意义的语句。⑩（再一次地，我们可以比较关于理论词项的还原论以及工具论理论。）

拉姆齐（例如在1990c：233）也完全注意到了，外尔关于量词的观点不同于布劳威尔的观点，实际上，前者的观点更接近于希尔伯特。他

---

⑧ 正如匹兹堡馆藏笔记清楚展现的那样，拉姆齐读过这本书。
⑨ 此外，外尔拒斥排中律的理由与布劳威尔给出的理由非常不同。外尔似乎在命题演算中接受了排中律。他拒斥它的理由在于，对于谓词演算来说——正如我们看到的那样——情况是这样的：那些无意义的量化句无法以有意义的方式被否定；因此排中律不存在有意义的实例。现在，不甚清楚的是，这能不能被看作对排中律的拒斥，而排中律注定只能适用于有意义的语句。如果我们仅拒绝接受"是 og ur blig 或非 og ur blig"（其中"og ur blig"是无意义的），那么我们便不算是在拒斥排中律。
⑩ 对希尔伯特立场的有用讨论，请参见 Dummett 1993。米米特在此将这样的观点归派给希尔伯特：既然我们在通过运用存在语句来运算普遍量化句时，无法像传统观点理解的那样将之具体化，那么，普遍量化句便的确不表达信念，就如它们对说话者的"认知立场"只能做出隐晦的指称一样。相比之下，直觉主义者试图将这种关于普遍量词的观点一般化，以使得它也能够包含运算符。这种一般化的处理方式与我们所提议的拉姆齐接受的方式之间有着一种值得注意的平行关系。

也完全注意到了，外尔对直觉主义的承诺是短暂的，在 1928 年，外尔便将自己描述为希尔伯特的追随者（参见 Weyl 1928）。⑪ 此外，在写于 1929 年 8 月，题为《关于无穷的诸种理论》的一篇文章的一些注释中，拉姆齐写道：

> 采取一种形式上的无穷理论，便是对从中推出的任何东西都做出断定；然而，这没有什么清楚的意义，除非我们知道如何判定一个给定的基本命题能不能从中被推出……
> ……如果原则是无限的，那么理论必须能够起到某种一般支柱的作用，此时的理论或许不是一个判断，而是一种判断之源，或作出判断的规则。
> 就理论来说，其关键的地方在于，它是一种在基本系统中说出某物某事的方式，而它必然是简单的且人们都赞成的。将基本系统展现为一种更大结构的一部分，都能保证它的简单性和可接受性；但是这不是关键的，因为更大的结构可以是无穷的而无法被理解的，或这个更大结构只是一种用于说话的方式？……
> 显而易见，数学不要求无穷数量的事物存在。我们立刻便会说，假想的事物，即理论的二级词项，却会要求。但是，不存在假想的事物，它们只不过是语词，而使用无穷这个概念的数学家们和物理学家们只不过在操作着某种类似于命题的符号。

---

⑪ 拉姆齐的笔记（Ramsey 1991: 235）表明他读过这一讲座的讲稿。拉姆齐在笔记中抱怨道，"外尔一直似乎混淆了方法和阐释。例如，他在汉堡写的一篇晚期文章中写到，如果希尔伯特胜利的话，那么这将会给现象主义带来关键性的一击。但是，只是对现象主义方法带来了打击，而现在没什么人相信现象主义方法了。希尔伯特完全是站在对现象主义的阐释一方。"我们认为，在拉姆齐的眼中，希尔伯特坚持了现象主义的观点，即唯一有意义的事物是现象性的所予（这便是接受现象主义式的阐释的题中之义），同时，这种观点否认在操作这个观点时，人们必须将自身限制在现象性的所予之上（这便是拒斥现象主义式的方法的题中之义）。

（Ramsey 1991：235—236）。

显然，这些段落体现着极强的形式主义要旨，在这些段落中，拉姆齐对普遍判断做出的解释与他在《普遍命题和因果性》中做出的解释相同。我们认为这很好地证明了拉姆齐首要地受到形式主义而非直觉主义思考刺激。

即便如此，我们也不应当夸大这一点。尽管布劳威尔和希尔伯特之间有着争论，形式主义和直觉主义之间的区别在 1929 年时尚不是完全清楚的；实际上，只有根据海丁（Heyting 1930a、1930b）、哥德尔（Gödel 1933）、根岑（Gentzen 1933）等人的后继工作才能清楚地理解这些形式上的差别。此外，在一些段落旁，拉姆齐做了些看上去明显是直觉主义式的注解：例如在《普遍命题和因果性》中，他说到在数学证明中对排中律的使用"现在已被认识到是错误的"（Ramsey 1990a：147）。但我们应当这样说，即考虑到当代对关于形式主义与直觉主义之间差异的理解，拉姆齐的立场主要是一种形式主义的立场。

5. 为什么积极的叙事不能使得拉姆齐的观点稳定化

我们已经看到，拉姆齐将普遍信念理解为形成其他信念的倾向。但是，根据拉姆齐的理解，**所有的**信念都是倾向。那么，他用于区分那些作为真正判断的倾向和那些不是真正判断的倾向的基础在哪呢？他告诉我们"基本的那类信念是关于相邻空间的地图，我们可以使用这幅地图"，但是，无疑对地图的使用本身也是具有倾向性的。将一幅地图用作向导，只意味着变得有以特定的方式对特定的刺激做出反应的倾向："如果那是邮局，我将往左转。"（更为准确地说，我们可以认为地图为我们提供了一种复杂倾向。在与其他地图以及我们的意欲相结合时，它将产生出一组倾向。并且，它们无需是引起行动的倾向："如果那是邮局，那么黄色的建筑便是市政厅。")

那么，普遍信念和基本的那类信念之间有什么区别呢？根据拉姆齐的理解，很难发现它们有什么功能上的根本差异。或许人们会认为存在着层次上的差异：基本的那类信念是根据意欲而采取行动的倾向，普遍信念是根据信念而采取行动的倾向（根据所形成的进一步信念而行动）。但是，为什么这一区分能够是判别什么可被算作信念的标准呢？此外，何况这种区分实际上是不成立的。基本的那类信念本身也可以是基于其他信念而形成新信念的倾向：玛莎是危险人物这个信念本身等同于形成这样的信念的倾向，即如果有了玛莎正在靠近这个信念的话，便相信有个危险的人正在靠近。

实际上，倾向性甚至适用于更为基本的层次，如概念的层次。我们对某一概念的理解无疑具体呈现为一种倾向——倾向于在特定的情境下运用该词项。实际上，复杂倾向与持有某个信念的对应关系（用拉姆齐的话说，"使用一个地图"）依赖于这种更为简单的倾向。对概念的把握就像是抓住了打开地图的钥匙。在使用一个地图时，我们需要知道它的符号意指了什么——我们需要够采取一种实践，这种实践能够将我们从世界中的事物带到地图上的符号，然后再把我们带回来。这些便是倾向。这里的情况似乎也是，普遍判断和其他类的判断之间没有界限。

早前我提到，对某个普通概念的理解涉及对人们未曾遭遇过的情况的揭露，拉姆齐也用这种对未曾遭遇过的情况的揭露说明了普遍命题不是命题。我们现在明白了，对普通概念的把握也需要拉姆齐在告知我们普遍命题**是**什么时所诉诸的倾向性。那么，既从积极的，也从消极的方面看，拉姆齐在普遍一般命题和其他命题之间做出的区分似乎难以为继了。

有时候，拉姆齐本人似乎也很乐于承认习惯或倾向在此意义上是一路向下的。他在某个地方指出，"所有的信念都包含习惯"（Ramsey

1990a：150）。⑫那么，他本人认为这里存在着可用于区分真正的判断和其他判断的材料吗？或者，情况是不是这样的，即他认为我们可以在其他某个地方做出划分，而关于一般判断所起到的心理作用的叙事恰恰满足了需要在这其他某个地方完成的义务（即假定了它们不是真正的判断，因此我们不能运用更为一般的解释来应对这类事物时，我们需要解释这类事物有着怎样的功能）？

后者似乎是一种更为宽容的叙事。由于没有注意到后来所谓的遵守规则的思考，拉姆齐认为他根据无穷性这一概念而描述出的问题应该被局限于无限制的普遍命题。在这种背景下，他认为他已经有了在普遍命题和其他判断之间做出更深层次区分的根据——然而，如下的观察让这个根据变得不堪一击：如果我们考虑到真正的判断也具有倾向性，普遍命题在某些方面像是真正的判断。考虑到在消极的一方不存在清晰的区分，他便没有理由（或至少没有直接的理由）坚持认为，在积极的一方存在着清晰的区分。

然而，值得注意的是，拉姆齐早前十分敏锐地察觉到了是否存在真正的区分这个问题。如下引文出自写于1926年的《数学逻辑》：

> 可能的情况是，普遍命题和存在命题不能够表达真正的判断或知识这整个断言纯粹是信口胡说的。人们仅能通过拒绝使用与普遍命题相关的语词，如判断和知识，而断定我们应该强调个体命题和普遍命题之间的差别。然而，这会是个遗憾，因为我们与判断和知识这些语词的所有自然联系既契合于普遍命题和存在命题，也契合于个体命题；在这两种情况中，我们都能或多或少地对这个问题感到确信。其中蕴含的观点是，一般

---

⑫ 也请参见 pp.159—160，拉姆齐说道："可变的假设（variable hypotheticals）包含的因果性与普通信念包含的因果性差不多；因为它也有着我们从它推演出的所有信念具有的本质，人们可以依特定的方式根据它行动，而这一概念涉及的因果性也与可变的假设样多。"

知识和存在性知识只有作为个体知识时才能够存在——我认为这个观点完全是错误的。在进行理论工作时，我们佩服的主要是普遍命题，而在日常的生活中，知道在某块田野上有一头公牛这样的存在性命题，这便足够了；知道正是这一头公牛而非别处的一头公牛在此处的田野上，这或许并没有带来更多的好处。(Ramsey 1990c: 235—236)

拉姆齐这里拒斥的是这样的思想，即危如累卵的只是口头之争，我们在使用普遍命题（例如，将它视为真命题）时所诉诸的方式既驳斥了这样的思想，即这只是一种选择上的问题，也支持了这样的观点，即它们是真正的命题。三年之后，拉姆齐改变了他对普遍命题身份的看法，（正如我们将在下文中看到的那样）在解释他早先视之为证据，之后为何却视之为反例时，他做出了值得注意的讨论。就是否存在岌岌可危的实质问题这一点来说，他没有改变想法，但是这个段落清楚地说明了，原因并不在于他从未深入思考过如下可能性，即可能不存在这样的一种问题。

如果拉姆齐本人没有很快遭遇到如下问题的话，这是很难令人相信的：功能上不存在任何实质的差别。恰当的结论似乎是，一旦我们迈向以功能主义的方式来解释信念，形式主义（指的是这样的一种学说，即理论的无穷部分严格来说是无意义的，但尽管如此，这部分是有用的）便没有用武之地了。这难道不是我们应当期待的吗？类似地，如果我们根据有用性来理解所有的判断——如果一般来说信念只不过是帮助我们应对敌意满满的环境的工具，那么理论只不过是工具这种观点能为我们带来怎样的视角呢？

实际上，这等于指出我们无法在积极的一方做出区分，数学中形式主义的情况也是一样，其他领域中的形式主义情况亦如此。更为值得注意的是，消极的一方情况似乎也是这样的。换句话说，如果遵守规则的思考揭示了拉姆齐对量词句的无穷特征的思考能被拓展至语言的所有部分，那么这便同样说明了，那些支持有穷主义（finitism）的思考无法仅能依据对一般量化句的有穷解释而得以实现，这些思考还需完全适用于算术。⑬ 毕竟，难道克里普克的（Kripke 1982）维特根斯坦——他以加法作为自己的核心例子——不是已经为我们提供了这些教导了吗？

6. 当代的一些比较

考虑到拉姆齐早前认为如下事实是重要的：我们对待一般判断，如同它们是命题性的一般（例如，认为它们是正确的或错误的）；当他改变了想法而专注于解释普通用法的这种特征，这便不那么令人诧异了。他现在这么说：

> 许多语句表达了认知态度，而这些语句无需是命题；说"是"和"否"之间的差别对它们来说不是认同或否认一个命题的差别……因此，为了能够理解可变的假设及其正确性或错误性，我们必须思考关于它的不同的可能态度。如果我们知道态度是什么，涉及了怎样的态度，我们继而可以较为容易地解释说这种态度是正确的或错误的有着什么意义，因为这不过意味着某人拥有了这种态度，并认为他的邻人也有着相同或不同的一种态度。（Ramsey 1990a：146）

我们不妨将拉姆齐与布莱克本（Blackburn 1993a）意义上的准实在论者进行比较。他想要成为一名关于普遍命题的非认知主义者，但认识到了解释为什么——至少出于某些目的——这种判断本身的确用到了只

---

⑬ 感谢波特（Michael Potter）就此处与我的讨论。

有真正判断才能使用的机制（例如，为什么它们为什么能够被描述成是真的或是假的）的重要性。

拉姆齐的一些思考致使他否认普遍命题是真正命题，而我们一直敦促的《普遍命题和因果性》中的立场具有不稳定性，如果从这种视角看，拉姆齐后来的观点实际上有着全局的特征。早期拉姆齐如何实现了立场上的转变？一种可能性是，他已经退回到他之前的观点。然而，更值得注意且我们认为更为可靠的可能性是，他正发展出的实用主义思想引导他向前迈进了，即引导他认识到，**在他早前认为理所当然的意义上**，不存在真正的命题。一旦他迈上了这条道路，他当然会提出一种全局的问题，他就普遍命题也的确提出了这样的一个问题：为什么我们认为相关的判断有着命题特征？例如，我们为什么认为它们是真的或假的？一致意见与分歧相当于什么？

161　　从某种意义上说，我们可以将这种观点描述为全局化的准实在论——持有这种立场的人以准实在论为起点，而后得出结论，认为语言不存在那种不应以准实在论的方式来理解的特别的陈述用法。在另一种意义上，"准实在论"这个词如今是误导人的。它暗示了这样的观点，即接受仍然存在一种"非准"类别的实在的或认知的言语行为，即便实践中没有这类行为，我们也**可能**在语言中找到它们。然而，可以推测的是，坚持全局化的人会认为，先前被描述为**准**实在论的东西只不过是一种可行的实在论。如果实在论和准实在论都说得通的话，那么在两者之间做出划界也说得通；但是，如果我们争论说这两者都说不通的话，那么，我们便也无法理解这里的划界了。

如果我们将这个立场的特征仅简单地描述为一种更为宽松和范围更广的实在论或认知主义的话，那么我们在与准实在论者的会话中应该小心谨慎。假如我们接受这个词项的背后有着重构的地方，那么这种描述是可接受的。根据这种假设，它与早前的拉姆齐的观点——即**在他早前认为理所当然的意义上**，不存在真正的命题——不同。毋宁说，它源自这样的认识,即命题概念是需要被抛弃的概念。⑭

最后,我们对这位假想中的老拉姆齐(让我们不妨称他为拉姆齐*)与新近的讨论相关的地方做两点评论。首先,拉姆齐*提出的问题似乎只是那些在捍卫以倾向性的方式来探究遵守规则时所提出的问题。正如克里普克(Kripke 1982)清楚说明的那样,倾向中如何产生规范,这是一个难题。可以推测到的是,拉姆齐*的研究进路必然要解释这个现象——解释如何在相关的实践中,如何基于这种倾向性而形成诸如真和假这样的规范概念。毕竟,这正是拉姆齐本人在普遍命题的情况中做的工作。正如上文中的引文表明的那样,他的研究进路明显是紧缩论的。正如拉姆齐总结的那样,正确性和错误性的概念仅表达了人们对"其邻人"——换句话说,另一个说话者——的赞同和分歧。⑮

尚不清楚的是,这种解释是否已经充分了。毕竟,它如何能够解释我们的确运用在对与错这类概念上的态度与那些我们没有运用的态度之间的差别呢?(我与我的邻人有着许多不同的态度,但我无需认为我的邻人是错的。)然而,目前我们需要注意的不是拉姆齐的解释是否充分,而是这些解释中蕴含的哲学立场。显而易见的是,拉姆齐认为哲学在这种情况中的任务只在于去解释相关概念的用法——他认为,在这种情况中,这便相当于在解释它们的意义。

其次,似乎不大可能的是,拉姆齐*能够有时间提出克里普克的维特根斯坦式的"怀疑论的解决方案",我们可将这种方案解读为一种关于内容的区域非认知主义。⑯ 在认识到他首先就普遍命题提出的问题借道意

---

⑭ 重构类似于这样:在旧版本中,存在一组言语行为(或,更为基本的,一组心理状态),它们本质上有着表征特征——它们是"命题"或"思想"。然而,在新版本中,本质特征完全只是功能的——我们根据如何使用它们对言语行为和相关态度进行描述。因此,永远有着容纳拉姆齐就普遍命题所提出的问题的余地:为什么某种有着功能上作用的东西会被看成表征性的(或"向真性的")?

⑮ 这一解释因此似乎也预演了对"真"做出述行(performative)解释,斯特劳森早期的一篇文章(Strawson 1949)深化了这种解释。

⑯ 这种解读是存在争议的;参见 Boghossian 1989:518—519。

义而感染了语言的每个部分，因而走向一种全局化的观点后，拉姆齐*很难发现隔离检疫的可能性，即在对意义的归因上，采用克里普克的维特根斯坦式的区域非认知主义。无疑，更为可能的是，他将能够认识到，不存在贫瘠的领域，那种深深根植于语言观中的错误使得人们在普遍命题这种情况中最初辨识到的特征变得异常和反常。那么，更为可能的是，拉姆齐*将会更有自信地认同拉姆齐本人起初提出的适度建议："关于普遍判断和存在判断的理论是通向万物的线索，我认为这或许是真的"（Ramsey 1990d：138）。[17]

---

[17] 特别感谢悉尼、堪培拉、爱丁堡以及剑桥的听众，以及哈岑（Allen Hazen）、亨伯斯通、《心灵》杂志的审稿人就本章做出的有益评论。

第八章
"真"作为合宜的摩擦

1. 导论

罗蒂在新近的一篇文章开篇告诉我们,为什么像他自己这样的实用主义者会倾向于把"真"等同为证成:

> 实用主义者认为,如果某种东西对实践起不到什么影响,那么它也不会影响到哲学。坚信这一点会使得实用主义者对证成和"真"之间的区分产生怀疑,因为这种区分对我们决定去做什么造成不了任何影响。(Rorty 1998: 19)

罗蒂接着讨论了赖特所捍卫的主张,即"真"是一种对断言的规范限制。他论述道,这一主张违背了"没有什么差别不能显现为实践上的差别"这一原则:

> 对我们自己和同伴来说,证成我们信念的需要便是让自己受制于规范,服从于那些产生出行为模式的规范,在我们信心满满地将信念归派给别人时,我们必然在他们身上探测到这些行为的模式。但是,似乎没有必要寻求服从额外的规范,即寻求真理这一戒令。回到我一开始谈及的实用主义者的疑惑上来,

服从这种戒令所导致的行为均是为了提供证成所必须的行为。
（Rorty 1998：26）

那么，罗蒂再度诉诸了这样的主张，即对"真"之规范做出承诺，而不是对行为起不到任何影响的证成的规范做出承诺。

这是一个经验判断，原则上可以通过将（罗蒂意义上的）实在论者群体中成员的行为同实用主义者群体中成员的行为进行对比来检验这个判断。在我看来，这个实验将会揭示这个判断是不能被证成的，实际上，它是错误的。我认为存在着一种重要且普遍的行为模式，它源于这样的事实，即说话者的确认为自己是服从于这种额外的规范的。此外，这种行为模式在我们视为有价值的人类生活中如此关键，以致所有有理智的人都会心照不宣地选择不容忍这个实验。具有反讽意味的是，罗蒂认为，我们不能将这种模式视为一种错误的且可有可无的坏哲学的副产品。因为它就是对话本身，它是任何层次上的对话均不可缺少的核心部分——粗略地说，我认为它体现的是关于"事实"问题的人际对话。①

换句话说，我想坚持如下的观点，即为了对日常对话实践中的关键部分做出说明，我们必须允许说话者以及他们的会话伙伴认为自己是受控于比证成更强的规范。这种规范不只是说话者认为自己可能未能予以满足的那种规范，即便他们的主张已经得到了很好的证成——这对罗蒂所谓的"真"之谨慎的用法（Rorty 1991：128）来说，大抵是属实

---

① 撇开这里的反讽性不说，这里没什么东西强调了如下问题，即"会话"这个词在我和罗蒂那里意思是否相同。对于我来说，重要的是，"真"在那种我称之为事实性的或断言性的对话（或简单地说，就是对话）的人际语言互动中所起到的作用。我并不是在主张，对话就是会话，不管是在罗蒂的意义上还是在其他意义上。在上文中，我在事实性上加了双引号，以期能够暗示那种进入这场讨论的事实性概念依赖于真之概念，这在某些方面会为我自己对"真"在对话中起到的作用所做的解释带来些问题。在我看来，并不存在这种困难。相反，我认为人们讨论的言语表达的"事实性"或"向真性"是这里所倡导的那种解释中被解释项的一部分。

的——此外，更为重要的是，这种规范是当有人提出反对意见时，说话者认为这个人直接违反了的规范，此时**无需对分歧的根源做出任何独立的其他诊断**。实际上，在我看来，这就是"真"之规范的本质。它直接给了分歧以规范特征，对话依赖于这一特征，非规范的东西提供不了这个特征。

我认为，人们忽视了这个关于"真"的事实，因为所讨论的规范是人们非常熟悉的，以致在一个既定的日常语言实践中，人们很难发现这个事实。一般情况下，我们对之熟视无睹，不会特别注意到。为了能够使之显现，我们需要知道没了它事情会有什么不同——这是我在文初便讨论罗蒂的部分理由。尽管我在对"区分证成和'真'"做出承诺所造成的行为后果上不同意罗蒂的观点，我认为这种承诺在行为上的后果问题，恰恰具体展现了我们需要的视角，能够使人们关注到对话的规范结构中这一基本的方面。

在分享了罗蒂对"真"在语言实践中的作用的关注同时，我也分享了他实用主义中的关键部分。但是，我以实用主义方式来理解"真"的思想没有在当代哲学地图中得到很好的标注，这也是一开始便讨论罗蒂的第二个理由。罗蒂比过去或现在大部分实用主义者更为细致地探究了以实用主义方式研究"真"的进路，在不同的时期，他往往会处理不同部分的问题。在罗蒂曾造访或深究过的观点中为我自己的实用主义找寻一个位置时，我希望能够揭示出还有一个有希望的立场，罗蒂和其他实用主义者都忽视了这个立场。

正如已经提及的那样，我的观点依赖于这样的主张，即"真"作为一种规范，它在断言性的对话中起到了一个关键却鲜为人知的作用。在追求这一结论时，我们会发现对如下三种规范做出区分是有用的，按其从弱到强的顺序，即真诚、证成以及"真"之规范本身。尽管可以在某种程度上对之做出粗糙的划分，这些划分也能够充分地衬托出第三种规范在语言实践中起到的关键作用。我的策略是将我们所知的断言同语言的某些非断言性用法进行对比。在后一种情况中，我认为，那两种弱的规范仍然是适用的。此外，这证明了，即便没有第三种规范，断言性话语的某些基本功能仍然是可以实现的。我希望，人们将会清楚地看到这种实践不是那种支撑起我们所知的对话的那种实践。我们遗漏的是——即第三种规范提供的是——自动且非常无意识地拥有的共同目的，这种共同目的将断言性对话从那些只是蜻蜓点水式的个人观点中区分出来。"真"是使得我们个人的观点彼此黏合的沙石。"真"在认知中——至少是在其公共的形态中——放置了诸多齿轮。②

用一个赖尔式隐喻说，我的观点因此是，"真"为事实性对话提供了关键的集体精神（esprit de corps）。正如该隐喻意暗示的那样，重要的是，说话者认为存在这样的规范——他们认为自己受制于它——这当然不是说，说话者认为他们的观点在某种程度上已经为科学或形而上学所事先确定。科学在指出这种思想在像我们这样生物的生活中具有怎样的功能时，它已经完成了自己的工作。这或许也说明了，对"真"之承诺就如对有神论做出承诺一样，这是罗蒂本人在我一开始提到的那篇文章中提及的类比，其目的是反对赖特的观点。实际上，罗蒂的观点是，认为我们的确运用实在论式的"真"之概念，其规范性要比证成更强，这是一码事；而认为我们应该怎么做则是另外一码事。正如在有神论的例子中表明的那样，当我们丢掉了糟糕的实在论式习惯时，可能会做得更好。

然而，这两种情况间还有着一些重要的差别。首先，放弃有神论在行为上会造成重要，但不是毁灭性的后果。③然而，如果我对"真"在行为上的作用的认识是正确的，那么放弃"真"的确会有严重的后果，例

---

② 如果私人认知依赖于公共对话的规范性，那么，"真"也会在这私人的、第二性的方面起到相同的作用。在我看来，这是对我们当前的主张可以做的可行拓展，但我在这里不拟对之做出辩护。

③ 至少是相对来说。

如把人类的对话削减至漫不经心的独角戏中的唠唠叨叨。④

其次,可疑的地方还在于,放弃"真"是否是我们一个真正可以做的选择。我怀疑那些认为这是一个选项的人们没有认识到,"真"之概念嵌入在语言实践中有多深,因此,他们在如下两个方向都低估了做出所要求的改变的程度:他们未能看到无"真"的语言实践将会与目前的实践有着怎样彻底不同的差异;他们也高估了我们改变自己的实践整体,以将这种实践变成另一种实践的能力(低估了实践的刚性,虽然实践诚然也具有偶然性)。⑤

第三,最为有趣的是,"真"之身份问题与这个问题的一些具体方面是分不开的,在一定程度上,有神论的情况则几乎没有这个特征。人们倾向于用语义学的语汇来兑现形而上学的结论。人们认为有神论是错误的,其依据可能是这样的事实,即它的主张不是**真的**,它所指向的具体方面也是**无所指**的。出于这个理由,就语义词项本身构建有意义的反实在论变得尤为困难了。在我看来,对此正确的回应不是认为[就像博格西安(参见 Boghossian 1990)那样]我们因此对语义实在论做了先验论证。不可否认的是,实在论要比反实在论要更容易理解。正确的回应是——正如罗蒂本人在所有情况中敦促的那样——质疑实在论和反实在论之争本身。⑥然而,罗蒂将实在论和反实在论之争系连在对那种不同于证成的"真"之概念的拒斥上,也系连在对表征这种观念的拒斥上。我认为罗蒂采取了错误的道路,但走向了正确的结论。我们应该借助于对

---

④ 邓迪的一位听众建议我这样总结"全球一起等待戈多"。更为严肃地说,正如上文已经提到的那样,放弃"真"可能会使得我们自己"内在的"理性的会话变得寂静。
⑤ 乔纳森·雷(Jonathan Rée)也在这一点上反对罗蒂,"偶然性可以持续很长一段时间。我们对爱和死的长久思考可能不是绝对必要的,但是它们也会逝去和凋零,而只要我们这么做,它们就将长存,这是一个只胜不败的赌注"。(Rée 1998: 11)。
⑥ 实在论者可能会反驳说,对第三种规范的承诺可能是有用的,但却是错误的,然而,罗蒂不会这么反驳。对他来说,反对赖特的如下观点是公正的:这种承诺可能像有神论的承诺。因为,赖特严肃地对待形而上学。那么,根据赖特自称的标准,对有神论的反驳则会构成一个真正的威胁。

"真"和表征这些概念的功能和起源进行最可靠的叙事，以认识到我们应该拒绝形而上学的立场，但不是通过拒斥"真"和表征本身，原因很简单，这两个概念不能承载起那种形而上学的重量。

谈到他自己关于"真"之观点时，罗蒂将自己描述为，在詹姆斯式实用主义和紧缩论之间摇摆，"在试图将'真'还原为证成和考虑某种关于'真'之最小化理论之间摇摆不定"（Rorty 1998：21）。我的观点是，这两个选项都是不可行的，但我的观点和这两个选项有着共同的地方。一方面，我持有的当然是一种关于"真"之最小化理论，但我的观点和罗蒂所想的都不同——不是他口中的"塔斯基式的轻松的去引号理论"（Rorty 1998：21）。我赞成的是人们熟悉的那些去引号的最小化理论者，如奎因（Quine 1970）和霍维奇（Horwich 1990），他们认为，"真"不是一种实体属性，就"真"之本质来说，没有什么值得注意的哲学问题可谈。像他们一样，我认为研究"真"之正确的方法是，在人类话语中来探究"真"之功能——去询问有了这样的一个概念后，会对我们产生怎样的影响。然而，不同于这类最小化理论者，我不认为回到这一问题的正确的方式仅在于去引号的语法装置上。我认为，"真"有着更加重要的功能，即要求"真"是对规范的表达。此外，与其他最小化的理论者不同之处还在于，我认为对于哲学上的兴趣来说，一旦回答了关于功能的问题，便不存在任何进一步的问题了。

另一方面，我关于"真"之观点也是实用主义的观点，因为它根据"真"在实践中的作用来阐明"真"。（当然，这对于标准的去引号的观点来说也是对的，尽管他们把"真"之谓词归因给了实践中不同的作用。）在另一种意义上，它也与实用主义相矛盾，因为它反对这样的提议，即我们将"真"等同为证成。这一对比反映了实用主义内部的一个张力。自皮尔士和詹姆斯以来，实用主义者时常不能够抵制其反对者的诱惑，而加入到回答"什么是'真'"这一问题的队伍之中。（实际上，人们时常借助对这一问题的回答来描述实用主义的整体立场。）实用主因此抛弃了另一种在哲学上阐明"真"之可以选择的道路,尽管这两条道路——即解释的和谱系学的研究进路——即便不是为至少实用主义的如下学说所承认的话,也是与这样的学说相容的:我们根据所讨论的那些概念所具有的实践上的重要意义来理解这些概念。

罗蒂本人也充分意识到了实用主义内部的这一张力。例如,在《实用主义、戴维森和"真"》("Pragmatism, Davidson and Truth")这篇文章中,他提到詹姆斯比皮尔士更不愿意试图回答与"真"有关的"本体论的"或还原论的问题,并暗示到戴维森在这种令人喜爱的非还原论的意义上可以被视为一名实用主义者(Rorty 1991)。⑦ 由于他在实用主义和紧缩论之间摇摆,那么,罗蒂本人最糟糕的地方仅在于间接地屈从于对"真"做出**分析**的渴望。与此同时,在我看来他从未能正确地认识到关于"真"之非还原论的实用主义所具有的种种可能。具体地说,他没有正确地认识到这样的一种可能性,即这种实用主义可能发现自身在解释"'真'之概念在日常中的用法是(或许应该是,在不管我们如何理解这一点的意义上)与将'真'等同为证成的做法相矛盾的"这样的事实:实用主义和最小化理论的反对者都错误地试图去分析实在论式的'真'之概念所探究的规范目标——这个目标要强于任何证成性的规范所具有的目标。换句话说,罗蒂似乎错失了这样的可能性,即对于提供解释的实用主义者来说,正确的事情可能是,"真"是一种不同于证成的规范的探究目标,而实在论者的错误在于,试图**分析**规范性这一概念本身,而非只是探究其功能和谱系。我想辩护的正是后一种可能。

2. 虚伪和罪恶

正如我已经说过的那样,我想论述"真"作为断言话语的规范,它

---

⑦ 布兰顿也阐述过类似的一个观点(Brandom 1988)。

有着关键的作用。然而，它不只是一种话语规范。强调"真"有着独特作用，一种好的方式是，区分出较弱意义上的规范，并设想出一种语言实践——这种实践有着那些规范，但没有"真"。⑧ 通过发现这种实践缺少什么，我们可以明白"真"增加了什么。

除了那种独特的"真"之规范外，至少存有两种关于断言的较弱意义上的规范。⑨ 最弱的相关规范似乎体现在这样的原则中：仅在某人相信P时，他才对P做出断言，这在表面上是恰当的——之所以是表面上的，乃是因为，在决定某一具体情境中的某一具体断言的正当性时，当然会有许多其他发挥作用的因素。让我们称这种规范为**主观断言性**。⑩ 我们最好以消极的形式来描述这种规范的特征，即通过说明在哪些条件下说话者未能满足这一规范会受到谴责的方式来对它做出描述：

> 主观断言性：如果说话者的确不相信P，那么说话者对P做出断言便是不正确的；在这些情境下对P做出断言为谴责或反对提供了初步的根据。

明白这种规范与"真"关系不大的最简单方式是，注意到它与我们认为不具有向真性的言语表达所体现的规范是类似的。从表面上看，当某人不想喝一杯咖啡时，点一杯咖啡是不恰当的，但这没有说明意欲的需求或表达服从于"真"之规范。实际上，这种规范只不过是一种真诚性的规范，这类规范在某种程度上似乎大多制约着约定性的行为。约定

---

⑧ 对于当前的目的来说，我可以在这种实践是否真正可能的问题上持开放的态度。或许，"真"一般的（truth-like）规范对于任何值得被称为语言性的活动来说，都是关键的。在任何层次上，我在下文中对语言思想实验的使用都没有否认这种可能性。

⑨ 在什么意义上是"较弱的"？至少是在如下的意义上，即可以将它们运用于更广阔范围内的语言行为。"稍不专门化"（less specialized）可能是更好的用词。

⑩ 这相应于"断言性条件"这个词项的一般用法，关于我们的例子来说，人们会说，指示性条件句"如果P那么Q"的主观断言性条件是，在给定了P时，人们对Q有着很高的信任度。

通常依赖于这样的事实，即共同体会在这种具体的意义上来谴责那些破坏约定的行为，这些破坏性的行为受到了坏的信念的诱导。

第二种规范是（人称的）**正当断言性**（warranted assertibility）。粗略地说，当说话者可正当地做出断言"P"时，他不仅相信P，他还**有根据**这么做。"人称的"这个资格让人们认识到了这样的事实，即正当性或证成是不同种类的，或不同程度上的概念，它们中的一个要比另一个更加主观。例如，可以通过指向说话者（当前?）认为是现实的证据来评估证成么，或者通过某种稍微不那么主观的理解来评估证成？目前来说，在一定程度上，让我们以主观的融贯性来思考这个问题——如果某个信念为说话者其他的当前信念所支持，那么该信念便得到了证成。这便是我所谓的**人称**的正当断言性。

我们可以用消极的或谴责的形式来对这第二种规范的特征进行有用的描述：

> 人称的正当断言性：如果说话者的确没有相信P的充分的（人称的）依据，那么她对P做出断言是不正确的；在这些情境下做出断言P为谴责提供了初步的依据。

我们认为，同时满足这两种规范的某个人尽其所能地**根据自己当前的理解**来保证她的断言P是适宜的。实在论者显然会说，尽管如此，她的断言仍然可能是不正确的。主观的断言性和（人称的）正当的断言性不能够保证"真"。此外，在某种程度上，大多数实用主义者可能会同意这个观点。很少有人倡导将"真"缩减为（或用如下概念来取代"真"）正当的断言性概念，这种概念蕴含着人称的正当断言性。相反，他们设想某种更为客观的，基于共同体的变体，根据这种变体，如果信念与某人所在的共同体中的其他信念充分地相融贯，那么该信念便得到了证成。如果我们将这种观点称为共同体的正当断言性的话，那么这里的论点便是，我们可以理解人称的概念和共同体的概念之间的缝隙。信念只可能在其中一种意义上得到证成。

实用主义者和实在论者因此或许都会同意，存在一种规范的维度，它不同于主观断言性和人称的正当断言性——尽管某个断言满足了后两种规范性，但它仍然可能是**错的**。然而，这并没有证实我们需要在日常会话中标注出我们所讨论的规范标准。原则上说，它可能是一种特许的或理论的概念，在对语言实践进行专门的二阶反思中会有用，但在大众的关于其他问题的谈论上不必然起到作用。然而，在实践中，我们似乎有一种非常好的理解，我们可以根据这种理解来解释为什么不应该以这种方式限制规范性的标准。除非每个说话者都认识到这种规范，不然的话，人们可以通过与更广泛范围内的共同体进行磋商的方式来**改善**自己的观点，这种观念便立即不能自圆其说了。（这便如，在一次考试中，我们给某个学生打了满分，但却告诉他，如果他的答案同其他学生的答案一致的话，他会做得更好。）

现在的情况似乎是，在面对实在论和实用主义两者时，这个论述没有更为青睐实在论。如果个体的说话者需要承认的规范标准是作为整体的共同体所具有的标准的话，那么承认在共同体的正当断言性之外存在"真"之概念，便没有什么压力。但是，相关的共同体是什么构成的？在任何既定的阶段，难道某个共同体的既定形态与它在当前和未来可能被扩展为的形态之间的关系，不就如个体同他所在的共同体之间的关系一样吗？如果是这样的话，那么，同样的论证也在这个层次上适用。在每一个阶段，现实的共同体需要认识到，将范围更大的共同体的标准视为自身的标准，这是一种错误的做法。⑪

实用主义者如今或许不得不追随皮尔士，在探究过程的理想终点处，

---

⑪ 可以与罗蒂的如下评论做个对比，"就任何听众来说，人们都可以设想有一个更消息灵通的听众"（Rorty 1998: 22）。

将"真"等同为正当的断言性。在当前的语境中，这个理想终点的有用之处在于，它超越了任何现实的共同体。但是，在我看来——正如我在下文中将会解释到的那样（也正如罗蒂在某些时候已经同意的那样）——对实用主义者来说，迈出的更好一步是，抵制将"真"等同为某种其他东西的压力——换句话说，要直接拒绝这样的假设，即在哲学上对"真"做出充分的解释需要回答"什么是'真'"这一问题。实用主义者应该提出的更好问题是一种解释性的问题：我们为什么需要这样的一个概念？它在语言中承担了怎样的工作？为了能够胜任这份工作，它需要具备怎样的特征？以及，如果我们没有它，事情会变得怎样？

目前来说，我们已经开始回答最后一个问题了。除了主观断言性和个人的正当断言性这两种规范之外，我们没有其他的规范概念，我们可以通过尝试将承诺变得与我们所在的共同体的承诺一致，以改善自身的承诺，这种想法完全是不自洽的。我认为这对第三种规范所起到的作用做出了消极的解释——之所以是消极的，乃是因为它仍然没有赋予对"真"做出的承诺以积极的或因果的作用。随后，我将论述第三种规范不仅在消极的意义上为我们的论述创造了概念空间，还积极地鼓励说话者去参与其中。⑫

3. 聚焦第三种规范

聚焦第三种规范的最好方式还是对消极的或谴责的形式进行思考：

---

⑫ 这种说明有着规范的（prescriptive）和非规范的解读。前者全力声援使用"改善"这个概念，认为如果说话者要改善其承诺的话，他们需要这第三种规范。但是，正如史密斯（N. J. J. Smith）向我指出的那样，人们可能会反驳道，与"改善"相关的概念完全预设了第三种规范，因此不能够对采取这种规范提供任何独立的基本原理。然而，非规范的解读则没有这种循环，这种解读的要点在于，因为我们现存的会话实践的确将"改善"这种概念视为理所当然的，因此它便揭示了对第三种规范的承诺。

"真"：如果非 P，那么对 P 做出断言则是不正确的；如果非 P，便有着谴责 P 这个断言的初步依据。

重要的地方在于，这提供了一种关于断言的规范，我们认为说话者未能满足这种规范，即便她的确满足了主观断言性和（人称的）正当断言性。我们已经事先判断说话者是不正确的或错误的，在这种意义上，我们的依据仅在于我们已经准备好做出相反的断言；换句话说，我们事先认为，说话者所做的任何判断均未能满足这两个较弱意义上的规范中的任何一个。⑬

很难将这第三种规范从关于断言性的这两种较弱的规范区分出来的原因之一是，当我们将它运用于判断我们对话同伴是正确的或错误的时候，我们做出判断的基础在于我们自身的信念和证据。如其所是的那样，我们似乎并不是站在了实在本身的立场上来做出判断。我认为，这使得情况变为：运用这种规范似乎只不过是在对最初的判断进行再断言（reassertion）（在这种情况下，我们判断它是正确的），或对最初判断进行否定的断言（在这种情况下，我们判断它是不正确的）。如果按照这些方式来理解的话，我们的回应所包含的东西当然对以人们普遍接受的去引号方式来理解去引号观点不构成问题。这种再断言恰是去引号的"真"所促进的语言活动之一。那么，按照这些方式来理解，我们便无需将"真"视为一种独特的**规范**了。

然而，我们的回应不仅仅是再一次做出断言，或者是对初始判断做出否定的断言。如果的确这样的话，便不会涉及对初始的言语表达的称赞或批评。我认为，很难明白这种非规范性的选项，因为我们所讨论的

---

⑬ 请注意与罗蒂"对真之谨慎的使用"之间的对比。在那种用法中，我们可以说，我们认为已经得到良好证成的判断可能不是真的。在当前的用法中，我们可以说，我们甚至接受那种根据说话者自身的理解而得到很好的证成的判断不是真的。这只体现着谨慎（caution）和实际的谴责（actual censure）之间的差别。

规范是如此为人所熟悉，且如此基本。因此，很难明白规范会对分歧的特征造成怎样巨大的影响。但是，我认为，如果我们准许自己设想一种语言实践，这种语言实践允许人们做出再断言和相反的断言，但它不具有第三种规范这个维度，我们就能关注到它。换句话说，我们需要设想的是使用语句来表达信念的语言共同体，该共同体有着纯粹的去引号的真之谓词，但是对该共同体来说，分歧没有规范上的重要意义，除非它被限定在关于断言性的较弱的规范之中。

当然，这是想象中的工程而不是直接的论述。实际上，我们也不清楚这个工程是否完全融贯。如果存在我们讨论的第三种规范，难道它不恰恰构成了断言和信念的内涵了吗？如果是这样的话，在试图设想一种缺乏这种规范的断言性实践时，还有什么意义呢？

嗯，让我们想想。我们需要的想法是，共同体将断言——更准确地说，是最接近于他们称之为断言的东西——视为对说话者的观点的简单表达。人们熟悉的那一相关想法体现在对欲望和偏好的表达那些情况中。我们可以设想一种共同体——我们自身至少就接近于这样的共同体——它有着一种语言，该共同体的成员用这种语言来表达这类心理状态，其方式不是通过**报告**他们有着这些心理状态（这将依赖于断言），而是直接以约定的语言形式裁剪出具体的心理状态。

例如，可以思考一下这种共同体，该共同体使用语言的基本目的在于表达对餐厅的偏好。（从头构建这种有限的语言或许是不合理的，但无疑我们可以从其他某个方向来理解这种语言。设想有个共同体，其成员都是彻头彻尾的吃货，他们的语言退化得只剩下一些核心部分。）在这个共同体中，我们会预期有一种类似于主观断言性的规范：根本地说，规范性的要求是，说话者要真诚地使用这些约定的表达式。稍不那么明显的是，这种实践可能也包含一种类似于人称的正当断言性的规范。换句话说，人们对该共同体成员所表达的偏好进行谴责的依据在于，说话者没有根据自己的理解来很好地表达他们的偏好（例如，他们的表达可能与自己其他的偏好和意欲不相融贯）。然而，在这种实践中，无需为某种类似于"真"的规范留个位置——不存在一种超越和凌驾于人称的正当断言性的客观标准，而偏好需要严格地满足这种标准。

至少在乍看的近似意义上，我们可以想象有一种共同体，它以相同的方式对待信念表达。该共同体的成员通过我们或许会称之为**只是基于意见的断言**（merely-opinionated assertion，以下简称 MOA）的言语行为来表达自己的信念——也就是，例如那种我们可以将之描述为信念的行为倾向。这些说话者——我在另一篇文章中称他们为摩安人（Mo'ans）（参见 Price 1998[⑭]）——彼此批评，认为对方都无诚意，不能自圆其说，或没有人称的正当断言性。但是他们仅止步于此。尤其是，他们不把说话者之间的分歧当作某个说话者必然犯了错（即违反了某些规范）的迹象。相反，他们承认在这种情况中，结果可能是两个说话者说得都是正确的，他们分别依据该共同体内存在着的两套可行标准行事。双方都是真诚的，他们各自都有用以支持自己断言的良好基础。[⑮]

我们想象中的这种言语共同体可以使用去引号的真之谓词，将它用作为促进某个说话者赞成另一个说话者所表达的观点的装置。"那是真的"发挥的功能大抵类似于"附议"或"同上"，这是他们会在酒吧或餐馆里使用的词。就如"附议"用于指某人有着与前一位说话者相同的偏好一样，"那是真的"用于指某人有着与前一位说话者相同的观点。关键的要点是，如果起作用的规范仅是主观断言性和人称的正当断言性的话，那么引入去引号的真之概念，便没有造成什么其他影响。它没有引入某

[⑭] 本节和下一节在很大程度上基于那篇文章写作而成。
[⑮] 正如先前提到的那样，我对这个例子的使用不依赖于这样的主张，即这种语言实践是可能的。诸如信念、断言和意见这类概念在这个假想的语境中是否真正有所承载（load-bearing）是存在疑问的。然而，我们是以另一种方式来获得这个例子的主要效果的，即通过对真正的语言实践添加适当的限制，通过对我们可以说的话添加想象性的自我限制。从我们当前的实践来接近摩安人的谓词的一种进路是，接受这样的约定，即不管我们一般在什么时候会做出断言"P"，我们在说"我自己的观点是 P"时，我们是在表达自己的观点。

类第三种规范。

我们在坚持关于这种共同体的想法时,困难源自我们近乎无法抵制这样的冲动,即以我们自身的规范标准来审查情况。我们会倾向于认为,的确存在第三种规范,即便这些单纯的生物不知道它。如果他们中有两个人做出了不相容的断言,那么,他们中的某个人必然客观上是错误的,即便根据他们自身的理解,他们均满足了自身认识到的规范性要求。(我认为,即便是实用主义者也会倾向于这么说,尽管他们想要将相关的那种不正确性等同为缺乏比人称的正当性更为客观的某种证成,而非错误性。)但这里叙事的要点恰在于,使得这第三种规范完全解放,因而我非常开心地接受在这些基础上挑战这个叙事,这正好依赖于我想要得出的结论。**对于我们来说**,存在第三种规范。但为什么会这样呢?第三种规范源自何处呢?它起到了怎样的作用——它对我们的生活带来了怎样的影响?为了能发挥其作用,它必然具有怎样的特征?

4. 第三种规范带来了怎样的影响?

让我们回到摩安人的例子以及他们的 MOA 上来吧。回顾一下,摩安人使用语言表达式来表达他们的"信念"以及其他心理状态,诸如偏好和欲望。他们不同于我们的地方在于这样的事实,即在表达信念的语言维度上,他们不认为两个说话者之间存有分歧,从而表明某个说话者必然是错误的。他们认识到,犯错的可能性在于,未能观察到主观的断言性或人称的正当断言性这两种规范中的一个,并且还在于缺乏第三种规范,即关于"真"本身的规范。这揭露了这样的一个默认事实:分歧不等于犯错;因为对不同偏好的表达通常只是关于我们自身的。

将第三种规范添加至这种实践需要付出什么呢?摩安人需要相信存在一种实质的属性,他们使用 MOA 所表达的态度需要具有或缺乏这种属性吗——或许,属性对应于世界中的事情是怎样的,或许,属性指的是那种他们的观点长期会注定趋向的东西？采取第三种规范会依赖于这类大众形而上学吗？在我看来，一点都不依赖。摩安人需要采取的实践只是这样的实践，即无论何时，当他们准备（在旧有的 MOA 的意义上）对 P 做出断言时，他们也已经准备好将错误归因给任何做出非 P 这种断言的人，这独立于任何基础，即可用于判断说——那个人未能满足关于断言性的前两个规范中的某一规范，或许，他们也需要准备好称赞那些对 P 做出断言的人，抑或"未能发现错误"在这种情况中已经提供了足够的动机了。无论如何，重要的是，分歧本身被视为提出反对的基础，被视为认为某人的对话者未能满足某些规范标准的基础。

这时我们应该注意到，似乎有个严峻的难题。如果摩安人不是已经在关心分歧，他们又为什么要关心规范事务上的分歧呢？假设我们是两个摩安人，你对 P 做出断言，我对非 P 做出断言。如果这一开始的分歧没有让我烦忧的话，为什么它会在你接着断言我"是错误的"或"不正确的"，即试图运用第三种规范时，让我感到烦忧呢？我完全可以简单地再次表示不同意。并且如果前一次分歧没有刺痛我的话，后一次分歧也不会伤害我。如果所需的促动我去解决我们间分歧的东西是我接受我"是错误的"，那么这个动机总是姗姗来迟。如果我完全接受了这一点，我也是事后才接受的——是在你的帮助下，解决了分歧之后，我才发现我是错的。

那么，正确的次序是，我必须为你的异议本身所促动。这是一个重点。它揭示了，如果可能存在缺乏第三种规范的断言实践的话，我们便不能简单地通过增加上规范谓词来将那种规范添加至实践。在我看来，就目前的讨论来说，只要诸如"真"和"假"这样的词项在自然语言中有着规范的语效，它们便必然表达了某种更为基本的东西，即表达了赞成和否定这类态度的基本实践，这种实践回应了我们对人们所表达的承诺是赞成还是否认的洞察。我随后会回到这个观点上，因为它构成了反驳某些其他关于真之解释的论述基础。

现在想象一下，摩安人可以通过增加规范性的谓词，或一组谓词（例如"正确的"和"不正确的"）来补充上第三种规范。这些谓词有着怎样的用法规则呢？规则只不过是，某人已经准备好断言P是正确的当且仅当他准备好对P做出断言；以及，断言P是不正确的当且仅当他准备好对非P做出断言。换句话说，用法规则是某种非常接近于去引号图式（"P"是真的当且仅当P）的东西。因此，目前的提议，即真之谓词是对第三种规范的清晰表达，似乎已经是在解释真之去引号的功能了。我们已经认识到，反题论证（converse argument）经不住仔细的审查。缺乏第三种规范的实践仍然能够利用去引号的真之谓词。⑯

目前来说，我们对第三种规范的功能感兴趣。为什么发明这样的一种规范可能是有用的呢？它起到了怎样卓然不同的作用？对于后一个问题，我们已经有了一个答案，因而也对前一个问题，有了一个可能的消极回答。对**我或我们**来说，不存在一个比正当断言性更强的规范的话，**我的或我们的**当下的承诺将会是不自洽的。第三种规范起到的功能是，为"进一步改善（further improvement）"这种想法留下了概念空间。为了能够完成这个工作，我们需要具有比任何**现实的**共同体所具有的正当断言性更强的规范。（当然，这还没有说明，我们需要某种超出了皮尔士式的理想断言性的规范，但事情一件一件来吧。）

然而，我们可以做得比消极的解释要更好。第三种规范不只是为"改善"这种观念打开了概念空间。它还促动那些持不同意见的说话者尝试解决他们间的分歧以鼓励做出改善。没有这第三种规范，意见上的分歧便会一个个滑脱。意见上的分歧将会变得与偏好上的分歧一样，不那么紧要。然而，有了第三种规范，分歧便自动有了规范的内蕴。不然

---

⑯ 捍卫去引号观点的人或许会认为，尽管存在第三种规范，表达这种规范不是真之谓词的功能。然而，这是一个很难捍卫的观点。如果任一谓词——例如，"正确的"——表达了第三种规范，那么这个谓词的功能是去引号的谓词所发挥的功能，其中的理由是我们刚才提及的理由。因此，坚持认为"真"本身不是规范性的，这是毫无意义。于是，去引号论者需要主张，第三种规范根本不是这种谓词形式所表达的东西，而这似乎也是站不住脚的。

的话，第三种规范会使得无错的分歧进入不稳定的社会情境中，人们通过论述和随之达成的一致意见来解决这种不稳定性——它为论述提供了直接的动机，因为它向成功的争辩者赠与的奖励在于，她所在的共同体对她的辩证立场予以积极的评价。如果有理由的论述一般来说是有益的话——在某种长远的意义上——那么，采取这种实践的摩安人的共同体，相较于不采取这种实践的其他共同体来说，会更易于繁荣。

我称此为对第三种规范的作用做出的积极解释。实际上，这种解释坚决主张这样的事实，即说话者认为自己表达信念的言语是受限于第三种规范的，在他们一开始便出现分歧的情况中，第三种规范在鼓励他们解决分歧时，起到了因果的、软硬兼施的作用。然而，我们不应对这些软硬兼施的力量夸大其词。在任何既定的情况中，基于第三种规范，我们都可以自由地表达反对意见。如果我们的确表达了反对意见，那么我们不赞成的说话者也可以自由地选择不落圈套。在所有的具体情况中，确定发生了什么的因素可能有很多。我的主张只不过是，第三种规范为人们所偏好的这一组合增加了某种新的东西。具体地说，它对解决正在讨论的分歧造就了一种偏好选择上的新压力——如果没有第三种规范的话，就不会有这种压力，摩安人就没有这种压力；对我们来说，如果我们一般而言的确不在乎我们同伴的赞成或反对意见的话，我们也可以免于这种压力。第三种规范依赖于这样的事实，即我们的确关心这些事务（在不同的情境中，关心的程度也是不一样的）。它对这一与我们有关的事实的探究使得分歧变得重要，不然的话，分歧便无关紧要了。但是，第三种规范的确是我们不需付出任何代价就可以使用的，我们有着寻求同伴赞成的一般倾向。我们具有，但摩安人所缺乏的是，有着额外的、具体目的的倾向：倾向于反对我们不赞同的说话者。这个倾向是第三种规范的标记。

与对第三种规范所做的消极的解释情况一样，我们需要小心谨慎，因为这种积极的解释没有充满敌意地预设那种它试图解释的概念。"分歧"这一概念是以具体的思虑为条件的。一方面，某人与前一位说话者有不同之处这种认知必然有着某种形式，这种形式比他或她说了某种"假"话的信念更为基本，因为不然的话，当某人认知到不同之处时，就不会有一种能够运用这种规范谓述（normative predicate）的协定了。另一方面，我们倡议的这种解释有种重要的意义，正是这种运用了第三种规范的实践带来了分歧（disagreement），而一开始存在的只是差异（difference）。经过恰当的论述，我们得到的观点似乎就是这样的。对单一个体的行为做出的一些承诺之间有着基本的不相容性，⑰这赖于既做又不做某一特定的行动 A 的可能性——例如既喝一杯咖啡，又不喝一杯咖啡。所有其他的——包括公共觉知到的不同的说话者做出的"相矛盾的"断言之间的不相容性，以及私人觉知到的不相容性（这对推理来说，十分关键）——都是依据约定的，并且依赖于第三种规范。

显然，就此我们需要做出更多的说明。在另一个层次上，我们也要就这种解决差异的机制所具有的可能优势——例如，与没有这种机制的情况相比，以及有着某种不同机制（例如顺从于社会等级）的情况相比，有着怎样的长远优势——做出解释。然而，就讨论的直接目的来说，我的主张的确不依赖于后一项工作。当前而言，我的主张只不过是，"真"的确在为我们所知的为事实性对话提供独特的摩擦上，起到了第三种规范的作用。（不那么严格地说，我也主张，从哲学的视角看，这或许是关于"真"之最引人注目的事实。）原则上，这一主张是真的，即便所讨论的实践没有优势。原则上，从生物角度看，"真"，以及"真"的对话可

---

⑰ 这是受循环性威胁的另一个地方。我们需要确信，在这一点提及的心理状态不应该被视为有着"事实性的"或"表征的"特征，在某种程度上这会预设"真"。只要它包含了"真"，所讨论的这一领域内的"事实性的"特征须是有待被解释项的一部分——是某种从对"真之话语"的起源和后果所做的语用解释中显露出来，而非由之预设的东西。在我看来，这种研究方法最吸引人的特征之一在于，它提供了这样的前景，即"事实性的"同一性，包含了"真"的话语可能与自然中具有的相当可观的多元性和作为心理状态基础的多元功能相容。因此，它为表达论的直觉提供了一种吸引人的新形式（比较 Price 1988; chapter 8; 1992; § IV; 2004b）。

能最终被证明对某些物种来说是糟糕的东西。⑱但这没关系。除非我们理解了"真"在这一弱化的实践中所起到的作用,不然我们便不能理解"真"——这一点仍然是正确的。

关于对话的谈论在这里是关键的吗?难道我们不可以直接说第三种规范是使得真正的断言的语言实践从摩安人的"只是基于意见的"断言实践中区分出来的东西?真正的断言默认的判别标志因此是,差异被理解为**错误**(fault),因为它违反了规范的标准。

在我看来,这种说法是不严格的,但根据实用主义者的理解,这也似乎不令人满意。实用主义者关注于对真和假之概念在实践上有何重要意义,对持有这些概念会对我们的生活产生怎样的影响的问题有兴趣。根据刚才所建议的观点,会有类似于如下的回答:真和假带来的影响在于,它们使得我们的语言实践真正是断言性的,而非是摩安人式的。"我明白了,"那么实用主义者会说,"但是,除了显而易见的那些差异,那个影响还造成了怎样实践上的差异呢?——也就是说,除了我们赞成和反对我们的某些对话伙伴这个事实,在某些我们不这么做的场合中,情况会怎样?"

我自己对这个新问题的回答是,这些赞成和反对的习惯趋向于鼓励人们进行对话,其方式在于鼓励说话者解决分歧。在这一点上,实用主义的问题——那带来了怎样的影响?——是真切的,我们(实际上,也应该)可以重新问一次这样的问题。我在这里给对话附着上的重要性部分是在打这样的赌:依据汇聚的认知资源,对共有的项目的赞成具有的长远优势,这个问题最终会有一个值得注意的答案。但情况不完全是这样。对话似乎是我们的语言和社会生活中如此核心的部分,以至于无对

---

⑱ 即便其本身不是危险的,第三种规范可能在与倔强的分歧相结合时,变得危险,例如,宗教承诺。更为一般地说,论证有时候是危险的,这个思想暗示了本文忧虑的东西和皮浪主义者具有的怀疑论动机之间的关联。根据目前关于"真"之观点,我们是否能够在不谈及"真"之情况下通过怀疑论的检验这个问题与我们能否像彻底的皮浪主义的怀疑论者一样生活这个问题密切相关。

话的世界和我们的世界之间的差异要比**仅仅是** MOAs 和真正的断言之间的差异要大很多。所以，假设人们发现对话的发展只是历史中偶然的事件，它对我们在生物上对之进行考量的物种没有什么大的价值的话，如下事实仍然是真的：第三种规范带来的最引人关注的行为上的后果是对话，而不仅仅是，"至多只有"摩安人的断言才能使对话变得可能。[19]

回顾一下，我一开始挑战了罗蒂的如下主张：对证成和真的区分不会带来任何行为上的后果。一方面，我的挑战的确等于指出，第三种规范——比证成更强的真之概念——带来了如下行为上的差异：倾向于批评，或至少反对那些他们不赞成的人。但是，如果这就是我的挑战所具有的全部内容的话，罗蒂就有权回应说，当然，存在这种差异，但这种差异造不成什么值得关注的更进一步的差异——因此，在我看来，对话的重要性将规范实践中的小的差异放大为大的差异，以这种方式，说话者彼此间建立起关系（因而也能确定，罗蒂的主张在一个值得注意的而非无足轻重的地方失败了）。

5. 重返皮尔士？

现在来讨论上文一直搁置的问题。第三种规范是不同于"不只是个人的"证成概念吗？具体地说，难道它不可能是皮尔士式的理想的正当断言性吗？我对这种建议有几个回应。

首先，我认为这个提议的动机是错误的。正如我在导论部分所说的那样，我认为这个提议源自这样的倾向——这个倾向在皮尔士哲学中仍然很强——即就"真"提出错误的问题。如果我们认为哲学问题是"什么是真？"，那么，自然地我们会想寻找一个答案——有了这个答案，我

---

[19] 如果要证明的是，私人的认知也（以本章注②的方式）依赖于公共对话的规范的话，这个论点将会有新的力量，甚至更强的力量。

们可能揭示"真"之面目。那么，考虑到对形而上学答案的一般反对，人们便能理解皮尔士提供的选项应该是吸引人的。但是，如果把旧有的回答比作海洛因的话，这个吸引人之处就如美沙酮。当然，从实用主义者的视角看，它能够使我们更好地完全摆脱对分析性的渴求。为了能够做到这一点，我们需要明白基本的哲学需求，即分析性似乎能满足的那种需求，完全可以通过另一种方式得到满足：通过对实践做出解释，而非对实践的对象做出还原。（此外，这项解释工程有着这样的潜力，即让我们可以拥有实在论的"真"，而无需面临形而上的劣势。我们可以在还原论的工程中看到实在论的"真"所具有的显而易见的劣势，因为从这个视角看，"'真'可能是什么"似乎是神秘的。如果我们不再感到有义务问这个问题，我们便不会为如下事实所烦扰：这个问题真太难以回答了。我们失去了寻求可资辨认"真"的替代物——某种比符合稍微不那么"神秘"的东西——的动机。）

"我全盘接受。"实用主义者可能会说。"尽管如此，或许这对真之概念来说是正确的（正如我们在实践中发现的那样），但它（在某种值得注意的意义上）等同于理想的正当的断言性。难道你不因此至少承认皮尔士式的解释可能是正确的吗？"

我对此有两点回应。第一个回应是一个旧有的反驳，即理想的终点（ideal limit）这个概念的内涵是非常模糊不清的，甚至它自身是不融贯的。例如，难道现实的实践不能够在某些维度上得到改良，或被理想化吗？那么，在此意义上，皮尔士式的实用主义者似乎在为我们提供具体的建议上，还有很长的一段路要走。[20]

第二点也是一个老的论点——因为正如普特南观察到的那样，这本质上是自然主义谬误（Putnam 1978：108）——它考虑的是，人们提议

---

[20] 正如罗蒂提到的那样（Rorty 1998：130），威廉姆斯也做出了类似评论："我们不知道理如何理解某个理论是有着理想化的完全性和全面性……不知道如何理解探究会有一个终点"（Williams 1980：269）。

我们认同的理想的、正当断言性的"真",其本质是什么。"真"本质上是一种规范概念。在使得分歧变成一个紧要的问题中,它的作用源于它具有的直接动机性特征。为什么理想的正当断言性有着这个特征呢?如果有人告诉我,我的信念不是那些更为聪明精致的未来研究者所具有的那些信念的话,这为什么会让我心烦意乱呢?我的言行举止不符合皇室礼仪,这又如何?换句话说,很难明白这种认同为什么能够立刻产生出"真"之规范性。[21](更为可信的似乎是,我们从"真"开始,然后借助它来定义这个概念的理想终点:理想终点之处达及"真"。这没有告诉我们如何以及为什么我们首先便会步入进这一具体的规范性范围之内。)

我还没有提及在我看来是反对实用主义者对(皮尔士式的形式,或其他形式的)正当断言性的"真"的认同最为有效的论述。人们似乎经常建议(罗蒂本人也和其他人一样提出了这样的建议——参见文初我引用的那段话),不要就"真"再起争执了,我们应该来讨论正当断言性。在我看来,这错失了一个关键的要点。没了"真",论述的车轮便不会转动;分歧便会彼此滑过。这对无论什么问题上的分歧来说,都是确切无疑的。尤其是,这对关于正当断言性的分歧来说,也是如此。换句话说,如果我们不是已经有了"真",我们便就不能为正当断言性做辩护。因为我们可能意识到了,我们关于什么是可被正当断言的这个问题有着不同意见,没有了"真",意见上的不同似乎无足紧要。使之变得紧要的是这样的事实,即我们投身到一个实践之中,根据这个实践,分歧表明了哪些错误是应受责备的,这个错误为实践中的某一方所持有。再换句话说,

---

[21] 这个反对实用主义的论述似乎犯了丐题错误,它假定理想的正当断言性和"真"之间存在一个认识论上的裂缝。(在这一点上,我很感谢指出这个问题的人。)但是,问题并不在于除了理想的正当断言性,我们还是否额外需要某种规范,而在于理想的正当断言性本身是否直接是规范性的,就如"真"一般。没有人会拒斥说,皇室礼仪对那些居住在皇宫中的人来说是规范性的——这就是礼仪的意思——但是,皇室礼仪对之外的我们来说是否是规范性的,则是一个开放的问题。理想的断言性的情况也类似,不一样的地方在于,在理想的断言性的情况中,没有人居住在理想的地方,以致对所有人来说,问题都是开放的。

我们已经认为自己受制于真和假之规范了。㉒

关键的论点因而是，断言性的对话要求人们不要容忍存在分歧。这一论点需要已经是在背景中了，人们在语用中已经预设了判断本身。除非我已经在玩可以赢的游戏，第三种规范定义了输和赢的标准，不然我就不是一个可以做出断言的人，根本就不是一名判断者。既然我们是根据"真"来说明"赢"的特征的，可以玩另一种对话游戏这种想法便是不自洽的了。它就像是这样的一个想法，即在初始目标便是竞争的游戏中——这个想法在该游戏中不自洽的原因在于，竞争这个概念已经预设了不同的目标了。㉓

这里与对相对主义的一个旧有反驳有关，这个反驳通过逼问相对主义者是否认为自己的相对主义学说是真的，如果是真的话，在什么意义上是真的，而试图将相对主义者逼到角落。相对主义者最好的选择是，声称她仅在她认可的意义上，即相对主义的意义上，认为她的学说是真的。但她的反对者会回答说："嗯，那么你就不应该因为我不赞成你这一事实而感到烦恼，因为你认识到了对我来说是真的东西，对你来说不必为真；相反的情况也一样。"相对主义者对此也有一个回答。她可以争辩

㉒ 我在上文提到，这个论点也同样适用于规范的谓词本身。如果我们不是已经倾向于认为分歧是重要的话，我们便根本不能通过增加上规范的谓词来做到这一点，因为，不然的话，就那些谓词的用法上的分歧会像关于其他某种东西的分歧一样，失去了摩擦。我的主张因此是，真和假之概念表达了更为初始的内隐规范，这些规范本身是"表达"(give voice)之所以可能的根本基础。实际上，上述论述依赖于这样的观察，即这一谱系是不可以被颠倒的：如果我们从一个谓词开始——即可正当被断言的，或诸如此类——那么我们便已经开始地太晚了。[我推测，我所说的"表达"的蕴意非常接近于布兰顿所谓的"使之清晰"(making explicit)。]

㉓ 这里，我们偶然看出赖斯（Grantland Rice）如下虔诚的表述中所具有的关键缺陷：

> 对于一个伟大的评分员来说，
> 当他写上你的名字时，
> 他的评论——不是你的成与败——
> 而是你如何在遵守比赛规则。

"这名伟大的评分员"是出于神圣的目的而打分的。然而，赖斯，很遗憾，我们不可能是将这种评分作为基本目标来比赛的，因为这样的话，我们所玩的游戏就是另一个游戏了。

道,"真"是相对于共同体,而不是相对于个体说话者的一个概念,因此我们不是必须以这种方式来解决分歧。

我认为,我所谓的实用主义的反对者们则在反对类似的论争中表现欠佳。在关于"真"之本质(以及一些其他问题上),我与实用主义者的交战中,我对他们立场的一个基本的反驳在于,在关于真(或其他概念)之本质的讨论中,他们认为自身受到了某种规范的限制,但他们却否认这种限制了他们的规范本身的存在。如果他们不认为自己受制于这一规范,那么他们便会与摩安人的处境相同,而无理由将我们之间的分歧视为一个应该加以思虑的原因。他们认为 P,我则认为非 P;根据他们的理解,这应该是这样的一种情况,即在回答"你想来一杯咖啡吗?"这个问题时,他们说"是",而我则说"不"。(即便 P 的形式是"Q 是得到担保的断言",情况也应该是这样的。)这里的分歧的确没有什么实质的地方。

6. "真"作为合宜的摩擦?

第三种规范因此要求"真"之概念不同于证成,即便对皮尔士式理想的变体来说。那么,在此意义上,当前对"真"所做的解释是实在论式的,而非实用主义式的。然而,在另一种意义上,这个观点无疑是反实在论的。毕竟,我认为重要的地方在于,说话者认为那里存有一个关于"真"的规范,而不是在独立于说话者的意义上确实地存在这种规范。用现在的话来说,难道这不是一种反实在论,或更准确地说,是一种关于"真"之**虚构论**?

如果是这样的话,这会是一个令人满意的结果吗?如果"真"的确能起到我所主张的它在对话中能够起到的作用的话,难道这不就实现了它作为语言实践之下的摩擦作用吗?这样一来,我们便不再会一直感到受到相关规范的限制?

这种反对意见对对话虚无主义(dialogical nihilism)构成了威胁。在我看来，它不是一个实际的威胁。我认为在实践中，我们发现对"真"漠不关心是不可能的。当然，这不是在支持实在论。我们生物上的欲望不是为对某种事先存在的属性——例如美味、性感等——的觉知所驱动的，这个发现并没有减轻那些欲望，但没有人会认为这会使得人们需要一种关于相关属性的实在论观点。即便虚无主义构成了实际的威胁，这也不会构成做出"根据当前所玩的游戏，'真'作为虚构乃是假的"这种判断的理由。"得出寂静的结论"（keep the conclusion quiet）或许有语用的理由，但是，这完全是另外一个问题了（尤其是在反对我的那些实在论者看来）。

所以，即便当前的观点的确有着关于"真"的虚构论特征，对虚无主义的反驳还远远没有令人信服。但是，"虚构论"或"反实在论"这些标签确实恰当吗？我们需要谨慎对待，因为存在这样的事实：这种接近"真"的进路对就概念来源进行争论的实在论和反实在论的双方都构成了威胁，它剥夺了这个争论赖以进行的基础。正如我先前提到的那样，相关的形而上学问题会容易根据"真"，以及相关的概念，而得以重焕生机。如果某个理论的主张不是**真的**，或如它的术语表述本身未能**有所指**，那么，人们就会认为这个理论出了错。所以，这里"真"之身份的问题便成为了表述上的问题，在某种程度上，关于"真"之问题不太和别的问题一样，它不是一个典型的形而上的问题。因此，就语义表述本身来构建一种有意义的反实在论或虚构论理论，这是不大可能的。但这并不意味着我们在语义概念上必须是实在论者，而仅意味着，如果我们不是实在论者，我们在称自己为反实在论者（或虚构论者）时，应该谨慎一些——如果这些范畴恰恰预设了我们想要避免的实在论者所谈论的那些概念的话。

这或许听上去像是不可能的把戏，但事实上，我们需要的这种区分是我们在另一个地方熟识的，即会"聊聊上帝的话题"但拥护无神论的人和（例如，基于卡尔纳普式的语用基础）完全拒斥神学的语言游戏的人之间的区分。在拒斥有神论上，我们有着两种非常不同的方式。在当前的情况中，重要的地方在于，就语义概念本身来说，我们可以拒斥基于语义的实在论，只要我们这么做时能够完全避免在理论上使用语义概念，而不是依赖于这些概念来说明我们从之出发的实在论的特征。（为什么是"理论上的用法"呢？因为没有什么能够阻止我们继续在紧缩论的或去引号的意义上来使用这些语义概念。）

可能有人会建议，我们可以以本体论的而非语义的方式来关注这些相关的形而上学问题，这样我们便可以完全避开这个困难。根据这种观点，相关的问题是，"真"是否存在，而不是（某些）真之归因是否为真。然而，就这个建议来说，存在争议的地方在于，相关的形而上学问题一开始出现自与人类语言用法相关的原料（data）之中，只有就相关语言起到的功能——例如，功能是提供成真条件，或者是指称的——做了实质的语义假设时，这些问题才变成是形而上的问题。如果是这样的话，那么"真"便再一度与术语表述的问题纠缠不清了。即便我们勉强承认这个本体论转折是可能的，而其他人可能会援引奎因、卡尔纳普等这些权威来支持对本体论持有紧缩论的态度，结果便是，实在论和反实在论的问题仍然消散了。[24]

这些问题非常复杂，值得我们做出更为细致的考察，我这里只是草草而谈。就当前的目的来说，我只是想竖立起一面旗帜，以表明一个可能的结果（在我看来，这个结果是非常可能的）。与其他研究"真"之紧缩论进路的共同之处在于，当前的解释不仅拒斥这样的想法，即就"真"而言，存在一个实质的形而上学问题（例如，就为真的判断的使真者来说，有一个实质的问题可谈）。因为它是关于"真"的，它也便积极地防止了"再膨胀"（reinflation）。换句话说，它似乎支持就实在论和反实在论的问题均采取紧缩论的态度。如果是这样的话，那么关于"真"之紧

---

[24] 我在第九章对这两个选项中的第一个选项做了辩护，在第十三章中对第二个选项做了辩护。

缩论不仅与虚构论不同，它还破坏了对虚构和非虚构做出区分的根据，正如当它被运用于形而上学领域时的情形。[25]

正如我在文初提及的那样，就我们当前对"真"的解释来说，我们很难在当代哲学地图上发现它的位置。造成这一事实的部分原因在于——我们现在应该清楚了——它结合了一般看来是不相容的成分。从某种意义上说，它无疑是一种实用主义观点，因为它只诉诸语言实践中的"真"起到的作用。但是，它也拒斥实用主义者的原始冲动，即试图将"真"视为"证成"。此外，它捍卫一种一般被视为实在论式的"真"之概念，但它这么做的起点是实用主义式的，它不持有这种关于"真"之实在论式的观点通常会夹带的形而上学。所以，在思考如何说明这种关于"真"的解释性特征时，我们应该对如下的可能性尤为敏感，即我们既存的范畴——虚构论、实在论，或许还包括实用主义本身——应该得到重新定义。如果是这样的话，那么将这个立场放到地图上便不像是发现一个我们先前忽视过的小国家（例如列支敦士顿）。它更像是在某个地方发现鸭嘴兽，这个地方是依我们之前地图学的惯例，事先便不被允许到达的地方。

我一开始讨论的是罗蒂的如下主张，即区分"真"和证成不会在实践生活中造成任何影响，对"我们决定做什么"没有什么影响。罗蒂把对"真"之概念的承诺要强于对证成的承诺这种想法当作一种对外在权威的宗教式遵从的遗物。他建议——正如我们已经使自己脱离有神论一样——我们应该使自己远离"表征主义式的"教条，即我们的信念应该对我们之外的标准保持应答性。那么，对罗蒂来说，实在论式的"真"是一个准宗教神话，我们最好不要有这样的概念。

---

[25] 罗蒂经常说，他想避开实在论和反实在论的争论。换句话说，他不认为这个关于我们是否对"镜像"的实在做出承诺的哲学问题有什么值得让人注意的地方。上述论述暗示，像其他关于"真"之紧缩论者一样，我有理由追随罗蒂，避开这些问题。（尤其是，我认为"真"高于证成，这迫使我离开这个争论。）

尽管我对虚构论的标签有所保留，我赞成"真"在某种意义上是一个神话，或者说，至少是人造物。㉖ 但是，我否认在提供比证成更强的规范上，对"真"做出承诺不会对行为造成任何影响。相反，我认为，它在语言实践中起到的关键作用对我们来说非常重要，**我们当下的实情就是这样的**。我们能否可以在其他方面保持前后一致，我们能否没有第三种规范，这都是不清楚的。然而，如果是这样的话，那么结果便是一种非常不同的语言游戏。我的主要主张是，直到我们理解了"真"在我们当前所玩的游戏中的作用，我们才能理解"真"。㉗

㉖ 根据上述论述，这一点更与"真"的谱系有关，而非与"真"的实在有关。
㉗ 1999 年，为了致敬罗蒂，在澳大利亚州立大学召开了一次会议。感谢那些参会者以及后来的读者就这些想法做了许多深刻的讨论，我也感谢《哲学杂志》(The Journal of Philosophy) 匿名审稿人对本文早前版本做出的有益评论。

第九章
无大写表征主义的自然主义

1. 科学与哲学的相关性

什么是哲学的自然主义（philosophical naturalism）？在最为基本的意义上，或许哲学自然主义是这样的一种观点：自然科学和哲学的关注点并非毫无关系，科学在两者重叠的地方引领着哲学；在此意义上，自然科学对哲学起到了适当的限制作用。于是，一名哲学自然主义者至少要相信哲学并非截然不同于科学，他还需相信哲学应该在它同科学的重叠处遵从科学。

自然主义是多余的，这绝非老生常谈。然而，当代哲学中对自然主义的反驳并不是在这种基本的意义上的，毋宁说，反驳的是如下更为具体的观点，即科学和哲学是相关的。支持自然主义的一方情况也类似。多数自成风格的自然主义者心中思考的也是这一更为具体的观点。因此，在我看来，争论的双方都未能对另一种不同的哲学自然主义——它不同于科学对哲学有何影响的讨论——予以充分关注。当然，这一迥异的观点也不是新的，至少从休谟开始，它就长伴我们；但是，它也不是当今诸多争论中的焦点。

本章中，我将试图做些事情弥补这一不足。我将首先证明，从上文勾画的那种基本意义上的自然主义中不是必然能够推测出通常所说的自然主义。存在两种理解科学和哲学关系的方式。或许，和人们原有的印象相反，这两种哲学观点的主要内涵有着相同的起因。对于两种自然主义来说，核心问题只有一个，但存在两种答案。

我会论述那一稍不令人注意的观点较之于它的竞争观点而言更为根本，在随后的解释中，我们会关注到它们之间的区别，并发现后者深层结构上的困难。我捍卫的是哲学自然主义，我认为它是更为根本的形式，而批评另一颇受欢迎的当代表现形式。

这一流行观点的困难之处和它稍不令人待见的对手观点在观念上的优先性都会依赖于流行的自然主义的一些预设（如语义学的或表征主义式的前提）的重要作用。在我看来，我们对这一作用尚未有透彻理解，但这一作用本身极易引起人们的兴趣。（我们需要对此做出比本章所做的更为细致的讨论。）就当前的主旨而言，它的重要性主要体现在如下四个事实：首先，这些相关的预设是非强制性的，对于自然主义而言，它们是关键的选择点，拒绝它们意味着拒绝流行意义上的自然主义；其次，正确的选择是去接受那种不太流行的自然主义——正是在此意义上，不太流行的自然主义要比它更受欢迎的胞弟具有观念上的优先性；第三，上述两点推测有着被驳斥的现实威胁，这些威胁来自当代哲学中的一些主流观点；第四，最为糟糕的可能情况是，人们根据他们理应支持的自然主义的标准而犹疑地接受那些相关预设。

至于自然主义本身，我主张为了估量哲学自然主义的前景，我们需要弄清楚那些可能被认为与科学相关的领域内，哲学的任务是什么。阐明这一问题不仅会揭示，通常所说的自然主义方式不是哲学在那些领域里接近科学的唯一选择，同时还会揭示，方才在各种意义上简述到的另一种不同且更具优势的方式是什么。这对那些持传统观点的当代自然主义者来说是一个噩耗，而对当代的非自然主义者来说，乍听起来似乎是个好消息。但是，我希望人们能够清楚地认识到我的态度是不偏不倚的。许多非自然主义者和他们所反对的自然主义者有着相同的表征主义式预设，我们质疑的是他们双方争论依据的基础。所以，我既反对如今流行的自然主义，也反对非自然主义。我赞同另一种不同的自然主义，即无表征主义的自然主义。

2. 两种自然主义

流行的那种自然主义常被简单地称为"自然主义"，它既是一个本体论的关键论题，也是一个认识论的关键论题。作为一种本体论学说，自然主义指的是，在某种重要的意义上，科学研究的世界**是**全部。作为一种认识论学说，它则是这样一种观点：所有真正的知识都是科学知识。①

我称这一观点为**客观自然主义**。尽管这是一个当代哲学广泛认可的观点，它的许多支持者，包括一些批评者，均认为它会带来一些十分困难的问题。这一观点意味着，只要哲学关注对象的本质和种属关系，它关切的便是自然世界中的某物，或根本什么都不关切。因为（除了世界中的对象——译者注）没有别的什么东西。或许，我们有非常不同的谈论作为科学研究对象的世界的方式——这些不同的"呈现模式"对应着同一个自然实在的不同方面。但是，每一种讨论均只和科学研究的世界的某一方面有关，否则，讨论只是空谈。这些困难源自这样的事实，即在许多值得注意的情况中，人们很难发现我们正谈及的是怎样的自然事实。不同的人会列出一些不同的"难题"，这些难题通常包含诸如意义、价值、数学真理、因果性和物理程式，以及同精神相关的各种问题。这几乎是当代哲学中一种正统的说法。自然主义者和非自然主义者在这一问题清单上，都会列出一些问题。

下文中我将对我称之为**位置问题**的难题做出更多讨论。在转而讨论这些难题之前，我想把客观自然主义从关于科学与哲学关系的第二种观

---

① 关于这一观点的两种理解间是否存在深层次上的不同，这是一个很好的问题，但是出于当前研究的目的，我会对这一问题略而不谈。

点中区分出来。根据这第二种观点,哲学需从科学告诉我们的**关于自身的知识**开始。科学告诉我们,我们人类是自然生物;如果哲学的主张和追求的目标同这一观点相矛盾的话,那么这种哲学就毫无前途了。这种自然主义是休谟式的,经由一些说明,也是尼采式的自然主义。② **我称之为主观自然主义。**

客观自然主义和主观自然主义之间有什么关系呢?乍看起来,后者只不过是前者显而易见的一个推论。当代"自然主义者",即我所谓的客观自然主义者,一定会坚称他们也是主观自然主义者。毕竟,如果所有的真实实体都是自然实体,我们人类无疑也是自然实体。但是在我看来,两者之间的关系没这么简单。在某种非常重要的意义上,主观自然主义是先出现的。

我想捍卫的是如下主张:

优先性论题 主观自然主义在理论上优先于客观自然主义,因为后者依赖于来自主观自然主义视角的证实。

此语境中"优先"和"证实"是什么意思呢?正如我之前提及的,主观自然主义把我们的注意力引向了哲学所主张和预设的科学的"威望"问题——尤其是它们这样的一致性认识:我们人类是自然生物。从这种自省的科学视角看,如果客观自然主义的预设最终被证明是可疑的,那么主观自然主义为我们提供了拒斥客观自然主义的理由。主观自然主义因此是在先的,它使得客观自然主义变得"无效"。

在我看来,客观自然主义受到的这一威胁是实实在在的。我也会捍卫这样的主张:

---

② 这两种归派都需要附带些条件。作为经验主义之父,休谟当然应该为客观自然主义关于知识本质的理解负一些责任。

无效性论题 无论客观自然主义的预设能否通过主观自然主义者的审查，我们均有非常强的理由去质疑客观自然主义是否有被"证实"的价值。

正如已经说明的那样，我的这一主张正确与否同作为客观自然主义基础的"语义学的"或"表征主义式的"某些预设起到的作用有关。然而，这些预设起到的作用仍是暧昧不明的。为了能够明白它们的作用，我们需要讨论那些关于客观自然主义的公认难题，这些难题即是我所谓的位置问题。

3. 位置问题

如果所有的实体最终都是自然实体，我们如何为诸如道德事实、数学事实以及意义事实等找到一席之地呢？如此一想的话，我们如何在一个自然主义的框架内讨论这些主题呢？在这种情况下，我们似乎面临一个抉择，要么认为出于某种原因，未能为包含这些主题的那类对象划定严格界限，以致尚不能容纳上述主题；要么认为上述主题是次要的，即不能算得上是真正的知识或事实领域内的事务。

摆脱该窘境的方式之一是，拒绝会导致这一窘境的自然主义。如果真正的知识不必是科学知识，真正的事实不必是科学事实，那么，我们不必试图为此问题披上自然主义的外衣。因此，位置问题使得人们对如今哲学中的自然主义有诸多非议。尽管如此，在拒斥导致这些问题的自然主义上，我们仍有两种非常不同的方式。一种方式是在同样的本体论或认识论意义上成为一名非自然主义者，也就是说，成为一名关于客体的非自然主义者（Object non-naturalist）。另一种方式是在不同的意义上成为一名自然主义者，即拒斥客观自然主义，而赞成以主观自然主义的方式来解决那些理论上的问题。

乍看之下，至少在一般意义上，或如若我们想避开广为流行的主观主义面临的所有困难情况，后一种观点似乎并无发展空间。因为主观自然主义依赖于这样的事实：我们人类是自然生物，然而，位置问题则是，我们人类至少并不显然就是自然中的生物。解决位置问题的一种截然不同的主观自然主义方式有赖于如下至少可待讨论的事实，即这些问题产生自与人类语言用法有关的那些问题。

实际上，关于位置问题的起因，有两种可能的理解，即有两种关于这种情况下作为哲学起点的"原材料"的理解。其中一种理解是，问题从语言的（甚或心理的）观念开始；另一种理解则认为，问题从对象本身开始。我们通常未就这两种理解做出清晰的区分，但是这一区分是非常重要的。我将会解释到，主观自然主义的优先性，以及因此而揭示的客观自然主义的不可靠性，都依据于语言的理解是正确的理解这一论题。

4. 位置问题的起点在哪?

从表面上看，位置问题一般试图去理解某些对象、属性或事实如何可能是**自然的**对象、属性或事实。如果忽略当前的研究目的，对象、属性和事实之间的区别则会是这样的问题：某物 X 如何可能是一个**自然的**对象，即（至少在原则上是）科学揭示的那类对象。

为何哲学中会出现这样的问题呢？有一种观点认为，起点是对象自身。我们只不过是熟知 X，因此根据客观自然主义做出的承诺，我们不禁会想，我们熟识的这一对象何以能成为科学研究的那类对象。还有观点认为，起点在于人类的语言实践之中。当然这只是一个粗略的解释。不那么精确地说，我们注意到人类（我们自己或其他人）在语言中使用词项 X，或在思想中使用概念 X。在对客观自然主义做出承诺时，我们会再度思忖这些说话者如何能够谈及或虑及（about）科学研究的那类对象。

让我们分别称关于位置问题起因的两种观点为**物质观**（material conception）和**语言观**（linguistic conception）。物质观的支持者可能会认为，关于 X 的位置问题是关于**对象** X 的问题，而非是关于**词项 "X"** 的问题。换句话说，问题是如何在自然的世界中找到 X 本身的位置，而非是如何探查词项 "X" 的问题。

另一方面，语言观的支持者则注意到，如果从物质观的视角解释问题，关于位置问题的哲学争论里一些常见的推理是说不通的。例如非认知主义，这种观点认为关于 X 的**言谈**，即关于词项 X 的标准**用法**，不具有指称的或描述的功能。这种观点试图以此避开位置问题。这里主张的是，有了关于我们关注的**语言**的正确理解，便不存在**物质上**的问题。当然，非认知主义或许无论怎样都是错的，但是如果关于位置问题的物质观是正确的话，它并非彻底错了，它只是以错误的地方作为起点了。或许，非认知主义的错误正在于此。但是，这并非是一个常识性观点，这一事实揭示了人们广泛且隐地接受了关于位置问题的语言观。

当然，诉诸哲学中的实践不是最终的结论。相反，我会在下文中继续讨论。目前，我只是假设语言观是正确的，而后探究它给客观自然主义带来了怎样的后果。（读者需要注意的是，我会以这个假设为基础给出我的结论。）在本文的末尾处，我会回到这一假设是不是强制性的这一问题上，即客观自然主义能否以采用物质观来规避掉我的重要结论。我认为，尽管假设多少只是暂定的，但这不是一个可行的选择，因此这种提问方式并不能规避掉我先前给出的结论。

5. 语义阶梯

如果语言观是正确的，那么位置问题起初是关于人类语言行为（或者，可能是关于人类思想）的问题。什么使得这种思考变成了同其他之物（例如价值、数学实在、因果性等）相关的问题呢？在上文中，当我们把目光从**词项**转向**关于什么**时，这一问题的答案已经隐隐浮现了。这一转向依赖于我们可称之为**表征主义式**的假设。粗略地说，这一假设是：我们讨论的**语言的**词项"代表"或"表征"了某种**非语言**的对象（至少在大多数情况下是这样的，出于当前的讨论目的，我们不考虑"标的物也是语言对象"这种特殊情况）。这一假设使得我们的关注点由**词项"X"**或**概念"X"**转向它所设定的**对象X**。

然而，这一必要的假设乍看起来似乎是可有可无的。"X"指向X难道不是自明之理吗？这种指称关系不就是类似于"雪是白的"当且仅当雪是白的这种事实吗？

在我看来，这些原理间具有的相似性遮盖了一个严重的混淆。的确，从某种意义上说，所讨论的这步推理类似于语义下行。当我们在讨论词项、真或语句时，指称这种语义关系为我们提供了从一个关于语言的问题到关于非语言的实在的问题的"阶梯"。但是，重要的是要看到，当前情况中的这步推理包含了一个理论关注点上的实质转向，以及论题上的实质转变。所以，这是一个**真正的**逻辑下行，于是，它不单纯是对奎因的紧缩论的"语义上行"的颠倒。奎因的语义上行从未真正离开基础。奎因自己（Quine 1970：12）这样总结道："通过说语句（'雪是白的'）这种方式，我们说雪是白的。真之谓词是一种去引号装置。"故而，奎因的紧缩论的语义阶梯从未真正被"收起来"，然而，我们的确需要借助当前的语义阶梯"爬下去"。

换句话说，如果我们一开始拥有的是奎因的紧缩论的语义概念，那么关于词项"X"的**指称项**的谈论或关于语句"X是F"的**真**之谈论，将只不过是另一种谈论**对象X**的方式。所以，如果我们初始的问题的确是和语言有关的，并且我们以语义的方式来重述这里的问题，那么，我们便改变了论题。我们并未爬过语义阶梯，而只是开始谈论一**个不同的问题**，谈论卡尔纳普所谓的关于对象的形式模态，而非谈论语言。根据这种紧缩论的观点,在表述其关键问题时,客观自然主义犯了含糊其词的谬误,即在事实上混淆了提及和使用(mention-use)。③

这一点很容易被忽视,因为我们如此轻车熟路地在这些语义阶梯上爬上爬下。但是,如果奎因是正确的话,攀爬阶梯如此容易的原因便会是,阶梯并没有把我们引向任何地方。在当前的情况中,我们的确需要达到某个地方。如果我们从关于位置问题起因的语言观开始,把这些问题一开始就视为语言用法的问题,那么,当我们讨论非语言对象的本质时,便发生了理论关注点上的实质转向。如果这一转向是借助语义属性或某种语义关系而完成的,这些属性必须是在如下意义上有着实际价值:在把属性归派给某一词项或语句时,我们同时对相关的语言词项有了理论主张,而非仅仅是使用这些词项去主张其他什么。

的确,这些属性必须能够使得我们过渡到关于对象的问题。我们的理论关注点由关于词项和语句的问题被引向关于它们所设定的语义对象或价值的问题。此外,在以客观自然主义者的观念来理解时,注意到这一过渡中的去引号方案至关重要。(若不然,关于词项"X"的用法思考何以会引起我们对对象 X 本身的兴趣呢?)我想强调的是,除非除了单纯的去引号之外,去引号对语义概念还有着其他意义,否则起点就不真正是语言性的,因而根本不存在什么过渡。(有人或许会认为,这是一个好消息,因为,不管怎样,位置问题都产生自物质的层次。但是,对于我们目前正采用的关于这一问题起因的语言观而言,这种回答是被排除掉的。)

如果以语言的视角来看位置问题,实质的、非紧缩论的语义概念实际上在客观自然主义的基础中起到了非常关键的理论作用。没有这些概

---

③ 这一谬误基于这样的事实:根据去引号的观点,对表达式"'雪是白的'是真的"的表达包含了一种伪装的用法,即"提及"。如奎因总结的那样,如果这是一种真实的"提及"的话,说"雪是白的"是真的将不会说"雪是白的"。如果我们认为这种去引号的"提及"是一种形式上的"提及",那么,形式上的"提及"是有效的用法,而这里的谬误则是,混淆了真正的提及和形式的提及,或混淆了真之提及和有效的用法。

念，就不会有后来的关于诸如意义、因果性、价值等实体的自然"位置"的问题。客观自然主义因此建立在"我们人类运用语言行事"这种实质的理论假设上——粗略地说，"语词-世界"之间的实质语义关系是科学能够提供给我们的关于相关词项的最好说明的一部分。

但是，我们是在主观自然主义中做出这些假设的。并且，正如在讨论紧缩论的可能性时阐释的那样，这些假设是非强制性的。我随后会对此做出更多的讨论。我所谓的"优先性论题"是：如果我们对位置问题的起因采取了语言观的理解，主观自然主义在理论上便先于客观自然主义，并且客观自然主义依赖于从主观自然主义视角上给出的根据。

6. 客观自然主义应该被证实吗？三个悲观的理由

有需求是一回事，而去讨论是否有严格的依据去怀疑这些需求能否被满足，这是另外一回事。尽管如此，在上述意义上，对我来说，我们似乎有很强的依据来怀疑客观自然主义能否得到令人满意的证实。这些依据主要有三类。

A. 语义紧缩论的威胁

我已经指出，关于真和指称的紧缩论使得客观自然主义者失去了一个语义阶梯，借由该阶梯，我们可从关于词项的理论问题转向关于所假定的对象的问题。考虑到紧缩论的魅力，紧缩论无疑是客观自然主义者需要关注的理论。

有两个值得进一步强调的要点。首先，紧缩论本身显然是主观自然主义的一个特征。它为像我们这样的语言生物能够用诸如"真"和"指称"这类的词项"做"什么——这些词项在我们的语言生活中起到了怎样的作用——提供了许多科学的假说。当然，这些词项本身的用法构成了那一尤为值得关注的位置问题的基础。故而，语义紧缩论既**例示**了主观自然主义者处理位置问题的方式（这种方式试图解释我们所关注的语义词项的**用法**），在很大程度上，它还为客观自然主义者对位置问题的解释带来了主要的障碍。

其次，值得注意的是，这里所做的区分如何能够使得语义紧缩论免受保罗·博格西安的指责，即关于这种观点的任何表述都不能自圆其说。博格西安（Boghossian 1989，1990）论述了关于语义观念的反实在论观点是不融贯的，因为，确切地说，反实在论**否认**了所讨论的词项或语句（例如指称项或真值条件句）具有语义属性。如果反实在论必然具有这一特征，那么博格西安似乎是正确的。反实在论**预设**了语义概念，因此，我们讨论的这一"否认"同语义词项本身的情况是不相容的。

然而，按照这种理解，这一问题依赖于这样的事实：反实在论源于语言的表征观所提供的那种理论框架。只要语义紧缩论者只是简单地拒斥这种理论框架，语义紧缩论的观点就是融贯的。当然，人们或许会坚持认为所得到的观点不再有资格被称为反实在论，但这只是一个用语上的问题。重要的是这毋庸置疑是一种紧缩论观点。紧缩论者可以融贯地给出关于语义词项的用法的解释，同时无需就这些词项能否"指称"或"具有成真条件"做出理论上的说明。

因而，回应博格西安对紧缩论的挑战依赖于对如下两种意见做出区分：**否定性的理论意见**，即否认这些词项能够指称或具有成真条件（博格西安正确地指出紧缩论者做不到这一点），以及**寂静的理论意见**，即就这些词项是否能够指称或具有成真条件不做判断。紧缩论者可以——实际上，必须——采取后一种意见，只能主张词项只能和另一些词项有联系。作为紧缩论者，他们还需认为语义概念不涉及任何因果解释的工作。

我随后会再度讨论博格西安的论述，因为在我看来，他的论述的确对我讨论的主观自然主义构成了问题。目前，重要的是，他的论述没有为有着良好结构的紧缩论带来麻烦。

B. 斯蒂克问题

我们已经看到，在关于位置问题起因的语言观上，语义紧缩论同客观自然主义是不相容的。目前为止，紧缩论尚只是引人注意的一种观点，换句话说，客观自然主义是否需要被"证实"，这仍是存疑的。

但是，拒绝紧缩论并不必然能解决客观自然主义的问题。斯蒂克（Stenphen Stich）在《解构心灵》（*Deconstructing the Mind*，1996）一书第一章中的思考能够帮助我们认识到这一点。具体地说，斯蒂克认为，即便是对指称的非紧缩论的科学说明也不可能完全满足客观自然主义的要求。斯蒂克直接关注的问题是取消论，即（在语言模态中）诸如"信念"这样的词项是否能够指称的问题。他指出，只要我们的语言概念的起点仍在形而上学内，这些问题不可避免地会随着指称的不确定性理论而来。根据现有的证据来看，如果斯蒂克是正确的，那么问题便不仅限于取消论的问题。例如，它还影响到"什么是信念"这样的问题，它还或多或少地影响到"是否存在信念"这样的问题。所以，实在论者和反实在论者都需对位置问题做出回应，他们同样受到该问题的困扰。

斯蒂克自己的回答是，否认存在**待解释项**这一语言概念。我们会在下文中回到这一问题，来讨论斯蒂克的观点是否正确。目前，我仅是借助斯蒂克对这些问题的讨论来帮助支持自己如下的临时性结论：即便忽视紧缩论带来的威胁，关于语义关系的"科学的"解释如何能提供给我们所需要的解释，以能够把关于（诸如"因果性""信念""善"等）**词项**的问题转变为关于**对象**的问题，这仍是一个暧昧不清的问题。

C. 客观自然主义是融贯的吗？

我们已经明白，如果位置问题起因于语言层次，实质的语义概念需要从关于语言用法的问题转变为关于非语言的对象的问题。客观自然主义因此预设了语义属性是有内容的，或与内容之间存在某种关系。我们已经提供了质疑客观自然主义是否有资格做出这一预设的两种理由，第一个理由源自对紧缩论的可能性的讨论，这一理由否认语义属性能够恰如其分地担此重任；第二个理由则是，即便是那种关于指称的非紧缩论的科学说明给出的限制或许仍然太低，以致不能满足语义阶梯的要求。

现在，我们来讨论一个更为严肃的问题。客观自然主义以某种方式预设了语义概念这一观点，其中仍然存疑的是这些概念本身是否和所探究的自然对象相一致。这种自然主义似乎对语义关系的经验偶然性做出了承诺。对于任何既定的词项或语句来说，无论该词项或语句指向什么，有着怎样的使真者，它在一定程度上必然是经验的问题。然而，从语义词项自身的角度看，似乎难以理解这种经验的态度。

这里的难点同博格西安对语义非实在论的拒斥有着密切关系。在博格西安的语境中，问题是，如果在实在论和反实在论的问题上预设了语义概念——例如，如果把实在论/反实在论的问题理解为，某一语言范围内的词项和语句是否能够指称或具有成真条件的问题——那么，反实在论同这些概念本身便是不融贯的。在当前的语境中，问题是，客观自然主义者的理论通常要求把反实在论视为一种经验上可能的情况，但是博格西安的理解揭示了客观自然主义者不可能对语义词项本身采取这种理论态度。

博格西安把这一理解视为非自然主义式实在论对语义内容作出的超验论的论证。然而，在我看来，这一理解最好被视为一种支持主观自然主义的理解，因为它揭示了当代哲学中认真对待科学涉及的主要当代观念中不可避免的非自然主义的前提。当然，这种解释的可能性取决于存在另一种融贯的自然主义这一事实，这种融贯的自然主义不以通常的语义概念为基础。（它以一种不同的方式依赖于语言概念这种起点，我们此时设定了这种语言概念，并且博格西安本人明显承诺了语言概念。）

似乎并无理由认为，这里存在的问题是专门针对客观自然主义的。毕竟，我已提及主观自然主义者的观点在经验上可能给不出客观自然主义所要求的那种实质语义关系。在此意义上，难道这种可能性不同样是客观自然主义者需要弄清楚的关于语义学的反实在论的那种可能性？

不是。我们讨论的这种经验可能性不是主观自然主义认为的那种可能性，即不存在正确的语义属性，而是这样的可能：我们没有理由认为存在正确的语义属性。这就是我在上文中解释紧缩论如何能够逃脱博格西安所设下的陷阱时诉诸的区分。主观自然主义者的基本任务是，就各种词项（包括它们之间的关系和语义词项本身）的用法做出说明，说明在那些栖居在自然环境中的自然生物的生活里，它们有着怎样的用法。这种区分决定于完成任务的可能性，主观自然主义者可能会发现不需要语义属性和关系的解释性范畴。（任何时候主观自然主义者都未声称词项是否"指向"某物，除非是在紧缩论或非严格的意义上。）当然，从客观自然主义者的视角看，这看上去像是在探究是否存在语义属性，但是主观自然主义者没有理由以这种方式来建构自己的理论。实际上，正如博格西安指出的那样，如果建构的理论是不融贯的，他们便有着非常好的理由不以这种方式建构自己的理论。

客观自然主义处理语义词项的方式中涉及的融贯性微妙且难以处理。我不会伪称这里的困难是问题的全部了。我希望确定的是某种更弱意义上的东西。自然主义既不需要，也没有资格就语词或思想和余下的自然世界之间的语义关系给出实质说明。它无此资格乃是因为，根据自然主义自己的理解，这至多是一个经验上的问题。它不需要，乃是因为成为自然主义者可以有许多种方式，这些方式不依赖于任何这类假设。尽管如此，较强的论题，即不融贯性论题，对我来说既具魅力，又似乎是有道理的。我想就另一种勾绘这一困难的方式做出简要说明。

如果存在一种关于语义关系的融贯的客观自然主义解释的话，那么，正如我们先前注意到的那样，客观自然主义者会想说明，正确的解释不是**先验的**解释——存在不止一种融贯的可能性，问题部分是经验的问题。让我们来只考虑融贯的可能性中的两种可能性，它们是关于指称是什么的两种相对立的解释。解释 1 认为，指称是自然关系 R*；解释 2 则认为，指称是自然关系 R**。显而易见，关于指称到底是什么的问题，我们有两种不相容的观点。

但真的是这样吗？让我们来更加仔细地来考察这两个观点主张了什

么。第一种解释主张关于"指称"这一词项一般所挑选出或指向的是关系 R*。换句话说,根据这种理解:

"指称"存在于关系 R* 与关系 R* 的关系中。("Reference" stands in the relation R* to the relation R*.)

第二种解释则主张"指称"这一词项一般挑选出或指向的是关系 R**。换句话说,根据这种理解:

"指称"存在于关系 R** 同关系 R** 的关系中。("Reference" stands in the relation R* to the relation R**.)

这些主张是不相容的吗?根本不是这样。即便我们承认(正如两种观点的支持者想坚持的那样)在各自的关系中,就两个不同的对象而言,没有词项可以同时处在两种关系中,词项"指称"可能完全可以代表两种不同事物的两种不同关系。

这一问题同样源于这样的事实,客观自然主义者此时试图提出的问题使得它自己的预设失去了可变性。不存在问题是固定的,而答案是多种多样的这种情况,但可以这说,每一个不同的问题都有一个答案。我就这类问题给出一道练习题。这是一道多选题:

选项如下:
A. 选项 A   [ ]
B. 选项 B   [ ]
C. 选项 C   [ ]
D. 上述选项均不是   [ ]

问题不是不存在正确的答案,而是正确的答案太多了。④ 再次,结果似乎是,根据语义概念在对象自然主义者所理解的哲学任务中起到的作用,该任务对于语义词项本身来说是说不通的。

7. 问题在于关于待解释项的语言观吗?

正如我已经强调的那样,上述讨论预设了关于位置问题起因的语言观。这是一个可选择的选项吗?物质观能帮助客观自然主义从语言观中脱身吗?我将提供两个理由来结束关于这一点上的怀疑论。

A. 真相大白

我们明白关于位置问题的语言观已经进入这场讨论了。我先前提到,把非认知主义当成是这些讨论中的一个选项就是对关于位置问题起因的语言观做出了承诺。考虑到表征主义式的预设是非强制性的,客观自然主义在如下这一点上面临着威胁:存在其他可能理解语言的理论,根据这些理论,语义概念没有任何重要作用。因此,从物质的问题("什么是对象 Xs")视角看,我们被给予关于人类言语和思想相关方面的(主体)自然主义的解释这种愿景是根本不可能的。⑤ 在这一阶段,客观自然主义者重新挽回局势的唯一方式就是去"捍卫"表征主义式的设想(基于上述提及的理由,这一工程困难重重)。

难道客观自然主义无法对当前关于起点的理解构成挑战吗?斯蒂克的如下提议错在哪里:我们仅能从物质的层次开始,并且不需要语义学

---

④ 进一步考察这些问题,思考博格西安的论述同普特南关于指称的形而上用法的"只不过更为理论化"(just more theory)的论述之间的关系,会是很有意思的(Putnam 1978; 1981)。
⑤ 也就是说,它并不是由自然主义导致的问题。当然,在许多其他语境中,这类问题也会出现——例如,"什么是正义?""什么是反讽?""什么是泡芙?"。如果这类多多少少是常识性的问题的确导致了客观自然主义式的那类问题的话,主观自然主义者则给出了一剂语言上的诊疗:在相信存在真正的形而上学问题之前,先仔细考虑一下我们对于语言的理解。

的支持就能从事形而上学的工作？我认为，这里的错误在于，它等同于这样的提议，即我们干脆应该忽视"哲学可能同我们人类运用语言来对对象进行自然主义的（即主观自然主义的）反思有关"这种可能性。（如果这对你来说是有争议的，请注意它也是在忽视非认知主义的可能性。）所以，这完全是一个反自然主义的推理。对于严肃地对待科学的那些人来说，通向客观自然主义的唯一道路是那条较难走的路，即承认问题从语言的层次开始，但捍卫表征主义式的观点。

B. 语义概念是近代形而上学工具箱的一部分

我应该对第二种思考做出比这里更为详细的讨论。然而，我在这里只会简要讨论，诸如指称、真理这样的语义概念已经成为当代形而上学研究纲领中运用到的工具。以语义学的方式把某人感兴趣的对象视为诸如使真者或指称项，或宽泛地说，起到语义作用的"实在者"（realisers），这已是常见的做法。

然而，关于哲学实践的这种观察远非那么简单。困难之一便是，确定这种语义学概念的诸多用法中，哪些是"实质的"理论用法，哪些可以仅被当作奎因传统中那种便利的但在理论上未对紧缩论的语义词项做出承诺的用法。基于先前已讨论的理由，形而上学中紧缩论的语义概念的用法同关于位置问题起因的物质观不是不相容的。但是，如果存在更多物质概念的话，那么语言的领域似乎也会相应起到更为重要的作用。关于语言的断言起到了类似于科学中观察到的材料所起到的作用，这些语义关系揭示如何从推论到一个未被观察到的实在。这项事业因而认可的是关于起点的语言观。

在以语言的方式来对当代形而上学进行重组——我们可称之为"语言的回归"——的过程中，存在许多线索。我认为，下面这个线索十分重要。根据戴维·刘易斯影响深远的关于科学中理论同一性（theoretical identification）的理解（Lewis 1970，1972），我们关注的对象等同于起到因果作用的那些占位项。如果我们以这种方式来界定理论词项"X",我们便知道如何回答"X 是什么?"这一问题。我们在世界的实验室中做实验,做出调整、调谐等,直至我们发现我们在理论中分配给 X 的因果角色是什么。

但是,在许多人看来,刘易斯的工作不仅适用于科学,也适用于形而上学。实际上,持这种观点的人会拒绝接受隐含在我的表述中的一种观点,即形而上学不同于科学。但是,它们至少有一点不同。在形而上学中,我们不保证对象必然是具有"因果"作用的那类事物。我们也许会对数字、价值,或因果性本身感兴趣,而这些事物——无论它们能否被视为这一原因或那一结果,至少是存在争议的。⑥

所以,在全局的纲领(global programme)里,因果性的位置必须为其他的东西所占据。其他的东西是什么呢?在我看来,有两种可能性。一种是,可用语义的作用来替代因果的作用。在这种情况中,回答"什么是 X?"这种问题的过程类似于上面已经描述过的那种过程,但我们此时做出的调整和调谐是观念上的,而非实验性的。做出调整和调谐的目的在于发现词项"X"指向了什么,或在于什么使得 X 是 F 这一断言为真。

这便是第一种可能性——语义的关系在一般的纲领中起到的实质作用同因果关系在最初的纲领中起到的作用相同。如果情况是这样的话,那么结果便如我们所见的那样。语言已经成为形而上学的起点,随之而来的观点易于受到上文中已经描述过的各种方式的攻击。

---

⑥ 形而上学的范围远超因果的领域,这种观点或许比我这里的观点更具争议性。那些反对这一观点的人会倾向于主张因果性停止的地方就是哲学的非形而上学方法开始的地方;例如,在数学中是形式主义,在价值哲学中,是非认知主义……等等。对于当前讨论的目的来说,已经足以能指出这种观点对关于位置问题的语言观做出了承诺,因为后一种观点本质上是一种语言的观点。然而,值得指出的是,在以因果性为基础的形而上学中,这种关于因果性概念的形而上的理解很可能是有问题的,这一问题类似于语义概念在以语言为基础的客观自然主义中所面临的问题。它是研究纲领中的一个初始概念,却也是纲领的制定者根据他制定纲领的方法所无法抵达的概念。

第二种可能性是，没有什么具体的东西能够替代因果性。这种因果性仅取决于一种具体的情况，取决于根据拉姆齐-刘易斯方法最后获得的关于 X 的信息。语义的词项可能对描述的任务是有用的，但是根据这种观点，这些词项只不过是紧缩的。例如，"X 是使得拉姆齐语句成真的事物"，但这只是一种方便的表述，我们完全可以说"X 是这种事物……"，而后"使用"所讨论的拉姆齐语句。

我认为第二种可能性的确没有真正使用非紧缩的语义概念，因此相容于形而上学中关于起点的物质观。这里的问题是，这种可能性也因此不再能为（客体）自然主义提供任何一般性的论证，即那种类似于刘易斯为"精神的物理主义"做出的著名论证（Lewis, 1966）。刘易斯的论证依赖于这样的前提：所有的因果性均是物理因果性——根据刘易斯的总结，即"物理学在解释上的充分性"。显而易见，没有这样一个前提，我们便无以从精神状态 M 起到某一因果作用中得出 M 是一个物理状态的结论。关于这种一般性的、刘易斯式的纲领的两种可能理解中的第二种理解，其问题在于没有任何事物能够起到受限的纲领中的那种因果作用，也没有那种类似的、能够支持关于物理主义的一般论证的关键前提。

因此，在我看来客观自然主义者面临着一个窘境。如果他们诉诸的是实质的语义关系，他们便有望借助那些语义关系来为自然主义提供论证，例如，可以论证所有的真都具有使真者。然而，在这种情况中，他们只是隐在地对探究中运用到的语言概念的"原材料"做出了承诺，他们会面临先前指出的种种问题。如果他们不诉诸实质的语义关系，他们能够避开这些难题，但是，根据对客观自然主义模型的已有理解，他们也会失去借以为自然主义提供论证的理论资源。

失去了这种论述的保护，强劲的敌手不是那些赞成以实质的模式来进行博弈的人，而是反对非自然主义，捍卫本体论领域内起初便具有的多元性的那些人。强劲的敌手是那些利用非表征主义式的理论视角以同时避免实质的模态的自然主义者。如果这类敌手能够解释为什么生存于自然环境中的自然生物能够以诸如"真""价值""意义""因果性"等多种方式"说话"——还有什么难以理解的困惑呢？如今，哲学还欠科学什么债呢？

总结一下，仍然令人怀疑的是客观自然主义者能否避开关于位置问题的语言观，并因此能够逃离先前认识到的那些难题。为了能够使语义的关系服务于形而上学，无论如何，客观自然主义的一些理论需自行取用那些语义概念。在其他的情况中，语言概念的不可避免性则有赖于这样的事实：对于客观自然主义者的对手（即主观自然主义者）来说，在这些情况中，存在另一种理解哲学任务的观点。客观自然主义者的本能一直是诉诸语言的表征特征以把问题带回至物质的层次，但正如我们所看到的那样，这是一种让人倍感不适的处理方式。

8. 自然的多元性

以语言的方式来解释，位置问题产生自日常语言所具有的令人惊异的多义性，以及会让人感到困惑的对话主题上的多元性。如果某个说话者持有的是自然主义的观念，对话中附加有表征主义式的观念的话，那么客观自然主义者对位置问题做出本体论的解释，这几乎是不可避免的。一个词对一个词地，一句话对一句话地，一个主题对一个主题地，表征主义者的语义阶梯把我们从语言引向世界，从语词引向世界中的对象。不知何时出现了实体的多元性，如价值、模态、意义等等，它们都被安置在自然的领域中。毕竟，自然的说话者还能通过自然的语义关系连接到其他什么东西上去呢？

尽管如此，如果撇开所讨论的表征主义式观念，问题会以一种十分不同的形式出现。问题仍在语言的领域内，它将是关于**说话方式**的多元性问题，是关于人类语言行为形式的问题。这里的挑战是，以自然主义的方式来解释像我们这样的生物如何能以不同的方式说话。这就涉及解释不同的语言在我们的生活中起到了什么作用——例如，谈论价值的功能和谈论电子的功能有什么不同。⑦ 这当然会要求世界中具有多元性，但是这只是要求在相似的位置上有着类似的对象。没有人认为人类行为只是体现了高度的复杂性。撇开表征主义，主题间的汇合仍是两类行为的汇合，而无需在本体论上认为，某类行为是另一类行为的镜像。

对于当前的研究来说，重要的是，一方面认识到这是一个可被看作自然主义的规划；另一方面，该规划同当代哲学自然主义者的理解很不相同。我已经论述（客观自然主义的）流行观点在语义学上的预设给自己带来了问题。相应地，主观自然主义的有效性则清楚地说明了，客观自然主义的问题对于自然主义本身来说并不是问题——这个问题对如下观点并不构成挑战，即在某些领域内，哲学遵从科学。

我们一开始讨论的是科学同哲学之间的关系。我们现在以对科学同科学本身的关系的讨论收尾。客观自然主义提供给科学的不只是舞台的中心，而是整个舞台，至少从某种意义上说，它把科学的知识视为存在的唯一知识。主观自然主义则认为，科学或许应该在它自身的重要性上持中立的态度。这种观点设想了一种科学的发现，即科学不是全部，科学仅是我们在同"表征"的话语过程中出现的诸多可能之一。⑧ 如果真是这样的话，那么客观自然主义在语义学上预设的是一种糟糕的科学，是一种有缺陷的自然主义哲学的遗物。于是，这里的故事应有如下令人满意的结果：如果我们借助哲学能更好地研究科学，那么我们会不那么倾向于认为科学是问题的全部了。

---

⑦ 当然，这种语言的多元性承袭了维特根斯坦的精神。维特根斯坦《哲学研究》前面部分主要的论题是，哲学忽略了在语言的用法之间做出区分，这些区分被我们隐藏在"语词统一的外表"之下（Wittgenstein 1953 §11）。对于某些当代维特根斯坦主义者，这里倡导的观点或许太过自然主义了，但是维特根斯坦本人会反对这里的观点吗？（他可能会认为，这是一个科学的观点，而非哲学的观点，这是不同的问题。）

⑧ 我认为，在科学语言本身的功能并不是单一的意义上，或许更可能的是"诸多可能中的几个可能"。我认为因果的和模态的任务在此意义上有着不同的功能，而对任何有意义的科学重要的，并不是全部的可能性。如果是这样的话，这便足以能够说明科学语言的内、外在功能上均具有多样性。关于这一主题，以及关于这里筹划的纲领的更多讨论，请参见 Price（2007a），以及本书中第二章和第十三章内容。

第十章
无镜的非适度性：理解维特根斯坦的语言多元论

1. 断言属于自然种类吗?

人们时常认为维特根斯坦挑战了这样的观点，即断言是语言哲学中一个重要的理论范畴。维特根斯坦在《哲学研究》前面部分的重要主题之一是，哲学错失了语言用法上的差异，这些差异被隐藏在"语词统一性的外表之下"而不为我们所见（Wittgenstein 1968：#11）。正如维特根斯坦接着说到的那样：

> 这就好像我们往机车的驾驶室里张望，看起来所有的把手都差不多一样。（自然地，因为所有的把手都是用来进行操作的。）但是其中的一个是曲柄把手，可以连续地转动（它是用来调节阀门的启闭的），另一个是转化把手，只有两个有效装置，或开或关；第三个是制动把手，推得越猛，刹车刹得越紧；第四个是唧筒把手，它只有在往复运动时才有效。（Wittgenstein 1968；#12）

当代很少有哲学家能像维特根斯坦那样熟悉机车驾驶室里的情况，一般说来，我们大多数人越来越对我们依赖的工具所具有的基础功能感到陌生，只对它们有着表面上的了解。因而，我们甚或更容易犯这样的错误，即声称维特根斯坦认为哲学与语言有关,它把语言当作一个工具而非许多工具:"想一想工具箱中的工具:有锤子、钳子、锯子、起子、熬胶的锅、胶、钉子和螺钉。——语词的功能就像这些东西的功能一样,多种多样。"①(Wittgenstein 1968:#11)

就像机车驾驶室一样,维特根斯坦哲学的这一方面容易被视为一个已然逝去的欢乐年代的老旧遗物,在那个年代里,哲学对日常语言有着过多的兴趣。但是,不管人们对日常语言哲学持有怎样的观点,人们都必须对维特根斯坦的语言观予以考虑。因为维特根斯坦的观点是关于语言自身的观点——他对语言哲学做出了贡献,而非对其他的哲学论题提供语言上的研究方法。的确,如果维特根斯坦是正确的话,那么他的语言观能够被运用于其他哲学论题上。但是,对这些运用的反感之情不是一种反对它们所依据的语言观的论证。

为了评估维特根斯坦的观点,我们应该试着将之与语言哲学的主流联系起来——如果以这样的方式来表达的话,便意味着去询问它相当于什么。或许它涉及对主流观点的反驳,但我们应当能够说出,它所反驳的是什么。然而,似乎很少有人认真地以这种方式将维特根斯坦的观点同更为传统的语言哲学联系起来。本章便旨在做这样的事情。

达米特是对维特根斯坦的观点做出探讨的为数不多的重要作者之一。在《弗雷格:语言哲学》(*Frege: Philosophy of Language*)一书论"断言"一章中,达米特提出了这样的问题:"在把那些我们归类为断言的言语表达归并在一起时,是否有……真正的意义。"他接着写道:

> 维特根斯坦在《哲学研究》第 25 节对这一问题给出了否

---

① 值得注意的是,在这些段落中,维特根斯坦为我们提供了两种重要的不同隐喻。把手隐喻将语言的诸种用法比作一种单一的工具——把手——它在不同的运用中起到不同的作用。工具箱隐喻则把语言的诸种用法比作在一个工具箱内发现的不同种类的工具。我将会提出,前一种隐喻在断言这种情况中更为有用。

定的回答:"但是,存在多少种语句呢?例如断言、疑问和命令?——存在无数多种:存在无数多种不同种类的用法,它们都属于我们所受的……'语句'。"(Dummett 1973:356)

达米特对把维特根斯坦的观点同弗雷格的观点相比较怀有兴趣。然而,他认为维特根斯坦的观点是什么,这并不是完全清楚的。他提出了两种他所谓的维特根斯坦"对断言概念的遗弃"的两种阐释(Dummett 1973:360),但同时认为这两种阐释都是乏味的。

就我而言,我一直非常同情地理解我视之为维特根斯坦观点中的两个重要因素,我曾对此做出过充分的解释。这两种要素中的其中一个贬低了如下观念理论上的重要性,即语言(很大一部分)的功能是用于"描述"或"表征"实在。另一个要素则强调这样的观念,即我们所考虑的语言有着许多不同的功能,在某种程度上它在"表面上"不是显而易见的。我将这些要素相应地称为**非表征主义**和**功能多元论**。

不存在争议的是,这两个要素以某种形式体现于后期维特根斯坦的思想中,或者可以这样说,它们构成了早期维特根斯坦向后期转向的转折中所蕴有的重要新思想。但是,远不清楚的是,如何准确地理解这些非常模糊的想法,并把它们同语言哲学中的其他方案和框架联系起来。

在此方面,达米特的讨论提供了有用的支撑。我认为维特根斯坦的观点比达米特所认为的那样更具前途,其原因在于,我对语言哲学理论的任务有着不同于达米特的理解。此外,在相关的一些方面,达米特的理解是惯常的观点。理解维特根斯坦的观点这种可能性因而被掩盖在近代语言哲学中某种根深蒂固的预设之下。如果放弃这些预设的话,我认为,人们对这一观点的兴趣在很大程度上同时伴随着揭示哲学地貌的兴趣。

正如我将会解释的那样,随之而来的立场是那种普遍化的或全局化的表达论。其表达论的内涵在于,以一种非表征的基调来获得关于语言的理论,其普遍性体现在,(同区域表达论相比,例如关于伦理话语的区域表达论）以普遍的方式来规定这一基调。因而与布兰顿哲学做出对比，这会有助于这里的讨论。布兰顿认同非表征主义并把表达论作为意义理论的起点，他是当代持有这种观点的少数作者之一。我认为，尽管我对维特根斯坦观点的理解可能在某些重要的方面不同于布兰顿的工作——根本地说，布兰顿立场比我版本中的维特根斯坦所持的非表征主义的立场要稍微弱些——但他们有着同样的起点。因为起点不再是传统的起点，这一辩证的任务很大一部分便只在于使得这种新的起点显现出来——揭示以**那里的**相关探究为起点是可能的。在我看来，布兰顿因而是一位有益的盟友。

我不是在主张这里勾绘的观点是严格意义上的维特根斯坦的观点。但是，我的确认为在对非表征主义和功能多元论做出值得注意的理解时，其精神是维特根斯坦式的。这是一个人们对之未能有充分认知的立场，该立场以一种值得注意的方式满足了人们的如下直觉，即断言比人们倾向认为的那样——尤其是自弗雷格以来衍生的传统，早期维特根斯坦属于该传统，这一传统与其后期所朝向的语言多元论显然是背道而驰的——是一类具有较弱同质性的语言范畴。

2. 来自弗雷格的主题

根据达米特，理解维特根斯坦观点的第一种方式是"否定大部分哲学家们就意义所给出的惯常理解，即意义理论是某种关键概念"（Dummett 1973：360）。正如达米特提到的那样，我们应该把否定这种理解的做法具体归因于弗雷格："弗雷格将真之概念视为意义理论的关键概念：理解语句的意义就是理解其成真条件。"（Dummett 1973：360）此外，尽管某些哲学家（包括达米特本人）一直提议用真之概念替代其他一些核心概念，诸如证实的方法，弗雷格式的基本结构仍然在这样的修正中存活下来。正如达米特所说的那样：

> 关于核心概念所起到的作用，人们也提出了其他的可能：
> 但哲学家们通常认为，语句有着某种特征，人们认为该特征决
> 定了该语句的意义。（Dummett 1973: 360）

达米特接着揭示了这种弗雷格式的关于意义"核心概念"的理解和关于语言**用法**的解释之间关系的一般观点：

> 隐藏在如下思想——即存在某种核心概念，我们可以根据
> 它来对语句的意义做出一般的说明——之下的隐在假设是，考
> 虑到我们是根据核心概念来说明意义的，任一语句的用法所具
> 有的所有其他派生的特征必然有着某种统一的模式。正是在促
> 进这种派生的范式上，人们引入了意义和语效间的（弗雷格式
> 的）差别：同每一种不同的语效相对应的是从其意义中派生的
> 语言的用法的统一模式，意义被视为决定了语句的成真条件。
> （Dummett 1973: 361）

在使用"每一种不同的语效"这一短语时，达米特反思的是传统的观点，而非如下无可争辩的观点，即存在不止一种语效。根据传统的观点，意义和语效构成了我们所谓的意义差异的正交维度。我们可以用表 10.1 来例示相应的二维结构。该表每一列内所列的言语表达有着相同的**意义**（或**描述性的内容**），但其**语效**是不同的。每一行中，各种言语表达有着相同的**语效**，但**意义**（或**描述性的内容**）是不同的。

弗雷格式研究方法的一个优点在于，它的确抓住了如下强有力的直觉，即意义在此意义上（至少）是双维度的——也就是说，每一行中的言语表达的意义有着某些共同之处，在此方面，它们同其他行的言语表达不同；每一列中的言语表达的意义也有着共同之处，在此方面，它们同其他列中的言语表达不同。但是，值得注意的是，这种显而易见的双

维度性的确揭示了，意义在一个维度上的变项同在另一个维度上的变项有着根本的不同。毕竟，如果我们思考从（i）用确定的名称来替代 x 并且而后用一系列名称来替代 y，以及（ii）用确定的名称替代 y 并且而后用一系列名称替代 x，如果我们能以这些方式获得意义的变项，那么我们从最为基本的二位关系表达式 Fxy 中也可以得出类似的双维度性。原则上说，人们可能坚持认为——例如，正如戴维·刘易斯所做的那样（Lewis 1970b）——表 10.1 中所有的言语表达都有着断言的语效，而使得各列中言语表达相区分的是意义的某一具体变化形态。

表 10.1　弗雷格式的意义-语效区分

	门是关闭的	草是绿的	会话的艺术已经消亡	（意义）
断言的	"门是关闭的"	"草是绿的"	"会话的艺术已经消亡"	
祈使的	"关门！"	"确保草是绿的！"	"确保会话的艺术已经消亡！"	
询问的	"门是关闭的吗？"	"草是绿色的吗？"	"会话的艺术已经消亡了吗？"	
祈愿的	"门钥匙关起来就好了！"	"草若是绿色的就好了！"	"会话的艺术已经消亡就好了！"	
（语效）				

然而，不管做出的解释有多么好，在弗雷格式的意义和语效相区分的意义上提供的那种具体的双维度性，在对意义进行理论解释中，占据了当之无愧的重要位置。达米特对维特根斯坦的阐释之一是，认为维特根斯坦挑战了这种意义-语效的框架。乍看起来，任何这种挑战都将承担很大的压力，它需要解释表 10.1 中的结构反映出的关于意义的直觉。（达米特本人以类似的方式反对这里提出的观点。）我认为我对维特根斯坦的解读的一个优势在于，我的解读的确保留了意义-语效框架，或某种人们认识到的与之相关的东西。

就意义-语效的区分这种明显的必要性而言，达米特提出了一个相反观点：

> 根据任何将意义视为可凭借某种核心概念（不管核心概念是真之概念或证实概念，或某种其他概念）来描述的意义理论，很难明白如何舍弃意义和语效之间的这种区分。（Dummett 1973: 361）

隐藏在此后的思想是达米特在早前的段落中所表达的思想：意义理论的任务之一是，根据其意义来解释任意言语表达的用法。如果所讨论的理论中所援用的"核心概念"不是对用法的直接的具体说明，那么，任务便是去揭示用法如何为某种不是由用法所描述的事物所确定的。对每一种弗雷格式的语效而言，这便要求功能的输入是根据"核心概念"而得到说明的，功能的输出是对用法的规定。换句话说，正如达米特所言，它要求"给定了根据核心概念来描述意义，任一语句的用法所具有的其他衍生特征便有了某种统一的模式"（Dummett 1973: 361）。

这种功能因此是确立用法的或"语用的"规则，意义-语效的区分一般也被描述为"语义-语用"的区分。表10.1每一行之中的言语表达式的意义上的不同即是**语义上的**不同，例如，成真条件的不同，如果这便是发挥作用的核心语义概念的话，人们根据这种概念来描述意义。下面的每一行中，意义的不同是**语用上的**不同，即所讨论的言语表达用法上的不同，其依据在于它们有着不同的语效。

我们现在已经有了充分的术语来对我所旨向的理论做出粗略的描述。我们已经明白，对弗雷格和达米特而言，这里的工作便是通过诉诸一些原则（每一种原则相应于一类语效）以从语义中获得语用，即根据**内容**来解释**用法**。每一个这样的原则需能够规约如下的这类描述：我们正谈论的那类"语效的言语表达"，其用法如何依赖于对相关言语表达内容的描述。我的目标便在于，出于语用的思考来辨认出这里次要的却更为根本的作用。粗略地说，我想就描述性的内容或思想**如何变成**一种特殊的类别给出语用上的解释，实际上，我们可以这样说，对语义的起源做出语用上的解释。②

让我们考察一下人们熟悉的例子吧。根据弗雷格的观点，对"雪是白的"这种典型的言语表达的意义做出的具体解释包含两种成分。第一种成分具体解释了言语表达的意义，其一般是通过如下形式来告诉我们的："雪是白的"是真的当且仅当 P。（对这种"告知"，存在着两种重要且不同的理解，但我们目前暂且忽视吧。）第二种成分援用了某种一般原则，这种原则决定着断言有着怎样的语效，即描述有着具体的成真条件的某一言语表达的用法——例如，说话者旨在说出真之语句，做出断言时所援用的原则。

在我看来，这种弗雷格式的解释没有什么理解上的错误——对"告知"成真条件的两种可能理解，至少有一种没错——但它有个严重的问题，即不完整。简要地说，它遗漏了对**如何形成**雪是白的这种思想的解释。例如，这一思想中的一个成分是**白**这一概念。我的提议寻求的是，我们这样的生物对这一概念的起源和"持有条件"。实际上，它询问的是，这种生物如何的确不得不**是**（be）这样，它必须**做**（do）什么，以便具有持有和运用这一概念的资格？③

远不明了的是，对这一问题的回答为何可被视为维特根斯坦的答案——这种立场与更为传统的语言哲学之间存在着张力。毕竟，难道不是所有人都需要对自身持有的概念做出解释吗？为了揭示这一张力，我们需要对语言做出理论解释的任务具有更加清晰的认识。一方面，我们

---

② 更为准确地说，我追求的是对语言实践做出语用上的解释，我们一般将语言实践描述为对具体概念的使用，或对具体思想的表达。这里的区分是重要的，因为我关注的是这样的可能性：语义概念——内容、真等诸如此类的概念——不是我们正在讨论的这种本体论理论中的一员。更多的讨论请参见下文。

③ 正如我们将会看到的那样，这一方案中有着与之不同的两个重要差异。我们想对一般意义上的判断或断言做出一个一般性的语用解释，对具体的概念的起源做出具体的解释。

发现传统的研究进路中，语用的思考在这一理论事业中实际上有着两种（其中一种一般被省略了）不同的作用。我的提议是增加上第三种作用，然而，重要的地方在于，不要将它同鲜为人知的第二种作用混淆起来。另一方面，我们需要将我的提议同其他两种可能观点区分开来，一种观点更为激进，另一种则稍微温和。最后，就"意义理论"来说，对其目标和方法论还有着几种不同的理解，而我的提议只与其中的一些观点相近。我将在接下来的四节中解释这些不同的区分。

3. 实用主义在语言理论中的三种作用

科学经常以构想抽象或理想模型的方式来前进，这些模型被视为多多少少"符合"于实在。在语言科学的情况中，这些模型在视野上多多少少可能是广包的。它们可能只是语言（lauguages）的模型，或语言-在-世界-中（languages-in-a-world）的模型，或者说——可能最为有用的是——语言-和-语言-在世界中的-使用者（languages-and-languages users-in-a-world）的模型。那么，作为语言理论家，我们可能对语言，或者语言-加-世界（languages-plus-world），或者语言-加-世界-和-说话者（languages-plus-world-and-speakers）有着抽象或理想化的理解，我们面临的相关问题是，什么算得上是符合实在的——一个模型需要付出怎样的代价才能"符合"一个既定的（真实的）说话者共同体。④（注意，这个问题同人们可能在模型**之内**提出的问题不同，即不同于某一既定的语句"符合于"世界或相对于世界"为真"这个问题。）

通过把模型——对语言进行的抽象的、形式的、理想化的理解——从模型需要付出什么才能符合于社会（sociological）实在这一问题中区分出来，我们找到了语用的思考可能发挥作用的两个地方。实际上，在

---

④ 关于用这些方式对这里的任务做出的经典描述，请参见 David Lewis 1975。

后一个地方中，似乎只有语用的思考才可能是相关的。从某种意义上说，我们的模型是否正确地表征了所讨论的共同体的语言活动，这仅取决于那一共同体在每日的实践中使用到的语言词项的**用法**。

在前一个地方中——也就是说，在形式模型**之内**——语用因素一个容易看到的例子是弗雷格式的语效。在以弗雷格的方式来理解模型语言时，基本项便是某种类似于可能的言语行为的东西——至少，人们认为这种语句是有语效和意义的。正如我们已经注意到的那样，认为需要根据语用的或决定用法的规则来阐释语效，这种观点是常见的。

在何种程度上，可以将这种语用思考的形式从那种承载着正确性的归因（即把既有的模型语言归因给具体的共同体）中分离出来，这是一个好问题。在这一点上，似乎存在不同的可能的理论策略。正如我提到的那样，对于模型语言使用者来说，一个吸引人的选项是，模型内的典型词项是一个具体的说话者所具有的某个具体的言语行为。那么，我们便可在模型内清晰地呈现言语行为和弗雷格式的不同语效之间在语用或用法上的相关差别。但是，我们仍需要诉诸**真实的**用法，以便能证成这样的主张，即这样的一种具体模型符合于既定的真实的共同体的语言实践。于是，同用法相关的两个地方在于：从理论上说，在模型之内；从实践上说，在于符合于社会实在的模型。

在这种传统的研究进路中，所讨论的模型将语义属性归因于某些特定的语言项，例如语句。语义属性本身是该模型的一部分。实际上，我就模型语言所的提议的不同之处在于，将语义属性替换为（额外的）语用的或以用法为基础的属性。

如果使用者和用法模式本身是我们的语言模型中明确的构成要素的话，那么，便很容易预想到我的提议了。正如我们注意到的那样，在这种情况中，模型本身具体展现了同弗雷格式的意义-语效区分相关的二维结构。根据这种传统观点，意义的差异性相应于语义属性上的差异（例如，成真条件上的差异），而语效的差异则相应于用法规则上的差异。在我的提议中，两种差异都相应于用法属性上的差异——当然，是不同类别的差异性——语义属性则从模型中消失了。正如我们将会看到的那样，这并不意味着（荒谬地说）理论是无关于语言-世界间关系的，这仅意味着，具有理论重要性的那种关系不是人们熟悉的那种语义关系。

随着我们进一步的讨论，这种模型的可能性和特征将会变得更加清楚。目前来说，我想强调的要点是，语用的或基于用法的要素将在这种研究进路中扮演重要的作用，它起到的作用既不同于同弗雷格式的语效区分相关的作用，也不同于既有的语言模型是否符合于既有的社会数据体（body of sociological data）那一问题——也就是说，模型是否符合所讨论的语言共同体的要求。

4. 观念论、"M表象主义"以及语义紧缩论

在当前这一提议中，一项重要任务是去揭示它不同于其他两种提议，它同它们很容易混淆起来。早先时候，我将这一观点描述为，解释雪是白的这种思想是如何产生的——这种思想如何可能源于思想者的偶然特征。一方面，重要的是，这不是一种（"观念论式的"）观点，即雪是白的这一**事实**是"依赖于心灵的"，或者是人类语言实践的产物。我想指出，我们有着用以判断雪是白的之概念机制，这一事实在很大范围内取决于同我们自身相关的语用的（并且很偶然的）因素。[5] 但是，雪的白性的确不取决于这些因素。

为什么这里提出的观点不是一种观念论呢？仅是因为它没有就雪或白**说出任何东西**。这是一种关于我们使用"雪"和"白"这些词项，或

---

[5] 此外，这一概念机制有两个层次：大概地说，即一般机制和具体机制，前者支撑的是断言判断，后者则同我们讨论的具体概念相关。

雪和白这些概念的用法的观点，而不是一种关于雪本身，或关于白这种颜色的观点。这种观点认为，词项的用法（或对概念的持有）取决于我们偶然的特征，但将这种观点阐释为关于雪、白性，或雪是白的取决于我们自身的特征的那些观点，则犯了范畴错误。⑥

另一方面，重要的是要将这里提出的观点与人们熟悉且无争议的如下主张中做出区分：依赖于偶然的语用因素的仅仅是我们关于雪是白的这一事实的"表象模式"——我们人类以这种具体的方式来思考那一思想。这一更为人所识的观点承认概念层次上的偶然性，但却在如下想法中得到了宽慰：这些偶然的、不同的概念在许多情况中将能"挑拣出"或指向世界中相同的对象或事实。（"表象模式"这一词项传达了这样的想法。）例如，假设我们认为颜色是物理属性，其属性复杂，涉及电磁辐射的波长。人们熟悉的一个观点是，这些物理属性实际上是在类似于这样的描述下被呈现给我们的东西：在正常的条件下对正常的人类主体产生的特定的视觉效果。根据这种观点，我们在某种描述下识别出那些颜色，或这种表象模式，是与我们相关的偶然事实。火星人，包括那些有着正常视力的火星人，可能在不同的表象模式下识别出同样的属性。尽管如此，根据这种观点，我们和火星人谈及——**指向**——的是相同的事物。

从原则上说，那些赞同概念有着偶然性的人可能与为人熟识的观点——我将称之为"M表象主义"（mere presentationalism）——以两种方式分道扬镳。一种方式是，将偶然性拓展至指称项以及概念。这将会导向观念论——也就是说，导向这样的结论，即雪是白的这一事实取决于关于我们自身的偶然事实。另一种方式是，**出于理论上的目的**，将指称项完全从图景中消除。这是我喜爱的路径，并且我想指出，这是理解维

---

⑥ 另一种总结的方式是：观念论式的解读因此包含了一种用法–提及上的混淆，因为这里提出的观点提及了词项，但没有使用它们。

特根斯坦关于断言所做的评述的方式。

这一观点在观念上的空间因此决定于这样的可能性，即指称——以及相关的"语词-世界"间的语义概念，例如"真"本身——可能在关于语言用法的成熟的科学理论中起不到什么重要的解释作用。正如先前提及的那样，这种值得关注的可能性不是指，成熟的理论可能就语言和世界之间的关系，或语言使用者所栖居的环境，根本什么都没有说。毋宁说，这种可能性指的是，在描述这些关系时，理论上重要的概念可能不是诸如指称、真以及内容本身这样的语义概念——成熟的科学的语言观可能不会把**表征**视为语言和世界之间一种重要的理论关系。⑦

就我的经验而言，许多当代哲学研究者几乎都未能看到这种可能性。让人感到奇怪的是，事情居然会这样。一方面，非表征主义是二十世纪实用主义的主要主题。⑧另一方面，严肃地对待语言理论是经验科学的事务，这无疑（尤其）是在承认这是一种经验上的可能性，即成熟的语言理论不会要求有大众的语义概念，诸如指称和真。⑨但是，或许最为重要的是，这种关于指称、真等类似概念具有理论上的重要性的观点是隐藏在**紧缩论**或**最小化的理论**这些人们熟悉的标签之下的观点的直接后果。紧缩论有着许多面向，但它的核心成分体现在这样的论题中，即真或指

---

⑦ 需要注意两点：首先，我们不应将这种观点同如下观点相混淆，即的确把表征视为一种重要的理论关系，但同时认为，它在语言中没有我们倾向于认为的那样范围广阔。这种观点是（或接近于）传统的非认知主义或非事实论，而我们设想的观点则更为激进。它缺乏理论语汇，我们运用这一语汇来说明语言的某部分是否是认知的、事实的或真正表征的。（下文第七节将会对这一对比做出更多的讨论。）其次，指称、真以及类似的概念没有理论上的重要性这种观点同如下观点是相容的，即承认这些概念有着合法的非理论的作用——例如，在真之情况中，"仅仅是去引号的"用法。

⑧ 梅南（Menand 2001: 361）引用了杜威写于1905年的文字，实用主义"对表征主义做出了致命一击"。相同理论脉络中新近的实用主义著作包括罗蒂的《哲学与自然之境》(Rorty 1981)，以及——非常够格的（正如我们在下文将会看到的那样）——布兰顿的著作。相较而言，达米特著作打动人的一面在于，尽管其中有着实用主义的成分——尤其体现在，认为断言性优先于真之概念——但它未能连接起实用主义中的非表征主义线索和弗雷格传统。

⑨ 我在Price 2004a中详细发展了这一主题。

称不是"实体的"概念——具体地说,不是能够在成熟的科学理论中起到重要作用的概念。

众所周知,维特根斯坦本人是紧缩论或真之冗余论的早期倡导者。达米特注意到了维特根斯坦的真之观点,并声称维特根斯坦的观点与弗雷格对意义的研究不相容,后者的特征在于,根据成真条件来理解意义。我认为达米特在这一点上只对了一半。粗略地说,对弗雷格的意义理论中的成真条件所起到的作用存在两种理解,这相应于对这种理论所承担的任务的两种理解。根据其中的一种理解——他本人心中所想的显然是这种理解——达米特是正确的,因为成真条件的用法取决于关于真的非紧缩论理解。但是,根据另一种理解,意义理论仅需要紧缩的真之谓词。这便意味着有可能将弗雷格的方案同我想要倡导的非弗雷格式观点这一方案结合起来——我的观点是,在概念的领域内指出语用的偶然性,而无需诉诸更进一步的语义事实来改良偶然性。

为了更为清楚地阐明这种可能性,我们因此需要做出两种区分:首先,在弗雷格式方案的两种变体之间做出区分,只有其中一种变体要求有非紧缩的真之概念;其次,要在不管哪种形式的弗雷格式方案和另一种与语言相关的不同理论视角之间做出区分。我将会在接下来的两节中讨论这些区分。

目前而言,需要强调的要点是,语义紧缩论支持对如下建议的回应:所提议的对维特根斯坦观点的理解可以归结为 M 表象主义——也就是说,归结为人们熟悉的"表象模式"的偶然性。从某种意义上说,这种观点就是人们熟悉的偶然性。它同传统观点的不同之处不在于,它借助于把偶然的概念(通过指称)锚定在非偶然的世界之中而改良了偶然性。因为这种观点就词项的指称物的理论本性,**什么都没有说**,它没有提供给我们这种锚。基于同样的理解,我们也不能说两个不同的词项或概念有着相同的指称。它也没有说它们有着不同的指称。它在这个问题上,仅保持沉默。只要它在语义关系上对紧缩论做出了承诺,它便否认**关于**

这些语义词项有什么理论上值得注意的话要说。⑩

5. 关于弗雷格意义理论的任务的两种理解

我们需要做出的第一个区分是弗雷格式解释意义的方案的两种变体之间的区分。我们可以通过探究为什么达米特认为维特根斯坦真之紧缩论的观点同弗雷格的方案不相容来理解这一区分：

> 这种关于意义的思想——维特根斯坦后期著作中包含了这些思想——实际上反对这样的观点，即语义的意义和语效之间有着差别，前者是由语句的成真条件规定的，而后者则附着在对语句的用法富有成效的解释之上。具体地说，而对弗雷格而言，真和假之概念在对语句的意义的解释中有着关键的作用，而维特根斯坦则不这么认为。他公开表达的是我在其他地方称之为真之"冗余论"的观点，即这样的原则："A 是真的"等同于"A"，"A 是假的"等同于"非 A"，这已经包含了"真"与"假"这些词的全部意义了……**如果这是全部就"真的"之意义所能说的东西，那么，在一般的意义上，学习语句"A"的意义便不能被解释为在"A"是真的这一条件下的学习：既然知道说"A"是真的在特定的条件下是什么意思，那么我们便已经知道了"A"的意义。**对于维特根斯坦来说，"意义即用法，"而这涉及其他的事项。我们必须直接地描述语句每一具体的形式的用法，而不是试图根据预设的以精致的成真条件来解释任意的某种大类——例如断言的或祈使的语句——的用法。

---

⑩ 在我看来，这种"原则上的理论寂静"态度对非表征主义来说是关键的，它在接下来的讨论中起到了非常关键的作用。再说一次，人们需要强调这种态度相容于人们所接受的关于概念的普通和非理论的用法，例如真和指称，只要我们可以用紧缩论的精神来解读它们。

（Dummett 1973：359）

乍看起来，这里强调的主张是令人困惑的。假如我们接受冗余论，便可以认为"N是质数"和"'N是质数'是真的"在意义上是相等的。这是否意味着，"N是质数"的意义没有这样的信息，即"N是质数"是真的当且仅当自然数N只能被1和本身整除？无疑，它暗示的多数是，它传递的信息并不比N是质数当且仅当N只能被1和本身整除要多。但是，这本身不是一种信息吗？难道我们在向某人解释不知道N是质数的人"N是质数"的意义时，我们说的不就是这些吗？

然而，在为达米特做辩护时，人们可能说我们无法以这种方式来解释初始概念（primitive concepts）的意义，达米特的观点因而在这类情况中是可靠的。更为一般地说，我们通过达米特自己在关于弗雷格意义的两种理解之间的区分来理解他的论述。

这种区分有赖于这样的问题，即人们是否认为意义理论能够完全运用理论者的母语（home language）所具有的表达力，是否能够（实际上）运用母语中的那些表达式来转述对象语言（object language）中的表达式的意义。有一个更为朴素的备选的理论视角。运用达米特在解释相关的要点时运用到的图景说，我们可能将之视为一种外星人视角，外星人不必然有着语言智力，当他遭遇人类语言时，他认为人类语言是需要解释的现象，并试图将之描述为自然世界中的现象——正如达米特总结的那样，"例如，火星人的交流方式可能与我们非常不同，但他用不了多久就会发现人类语言是一种交流的媒介"（Dummett 1979：133—134）。

达米特分别将关于对意义理论的任务的两种理解称为**适度的**和**纯粹的**。正如他所认为的那样，适度的理论旨在"为已经拥有了必要概念的那些人，提供关于语言的解释"，而纯粹的理论则"实际上试图解释由语言的原始词项所表达的概念"（Dummett 1975：102）。

如下思想是人们所熟悉的，即适度的意义理论仅需要紧缩的真之概念。具体地说，戴维森的真之理论路径一般既被解释为适度的，⑪ 也被解释为仅要求有着去引号的真之概念。例如，在牛津戴维森主义的全盛时期，麦克道威尔将他所谓的戴维森式的"最佳版本""沿着如下思路"做了这样的描述：

> 我们可以合理地建构一种理想，即建构一种次理论（sub-theory），它是语言的完整的意义理论的成分，其被用于说明（例如，但无疑关键地是）断言的内容——当说出语言中的指示句时，能涉及内容……对这一任务的直接批判将会是，基于对象语言语句的结构和定理，为每一种合宜的语句找寻能够产生如下形式的次理论："s 可被用来做出断言 p。"此时，断言的内容和人们熟悉的真之概念之间存在无人会质疑的联系（truistic connection）……；这种联系保证了——这只不过是个老生常谈——对所断言的内容的正确的说明，即借助断言性的语句表达所做的说明，必然是对语句成真条件的说明。在这一点上，更为激进的提议是：只要定理（我们可以将它们设想为有着"s……p"这样的形式）的两端是这样相关联的：无论定理实际上说了什么，我们都可以这样使用它，即认为它们有着"s 可被用来做出断言 p"这样的形式，我们在这两端写上什么，这不是真正重要的，同一情境下的某些其他东西产生了真；我们的老生常谈保证的是，如果符合要求的话，便有"是真的当且仅当"，而这给出了比直接攻击的目标更容易处理的目标。

这样理解的话，意义理论的任务是适度的。给定了对象语言中的目标语

---

⑪ 正如达米特本人所说的那样，"戴维森式的意义理论是适度的理论"（Dummett 1975: 103）。然而，在同一篇文章的后面，达米特撤回了这种阐释。

句 S，我们的任务便是在元语言中给出语句 P，这样我们通过使用 P，我们我们可以用 S 本身来说明什么。麦克道威尔指出，对于指示句而言，"S 可以被用于说明 P"在相同于"S 是真的当且仅当 P"的情境下是真的，所以，给出后一种形式的双条件句也能够完成我们的目标。"无人会质疑的联系"的依据禁止这种去引号图式，所以这步推理仅要求有着紧缩的真之谓词。⑫

实际上，紧缩论和适度的-纯粹的区分之间的关系可能需要比这更为亲近。因为这里的区分很容易呈现出偏见性。毕竟，除了来自元语言的概念资源外，纯粹的理论还能运用什么呢？然而，如果它的确使用了这些材料而对内容进行了具体说明，它为什么不算作是适度的呢？

关于语义概念起到了怎样理论上的作用的问题，为解决这里的问题提供了思路。我们已经明白，适度的理论不需要实质的语义概念。实际上，内容（和实质的理论概念一样）根本不会参与到这种理论中。⑬ 反过来说，这是一个向我们开放的定义问题，即是说，纯粹的理论的识别性特征恰在于，它的确以实质的方式运用了语义概念。

如下的论述支持了这一提议。纯粹的理论认为对语句的成真条件的具体解释只不过是在做一种转述。但这要求语义概念，除了在用于说明成真条件的从句中，还要在其他方面承载起理论的重量。为什么呢？因为我们知道在那个地方——在那些从句中——真之去引号维度是我们所

---

⑫ 人们可能会坚持认为，所导致的理论最后等同于更为实质的（substantial）真之理论。如果是这样的话，对于紧缩论来说，情况也变得更糟了。然而，麦克道威尔式的理论中提到的每个定理均不依赖于厚的真之概念"实质"（substance），而是仅依赖于去引号的属性，这仍然是真的。

⑬ 关于此的一个具体表现是，适度的路径对语言的非描述性部分也同样适用。如果我们仅通过使用元语言中的语句来揭示对象语言中的语句的意义，那么我们正在做的事情同样可由非指示性的以及指示性的语句来完成。实际上，正如我在 Price 1998 第二章中提到的那样，我们可以借助戴维森的并列分析（paratactic analysis）来阐释麦克道威尔的"S 可被用来说明 P"这一图式，这便有了，"S 可以被用来说明这个：'P'"——我们便可以用非指示性的语句来直接替换 P，而无需违背任何语法规则。

需要的全部。换句话说，如果真不在其他地方起到同样的理论作用——例如，在某个判断的理论中，或对起到的表征功能语言相关部分的实质解释中——那么，便没有什么能够阻止我们以适度的方式来解读所提出的理论了。为了防止"滑向适度"，理论必须能够做什么，而这是紧缩论的真之概念所不能做的；我们所做的事不能在从句中对成真条件进行解释，因为在从句中，去引号是我们所需要的全部。

语义紧缩论和纯粹的意义理论之间的关系因此似乎是亲近的：准确地说，这两种观点似乎是重叠的。这便能让人立刻理解达米特就维特根斯坦的真之紧缩论的后果上所具有的观点。达米特心中所想的是纯粹的意义理论，而正是在纯粹的理论中，"真"起到了实质的理论作用。正如达米特所理解的那样，接受维特根斯坦的冗余论，因而便需要放弃弗雷格的研究进路。

然而，存在一种稍微温和些的选项，这一选项也对维特根斯坦就我们用语言所做之事的多元性给出了有趣的理解。这种可选的观点将紧缩论的教训看作，弗雷格式的解释内容的方案必然是适度的，但我们需要注意到，在语义学一方所导致的理论上的"薄性"可由语言理论所使用的不同的理论语汇的"厚性"所补偿。这把我们引向了第四节末尾所预示的两种区分中的第二个，即既非适度亦非纯粹形式的解释内容的弗雷格方案，以及对语言理论进行非内容式的解释的理解之间的区分。

6. 对语言理论任务的两种理解

我们已经明白，适度的意义理论不需要有特殊的语言理论语汇。如果语言概念发生在我们的对象语言的某一目标语句 S 中，那么，为了能够以如下形式来具体说明内容，我们元语言应该有"相应的"概念：

S 可被用来说出 P。

但这个要求没有把语言概念从对象语言中的任何其他概念中区分出来。这样的一种理论对语言概念没有**新的**需求。

　　让我们来用**非适度**这个词来指与上文不同的语言理论——也就是说，指的是有着独特语言理论语汇的理论，它对理论语汇的需求并不要求对象语言中有着相应的语言概念。达米特意义上的纯粹的理论因此算是非适度的。它要求有实质的语义概念——真、指称、内容等诸如此类的概念——不管所讨论的对象语言是否足够完善，从而能够包含这些概念。但是，正如我们将会看到的那样，这一逆转是不正确的。并不是所有非适度的语言理论都可以算作是达米特意义上的纯粹的意义理论。

　　为什么不是呢？因为可能存在一些非适度的理论，这些理论不是在达米特所想的意义上被用于从事归派**内容**或**意义**的事务。明白这一点的一个方式在于，注意到"解释"这个词在达米特上文所做的评论中有着模糊性，即纯粹的理论"实际上试图解释由语言的原始词项所表达的概念"。根据一种可能的解读——这种解读也是达米特心中所想的思想——解释一个概念就是将自身放置在使用那一概念的位置上。根据另一种可能的解读，对概念的解释不要求有这种能力。我们或许能够理解概念在我们不属于的那个共同体的生活中所起到的作用——例如，理解概念与我们自身不拥有的知觉经验之间的关系。如果使用概念要求人们持有所被讨论的知觉经验，那么，我们关于概念的新知识也无法保证我们能使用这一概念。尽管如此，关于这一概念，我们当然知道一些我们之前不知道的东西。人们以一种合理地使用该词项的方式而对它做了**解释**。

　　这里起作用的关键区分是说明内容（content-specifying）和说明用法（use-specifying）的理论之间的区分。说明内容的理论告诉我们的是，**在或通过**说出对象语言中的语句 S——换句话说，正如我们已经看到的那样，它告知我们的是这样的形式"S 可被用于说出……"（它使得我们自已有权说出同样的东西)。说明用法的理论通过告知我们**什么时候**概念被典型地或正当地**使用**的方式来告知我们，对象语言中的表达式告知了我们什么。上文的理解向我们揭示的是，关于正常的或恰当的用法的知识无需保证我们自身有能力使用所讨论的表达式。表达式的使用条件可能是我们自身满足不了的条件。

在一个说明用法的语言理论中，**用法**本身作为一种理论概念而发挥着作用。(我们容易想象把这种理论方法运用到缺少**用法**概念的对象语言上的做法。)因此，根据上文中提到的标准，说明用法的理论自然是非适度的。相比之下，我们已经明白说明内容的理论既不是适度的，也不是非适度的——只有纯粹的说明内容的理论才是非适度的。

因此，我们有着表 10.2 所示的三种可能性。达米特喜爱的纯粹路径占据的是立场 2。我的维特根斯坦式的选项占据立场 3，而我们发现这样的事实，即立场 3 和立场 1 不是不相容的选项。适度的、对内容进行说明的弗雷格理论同这样的观点相容，即语言理论所具有的值得注意的理论语汇是语用的或具有理论用法的语汇，而不是立场 2 所要求的语义学。在下一节中，我们通过一个人们所熟悉的哲学例子来思考适度的和非适度的观点为何会分道扬镳，从而阐明这种可能性。

表 10.2 语言理论的三种可能性

	适度的理论	非适度的理论
说明内容的理论	1	2
说明用法的理论		3

7. 表达论：无镜的非适度性

思考一下人们所熟悉的某种表达论吧，例如关于价值判断的表达论——这种表达论具有这样的观点：价值判断的独特之处在于，它们表

216 达了有着动机特征的心理状态。有些人将这种观点描述为，价值判断缺乏成真条件。然而，麦克道威尔描述的这种适度的成真条件的研究路径未能看到表达论者认为价值判断所具有的独特之处，即它们独特的心理"历史。"语句——

"Le bonheur c'est bien"是真的当且仅当幸福是善的

或

"Le bonheur c'est bien"可被用于做出幸福是善的这样的断言

这两个表达式没有告诉我们为什么会做出这样的价值评论。但是，在适度的意义理论的语境中，它们并不是毫无用处的。⑭

许多作者——麦克道威尔本人便是一个较早的例子——倾向于把这当作对表达论的一种反对。⑮ 如果"真"是最小化的，那么很容易获得成真条件，并且人们也无理由主张价值判断没有成真条件。然而，这并不是对表达论如下核心主张的拒斥，即价值判断可被理解为对动机状态的表达，它拒斥的只是这样的附加主张，即这样的判断是没有成真条件的——即便如此，我们是以紧缩论的方式来理解它拒斥的这一附加主张。故而，认为最小化的真排除了表达论，这完全是一个错误观点。

实际上，我认为，情况发生了逆转。如果我们把表达论者的核心主张做如下理解的话，即所讨论的判断的语言角色是非表征的，那么关于那些关键的语义概念的紧缩论至少就和使得表达论**全局化**的动机接近了——全局的理由认为，不管就一类判断有着怎样理论上值得关注的结

---

⑭ 实际上，我们已经发现麦克道威尔版本的意义理论甚至未能注意到指示与非指示之间的区分。
⑮ 我们可以在 Boghossian 1990，Wright 1992，以及 Humberstone 1991 中发现这种论述。至于麦克道威尔所做的类似讨论，请参见 McDowell 1981: 229。

论，不可能的情况是，这些判断是"指称的"或"具有成真条件的"。因为紧缩论等同于否认这些概念**有着**值得关注的理论作用！⑯

我们要注意，较之于以紧缩论的真之概念为基础的麦克道威尔式的意义理论，关于价值判断的表达论本质上是非适度的。⑰ 不管怎样，表达论告知了我们价值判断的理论本质——做出在那些判断的普通说话者不会知道这些本质，但那些本身没有或不可以做出这类判断（例如，因为他们缺乏相关的心理动机）的理论家则可以知道这些本质。此外，表达论不是以表征的方式告知我们一些东西的。

关于价值判断的表达论因此阐明了结合起如下观点的可能性：

（i）以非语义的或非表征的方式，对具体的某类判断起到的理论作用进行非适度的解释。⑱

（ii）沿着麦克道威尔建议的思路，对有着成真条件的那类语句的意义进行适度的解释。

在这种研究进路的阶段（i）中，将会就这类判断——我们可以根据阶段（ii）上的适度的理论解释其内容——如何出现，做出语用的解释。

正如我已经注意到的那样，这种语用的解释本身必须结合两种成分。首先，我们需要知道价值判断与其他种类的判断不同的独特之处是什么。这一部分理论或许会沿着人们熟悉的思路，例如诉诸相关的心理状态具有的独特的动机上的作用。然而，就其本身而言，这一部分理论不能够

---

⑯ 反对者有权认为，最小化的理论为非事实论（即关于某些主题而不是全部主题的持非事实论立场的观点）的各种"区域"形式设置了一个问题。最小化理论的确使得那一立场变得摇摆起来，但是，在我看来，它能够做到这一点的原因在于，它暗含了全局表达论，而不是因为它暗含了全局事实论。另请参见 O'Leary Howthorne and Price，1996，以及 Price 2004a。

⑰ 我们在上文提到，这对任何说明用法的理论来说，也是真的。

⑱ 换句话说，即无镜的非适度性。正如我们在上文中已经注意到的那样，这种理论根本不是达米特意义上的意义理论。

解释动机性态度的表达为什么会有着断言性判断的特征。为了做到这一点，我们需要能够说明判断或断言的"目的"的一般理论是什么，即给出在把某物当作一个断言时，有什么危险的一般理论。

这个计划此时可能会失败。结果可能是，在对把某物当作判断所涉及的东西做出充分解释时，需要援用实质的真之概念。实际上，那么断言这一概念将会依赖于表征的内容。[19]（这或许同样也适用于非断言性的语效。）因此，我提议的那种解释上的普遍职责，即揭示情况并不如此，便是合理的。这项任务的大部分工作在于，在不**预设**表征内容的条件下，对语言实践的断言性或陈述性的成分的"目的"做出解释。

当然，这是一项非常大的项目，尽管我随后（第9节）便会对之做出更为细致的刻画，但我当前的目标必然是有限的。我想揭示的只是，在当前可见的视野内，存在一个人们能够理解的理论计划——这是一个非传统的，但明显与哲学的语言理论进路相融贯的计划，它的确具体呈现了维特根斯坦关于断言的观点（即非表征主义和功能多元论）的关键成分。在希望提高这种不同寻常的研究进路的可见度时，我现在想将之与布兰顿研究"意义"的实用主义进路进行比较。尽管我认为我的提议和布兰顿的思想非常不同，但我们有着类似的起点。既然这场辩论的很大一部分是去确定，在这个不因循守旧的位置上，从人们的语言理论开始探究是可能的，那么在我看来，布兰顿当然是我的同盟。

8. 布兰顿论柏拉图主义与实用主义

先前我将我的研究进路的特征描述为，试图以语用的方式解释内容、概念或具体的思想是如何出现的。我将之与传统的弗雷格式进路进行了

---

[19] 而表达论将会被排除，除非它可被与如下的观点相结合，即尽管它们有着表达论式的来源，价值判断能够获得真正的表征身份。

对比，后者把语义概念视为基础，并接着以语义的方式来解释语用。如下是布兰顿对我认为是与两种解释的次序紧密相关的对比所做的描述：

> 这儿有着另一种策略性的方法论问题。对概念的解释或许能够以对概念内容的在先理解来解释概念的用法。或者，它可能追求一种补充性的解释策略，这种策略从实践或使用概念的活动开始，在这一基础上阐释对概念内容的理解。第一种策略可被称为柏拉图式策略，而第二种则被称为实用主义式（这种用法中，是一种功能主义式的）策略。这种意义上的语义的或概念柏拉图主义能够辨别出一般由陈述句或关于可能世界的信念所表达出的内容。那么，从某种意义上说，解释如何将这种内容同语句和信念联系起来，这有助于我们理解在做出断言时如何以恰当的方式使用语句，在推理活动和指导行动中理解如何以恰当的方式运用信念。相比之下，实用主义的解释方向则试图解释语言的表达或意向状态所起到的功能作用如何为它们归派内容。（Brandom 2000: 4）

布兰顿接着说他自己的观点是"一种概念实用主义"（conceptual pragmatism）：

> 它以知道如何（how）（能够）做某事的方式给出了对知道（或者相信，或说明）（that）情况是如此这般的解释……这里采用的这种实用主义试图通过诉诸断言活动（assertings）的特征来解释断言了什么（asserted），以及通过相信活动（believing）起到的作用来解释相信了什么（believed）……——一般说来，即通过活动解释内容，而不是相反。（Brandom 2000: 4）

219　后来，布兰顿区分了两种观点，这两种观点都以"表征的方式"来理解概念（Brandom 2007：7），他自己的观点是，试图从这一"表征的范式"中"发展一种表达论的选项"（Brandom 2000：10）。

那么，在某些方面，布兰顿方案似乎与我的方案接近。在认同表达论和拒斥柏拉图主义上，至少布兰顿的初衷是与非表征主义站在一道。但是，布兰顿是想坚持成为一名非表征主义者，还是想以语用为基础，建构一种表征主义呢？当我们思考关于"真"的讨论时，我们将会看到他有着非常不同的方案。关于真之柏拉图主义和那种想要以实践（例如什么发挥了作用，或者从长久地看，我们趋向于什么）的方式对真做出说明——即对真做出还原的**分析**——的实用主义之间有着非常大的差别。在告诉我们拥有用法的模式会对语言的使用者产生哪些有用影响的意义上，紧缩论告诉我们如何**使用**"真的"这一词项，它也可能会解释这种用法。但是，它不告知我们"真"**是**什么。相反，以还原论的方式分析"真"——即便是以实用主义式的原材料的方式来分析"真"——不是紧缩论的一种形式。[20]

我们可以在内容的情况中做出一种类似的区分。根据用法来分析内容或意义——即说明表达式有着具体的内容意味着什么，以及根据如何用法来分析内容或意义——这种说明仅告诉我们表达式是如何被使用的，而没有因此声称对**内容**做出了说明，这两种方式之间存在着重要的差别。对后一类说明来说，对内容做出归因可能是待解释项的一部分。这种理论的一部分任务可能是，在正常的语境中解释诸如"内容"和"意义"这类词项的用法和功能。但是，正如解释"真的"这一词项的用法不同于说明"真"**是**什么一样，解释"内容"这一词项的用法也不同于解释内容**是**什么。彻底的非表征主义观点仅告诉我们关于用法的一些东西。它不通过用法来分析内容而来解释内容。我完全不清楚布兰顿是否是这

---

[20] 我在 Price 2003 中对这些问题做了更多的讨论。

种意义上的非表证主义者——我怀疑他不是。

许多讨论都以这个问题为基础。表征体现的是语词与世界之间的关系。解释是从**词项**开始的,附加上了表征关系,因此最终包含了陈列在这种关系另一端的本体论,即那些词项的指称物或它们表征了什么。如果这些对象不是在自然的框架内,不是对语言进行理论化时已经呈现的东西,那么结果可能会让人感到窘迫不安。我们要么为这些对象——例如价值、或然性、数或意义本身——在自然世界中找一个位置,要么我们赋予表征关系以超出这个世界的能力。两种选项似乎都不吸引人。

但是,正如维特根斯坦的确看到的那样,这个问题可能是我们自找的麻烦,它是我们自身理论成见的产物。如果我们的语言理论是非表征的,那么便不会出现这类问题了。[21] 因此,在我们诉诸表达论的诸多领域内,本体论的承诺似乎自然而然是成问题的。当然,这些反形而上学的优势要求表达论者始终是非表征主义者,而不要进而基于语用的基础来建构表征的或语义的关系。如果布兰顿站在了分析的一方,站在了建构表征关系的一方而不是解释表征的语言一方,那么让人怀疑的是,他是否有资格保持这些优势。尽管如此,他公开承认他的理论原料是语用的。他认为我们的思想和表达在用法中赢得了它们的表征内容。布兰顿的研究进路和我的进路因此有着相同的起点,即便后来分道扬镳了。

既然我们的研究进路都不是以表征状态——即已经具有内容的状态——为起点,那么,起点便是更为基本的东西。它们的原料需要是以非表征的或非概念的方式——即以各类行为的(或更为宽泛地说,功能的)倾向,或布兰顿所谓的"知道-如何"(knowings how)的方式——来建构心理状态。那么,更为原初地,断言可被理解为一种这类状态的表达或产物。它不是一种简单的自动的表达,而是一种故意的"表明立场"的表达——用布兰顿的话说,"使之清晰"(making it explicit)——即清

---

[21] 我在 Price 2004a 中展开讨论了这些思想。

楚地表达某人相关方面的倾向，其方式是邀请有着某些相矛盾倾向的对话伙伴来挑战。㉒

在此意义上，语言实践什么时候才能"表明立场"呢？在我看来，一个合理的回答是，它旨在鼓励根据矛盾以及继而对矛盾的诘难来对这种承诺做出有用的修正。我随后将会对这一提议做出更多的阐释，当然，再一次地，比我这里所能做的，我们需要对它做出更多的解释。就当前的目的来说，重要的任务是去解释，这类模型考虑到了断言的集合**内**有着值得注意的功能多元性——在传统图景中，人们只是通过表征内容的差异性来解释功能多元性。㉓

9. 非表征主义和功能多元论

最后，想象一下这种理论探究，它从思考我们可以称之为信念或承诺的心理状态所具有的生物功能开始，将它们（显而易见的）语义属性明确地归在一边。它如何帮助我们的先祖发展出具有这种心理状态的能力呢？在持续变得复杂的心理生活中，它起到了怎样的作用？发现并不存在唯一的、满足所有种类的承诺的答案，这或许并不令人诧异。或许，我们可以根据如下想法来理解某些承诺的功能，即拥有这些被设计为与特定的环境条件共变的心理状态是有优势的，但是对于许多承诺来说，故事可能更为复杂些。例如，我们可以思考因果的或或然性的承诺。根据人们的叙说——如果是满足最小程度上的充分性的话，甚至是实在论式的叙事——这些承诺自身呈现为在特定的某种情境中有着某类特定的预期的倾向。确信的是，对有着内在功能组织的生物价值——它足够丰富以致能涵括这类倾向——来说，存在一个值得关注的叙事可说。

㉒ 好问题：什么算作矛盾呢？我在 Price 1988 中讨论了这个问题。
㉓ 实际上，在我看来，这个解释的方向是被颠倒了。这就是在说这种路径以语用的方式揭示了具体的表征内容如何出现的意思。

或者，我们思考一些其他情况吧。在这些情况中，对有些判断的内容直接给出成真条件的解释，这似乎是困难的——在这类情况中，例如非认知主义一般似乎是一个吸引人的选项，而或许在其他情况中亦如此：普遍归纳（universal generalizations）、指示的和虚拟的条件、逻辑判断，等等。假设在这些情况的所有情况中，我们都能大体领会到所讨论的承诺能够让我们有能力**做**什么，也领会到大抵不能够做什么——似乎这种对承诺具有的作用是像我们这类生物所具有的心理结构中的一部分。

再假设我们无需援用我们正谈论的状态有着内容这种想法，便能够切入要点。那么，到目前为止，我们已经描画了对这些不同的承诺能够为我们做什么的理解，但是，我们还不理解为什么它们会具体呈现为承诺——例如，不理解为什么我们认为它们具有成真条件，或可以以陈述的形式来表达。

正如早前注意到的那样，一个选项便是援用语义属性以回答这一问题。那么，我们将至少带来三项义务。首先，可以推测，我们需要根据各类承诺的内容或语义属性来解释它们的功能。（至少在所讨论的某些情况中，这种义务使得非认知主义者否认相关的承诺的确有着真实的内容。）其次，我们需要说明这些语义属性是什么。第三，我们需要揭示如何援用它们以解释做出陈述性判断的实践。或许，我们可能完成这些义务，但就当的讨论前来说，我们选择一个不同的路线吧。让我们用同样的解释精神来思考陈述形式的各种具体表现所具有的功能吧。关于我们已经描述的有着非表征特征的承诺，我们为什么用**那种**形式来表达**那些**精神状态呢？

紧缩论者是这里的同盟，因为他们揭示了我们所需的答案的某些方面。例如，他们解释了真之谓词的功能——正如早前提到的那样，这个解释同这样的观点兼容，即承诺能够起到许多不同的功能。但这至多只是叙事中的一部分。我们需要对断言的话语起到的功能做出说明，即解释本身有着许多不同功能的承诺可以有用地起到"公共"判断的作用，并可以在语言中呈现,以供他者使用或挑战。[24]

起点是不难发现的。对于我们这样的社会生物,调整我们的承诺以使得我们的共同体内所有的成员都接受,这时常会带来优势,尤其是在接受我们共同体内更具经验的成员的承诺时。在某种程度上,我们可以通过非语言的手段来实现这种调整——从我们同伴的行为中推衍出他们的承诺——但是,似乎通过语言手段会加快对承诺的表达和讨论。这似乎是断言尤为适宜**做**的一类事情。此外——且对于当前的讨论而言,这是一个关键的要点——这在运用自身有着许多不同功能上的作用承诺中,它所做的事情是有用的。

这一研究进路因此取决于这样的观点,即断言是对心理状态的有意表达(intentional expressions),人们一开始是以非表征的方式来构建那些心理状态的。在相关的说话者具有的内在心理结构中(或更好地说,在既包含了这些内在状态,也包含了生物外在的环境的复杂关系系统中),这些基础性的心理状态本身可能有着许多功能上的作用。那么,关键的地方在于,多元性的可能性源自这样的事实,即所讨论的状态在功能上**初始**不是表征的。表征的状态有着单一的基本功能,即"镜射"实在。那么,多元性——如果有的话——必然源自内容的多元性,源自**被表征物**的差异。但是,非表征的起点承认所讨论的承诺在功能上有着不同的作用;当这些多元性穿上了断言形式这种共同的"外衣"后,多元性便有了模糊性。

这种观点因此为功能多元论留下了空间,原因恰在于观点中的非表征主义因素。然而,在另一种意义上,似乎仍可以将断言视为单一的工具——在这种假想的版本中,断言是一种用来在整个话语共同体内调整承诺的工具。断言因此变成一种有着多元目的的工具,它与维特根斯坦

---

[24] 正如几位作者已经提及的那样,令人困惑的是,为什么紧缩论者"同样的"(same again)真之概念不能适用于非陈述性的言语行为。

机车驾驶室内的把手类似。从某种意义上说，正如维特根斯坦强调的那样，各种把手有着非常不同的功能。然而，正如维特根斯坦总结的那样，它们都是被"设计成用于操作的"，并且，**在这种意义上**，它们是单一的一类范畴中的成员（相比之下，正如我在开篇处提到的那样，即维特根斯坦工具箱例子中提到的那些各式各样的工具——"螺丝刀、尺子、溶胶炉、胶水……"）。例如，作为一类的把手与作为一类踏板是非常不同的（尽管它们的作用有许多重叠的地方）。

所以，这里有个提议，该提议认为，把断言的功能看作统一的表征功能，这错失了功能上重要的区别——我们不能仅通过诉诸被表征之物的差异而不考虑这些区别。为了获得正确的解释方向，我们需要从语用上的差异开始，即从我们用正考察的断言所**做**的诸多事情间的差异开始（或者更为准确地说，作为它们构成基础的心理状态所**做**的诸多事情间的差异）。为了正确理解统一性，我们需要注意到所有这些任务——其言语表达都以不同的方式恰当地援用了那种具有多元目的的工具，即断言大体所**是**的样子。为了说明这一点，我们需要说明它是哪一种工具——用这种工具，我们一般能够做什么，以及不能够做什么。㉕如果部分答案在于，我们将我们的承诺暴露在同伴的批判之下，那么要点便在于，这对在功能上起到诸多不同作用的承诺来说（而这些作用都不是表征的），可能是非常有用的一件事。

值得注意的是，这种解释结构也体现在生物学中。人手便是一个好例子——这个例子几乎是我们一开始便讨论的维特根斯坦例子的投射。手及其前身对我们的先祖来说，必然是有用的，能够实现许多不同的生存和进化的目的（当然，还可以用其他方式来实现这些目的，但效果或许会差一些）。貌似合理的是，手对于人类在生物学上成功的净贡献有赖于这些诸多不同功能累积起来的优势。那么，在解释人手的进化时，我

㉕ 或者仅可在其他不同的工具——即不同于断言解决问题的其他处理方式——的帮助下做到。

们需要认识到它是有着不同目的的工具。[26]

如果我们仅单纯地在现代人类生活中研究手的功能，而忽略它们生物上的起源，那么，上述论断也是正确的，甚或可能更为正确。我们会发现我们的手能够具有非常多的功能，在实践中，所有这些功能都可通过其他手段来实现。尽管无疑的是，手本身是重要的理论研究对象，但如果我们未能认识到手工任务的范畴——即用手可以做的事情——不是统一的自然种类的话，我们便会不能认识到其真正的重要意义。如果我们说手的功能是**操作**，然后便停止了讨论，我们便会错失某些非常重要的因素：我们会错失潜在的、基础性的功能多元性。根据我的解读，维特根斯坦就断言做出了非常类似的一个论述——根据这个论述，表征起到了操作的作用，因为这一概念的同质性是存疑的。

10. 幸存下来的意义-语效区分

我先前声称，我对维特根斯坦观点的解读保留了某些类似于弗雷格式意义-语效的结构。正如我已经强调的那样，它保留的首要事务是这样的思想，即诸断言间有着共同之处。尽管存在这样的事实，即它在断言性的言语表达的范围内引入了一种新的语用多元性——这种多元性在弗雷格的图景中找不到——但它接受，在某种重要的意义上，所有的断言都在"做着同样的事情"。因为它们都运用到了同样的语言工具——有着多元目的的工具，但虽然如此，仍然是一个单一的工具。[27]

---

[26] 正如梅南（Menand 2001: 361）注意到的那样，杜威也使用手来类比我们用语词和思想可以做什么。杜威的例子中，他的观点是反对近代认识论中的表征主义，但我们当前所使用的类比则似乎是互补性的。

[27] 在认可这类断言有着很大程度上的统一性时，人们可能认为这里的解释不必然是维特根斯坦式的。当然，它与维式某些例子中——例如工具箱的例子——所表达的彻底的多元论相矛盾。但是，我们已经明白，严格地对待这一点的话，他的例子彼此间也有着不一致之处。而我们所提议的观点当然兼容于稍微不那么彻底的例子所表达的多元论。

当然，我们提议的这种研究进路不应该把自身限制在我们当作断言的或陈述的那类言语表达上。因此，断言是对单一的、有着多元目的的工具用法的表达，而不具有这一工具的用法的，则是其他的言语表达。当人们要对非断言性言语表达做出更为积极的判断时，存在着一种吸引人的策略——这种策略似乎保证的是，弗雷格模型中存在着的语用因素能够在这一更为一般的理论中幸存下来。

这一策略依赖于这样的事实，即所提出的解释似乎能够自行取用弗雷格反对者们的工作——至少是在适度的理论是可能的时候，即至少元语言的概念资源同对象语言的概念资源一样丰富的时候。例如，根据弗雷格主义者自己的理解，他们欠我们一个解释，即根据语句"草是绿的"的成真条件来解释祈使句"使得草是绿的"的用法。作为具备了所需的概念资源的语言的说话者，我们知道——如其所是的那样，在适度的程度上——这些成真条件是什么。也就是说，我们知道"草是绿的"当且仅当草是绿的。因此我们知道的已经足够多，从而能够理解弗雷格主义者关于祈使句的用法告知了我们什么。这种知识对我们来说，无疑是可用的，即便我们附加对草是绿的这种思想的起源做了语用上的解释。

人们可能会反对：根据适度性，这种解释将会处理太多问题，而成为理论的本体论（theoretical ontology）的一部分。例如，难道对祈使句"使得草是绿的！"的用法条件的解释实际上指的不就是颜色吗？如果是这样的话，那么我们便再一度背上了如下问题的包袱，即避免非表征主义，为关于颜色对象的讨论、规范的讨论、因果的讨论、关于意义的讨论等在自然世界内提供一个位置。但是，我认为问题显然是困难的。如果要对说话者必须知道什么以便能够正确地使用言语表达给出有用的解释的话，理论必须诉诸说话者关于颜色的**判断**，而不是颜色本身。这便必须要去解释，如果草被弄成绿色的，遵守的不是命令，而是某人在他**判断**草是绿色的时候，他的**判断**应当是遵从这一判断。前一个判断是我们在这里所提议的理论的第一个阶段便已经有的东西。只要我们的方案

最终以这种方式建基在用法或判断条件之上，那么便不会有令人感到窘迫的不受欢迎的本体论。㉘

11. 结论

我已经论述为了理解维特根斯坦的观点，我们需要拒斥以表征的方式来理解断言性语言的核心功能。只要人们还有这样的理解，我们便只能在语义的稳定状态中找寻语言理论中的关键理论概念。指称、真、内容等诸如此类的概念将会是我们语言理论家们所需的核心概念。意义理论的首要任务便是，**具体地说明**恰当的某类语言词项中任意词项所具有的语义属性。

似乎抛弃表征式的概念意味着抛弃具体解释语义属性的事业。但是，我们需要如履薄冰。我们已经看到，对这项事业有着两种解读，它们的区别在于，语义概念在所讨论的理论中起到紧缩论的作用还是非紧缩论的作用。我认为这种区分与达米特对弗雷格式意义理论的适度版本和纯粹版本的划分相一致。只有纯粹的理论要求有表征主义的预设，而适度的理论则从对弗雷格式意义理论的驳斥中存活下来了。

然而，或许正是适度的理论所具有的弹性使得人们很难看到，表征主义式的预设是一个实实在在的选项。毕竟，我们可以通过说 S 是真的当且仅当 P，其中 P 指的是某一合适的对象语言中的语句 P，来说明元语言中的语句 s 的一些信息——这似乎是一个自明之理。它很敏锐地察觉到了这样的问题，即真之谓词的理论作用在于，发现这一自明之理根本不能证明表征主义。恰恰相反，它之所以是自明之理，恰是因为它对真之使用是如此之"薄"。

㉘ 根据同样的推理，我们的提议能够处理如下这种可能性，即祈使句的意义是不为我们所知的，因为我们缺少语用的解释所辨识到的那种偶然特征，这些特征对所讨论思想的用法条件来说，是关键的。

适度的理论具有的弹性或许也容易模糊如下事实：如果我们拒斥表征主义的话，它不是唯一的可行理论。除了适度的理论之外，还有空间能容纳那种不同的非适度的理论，这种理论对语言功能做出了非表征式的理解。我们便是在这里认识到，可以对维特根斯坦的语言多元论做出表达论式的理解。

从弗雷格式的起点到达这一观点因此需要两步。我们需要区分开适度的和纯粹版本的说明内容的理论。并且，我们需要看到纯粹的路径不是语言理论中唯一的非适度的选项。除了以实质的方式来使用语义概念，我们还可以选择去发现另一种完全不同的理论语汇。㉙

这一总结使得通往所提议的观点的道路变得有些曲折。但是，这完全取决于我们从哪里开始。从某种意义上说，从人们非常熟悉的地方开始，似乎会容易到达这种观点。这种通往表达论的快轨道依赖于这样的事实——正如我在第四节中提到的那样——每个人都需要对持有的概念做出解释。那么，根据每个人的观点，就使用一个给定的概念需要付出

㉙ 达米特迈出了第一步，但显然没有迈出第二步。我认为在这一方面，尽管他拥护真是意义理论的核心概念，他仍然与弗雷格式的正统理论关系太近了。（这是弗雷格和达米特工作中的实用主义因素之间存在张力的来源，我在本章注⑧中对之做出了评论。）显然，我们需要对这个主题做出更多的讨论。但是，在我看来，我们需要区分开关于断言性条件起到的作用的两种理解——达米特的著作中，对之所做的区分是不充分的。正如我在先前的文章中总结的那样：

> 存在疑问的是，语句的意义是由其断言条件——断言是正确的时候的条件——所决定的这种观点，是否作为一种修正的解释而被用于解释这样的观点：某人在做出一个断言时，就是在主张事情就是如此这般。一个选项是，认为尽管断言的内容或意义最终是由其断言条件决定的，这种观点的确没有陈述这些条件是持续不变的（hold）。"埃里克在飞"陈述的是埃里克在飞，而不是事情是如此这般的可断言性——即便我们最终需要以说明什么时候陈述这个断言是正确的方式来理解陈述埃里克在飞意味着什么。（1983b: 163）

换句话说，对某一断言什么时候被正常或恰当地使用的解释无需说明该断言说了什么。有了这一区分，我们已经快要认识到如下两种可能性了：（a）说明内容的唯一一种理论是适度的那种理论；（b）基于用法的说明因而是（用当前的术语说）一种非适度的说明，而非纯粹的说明。

怎样的代价来说，存在某种多多少少基于用法的事实。在传统的图景中，人们以表征的方式把这些词项的特征描述为世界中对象的"表征样式"。当前观点的独特之处并不在于它做得**过多**了，而在于它做得**太少**——它仅询问用法的条件，而没有用成真条件、语义关系等来补充相应而来的理论。

　　从某种意义上说，"缩小"传统的图景，这种可能性应该不会让当代哲学家感到诧异。为什么呢？因为，语义概念起不到实质的理论作用，这个想法是当代哲学中人们所熟识的一个想法，但这个想法在维特根斯坦的时代，人们对之则会感到陌生。当然，不令人诧异不意味着不存在争议。只要紧缩论本身是存在争议的，作为紧缩论的推断也会面临争议。实际上，日前而言，紧缩论招来的争议或许比应该得到的要小很多，因为它带来的系统性后果被低估了——人们没有看到它对表征主义式的正统理论进行了怎样激进的挑战。

　　同时，许多哲学观点既是众所周知的，也是具有争议性的。在唤醒人们关注到在全局表达论的框架内理解维特根斯坦的语言多元论时，我并没有声称，所导致的观点应当是无争议的。但我的确认为我们应当对其有更好的认识。㉚

㉚ 感谢霍尔顿（Richard Holton）、科贝尔（Max Kölbel）、韦斯（Bernhard Weiss）以及 2002 年 6 月在悉尼参会的听众，感谢他们对本章早前版本做出的有益评论。

第十一章
实用主义、准实在论和全局的挑战

威廉·詹姆斯曾经说过，有时候详细的哲学论述是不着边际的。一旦某一当下的思想的确是在行其道时，试图用论述来反对它就如在河流中立起一根树枝，试图改变河流的流向："河水只会绕过你的障碍物，并'到达同样的地方'。"他认为实用主义就像是这样的一条河流，尽管其他的称号或许会更好。不管怎样，实用主义否认差异性，认同语言之网的无间性，抚平了界限——无论是第一性和第二性，事实和价值，描述和表达之间的或任何其他种显著的界限。剩下的便是平滑、未分化的语言观，有时它同神人同形同性论或"内"实在论有着些微的差别，有时则体现为这样的观点，即认为没什么观点——包括最小化的理论、紧缩论和寂静主义——是可能的。人们时常认为维特根斯坦是这场运动的主要倡导者。在流水中立起一根树枝或许是无效的，但是，如果在我想立起一根树枝前，已经有人这么做了——谁知道呢？——足够的树枝可能搭建起一个水坝，这样便可减弱流水犯下的错误。

——布莱克本（Blackburn 1998a: 157）

让我们从布莱克本提交给以"赖特论'实在论和真'"为主题的专题研讨会的论文开始讨论吧。在反对这种"平滑、未分化的语言观"

时，布莱克本具体讨论了赖特的一个观点，即关于真之最小化的表达论（expressivism of minimalism about truth）的含义。赖特是如下这种普遍观点的主要倡导者：语义最小化理论为认知主义提供了直接的论证，因此它也反对表达论的理论。当然，在赖特看来，布莱克本是某种非常微妙版本的表达论（即准实在论）的重要拥护者。布莱克本运用准实在论对一系列哲学问题，例如道德的、美学的、条件句的、因果的，以及或然性判断等问题，进行了最为可信的诊治。准实在论的基础在于，注意到了话语之间存在**差异**，而布莱克本本人非常赞成语义最小化理论——因而他有意抵制这样的主张，即最小化的理论与表达论不相融，并在一般的意义上反对"未分化的观点"。

就我们的讨论来说，我们在很大程度上赞同准实在论以及布莱克本反对这种同质性的语言观的论战。我们也和布莱克本一道认为，最好不要将后一种观点描述为实用主义。实际上，我们将在某些方面上注意到，算得上是实用主义的恰是准实在论。然而，我们也想识别出一个维度，准实在论同实用主义在此维度上是不同的——这个维度有赖于这样的事实，即语言的准实在论观点仍然太过分化了，我们会对此进行解释。除了其他方面，我们坚持认为，这使得语义最小化理论易于受到上述提及的论述的攻击，它们以语义最小化理论为前提，而更具抱负的表达论的形式（或实用主义）则不会遭受攻击。实际上，我们将会论述到，论述的一般版本（例如赖特所倡导的版本）恰恰是沿相反的方向理解语义最小化理论的内涵：语义最小化理论为了**支持**（而非反对）强的或全局表达论的论述，提供了压倒性的论述。

这种强的表达论也是一种实用主义。在我们看来，这是一种重要且富有魅力的立场，但令人诧异的是，它在当代哲学中仍然是隐而不显的。① 我们这里的主要目标是，试图使之变得更为可见。布莱克本的论文，以及准实在论者同最小化的理论之间的论战，为我们提供了一个有益的对比背景。正如方才提及的那样，我们将会论证到，最小化的理论最终被证明是**为**表达论提供了全局论证。所以，从准实在论者的视角看，这里的消息是混合的：对表达论的事业来说是好消息，而对任何仅是**区域**版本的表达论（例如准实在论本身）来说，则是坏消息。具有稳定性的观点则是我们所谓的实用主义。②

本章行文如下：在下一节中我们将会介绍我们心中所想的那一风格多样的实用主义，并将之视为对为人所识的哲学难题的具体同应。而后我们首先设法将它从其"右手边的"邻居——通向类似的哲学难题的各种形而上研究路径——中区分出来。正如我们将会解释到的那样，在我们的意义上，区分出实用主义的一个关键特征是，它在形而上是**寂静主义式**的。

继而，我们注意到这个立场同其"左手边的"邻居——人们熟悉的各类表达论形式，包括准实在论——的联系。当然存在着类似之处，但是主要的差别在于，人们熟悉的这些观点在视野上一般是区域的，旨在被运用到某些主题或语汇之上，而对其他的主题或词汇不再适用；然而，

---

① 在我们看来，如此令人诧异的原因有两个：首先，因为所讨论的立场在动机和方法论上同一些我们熟知的观点相近，例如准实在论本身；其次，正如我们将会解释到的那样，因为所讨论的这一陌生观点实际上是人们基于流行的前提而做出的那一为人熟知的思路所达到的另一个终点。我们认为，在这两种情况中，实用主义选项已经变得令人感到费解了，原因在于，教条式地把关于语言的假说同与之冲突的假说联系起来。人们讨论的这一假说常被称为表征主义，而我们的论点可以总结如下：考虑到挑战表征主义的方法和动机是二十年来流行的做法，但令人诧异的是，表征主义本身并未得到更大范围内的挑战。
② 正如我们将在下文第八节中注意到的那样，布莱克本本人在新近著作中对这一全局的观点怀有好感，实际上，他已经声称自己在那些不同于先前的或更为人知的区域本体论的观点上，是一名"不可知论者"（Blackburn 1998b: 318）。直到第八节中——为了能够更为轻松地进行解释——我们把假想中的布莱克本的反对者视为区域版本的那类准实在论者。如果我们认为真正的对手实际上是（今时的）布莱克本本人，那么更为准确地说，我们想表达的讯息是，他不应该再持骑墙态度，而应支持全局版本的观点。

在相关的方面，我们所谓的那类实用主义必然是全局的观点。再次，这一论点决定于寂静主义。不像更为人所认识的那种形式的表达论，我们所说的实用主义者在对待各类语汇的表征性质上，（从某种意义上说）是寂静主义者（我们对此会做解释）。因而，它对上文提及的源自最小化理论的挑战提供了一个自然且稳定的回应。它保留了准实在论所提供的差异（differentiation）的最好方面，并同时借助表征的寂静主义避免了更成问题的差异问题。

1. 实用主义和位置问题

我们的第一个任务便是让人们看到，实用主义有着风格上的多样性。我们的方式是，一方面将之与一些形而上学观点进行对比，另一方面将之同人们熟悉的表达论观点进行对比。我们将对在为人所知的那一哲学难题的背景下来做出这些对比，这一难题时常呈现为关于事物或属性的本性或本质的形而上学问题：什么是心灵？什么是因果性？什么是善？什么是真理？通常，使得这类问题变得别具风味的是，所讨论的事物或属性似乎很难被"安置"在由科学描绘的那类世界中。在此形式中，这些"位置问题"源于关于科学所具有的本体视角的预设——粗略地说，即所有的存在（there is）都是科学研究的世界这一自然主义式的预设。③

我们所考虑的实用主义者想要消除这类形而上学难题，或想使这些难题降级，他们支持的是，物质（matters）在人类生活中有着怎样的作用和功能这类更为实践性的问题。④ 但是，"物质"到底是什么呢？可以

---

③ 这一"自然主义式"的预设暗示到，任何有着"实在的"好的主张的东西，必然在某种意义上——例如，或许经由其他的描述——是科学理论所认知的东西。这类自然主义在当代哲学中产生了极为广泛的影响。我们在这里想要强调的是它在引起形而上学问题中起到的作用。

④ 当然，这些问题也可以是自然主义式的问题，但是只有在它们涉及了对人类行为方面进行自然主义式的反思时才能是自然主义式的问题。关于这两类自然主义的区分的更多讨论，请参见 Price 2004a。

推测，不是形而上学家们所说的对象或属性本身，而是语词、概念和思想，根据它们（正如我们一般总结的那样）我们谈论和思及这类事物和属性。换句话说，谈论因果性的实用主义者不会询问因果性本身在人类生活中起到了怎样的作用，而是询问"因果性"这一概念、词项或概念的作用和谱系。（从某些哲学的或科学的立足点看，前一个问题可能是值得注意的问题，但它不是实用主义者所讨论的问题。）

实用主义因此有着二阶的，或"语言的"中心。我们承认"语言的"这一词项在这一语境中不会完全令人感到愉快。如果我们不想在相对而言具有优先性的思想和语言这类重要问题上犯丐题的错误，那么，我们似乎最好说实用主义是从关注**表征**开始的——而不去讨论基本的表征的本质是心理的或是语言性的这类问题。但是，这一术语有着抗衡性的劣势。"表征"这一词项含糊其辞地包含了两种意义，实用主义者应该对之加以区分。某种意义上，我们可以说该词项指的是已经在书页上印出来的或脑中的准句法的词项——例如，指的是严格的语言情况中的语句或词项。⑤ 在另一种意义上，它说明了（人们所假定的）那一词项的功能（即，它表征了……）的特征。正如我们将会看到的那样，实用主义者有着抵制这类解释——对所讨论的心理的或语言的词项的功能做出标准的表征主义解释——的很强的理由。即便人们仅旨在为所讨论的词项贴上一个可以承载其意义的标签，"表征主义"这一词项仍是这类观点一个不甚适宜的载体。

相应地，选择具有较少麻烦的术语的话，我们会说实用主义一开始讨论的问题与某些**语言的**词项的功能和谱系有关——这里强调的是，除非我们在其他方面做出了规定，否则我们总是假定这些词项可能是心理的，也可能是严格的（一般意义上的）语言的词项。

---

⑤ 这将会承认存在着进一步的分化，这取决于我们是否把符号（symbols）仅仅当作标志（marks），或某种类似于"语言中的符号"之类的东西。这些问题是重要的问题，但与我们这里关注的差别没有直接关系。

实用主义因此从语言的解释项而非物质的解释项开始；从关于某些词项和概念的**用法**的相关现象开始，而非从有着非语言本质的事物或属性开始。它从语言行为开始，并提出大体上是人类学的问题：我们如何在相关的生物生活中理解行为的作用和功能？什么是其实践意义？它的谱系源自何处？

在有着哲学的重要意义的情况中，例如人们认为导致了位置问题的情况中，实用主义者将会探寻能够解释所讨论主题的显著特征的答案——例如，解释价值性概念的显著特征。他们的目标是，消除这些情况中明显令人感到困惑的地方；其方式是，对处于难题核心位置的语言现象做出解释。引导他们的直觉是，如果我们可以解释我们情境中的自然生物能够自然地以这些方式说话，那么在由科学描述的那类世界中，便不存在同这些主题相关的进一步难题。

然而，这一直觉不能自立。它需要如下情况提供支撑，即拒斥在其他方面允许位置问题带着形而上学的伪装而重现的思潮，这些做法同之前一样令人困惑。正如我们随后将会明白的那样，形而上学家们也可以就语言的相关部分起到的功能提问。对于实用主义者来说，关键的地方在于，拒绝以那些可以重回形而上学的方式来回答这些问题的邀约。

2. 从语言开始的两种方式

乍看起来，似乎语言中心本身就足以将实用主义从研究位置难题的形而上学路径中区分出来。毕竟，难道形而上学没有预设这一物质中心吗？难道它的兴趣点不是必然聚焦于对象和属性——例如善、因果性、心灵等等，而非关注于对象和属性的用法？

然而，事情没有这么简单。让我们先理所当然地认为形而上学——根据它自身的形象——聚焦于世界的普遍性，而非语言的具体性。尽管如此，正如当代的一些文献阐释的那样，在语言层次上有着惊人数量的形而上学研究。因而，当代对因果性的本质或心理状态感兴趣的作者时常着手于研究因果陈述的"使真者"或诸如"信念"这类词项的所指。他们因此以**语义的**方式来描述形而上学目标的特征，将项目描述为处在某些语义关系"远端"的对象、属性或事态。处在"近端"的项目是词项或语句，概念或命题，思想或信念——换句话说，（在宽泛的意义上，我们目前正在假设）是某种语言性的东西。⑥ 那么，从某种意义上说，这类形而上学从语言中心开始。⑦

因而，形而上学家的探究起点也可以是，多多少少出于人类学上的思虑，而对人类的语言行为的某些部分做出解释。假如我们把这一思虑当成是我们想到的那类实用主义的建构，那么直接的结果便是，原则上（此意义上的）实用主义和形而上学有着重叠之处。选择哪种观点，这只是术语选用的问题，但我们的兴趣在于强调这样的观点：从这类人类学的思虑开始，但不把它当成是通向形而上学的垫脚石。既然垫脚石是由语义学的或表征的假设提供的，我们会保留"实用主义"这一词项，用

---

⑥ 在这里，我们模糊了如下两种情况之间的界线：一种情况是我们讨论的语言项是具体之物，例如语言标志；另一种情况是，语言项是某种抽象之物，例如命题。从抽象命题开始的形而上学与实用主义没有重叠之处，当然，这是在我们在这里所做的思考的意义上。但是，在实践中的情况是，相信命题很可能依赖于语言实践，于是，在当前的意义上，这种观点最终变得以语言为基础。

⑦ 我们需要把这条通向形而上学的路径从那种奎因意义上的语义上行所允诺的伪语言模式（pseudo-linguistic）中区分出来。对于奎因而言，谈论词项"X"的指称或语句"X 是 F"的真，实际上是以另一种方式谈论对象 X。［正如他本人所总结的那样："说语句'雪是白的'是真的，我们就是在说雪是白的。真之谓词是一套去引号装置。"（Quine 1970: 12）］奎因式的紧缩论的语义概念因此对真正以语言为基础的形而上学纲领来说，太过单薄了——太过单薄以至于不能为这一纲领需要以之为起点的语言提供实质的问题（即关于指称和使真者的实质的问题）。关于这一点的更多讨论，请参见 Price 2004a。布莱克本经常就依照拉姆齐所建构的语义上行观点表达出类似的观点。注意到"拉姆齐阶梯"没有把我们带到一个新的理论层次上，布莱克本评论道，存在一些"哲学家，他们试图利用拉姆齐阶梯的平面特征而攀爬它，而后声称它们在顶部看到了更好的风景。"（Blackburn 1998b: 78, n25）用我们的话说，布莱克本所谓的那类哲学家是那些未能明白流行的语言方法——对使真者、成真条件、指称以及诸如此类的事物的谈论——没有为形而上学的剧目单或前景增添任何东西，除非所讨论的语义概念比拉姆齐和奎因所讨论的那些概念更为坚实。

它来代表拒绝这类假设的观点。⑧

所以，使得实用主义同形而上学相分离的不仅是语言起点这单个方面。毋宁说，它结合起了这种起点和语义的或"表征主义式"预设，这些预设在其他方面将我们的理论目光从语言转向世界——实际上，这使人类学的思虑转向了形而上学的思虑。用图式说：

实用主义 = 减去表征主义的语言优先性

人们容易与实用主义的起点那种可能性（即对理解我们诸如"善""原因"以及"真"等词项的用法的兴趣）失之交臂，却没有感到来自形而上学问题的拉力——没有想要提问我们正在**谈及**什么。除非表征主义者的预设所起到的作用得到了清晰的阐明，否则它有可能仍然是我们关于这些事情的思想中隐在的那部分地貌，这是一个不能帮助我们从一个地方走向另一个地方的路径。然而，一旦恰当地做出了绘图，我们便可以挑战这些预设。我们实用主义者可以坚持认为，我们先辈所犯的错误恰在于走上了表征主义的道路，走向了形而上学的死胡同。

3. 拒斥形而上学的三种方式

我们的下一个任务是弄清楚（我们意义上的）实用主义在哪些方面同其形而上学的邻居不同。它拒斥形而上学，但是我们需要将它具体地从两种较弱的拒斥传统形而上学思考的方式中区分开来。

---

⑧ 当然，我们的选择在实用主义传统中有着源远流长且优秀的家系。梅南（Menand 2001: 361）注意到，早在1905年，杜威便写了实用主义将"会给表征主义以致命一击"。这对我和布莱克本之间的关键分歧来说，是至关重要的。

无形而上学与反实在论的形而上学

思考一下"道德价值是有用的虚构"这一为人熟知的观点。这个观点和实用主义的共同之处在于,对人类生活中的道德概念所具有的作用和谱系感兴趣。但它保留了形而上学的面孔:不夸张地说,它坚持认为不存在道德价值。显然,这是一个本体论主张。(关于其他内容性的论题,诸如可能世界或"真"本身这些论题的虚构论,情况也类似)。

当然,从某种意义上说,虚构论的确拒斥形而上学。道德虚构论拒斥对道德价值的本性做形而上的探究。既然不存在道德价值这类事物,根据虚构论者的观点,那么便不存在可待发现的本质(除非"在虚构的范围内",仿佛有个本质)。这种否定的、反实在论的形而上学论题因此拒绝做某种积极的形而上的探究。

把这种反实在论的形而上学和完全拒绝形而上学的做法进行对比。众所周知这类反形而上学论题的全局表述如卡尔纳普的《经验主义、语义学和本体论》(Carnap 1950)以及(至少大概不会错的)奎因的《论何物存在》(Quine 1948)等。也有区域性表述,通常基于这种主张,即形而上学的探究(在某些方面)在语言的功能上预设了错误的观点,而我们用语言来表达这些探究。正如下文所述,准实在论尤为清楚地阐述了后一种观点。

不管哪一种方式——全局的或区域的——相应的对比是如下两类观点之间的对比:完全拒斥形而上学问题的观点,以及承认反实在论,但否认形而上学存在这类观点。人们普遍接受的虚构论是后一种观点,我们所想的实用主义是前一种观点。我们意义上的实用主义因此是"无形而上学的"观点,而非是在形而上学的意义上反实在论的观点。实用主义者是形而上学的**寂静主义者**。⑨

---

⑨ 当然,在关于道德的谱系上,这类寂静主义者可以与虚构主义者达成一致。更多的讨论请参见下文。

无形而上学与主观形而上学

我们需要做出的第二个对比基于这样的事实：存在一种回答"是什么"（what is）的问题的方式，这种方式因其提供的答案在一定程度上是主观主义式的，故而它与实用主义之间的界线模糊不清。因果性、真或价值是什么？根据这一提议，它们不是我们可以乍看便可断定为客观的东西，而是某种涉及我们自身的东西——某种部分有着心理的本性，或是某种有着隐在的关系维度的东西。在当代文献中，新洛克式的反应依赖性概念就这类观点提供了一个颇受欢迎的模型：例如，能够是红色便是能够在恰当的条件下，在（正常的）人类观察者那里，产生特定的反应。故而，人们将颜色视为实在的属性，它能经受形而上学的严厉审查，但是它比我们认为的那样更为主观（或更涉及主体）。

这些观点是杂糅的。它们是形而上学的观点，因为它们严肃地对待"是什么"的问题。但是，它们也为对象、属性或事态戴上了一副人类面孔，或有着人性的基础——即便这一基础是以用法的方式得到阐明的。其次，我们是否应该称这些观点为"实用主义式"的，在一定程度上是术语选用的问题。⑩ 但是，不管我们选用怎样的术语，标识出我们这里所谓的实用主义的精确方式是，注意到这些主观主义者是否是关于语义的或表征问题的寂静主义者。相反，他们认为关于使真者、成真条件、语句、陈述、信念、词项或概念的指称等问题有着确定的答案——发现这些答案是哲学的任务。（它们传达的独特讯息是，人们最终发现这些事物比我们认为的要更接近主观性。）

因此，主观主义最好被视为形而上学的一种形式。它接受物质性的问题，以及会导向这些问题的关于语言的表征式理解。因此，具体地说，

---

⑩ 约翰斯顿（Johnston 1993）把反应依赖性视为一种实用主义——正如我至少出于逻辑论证的目的所做的那样（Price 1991b），我认为，我们这里所捍卫的基于用法的实用主义比约翰斯顿式的有着"实用主义"直觉的反应依赖性理论能提供一个更好的家园。

它不是一种寂静主义的观点，无论是在所讨论的语言的表征身份上，或是在相关的本体论问题上。

无形而上学——作为形而上学寂静主义者的实用主义者

自此以后，当我们说实用主义时，我们意指这样的一种观点：它既与这种主观主义的形而上学相对，也与关于虚构论和谬误理论的反实在论的形而上学相对。我们的实用主义者（通常而言[11]）乐意同大众站在一起，乐意肯定所讨论的领域里存在一阶真理，即肯定信念、价值、原因、事物曾经存在方式等。他们拒斥的是，我们透过所有独特的形而上学的理论视角而对这些问题所做的表述——如它们**实际上**存在或不存在，它们**实际上**是主观的，或诸如此类的表述。

一方面，这同形而上学的寂静主义形成对比；另一方面，这同虚构论和主观主义形成对比。刘易斯在他最新的文集（Lewis 2005）中借助一个观察对此做出了回应。刘易斯的主要主张是，准实在论是虚构论的一种有效形式。刘易斯注意到，虚构论和准实在论都认可关于目标话语的一阶的大众判断，但而后赋予我们二阶的条件。例如，在模态虚构论的情况中，事情是这样的："事物可以有多种存在的方式"——这是一阶的判断，"但它仅以我们都参与其中的模态虚构的方式存在"——这是虚构论的附加条款。刘易斯似乎认为，虚构论和准实在论因此比无条件地接受这些陈述的观点要更为次级——也就是说，如他对无条件的观点所做的解释那样，比实在论更为次级。

让我们暂且将刘易斯把准实在论解释为虚构论的一种形式是否正确的问题搁在一边，而聚焦于这一无条件的选项的本质。这种无条件的"实在论"是什么？它仅是这样的一种大众观点："事物可以有多种存在的方式"吗？还是这样的观点"事物有其**真正存在（REALLY**

---

[11] 例外的情况中，实用主义者只是人类学家，他们对自身并未参与的话语进行反思。

ARE）的方式"——这里的大写字母标识着有着特殊哲学色彩的主张吗？如果这两种可能性之间存在差别，并且如果它便是刘易斯寻求的无条件立场——为了能够主张该立场比虚构论和准实在论有着相对而言的优势——那么，它必然是较弱的立场。为什么呢？因为较强的立场也要求有附加的条件，尽管这一次是积极的而非消极的那类条件。（如果添加上大写字母就会添加上哲学理论的话，大众不会添加上这些大写字母。）

但是，如果较弱和较强的观点之间没有差别，这会如何呢？这便意味着——例如，正如卡尔纳普（Carnap 1950）认为的那样，哲学不能够为这些本体论问题带来任何独特的理论观点。换句话说，这意味着不存在任何不同的更强的立场。那么，可以再次说明的是，无条件的立场便是较弱的立场。

然而，这一较弱的立场实际上是我们所谓的形而上学的寂静主义。因此——仍然需要将刘易斯把准实在论等同于虚构论的做法是否正确的问题放入括号内——刘易斯界定的那一区分，即大众的无条件和有条件的说话方式之间的区分，本质上是我们需要在实用主义同其形而上学的邻居之间做出的区分。

所以，我们实用主义者是形而上学的寂静主义者。但是，请注意他们不是简单的哲学上的寂静主义者——如果存在这类观点的话。相反，他们实际上十分严肃地对待一些相关的理论问题：尤其是，同人类语言行为的各个方面具有的作用和谱系相关的、宽泛意义上的人类学问题。根据我们目前已经思考到的所有观点，令人备受鼓舞的是，这些问题是强制性的、必然会被提出的问题——至少是以含蓄的方式提出。（我们将会在第十一节中回到对这一问题的讨论。）使得实用主义卓然而出的是它的如下承诺：它承诺在没有语言的表征模型这一资源的条件下来提出这些问题。正如我们将会看到的那样，这个承诺是实用主义——至少是区域实用主义——同准实在论共有的东西。

4. 准实在论作为区域实用主义？

我们早前说到，我们旨在勾绘出实用主义的多样性，根据这种多样性，准实在论在其显著的方面可以算作是一种实用主义的观点。我们这一主张的意思现在应该显而易见了。例如，思考下关于价值话语的准实在论观点。这一观点当然在上文所勾绘的意义上是人类学的，或谱系学的。关于价值话语，它所拒斥的是我们所谓的表征主义式的假定。换句话说，至关重要的是，它拒斥的是这样的假定：从对价值话语最初难题的语言理解（a linguistic conception）推进到关于价值本性的形而上学问题。

当然，目前为止准实在论在这些问题上同人们普遍接受的非认知主义或表达论携手同行。（具体地说，像那些观点一样，它不应该受惑于某些版本的形而上学的主观主义。它没有声称在主张 X 是善的时，我们宣布我们赞成 X，或把 X **描述**为某种倾向于引起我们赞同态度的东西。）准实在论同某些粗糙形式的非认知主义开始分道扬镳的地方在于，在形而上学的反实在论和形而上学的寂静主义之间做出何种选择。关于价值概念的非认知主义意味着——按照字面意思——价值不存在［因此同意虚构论者和错误理论家（error theorists）］吗？有些非认知主义者似乎这么认为，但是布莱克本不是其中的一员。正如他本人经常强调的那样，准实在论不是一种错误理论：相反，正如他总结的那样，"准实在论最易于被视为从事如下事业的理论：揭露为什么投射主义无需与错误理论有纠葛"（Blackburn 1998a: 175）。在其他地方，在对这一问题——"难道你不正是在试图捍卫我们谈论'仿佛'存在道德真理的权利吗，尽管在你看来**不存在任何实在的道德真理？**"——做出回应时，他的回答是坚定的："不，不，不"（1998b: 319）。

因此，布莱克本的观点是：（i）当我们同大众说话时，我们完全（并且，不夸张地说）有资格声称存在着价值，以及（ii）哲学中不存在其他合法的立足点，站在它上面，我们可以撤回这一主张。用我们的话说，这等同于是说，准实在论者是形而上学的寂静主义者。用刘易斯的话说，实际上，正是在这一点上准实在论同虚构论得以区分开来。不同于虚构论者，想同大众一道确认（比如说）价值存在的准实在论者，随后并不会继而附加上否定性的条件。（最糟糕的是，他只是保留了进一步的赞誉、强调或那些大写字母，他认为我们的"非准"承诺有资格得到那些赞誉、强调和大写字母。但是，这意味着如果我们可以拒斥这一额外的条件，正如刘易斯暗示的那样，那么准实在论便可以继续在"准"的情况中谈论德性。）

这种对布莱克本的解读似乎认为，他对准实在论做出的描述与那些有着多样风格的反实在论是相矛盾的，尤其是同他在 Blackburn 1993b 中对准实在论的位置和本质所做的解释相矛盾。在那一语境下，他把准实在论同他所谓的"内实在论"进行了比较：

> 内实在论是这样的立场：在该区域内的一般话语的诸形式形成了唯一的材料，而这些形式将自身强加于实在论之上……外实在论则是如下两种观点的结合：(a) 就该领域内的正确理论是否是实在论式的这一问题来说，存在更为外在的（external）形而上学问题；(b) 这一问题的答案是，有这样的形而上学问题。内实在论包含了对 (a) 的否认；准实在论则赞同 (a)，但否定 (b)。(1993b: 368)

难道赞同 (a) 同成为一名形而上的寂静主义者不相容吗？实际上，在布莱克本的意义上，难道不是内实在论者更算得上是这类寂静主义者吗？

在我们看来，不是的——尽管在这个问题上，如果布莱克本的表述能够更为清楚些，会对我们有所帮助。因为 (a) 允许外在论的问题，正如从准实在论者的视角看到的那样。产生的第一个外在论的问题不是形而上学的，而是语言的问题。这个问题是："这个领域内关于承诺的正确理论是，认为该领域实际上是描述性的吗？"如果答案是，这个领域实际上是描述性的，惯常的形而上学问题因此是恰当的：所讨论的这个区域有着良好的形态吗，是否真正存在什么它需要对之作答的东西（如果有，是什么），等等？但是，如果这一初始问题的答案是，这种情况中最好的理论实际上不是描述性的理论，那么，准实在论者会认为这些形而上学的探究是不恰当的——实际上，这犯了范畴错误。

此外，在后一种情况中，只是在不赞成积极的、大写R的实在论式（Realist）、肯定有形而上学要求的意义上，而非在赞成消极的、否认有形而上学要求的意义上，准实在论者是反实在论者。（比较一下否认上帝存在的反有神论者和完全拒绝这一问题反有神论者的区别，后者甚至为自己贴上了不可知论者的标签，拒绝在她认为无确实根据的问题上站边。）

因此，一旦我们区分出这两类反实在论，并认识到准实在论者恰当承认的那种外在问题本身不是形而上学的问题——而是以语言为基础的元形而上学（meta-metaphysical）问题，即在我们讨论的领域内，形而上学是否秩序井然的问题——我们会看到，正如我们主张的那样，在这些准实在论者认为自己需加以探究的那些领域内，准实在论者确实是形而上学的寂静主义者。

准实在论因此似乎有着所有我们所谓那类人类学的实用主义具有的标志。然而，在以这种方式解读准实在论时，我们需要再度强调它是区域实用主义。它在话语的某些领域内，以及诸哲学难题的一些论题上，采取了实用主义的态度，但它不是普遍地采取这一态度。可以说，在其他地方，表征主义和形而上学仍统治着一些领域。⑫

---

⑫ 我们要注意到，在某种重要的意义上，表征主义仍然支配着准实在论者，即便在"准"的领域内。所讨论的这些领域是否实际上是描述性的或表征性的这一问题仍然被当作内容性的理论问题（contentful theoretical question）（答案是否定的）。作为表征的寂静主义者，我们实用主义者不承认这类问题。随后会就这一区分做出更多的讨论。

5. 全局的挑战

然而，在我们看来，准实在论的这种区域形式是站不住脚的。像其他区域形式的表达论一样，它面临着迈向"全局化"的势不可挡的压力——向这个方向迈进，便会承认可将这一领域里的观点恰当地描述为**全局**准实在论或**全局**表达论。从正面看，这一新的观点是我们一开始便提出的人类学的实用主义，只是它的形式未被限制于实用主义。我们的下一个任务便是，探究这一"全局的挑战"的来源与后果。

它强调了如下事实：朝向全局化的压力从两个迥异的方向威胁着准实在论，一个是外在的方向，一个是内在的方向。内在的压力源自大意如下的论述：除非准实在论变成全局的观点，不然它注定要成为其自身成功的受害者——简要地说，它自身的成功会使得任何有着更强形式的实在论，或者任何想要援用"非准"的情况的区域准实在论，变得冗余。我们现在暂且搁置这一挑战，而首先转向讨论外在的挑战。

外在的挑战依赖于倒转我们在开篇处言及的、布莱克本提及的那条河流（并且也是他试图去阻挡的河流）中的一个主流。正如我们注意到的那样，人们一般将语义最小化理论视为反对表达论的强论证。在我们看来——正如我们已经说过的那样——这恰使得事情向后倒退了。实际上，语义最小化理论提供了一种支持表达论的全局论证，这一论证对只是区域形式的表达论，例如布莱克本的准实在论，构成了外在的挑战。

在以这种方式开始转向为人熟知的对语义最小化理论的诉求时，我们最终在某种意义上赞成布莱克本，但在另一种意义上反对他。在我们看来，布莱克本正确地否认语义最小化理论意味着无差异的、同质的语言观——相反，正如他论述的那样，实用主义和表达论在最重要的特征上仍然有着严格的差别。另一方面，我们想要论述最小化理论的确区分开了那种使得布莱克本的准实在论——作为一种区域形式的实用主义——不同于更为全局的同类观点的分支。

6. 最小化理论的挑战[13]

在其最简洁的形式中，约定论的论证，即认为真之最小化的理论是非认知主义和表达论的敌人的论述，其大致是这样的：如果除了等值性图式之外，关于真，没有什么更多的方面，那么任何有意义的语句"P"——其句法使其可以内嵌在"P是真的"的形式中——在如下唯一可行的意义上，直接拥有成真条件："P"是真的当且仅当P。例如，既然道德判断当然是可以被套入这种形式的，那么，正如认知主义者坚持认为的那样，道德判断便直接具有了成真条件，或具有真值性。那么，一般来说，这里的思想是，如果"真"是最小化的，那么语句便容易具有真值性——因而对于一名非认知主义者来说，坚持认为具有成真条件的陈述不是真正具有成真条件的，这是不合情理的。[14]

正如我们已经说过的那样，在我们看来这一论述几乎完全是错误的。明白这一点的关键在于，注意到表达论通常对其目标话语做出了**两种判断**，一种是消极的，一种是积极的。消极的判断声称这些词项或陈述缺乏某些语义特征：它们是非指称性的、非向真的、非描述的、非事实的等等。积极的主张则提供了另一个选项，即对所讨论的语言的功能提供非语义的解释，例如它表达或投射了所讨论的说话者的价值态度。因此，消极的主张是**反表征的**，而积极的主张则是**表达论式**的。

关于语义语汇（我们用这些语汇来做出消极的主张）的紧缩论的混合观点，有着怎样的结果呢？如果我们把最小化具体解读为，主张语义

---

[13] 这一节在很大程度上利用了 Price 2009 中的材料。
[14] 我们可以在 McDowell 1981 中看到这一论述的早些版本，尽管在那之前，这个论点似乎已经活跃了。（它同斯特劳森和埃文斯在 1975 年于英国开放大学所做的、被拍成影片的讨论密切相关。）我们可以在 Boghssian 1990, Wright 1992, 以及 Humberstone 1991 中发现最新的讨论。Jackson, Oppy, and Smith 1994 中也认同这一论述，他们对非认知主义做出了回应，他们认为，关于真之最小化的理论无需承诺关于向真性的最小化理论，并且，对于非认知主义者而言，关于向真性的非最小化理论才是重要的。在我们看来，的确需要拯救非认知主义：在某些重要的方面，语义最小化理论已经是默认的胜利者。

概念起不到什么实质的理论作用，那么后果便是，必须抛弃消极的主张。因为它（本质上）是以语义的语汇锻造而成的重要的理论主张。但是，抛弃这一主张并不意味着，我们——作为理论家——必须认同其反面，即认同认知主义。相反，对鹅单薄的东西对公鹅也单薄：如果无法在厚的意义上使用语义词项，那么我们也无法在同价值判断是否真正是表征的这一（厚的）争论任何一方使用这些语义词项。

再思考一下神学的类比。持进化论观点的生物学家不认为物种是由上帝创造的。这是否意味着在他们的理论中，他们必须使用"上帝"一词以否认物种是由上帝所创？显然不是——他们只不过对物种的起源做出了解释，其中"上帝"这个词并未出现。所以，反对上帝创造了物种这一观点不要求人们接受如下主张：上帝的确没有创造物种。另一个选项——在此情况中明显是正确的选项——是一种消极的拒斥：我们只是在科学的语境中避免使用神学的语汇。

正如之前一样，这个例子的要点在于，认为"不肯定"（not affirming）与"否定"（denying）是不一样的，这个教训也适用于当前的例子。从一个理论家的视角看，拒绝肯定语言项处在语义的关系中，这不必然伴有对它确然如此的否定。人们可能直截了当地不讨论这个问题，因为我们未涉及相关的理论内容。

所以，把紧缩论用作于表达论之上，会有怎样的效果呢？效果便是，缩约了表达论者（一般具有的）消极的主张，**同时对积极的主张存而不议**，即不触及表达论者对所讨论的词项功能所做的语用解释。那么，同人们接受的观点相反，语义紧缩论是表达论的朋友而非敌人。如若我们将表达论立场的核心理解为对所讨论的判断的核心功能做出（我们所谓的）语用的解释——即不是以表征的、"描述的"或语义的方式做出的说明——那么，关于这一关键的语义概念的紧缩论理解便构成了使得表达论**全局化**的动机。就一类判断的功能而言，不管最终引起人们兴趣的理论观点是什么，我们都有理由认为全局化的理由不是指称或成真条件所带来的理由。(重复一遍：紧缩论等同于否认这些概念能够起到实质的理论作用。)

当然，对于大多数的表达论者来说，困难在于他们明显想把他们的表达论发展成一种区域性的观点。他们想就如下两类范围做出对比：在第一个范围内，他们对所讨论的语言功能给出非表征式的解释；在第二个范围内，他们想把语言功能看作真正是表征式的。正如我们上文所提到的那样，更为重要的是，他们在这两种情况中均想将"该范围是真实的表征的范围吗？"这一问题同实质内容有条不紊地联系起来。紧缩论不允许存在这样的问题，因而这个对比取决于紧缩论——但是它并没有不允许人们对栅栏非表征的一边做出表征主义式的、积极的、语用的解释。相反，问题在于，表征一方有何存在依据（因而，分界线本身缘何存在）。

在我们的意义上，语义最小化理论因此意味着全局实用主义。回顾一下上文的等式：

$$实用主义 = 减去表征主义的语言优先性$$

语义最小化理论要求，关于我们语言行为的实质理论必须能在缺乏具有语义范畴作为其支撑的表征情况下运转——换句话说，必须减去表征主义。

最后，人们需要注意这一结论没有蕴含着一个同质的、未分化的语言观。相反，存在着许多分化的视角，呈现为实用主义式的各类功能。我们唯一不能接受的分化是，真实的表征和"准"表征的话语之间存在分化。故而，如我们所说的那样，从准实在论的视角看，它既是好消息，也是坏消息：它支持表达论和谱系学，但反对准实在论者一个独特的观点——准实在论仍然可以是区域性的学说。

7. 爱利亚学派式的模棱两可

这个结论有两个方面，即一般的赞同表达论的方面和更为具体的反（区域的）准实在论方面。可以推测，这两个方面都被忽略的一个理由是，关于语言的表征主义观念如此深入人心以致很难发现语义最小化理论如何对它构成了直接的挑战——在此意义上，也很难发现最小化的语义理论所具有的激进论题是什么。（或许，这对语义实在论来说，也是很糟糕的情况——随后会对这种可能性做出更多的讨论。）

另一个理由则与当代表达论立场的辩证逻辑相关。这些将自身定位为区域观点的理论有志于坚持表征主义图画，同时缩减这幅图画的篇幅。在这种语境下，相关的哲学家们捍卫表达论，使其免于所谓的语义最小化理论的威胁，但这些哲学家似乎混淆了两类任务。一类任务是，论述语义极小化理论在表达论的关键方面为分化留下了空间，即它没有"使得所有的东西都相同"。另一类任务是，论述语义最小化理论为某一种具体的分化，即真实的表征的语言用法和非表征的用法之间的分化，留下了空间。表达论对于第一类任务的作用或许在于，它使得对第二类任务做出的论述具有的脆弱性变得模糊了。人们没有对这两个结论做出恰当区分，而强的论证为其较弱的论证提供了保护。

对第二点——即捍卫"分歧论题"（正如克劳特所称的那样，他追随的是罗蒂的立场，参见 Kraut 1990）——所做的最受欢迎的论述是，诉诸我们或许会称为"爱利亚标准"（the Eleatic Criterion）的东西。其中心思想是：我们需要诉诸树木以解释我们对"树"这一词项的用法，但我们无需诉诸善以解释"好"这一词项的用法。故而，我们应该"真正"实在地解释对树木的谈论，但仅准实在地谈论善（参见 Blackburn 1984，257; 1998b, 80; Kraut 1990; 以及 Dreier 2004，这些文献以各种方式表达了这一观点）。

这是一个吸引人的想法，爱利亚标准可以帮助我们标示出其中值得关注的区分。然而，我们也有一些值得注意的理由来怀疑它是否划出了一道它的反对者也会划出的界线——例如，在科学判断周围划出界线。⑮
对于当前的目的而言，更为重要的是，语义最小化理论蕴含着这样的立场：任何以这种方式做出的划分均不能是那些同世界有着实质语义关系的言语表达和那些同世界无实质语义关系的言语表达之间的划分。但是，既然这是将表征的语言用法同非表征的语言用法做出区分时需要做的事情，爱利亚标准在面对语义最小化理论时，不能够提供一道保留分歧论题的方式。换句话说，如果爱利亚标准能够作为分歧论题的基础，那么它便能揭示出语义最小化理论确实是假的，即实质的语义概念可以建基在爱利亚式的思考之上。

因此，爱利亚标准无法将表达论从如下窘境中解救出来：（i）他们拒斥语义最小化理论，将实质的语义关系建基在某种或其他（诸如爱利亚式的）基础之上；（ii）他们承认他们的表达论是全局的立场（尽管这个立场能够提供足够多的视角，透过这些视角可以分辨出非语义的那类立场——或许还包括由爱利亚标准本身所标示出的某些立场）。后一个选项是我们推荐的选项，即我们所谓的全局的、人类学的实用主义，或全局表达论。随后我们将会解释，从准实在论的视角看，为什么前一种选项似乎尤为令人感到乏味。

然而，在我们结束对爱利亚标准的讨论之前，还有一种我们想引起人们注意的进一步可能推理。人们可能会认为，爱利亚式的标准所起到的恰当作用不是去加固真正的描述性话语和准描述性话语之间的**语义**界限，而是加固值得我们作为实在论者而对之忠诚的本体论和不值得对之

---

⑮ 简要地说，这是同因果话语的身份相关的一个大问题，人们用表达论的方式对之做出讨论，但它也是科学中的一个关键问题。或许，一个更为深层的问题在于对逻辑和概念的一般性身份。令人信服的是，对我们使用一般词项的用法的解释仅依赖于我们以及我们的先祖在过去偶然间遭遇的具体事例——一般性本身似乎没有解释作用。这一点——显然同如下思考密切相关——意味着语言中没有任何引起人们兴趣的成分，这些成分的确能够通过解释的测试（explanatory text）。最后，在其他方面，存在争议的是（参见 Price 1997a），对爱利亚直觉的诉诸大部分依赖于一种视角谬误：当然所讨论的解释援用的本体论有着表面上的优先性，但是它也应该如此，因为解释的视角本身是科学的视角！

忠诚的本体论之间的**形而上学的**界限。⑯ 在这里，我们仅想指出，这一推理超出了诸如布莱克本本人这样的准实在论者的界限，其理由至少有两个：首先，这会对他的形而上学寂静主义构成挑战，在他对之进行准实在论式诊疗的论题上，他坚持同大众站在一道——例如，他对错误理论的拒斥。第二个理由是，这会意味着准实在论只不过是在耕种一块错误的土地，它错误地将实在论的竞赛视为对语义修饰的权利问题：例如，被当作"真"和"假"。准实在论需要准因果性（quasi-causation），而不需要准真（quasi-truth）。

8. 作为全局准实在论者的布莱克本？

某些时候，布莱克本本人近乎接受上述困境的后一方。例如，在下述文字中，他认为赖特未能注意到拉姆齐和维特根斯坦对这一问题的观点有何区别——尤其是未能注意到这样的事实，即这一区分完全同拉姆齐的薄的真之概念相容。

> 这里的要点是，拉姆齐和维特根斯坦不需要那种精挑细选出的真之概念——健全的、直立的、硬的真之概念同某些软的、柔弱的仿造物之间的对比。他们需要的是精挑细选出的命题概念，或者用我们喜爱的话说，即真之资质（truth-apititude）的概念。有一些命题是以某种方式被恰当地理论化的，还有一些命题则以另外某种方式被恰当地理论化。理论的焦点在于，人们所声称的对命题做出的承诺之本质，以及这些不同的承诺在人们的生活（或生活形式、语言游戏）中起到的不同的功能性作用。实际上，我应该说，尽管这种立场最好被称为"非描述

---

⑯ 这便是阿姆斯特朗（Armstrong 1997: 41）所谓的"爱利亚原则"。

的功能主义",但维特根斯坦甚至会将"描述"这个词扔进最小化理论者的炖锅中。即便我们必须说,所有的承诺描述它们坐标上相应的实在片段,我们仍可以说,人们可以用一种独特的方式将其理论化。你以一种不同的方式获得它们,为其真之资格提供一种不同的理论(再一次地,这不应该不合莱特的意思,因为,在面对最小化的真之理论时,它只是将他本人所做的那类推理拓展到修复实在论争论中各类版本的实在论上)。也就是说,你可以这样总结,这些断言描述了事物如何具有价值、或然性、模态等等。但是,你获得这一平淡无味的结果的方式是独特的,并且这将是最重要的一点。(Blackburn 1998a:166—167)⑰

实际上,我们指出的是,这恰恰使得准实在论全局化了!从它导向的观点看,所有令人兴趣盎然的理论工作,包括任何来自爱利亚式标准的援助,都是由积极的、非表征的、表达论式的解释一方完成的。换句话说,存在着挑选行为,但是所有的挑选都不是以表征的方式来完成的——所有的事情都是以语用的方式完成的。⑱

9. 内在的挑战

为了抵制这一结论,(区域的)准实在论者需要接受困境的第一个

---

⑰ 关于"维特根斯坦"选项更为细致的讨论,请比较 Blackburn 1998b:77—83。注意到 Blackburn 1990,1993d 中曾把维特根斯坦解读为区域的准实在论者,所以,上述观点似乎标志着一个转折。
⑱ 我们也怀疑拉姆齐从未看到这一点,就像布莱克本一样,他的表达论只是半吊子的表达论,为了能够以一种稳定的形式来表达这一观点,他未能发现他需要同时放弃表征主义,这使得他的表达论的基础被严重削弱了。关于其中的"不稳定性"相关方面的讨论,请参见 Holton and Price 2003。

方面——换句话说，成为关于真和相关的语义概念的非最小化的理论者。作为语义最小化理论的朋友，布莱克本将会发现这一选项是非常不合宜的。实际上，他应该发现它是这样的，其理由应该比仅仅对语义最小化理论有偏好更为基本。困境的这一方面，从准实在论者的观点看，其内里没有什么吸引人之处，这里的理由同我们所谓的迈向全局化的内在压力有关。

想要明白为什么，我们需要注意到准实在论的独特和令人赞赏之处在于——不像形式稍显粗糙的表达论——它严格地对表征性的显像做出解释，解释目标话语为什么在许多方面"表现得像是"语言的真正的表征部分。但是，这将它暴露于人们熟悉的一个挑战中，我们可以这样来表述它：

> 假设你（即准实在论者），基于表达论的基础，成功地解释了为什么非描述性的判断表现得像是（你认为它是）真正的描述性判断。如果这些解释在一些棘手的情况中也行得通的话，诸如道德判断和审美判断，那么似乎可能的情况是，它们也将适用于简单的情况——也就是说，对于科学判断也行得通。换句话说，你的"稀薄的"或准语义的概念不但能充分地解释为什么人们可以将道德判断视为具有向真性，还可以同样充分地解释为什么科学判断也被同样看待。但是，简单的情况是，真正描述性的这一主张——也就是说，有着某种更为实质的语义属性——似乎具有如下两种问题中的一种：要么它是个空转轮，无需解释同存疑的那些陈述的用法相关的方面；要么，如果它同用法的某些特征是相关的，而仅是准真的那类"真"无法效法这里的用法，那么，它便揭示了准实在论是在耍花招——它未能交付货物，而这才是真正重要的地方。换句话说，如果根据你自身的标准，这的确是成功的话，那么你的准实在论势必

会从盒子中逃脱，并变成一种适用于全局的观点。

那么，为什么关于语义概念的非最小化的观点必然不会吸引准实在论者呢？因为，它将准实在论者束缚在了方才提及的新困境中了：要么他自身的方法会使得他的语义理论中的任何厚实的成分变成空转轮，在解释语义语汇的用法上变得不必要；要么他的方法失败的话，便意味着未能达成他自己所声称的目标，即解释为什么非描述的话语能够模仿实在事物。

因此，为了能够承受全局挑战的外在压力——也就是说，语义最小化理论蕴含着全局表达论这一论断——准实在论者不会轻易地考虑诉诸非最小化的语义理论的那一选项。并且，问题取决于全局挑战的内在方面，即如下事实：准实在论的纲领在自身方面越是成功，就越是难以不覆盖所有方面。既然目前席卷准实在论者的趋势是，其自身纲领内的引擎驱动着他们迈向全局化，那么准实在论者便无法不援用实质的语义关系以阻止这一趋势，以此避免破坏自己的工作。

然而，我们想再次强调，还有一个吸引人的备选项近在咫尺。它便是以我们所谓的实用主义或全局表达论作为代表的全局的解决方案。这种备选项在当代哲学中处在近处却不易发现，个中原因似乎在很大程度上是，表征主义的正统理论已经非常不活跃了。我们已经强调的要点是，语义最小化理论已经得到一定程度上的严格对待——二十世纪哲学中已经有许多人严格对待它了——实际上，它清扫了表征主义的正统理论的基础。但是，表达论者非但没有清扫这一基础，他们还持有这一基础，他们所做的诸多事物之一便是，主张我们的确使用着断言性语言，其后果便是揭示了理论关注的潜在多样性，袒露了自己的教条，即所有的只不过是在做**描述**。

本章的主要论述已经完成了。在剩下的两节中，我们想阐释目前所勾画的图景的两个方面。在第十节中，我们会描绘这种形式的实用主义蕴含了怎样的语言观。正如我们将会解释的那样，关键的地方在于，它将一个层次上的差异性同另一个层次上的同质性结合了起来——一个单一的断言性的工具或模板，它能够起到服务于许多不同项目的作用——我们可以用语用的方式来对两个层次做出恰当的探究。在第十一节中，我们回到寂静主义这个主题，做出分类以澄清我们已经讨论的各种观点之间的相似性和差别。

10. 多寓于一之谜

我们一开始讨论的是布莱克本试图捍卫语言多样性的可能性，他所面对的是从寂静主义至最小化理论这些倡导同质性的思潮。我们赞同布莱克本的大部分观点，但是认为，这一思潮清扫走的的确只是区域版本的表达论或准实在论。然而，在这一点上读者可能会感到，我们是以要把戏的方式来揭示这一点的。正如我们已经强调的那样，我们的观点比区域版本的准实在论有着较少的多样性，因为它未在真正的描述和仅是准描述之间做出划分。在我们的图景中，贯穿整个语言地貌的是相同的薄的或准语义概念。那么，所许下的多样性在哪呢？我们是否主张，这些同样薄的语义概念在不同区域内有着不同功能吗？它们都太过单薄，太过同质，以致无疑不能实现这种情况吗？

这一挑战让我们注意到我们观点中值得做出更多强调的一个特征。实际上，尤其对于语义最小化理论者来说，在话语的不同区域内，对语义谓词的基本使用不存在特定的用法，这是非常难以置信的。如果"真"只不过是一个去引号装置，它无疑会起到同样的功能，不管它被附着于其上的语句的内容是什么。

明白这一点的方式是，认识到我们可以吸收如下想法：那些语句本身可能有着不同的功能和谱系，正如实用主义者所坚持认为的那样，我们要在更广的语境内检验相应的要点。断言和判断有着多多少少的一般特征，这是非常可信的——例如，借用布兰顿（Brandom 1994）看待这些问题的方式说，做出承诺和"给出和索取理由"是同一个实践。从某种意义上说，似乎我们只是在一个大的语言游戏中做这些事情。我们可以将去引号的真之谓词在用法上的统一性视为这一"断言游戏"[19]中更广泛的统一性中的一小部分。

需要确定的是，这个层次上的广义用法同更低层次上的差异性——实用主义所要求的用法上的差异性——是兼容的。这种可能性不是显而易见的，实际上，我们的任务在于揭示，人们可能采取的形式是非常不同的，这取决于他是一名全局的实用主义者，还是仅是区域的实用主义者。布莱克本式的区域准实在论者大概会讨论某种已有的（弗雷格式的？）理论，这一理论是关于如何在真正的描述的领域中解释相关的现象，而在真正的描述领域中，我们无需为功能上的多样性找寻基础（至少对相关的多样性而言）。那么，人们的任务便是，揭示语言各部分所具有的不同基本用法如何能够恰当地在表面上效法真正的描述领域所具有的特征。

全局实用主义要求有一种不同的图景。既然它同时拒斥表征主义，它不可能一开始就假定存在一类情况，在这些情况中，至少在原则上已经可以对表面现象做出可行的解释了。然而，从某种意义上说，放弃这一假设会使得事情变得简单许多。我们实用主义者从一块干净的石板开始，寻求的是对断言游戏的作用和谱系做出单一的解释。具体地说，我们可以寻求一种为多样性的基础留有空间的解释，寻求一种可为我们和单单是区域准实在论者共有的直觉留有一席之地的下述解释，即在某种重要的意义上，语言的不同部分在做着不同的工作。

现在没有篇幅来详细地说明这种可能性，但为了能够让人们领会这

---

[19] 然而，在当前的语境下，对真之谓词所做的去引号的解释是否是充分的，这仍然是有疑问的。关于作为选项之一的紧缩论所做的辩护，请参见 Price 1988, 2003。紧缩论基于这样的提议，真之谓词在话语中起到更为丰富的作用，它本质上是规范性的。

种可能性是怎样的，我们想提一下我们在其他地方（Price 1988，2004b）已经勾画出的提议。该提议以这样的思想为开端：我们许多原始母语的（proto-linguistic）心理状态可能是对我们有利的，在我们的共同体内，我们趋向于获得一致的心理状态。断言性的语言似乎加快并鼓励这种结盟——在断言游戏内，我们以邀约有着相反倾向的说话者来挑战我们的方式来说出自己的心理倾向。["那是真的"以及"那是假的"是挑战和妥协的相应标志。——转自 Price（1988；2003）]

当然，作为正常的说话者，我们不理解这是断言性的语言的目的——我们好像只是从自己的视角在这么做，似乎在"说事物怎样"。但是，"说事物怎样"这一实践的功能掩藏在背景中——改变承诺（承诺对行为来说，有着重要的意义）这种功能要比我们在环境中获取个体经验要快得多，其方式是让我们获知我们同伴的相应状态（除此之外还有很多）。

因此，我们认为"表征"语言是在话语共同体内用于联盟承诺的工具。尽管在这种意义上它是一种单一工具，但它也是有着许多不同运用的工具，这些运用相应于运用到它的各种不同的心理状态所具有的不同的基本功能——这些心理状态以断言的方式来表达自身，以促进达成自己的联盟。而在传统的意义上，所有的这些基本功能都不是表征本身——在这幅图景中，不存在实质的语义属性。

维特根斯坦著名的观点是，语言表面上的一致性的面具下隐藏着多元性，并且，正如我们在前一章提到的那样，他在《哲学研究》中提供的支持这一想法的类比很好地契合于这里的功能上的双层次的建筑结构。谈及我们所谓的语言"表面"时，维特根斯坦提供了这样的类比：

这就好像我们在往机车的驾驶室里张望，看起来所有的把手都差不多一样。（自然地，因为所有的把手都是用来进行操作的。）但是其中的一个是曲柄把手，可以连续地动作（它是用来调节阀门的启闭的），另一个是转化把手，只有两个有效装置，或开或关；第三个是制动把手，推得越猛，刹车刹得越紧；第四个是唧筒把手，它只有在往复运动时才有效。（Wittgenstein 1968: #12）

从某种意义上说，正如维特根斯坦所强调的那样，各种不同的把手有着不同的功能。但是它们都是"用来进行操作的"。那么，在此意义上，它们是同一范畴中的成员，这一范畴在功能上有着引人注意的统一性——其他更为丰富的工具（如螺丝刀、尺子、溶胶锅……）则没有这种统一性，这是维特根斯坦给出的另一些例子。

我们实用主义者所理解的提议是这样的：认为将断言功能上的统一性视为表征错失了功能之间所具有的重要差别——我们不能够仅以诉诸被表征之物的差异的方式来取消掉这些差别。为了获得正确的解释方向，我们需要从语用的差别开始，这些差别是我们所讨论的断言所起到的作用之间的差别（或者更精确地说，或许是对于复杂生物在复杂的环境中所具有的，那种作为基础的心理状态所起到的作用之间的差别）。为了正确地理解统一性，我们需要注意，除了完成任务的方式是不同的，我们还需注意，所有的这些任务的言语表达都恰当地援用了那种有着多元目的的工具，断言大体上都是这种工具。这么说的话，我们需要表明它是哪种工具——我们用它来处理怎样的一般事物，或我们不能够做什么。如果部分的答案是，我们暴露自己的承诺，任由我们伙伴对之做出批判，那么要点便是，这或许是一件有用的事情，因为承诺在很大范围内起到不同的作用（而没有一种作用是表征本身）。

11. 寂静主义种种

我们一开始讨论的是布莱克本关于"有时自称为实用主义的当代河

流"的评论。在推荐我们自己版本的实用主义时,我们主要在抵制"平滑、无分化的语言观"(这一观点源自我们所讨论的那条河流之中)上赞成布莱克本。但是,正如布莱克本提到的那样,在这条河流中航行的哲学家经常自称为最小化的理论者、冗余论者或寂静主义者。如布莱克本所做的那样,我们也在不同的地方、就不同的方面对这些理论标签做出过判断。那么,我们(以及他)是如何避免被冲落至下游呢?

这里的歧俩在于,对几个不同的问题做出区分,讨论哪一个问题有可能使人们成为哲学上的寂静主义者。在这最后一节中,我们想要概述一下这种分类学。这会使得寂静主义在这个调性上如何与另一个调性上的非寂静主义相兼容这一点变得显而易见——因此,我们也会明白为什么在反对同质化的河流时,我们的立场和布莱克本希望采取的立场之间有着空间。正如我们将会看到的那样,它也为把我们的那类实用主义从区域准实在论中区分出来提供了一个利器。

对于当前的讨论目的而言,由于哲学理论目的上的原因,关于具体的语汇采取寂静主义观点等同于拒斥那种语汇。这或许会,也或许不会牵涉到出于其他目的而拒斥所讨论的语汇。此时我们回到神学的例子上来吧。神学的寂静主义者不仅在区分无神论者和有神论者那些问题上持不可知论的观点,她同时也一并拒斥神学话语,至少拒斥那些用作于理论探究的话语。她可能有拒斥它的诸多目的,或者只是根本就不想玩那种语言游戏,或者把它当作在其他方面可玩的游戏。在后一种情况中,她的态度类似于典型的语义紧缩论者的态度,语义紧缩论者不想同时抛弃真之谓词,而只是坚持认为它在界定理论研究的合法主题是什么这一问题上起不到任何独立的作用。

我们一直在讨论相关的问题,同寂静主义作为一种可能性相关的主要有三种主题或语汇。第一种和形而上学问题有关,第二种和语义的和表征的问题有关,而第三种则同关于语言的范围更大的人类学问题相关,它是我们这类持解释态度的实用主义者所强调的寂静主义。或许,在原则上，人们可能混合了这三类寂静主义者，所以有八种可能变体。在实践中，表 11.1 所列的五种选项似乎尤为明显。

A 选项是许多当代形而上学家持有的立场。[20] 它认同这样的观点，即哲学中存在合法的形而上学的或本体论的立场，关于诸如真和指称这样的语义概念，也存在非最小化的理论这种观点。最后，它也认识到在理论上探究解释语言用法的各个方面——例如我们关于因果的或道德词项的用法——这个工程，是有充分依据的。当然，这三个理论研究的区域很可能是密切相关的。例如，人们可能把形而上学当作对使真者的寻求，因而（至少）会和第一种和第二种研究关联起来。

B 选项代表着一种不同的形而上学，这种观点基于语义概念太过单薄而不能承受重量而拒斥当代形而上学中的语言方法。斯蒂克（Stephen Stich）捍卫某种与这种立场类似的观点，他认为将如下两种问题等同起来是错误的，即信念与意欲是否存在，以及"信念"和"意欲"是否实际指向任何事物。斯蒂克的情况不那么依赖于语义最小化理论本身，因为根据这种论述，指称论没有希望能够充分解决这一问题——不管是以哪种方式。但是，语义最小化理论有着同样的效果。

表 11.1 寂静主义的各种选项

	形而上学的寂静主义	表征的寂静主义	用法-解释的寂静主义
A	否	否	否
B	否	是	否
C	是	否	否
D	是	是	否
E	是	是	是

C 选项相应于对包含了"准"承诺的那些区域所持有的准实在论态

---

[20] Jackson 1998 提供了一个非常好的例子。

度。例如，同道德会话相关的方面，我们发现（初始的、非全局的）布莱克本在如下问题上不是一名寂静主义者，即道德承诺是否真正是描述性的——相反，他把道德承诺不真正是描述性的当作一个重要的理论发现。在达到了这个结论之后，**在这种情况下**，他随后将形而上学的问题视为哑问题。所以，关于我们讨论的主题，他是一名形而上学的寂静主义者，而不是其他类寂静主义者，即存在刚才所提表格第二列中的重要问题，而布莱克本当然不是第三列中的寂静主义者——相反，他在那个地方做了十分有趣的理论工作。

D 选项即我们这类实用主义。这个表格帮助我们澄清了在说明所谓的全局准实在论或作为区域的、风格多变的实用主义的描述性的准实在论的特征时，哪些说明是正确的，哪些是错误的。这些特征描述正确的地方在于，在列 1 和列 3 中，我们的全局性观点同准实在论的区域性观点是一样的，也就是说，它结合了形而上学的寂静主义与对第三列中用法-解释问题持彻底非寂静式态度的问题的兴趣。这些特征描述的错误之处在于，两种观点在列 2 中从未达成一致意见。准实在论者认为，承诺的领域是否真正是描述性的，或是否真正是表征性的（当答案是否定的时候，准实在论就是合宜的）这个问题永远是重要的；而我们实用主义者则认为，从不存在这类重要问题。

最后是 E 选项，该选项建议人们在所有这三种模式上都持寂静主义理论。某些维特根斯坦的阐释者把维特根斯坦解读为这些方面的寂静主义者——可以推测这些解读者中，有些是布莱克本所想到的人，在我们开篇的那一段中，他说维特根斯坦经常被推崇为否定差异性、拥护"语言之网的无缝性"这一圣战中的大祭司。在更早些的著作中，他提到这种解读公然违背了这样的事实，即维特根斯坦反复强调语言形式表面上的一致性之下掩藏着我们用语言行事上的深层差异。布莱克本（Blackburn 1990; 1993d）提议，我们应该把维特根斯坦解读为（区域）准实在论者——尽管他离开了"未竟的事业"（1993d: 589），就我们如何在非描述性的话语中继续谈论真、事实、知识等这一问题，未能给出解释。当然，这是准实在论者着手承担的工作。因而，根据这种解读，维特根斯坦只是准实在论者的原型。

然而，正如我们已经提到的那样，布莱克本关于维特根斯坦的观点似乎已经有所改变了。在我们开篇引用的那篇文章以及他同一年的另一项工作（Blackburn 1998b）中，布莱克本将维特根斯坦视为我们所谓的全局准实在论者的典型，全局准实在论者甚至把描述这一词项也扔进了"最小化的熔炉"中。那么，根据这种观点——把表征的概念扔进熔炉——维特根斯坦变成了我们这类实用主义者，一名表征的寂静主义者，并且属于D行。

最后，我们注意到还有另一种解读，这种解读的确把维特根斯坦放置在E行——所有形式上的哲学寂静主义者——同时没有忽视他对语言不是一个"无缝的网"这一观点的坚持。这里的关键在于，认为维特根斯坦对**描述**，而非**解释**具有兴趣。这种解释将我们的注意力引向了差异，但不把它视为哲学任务的一部分，即试图解释它们。具体地说，他不把我们人类学实用主义者的旁观的、第三人称的立场看作可行的哲学立场。

在这一点上，存在两种可能性。第一种可能性认为，维特根斯坦认识到了实用主义者想要提出的那些问题的重要性，但是他把这些问题当作科学问题，而不是哲学问题。另一种可能性则更加激进，即认为维特根斯坦坚持认为根本不存在这类合法的理论立场，不管是科学的或是哲学的立场。前一种可能性对于我们这类实用主义本身来说不构成挑战，它挑战的仅是实用主义是否有权自称为哲学。我们在这一问题上没有什么强的观点。（如果有人施加压力的话，我们便一直追随皮尔士的指引，为这一事业起一个新名称。）

第二种可能性则更为严重，它同语言的本性以及将语言理论化的可能性这些深层且值得注意的问题有关。然而，我们暂时先将这些问题放一边。我们这里的任务是去把我们这类实用主义从其稍不寂静的邻居中，尤其是从准实在论中区分出来。实用主义和准实在论都赞同第三列中的用法-解释问题没有为寂静主义留有余地——相反，它们是哲学中值得在一定程度上加以关注的问题，实际上值得就这一问题做出一些讨论。但是实用主义坚持认为，这些讨论无需是众口一致的，无需仅用一个调性来给出这些问题所要求的解释，抵制将其曲调同人们熟悉的，但声名狼藉的形而上学和表征主义的主题相混同。

就我们而言，我们尤其想要敦促人们认识到，关于真和指称的最小化理论会导向这类实用主义。维特根斯坦、拉姆齐以及奎因多年来一直谈论着这种区分，长久以来，语义最小化理论也是研究哲学的人所考虑的理论。在我们看来，令人诧异的是，很少有人认识到它是如何终结的：它是表征主义最后一次寂静的喘息，正如实用主义者认识到的那样。

第十二章
形而上学的语义基础

1. 从形而上学到伦理学,需要经过语义学?

杰克逊在《从形而上学到伦理学》第一章开篇"解释了严格的形而上学在本质上是如何提出位置问题的"(Jackson 1998:1)。就位置问题而言,他为我们举了两个例子。第一个例子与语义属性有关,例如真和谓词:

> 有些物理结构是真的。例如,如果我要说出的话是"草是绿的"这个类型句中的一个殊型句,那么我借此说明的结构就是真的……语句的语义属性怎么会与语句的非语义属性有关系呢?如果有"真"、内容以及指称的语义属性的话,那么我们在对语句做非语义的、物理的或者自然的说明时,在哪可以发现这些属性呢?(Jackson 1998:2)

杰克逊提到,对这类问题有两种可能的回答。第一种回答否认存在这种语义属性:

> 我们可能以一种关于真、意义和指称的怀疑论的或取消论式的立场来作回应。语句……是物理对象的一种,并且我们

知道原则上科学能够告知我们关于物理对象的全部细节。尽管我们还没有——或许从来没有——能站在给出全部描述的位置上，我们知道的已经足够多了，现在已经能够说，首先，看起来似乎是这样的……关于质量、形状、因果链、语言使用者的行为倾向、进化的历史等类似的东西……其次，总之不管怎样，这些描述都不会包含真、指称和意义这类词项。但是，如果全部的描述的确不包含真、指称和意义，那么所做的回应是怀疑论式的时候，真、指称和意义所处的情境便真是太糟糕了。（Jackson 1998: 2）

杰克逊将怀疑论式的回应与他赞成的回应做了对比，这体现在"从隐现（appear implicitly）在描述中的东西辨认出明现（appear explicitly）的东西"(1998: 2)。基于这个想法，他接着在这本书中对之做了具体发展。

我认为，语义属性这个情况值得强调，出于某些原因，杰克逊本人没有提及这一点。某些关于语言的假设自然是以语义的方式来兑现的，在杰克逊称之为位置问题的情况中，这对他关于哲学任务的理解来说是关键的。这些假设巩固了如下这种最为自然的观点：在哲学中，我们显然可以提出一个形而上学的问题，与宽泛意义上的人类学问题相反，这个形而上学问题是关于人类语言行为的问题——在这里的情况中，是关于语义词项（诸如"真""指向"等等）的用法的。

当然，杰克逊注意到我们需要这些假设。然而，我认为他低估了为了证成它们而需要做的工作，因而这在一定程度上对他的规划造成了威胁。通过使这些假设变得清晰，以及论述我们需要严肃地对待这些假设可能会失败这种可能性，[1] 我希望能够揭示我们需要巩固这里的基础；实

---

[1] 许多观点都决定于这两类失败之间的区别。粗略地说，一类失败涉及认同对相关语义假设的否定。另一类——在我看来更值得关注的是——出于理论上的目的，放弃那些用以表达那些假设的语义概念。

际上，这项事业的可取性上——至少就杰克逊式有着含糊性的事业来说——存在一个严重的问题。关于哲学在这个领域中能够胜任什么工作，还有着另一种理解——这种理解，正如我已经说过的那样，把某种更类似于人类学的而非形而上学的任务当作主要任务。关于问题本身，哪种理解是正确的，这不是由哲学来回答的问题，而是应该借助对人类语言行为的科学来给出大致的理解。所以，在某种重要的意义上，人类学的视角应该是先到来的。

本章中，杰克逊的进路并不会令人感到特别疑惑。相反，我们讨论的语言假设普遍地隐含于当代形而上学中。对于我的研究目的来说，杰克逊规划的吸引人之处在于，根据其清晰性以及将会得到保证的详尽性，它的语义基础相较而言是容易看到的。但是由此暴露出的大多数问题，我认为有着更广的适用范围。②

2. 紧缩论和语义属性的位置问题

首先来讨论人们熟知的处理指称和"真"这类语义概念的方式，即**紧缩论**或**最小化理论**。这两个主题击败了许多思想。出于对当前目的的考虑，我将核心主张理解为，"'真'和指称不是'实质的'属性"——不是关于人类语言行为的成熟科学的本体理论所需要的属性，也不是那种其本质已经在科学或形而上学中得到恰当探究的东西。与之相反，诸如紧缩论者认为，哲学的任务是去解释语义词项——诸如"真的""指向"——在语言实践中起到的独特作用。而这些词项的功能不是去指向实质属性，就这些属性的本质而言，也没有什么严肃的哲学问题可提。我们应该这样说，例如情况可能是这样的，这些词项起到了独特的语法

---

② 如果杰克逊的研究有着某种特殊的脆弱性的话，这便关乎这样的事实，即他的研究旨在是综合性的。我们随后会对此做出更多的讨论。

作用，它们能为杂七杂八的目的提供逻辑装置（例如，用于表达无限连接，例如"弗雷德说的所有话都是真的"这句话中的情况）。

紧缩论的观点与杰克逊所说的关于语义属性的"怀疑论的或取消论的立场"有着姻亲关系。③ 与那个立场相似，他们认为自己的主张吸引人的地方之一在于，他们三两下就可以解决关于指称和"真"的形而上学难题。对于紧缩论者来说，这些难题源自于在哲学上混淆了相关词项所起到的语言作用。用杰克逊的话说，这里的主张是，如果紧缩论者就语义**谓词**起到的语言工作的看法是正确的，那么关于语义**属性**，便不存在位置问题了。

当然，紧缩论是有争议的观点。我在别处对它的一种形式做了辩护（Price 1988；2003），在这不打算这么做，或至少不直接为它做辩护。毋宁说，我想利用紧缩论在相关地貌上的高辨识度的事实，让人们注意杰克逊在《从形而上学到伦理学》（*From Metaphysics to Ethnics*）一书以及其他地方倡导的规划所具有的某些预设。通过揭示语义紧缩论能够从底部切除那些吸引人的形而上学基础（不然的话，便会如杰克逊理解的那样了），就当前的形式来说，我想指出杰克逊规划预设的紧缩论是错的。这将证明杰克逊规划依赖于某种关于语言的经验假设，在我看来，某种程度上这个假设应该比杰克逊予以它的关注要更引人注目。我将论述这些假设要比杰克逊认为的要更难证成。

在我看来，杰克逊自己关于紧缩论的立场也是应该仔细商榷的。一方面，正如我们将会看到的那样，关于语义概念，他时常似乎是坚定的

---

③ 就紧缩论与杰克逊考虑的观点间的关系有多么紧密而言，没有多少实质的东西可说，但这个差异是值得注意的。紧缩论一般是一种取消论立场，而不是那种（如杰克逊总结的那样）赞成"如果全部的（科学的）解释的确不包含'真'，指称和意义的话，那么'真'，指称和意义的情况便雪上加霜了"的观点。紧缩论者会说，恰恰相反，错误在于通过做出科学的解释来寻求"真"和指称，因此如果不能在科学的解释中找到它们的话，那么便没有什么对它们不利的污点。

实在论者，这个立场是与关于语言的表象主义理论紧密相连的。④ 另一方面，从我开篇引用的那一段话看，他似乎是在说，对语言殊型——例如言语表达和写下的语句——做出科学的说明"不会包含'真'，指称和意义这类词项"这一点是清楚的。从表面上看，这听起来像是这样的紧缩论主张，即语义属性在关于人类语言的成熟科学中起不到什么关键作用。如果我们以这种方式来解释杰克逊观点的话，那么我的论述便有了具体的指向了。我坚持认为，就目前的情况来说，隐含的假设是，语义属性的确有着重要的理论作用，它在那种促发了杰克逊认为形而上学具有的任务的观点中，以及语义情况本身和一些其他情况中，起到了关键作用。

如果我对这个预设起到的作用的看法是正确的，那么似乎我们可通过两种方式来尝试将这个预设与杰克逊这里认同的观点——即对语言殊型的发生（occurence）进行科学的解释将不会运用到语义语汇——调和起来。第一种方式在于，直接诉诸大众直觉和实践——实际上，诉诸语义词汇的大众用法。然而，撇开我们无疑会有的如下感觉不说，即接受大众可以把我们引向科学本身拒绝踏上的理论领地上，我们将会发现这种诉求只有在我们能够**拒绝**对大众语汇做紧缩论的解释时，才是有帮助的，而这恰是存在问题的地方。

第二个可选方式（我认为这是杰克逊本人的选择）便是，论证那一预设所依据的语义事实隐含于科学的描述之中——表征主义的观点隐含于科学的观点之中。这个选项因而依赖于杰克逊提议的解决语义属性的位置问题的方案。然而，正如我将要论证的那样，问题和解决方案都依赖于这里存在问题的假设，即在语义语汇的大众用法上，采用有着语义特征的表征主义式观点。所以，对于那些寻求科学上体面的理由而去相信那一预设的人来说，这里没有什么能够安慰人心的东西。

---

④ 在本章的后面部分，我想论述的是，杰克逊似乎认为可以支持这一观点的各种关于语言的常识性观察，都不能担负起这个重任，这完全与紧缩论的观点一致。

在本章结尾处，我会就这个显而易见的循环性问题，以及相关的问题，做出更多讨论。目前而言，我仅对如下事情感兴趣：就杰克逊理解的形而上学的任务和视野来说（尤其是存在的位置问题），紧缩论会带来怎样的后果。我需要考察如下两例对语义紧缩论的承诺。

厚属性与薄属性

首先，紧缩论者不需要声明不存在语义属性。相反，大众用法会在某种程度上承诺这样的主张，存在这类属性；实际上，紧缩论者与大众的意见一致，他们也属于大众的成员。但是，紧缩论者坚持认为，一旦我们理解了语言中相应词项的功能，我们就能明白关于这些属性的本质或"位置"来说，不存在任何形而上学的问题。正如霍维奇所说的那样：

> 坚持认为"真"不是属性，这不是最小化的理论的题中之义。相反，"是真的"完全是英语中一个漂亮的谓词——（撇开对"属性"这个概念唯名论上的考虑不谈）人们也可以把这理解为一种确定无疑的标准，这个标准代表了某种属性。然而，最小化的理论者希望强调的是，"真"不是某种复杂的或自然的属性，而是某种其他种类的属性……这个术语背后的意思是，属性的不同种类对应于谓词在我们的语言中所起到的不同作用，除非人们充分辨识到了这些差异，不然我们便会试图提出问题，把某种卓然而立的东西视作属性，但这个属性只有与另一种有所关联时，才能够以合法的方式出现。（Horwich 1998: 37—38）

这里需要小心对待"代表了"（stand for）这个词的用法。这听起来像是一个语义概念，但如果是这样的话，紧缩论者便不能指望它承载了理论分量了。紧缩论的主要观点是，语义概念没有承载理论分量。

关于这一潜在的不一致性，我随后会做出更多的讨论。在目前的语境下，避免这个不一致性的一种简单方式是，注意到——实际上，正如该段余下部分所说的那样——语义概念具有宽泛和流行的用法，根据这个观点我们可以这么说，存在谓词的地方便存在着属性。在此意义上，当然有着"真"之属性。但是，我们需要将这个"属性"的用法与它在严格的科学和形而上学中的用法区分开来，这恰是因为这些学科需要对如下事实感到敏感，即谓词可能起到不同的语言作用，从表面上看，不太容易看清这一点。紧缩论者会说，"真"因此是宽松的、流行的或"薄"的意义上的属性，而不是科学的、形而上学的或"厚"的意义上的属性。

拒斥语义理论的两种方式

第二点与刚才提及的不一致性有关。博格西安（Boghossian 1990）认为，关于语义属性的非实在论观点是不融贯的，因为非实在论者想主张诸如"真"和"指向"这类词项**的确不指向任何东西**，或者说，对这类语义属性做出归因的语句**缺少真值**（或许，这类语句**整齐划一地是假的**）。博格西安的批判核心在于，加粗文字部分的主张涉及**关键且不可消除**的概念，这些概念恰与语义非实在论者所声称的非实在论有关。这无疑涉及某种恶性循环？

在目前的语境下，我们的兴趣在于语义概念的非实在论体现为的一种具体形式，即紧缩论，它的观点有着如下特征，即这些概念在语言理论中起不到实质的或不可消除的作用。基于这样种观点，博格西安的控告也有了更为具体的形式。难道紧缩论者不是运用和"她自己的理论"相关的概念来描述自己的紧缩论观点的吗？这恰是指我们先前提到的不一致性，即与"代表了"这个语义概念相关的不一致性。

但是，人们容易避开这个反驳。我们只需区分如下两点：（i）**否认**（根据自己的理论）语义谓词的归属有着语义属性；（ii）（根据自己的理论）就语义谓词的归属是否有着语义属性这个问题**什么都不说**——也就是说，在说明人们就这些归属想要说明什么时，仅运用不同的理论语汇。紧缩论者不可能前后一致地接受（i），但可以前后一致地接受（ii）。我们称（i）为**积极地拒斥**，（ii）为**消极地拒斥**，"语义谓词的归属有着语义属性"这一理论主张。（那么，像消极的进攻一样，积极的拒斥也包含某种策略性的沉默。）

这里有个类比：不同于创世论者，达尔文主义者不认为物种是由上帝创造的。这意味着达尔文主义者在表达自己的理论时，例如在**否认**上帝创造了物种时，必须使用"上帝"这个词吗？根本不需要。达尔文主义者仅需要解释物种的起源，其中"上帝"一词并没有出现。所以，对上帝创造了物种这个观点的**拒斥**不要求人们**接受**如下主张：上帝的确创造了物种。另一个选项——这无疑是正确的选项——是进行消极的拒斥：在科学的语境中仅是避开了神学的语汇。

类似地，拒斥语义谓词的归属是谓词性的这个观点——拒斥这是一**种理论观点**——不要求我们认同某个**否定性的**主张；根据这种观点，我们用自己的理论方式来使用语义词项。消极的拒斥提供了一个选项，按理说它也是唯一自洽的选项。那么，自此之后，我会假定语义紧缩论采用的是这种消极形式。这并没有说语义谓词的归属**缺乏**语义属性。

紧缩论因此提供了一种人们熟悉的、明显融贯的观点；从它的视角看，**似乎**不会产生语义属性的位置问题。或许有人会认为，这是个错误的印象——刚才勾绘的紧缩论的具体形式的确未能避开位置问题。我随后会回到对这一点的讨论上，但目前假设紧缩论的确避开了关于语义属性的位置问题。那么，正如前文提到的那样，它提供了一种与怀疑论或取消论的研究相关的进路，杰克逊本人认为它是避免这一具体的位置问题的研究进路。换句话说，这算不上什么尤为新颖的思想。

但是，我认为在这附近有一些更新的思想。我认为，语义紧缩论不仅提供了如何为语义属性解除位置问题的一个例子，还为解除其他论题所面临的位置问题提供了一种策略。更准确地说，语义紧缩论堵塞了通向位置问题的具体道路——不然的话，这条道路的路况会非常拥堵。堵塞这条路并不必然意味着形而上学中不存在什么值得注意的位置问题。至少在某些情况中，可能有其他抵达相同位置的方式。但是，这么做的确意味着这种问题可能比杰克逊认为的要更为显而易见，并且需要他未能提供的基础。

但是，如果有了上述所做的两例观察的限制，语义紧缩论还会许诺那些旧思想吗？那些声称不存在语义属性，或声称语义谓词的归属没有以某种特定方式再现事物的人怎样避开了关于语义属性的位置问题，这是容易明白的。当然，在这些情况中，就语义语言中的语义属性的本质或"存在方式"，或者这类事物与属性或人们在其他地方所说的"存在方式"之间的关系来说，不存在什么特别的难题。原因只是不存在这类事物，便可到此打住了。但是，如果紧缩论者认可语义属性存在，或至少认可宽松的和流行的意义上的语义属性存在，但他们却不积极地否认语义谓词的归属有着表征的本质，这难道不仍然是受到了位置问题的诱惑了吗？

我将通过解释新的思想能够确认旧的思想来迎接这一挑战。正如我所说的那样，我将论证存在一条非常一般的通向位置问题的道路，而刚才讨论的语义紧缩论堵塞了这条道路。在解释了为什么这种语义紧缩论**在普遍的意义**上只堵塞了这条通向位置问题的道路，我随后便能指出这个论述能够适用于自身。这种语义紧缩论堵塞了关于语义属性本身的位置问题的道路。这个新的思想因此建基在旧的思想之上。

3. 非认知主义、紧缩论，以及全局表达论

语义紧缩论作为一种避开形而上学的典型方式已源远流长。这种方式最为著名的化身是伦理学中的非认知主义。相应地，当杰克逊在他的著作后面部分转向对伦理学的讨论时，他注意到他假定的正是认知主义。

如他总结的那样：

> 只有假设了认知主义，伦理学才会有位置问题。如果非认知主义者是正确的，且伦理语句的确没有以某种特定的方式再现对象，那么在以其他相关的方式——例如描述的、物理的、社会的等等——来表述对象时，便不存在如何界定再现对象的方式的问题。当然，尽管如此，人们仍需要解释伦理语句的意义，解释当在作出伦理判断时，我们正在做什么（当然，此时要使得做出的伦理判断更好，便不能照字面意思那样认为事情是这般或那样的）。（1998：117）

杰克逊在这里依赖于对伦理学中的认知主义和非认知主义之间差异做出语义上清晰的说明。认知主义者认为伦理判断"以某种特定的方式再现了对象"，而非认知主义者则不赞成这种观点。按照这种理解，认知主义者和非认知主义者双方都根源于关于语义属性的非紧缩论观点，因为他们都使用语义的或表征主义的概念来描绘伦理话语所具有的功能特征。

那么，接纳紧缩论会有什么影响呢？我想运用先前引入的积极的和消极的拒斥之间的区分以证明，关于语义属性的紧缩论蕴含了一种与伦理学中的非认知主义非常相近的观点，它们的相似之处恰在于非认知主义本身对形而上学的拆除，即通过保证情况不是这样的：伦理学因面临位置问题（或者更为准确地说，通过击败那种认为存在位置问题的重要理由）而抵制形而上学。

如果我的理解是正确的，那么这个论点会带来很多后果。我们正讨论的是伦理学中的情况，这个情况没有什么额外可说的地方。那么，在非常一般的意义上，语义紧缩论堵塞了通向位置问题的具体道路。正如我已经强调的那样，这并不意味着不存在通往相同形而上学问题的其他道路。但是，杰克逊的规划里似乎没什么能够作为人们所需的一般道路的候选项，并且，在极目远眺处也没有这样的道路。结果便是，根据杰克逊的理解，形而上学似乎奠基在"厚的"语义基础上：具体地说，奠基在关于语义属性的非紧缩论观点上。

在论述紧缩论支持某种近似于非认知主义的观点时，我是在逆势而行。许多作者曾表明紧缩论是非认知主义的敌人。如果"真"是最小化的，且这个思想是合理的，那么便容易对语句进行"真"和"假"的评价，人们便也不能合乎情理地主张"道德判断是没有'真'之价值的"。我们可以在麦克道威尔（McDowell 1981）、博格西安（Boghossian 1990）、赖特（Wright 1992）以及亨伯斯通（Humberstone 1991）中找到这一论述的不同形式。杰克逊本人采用的论述可以在 Jack，Oppy，and Smith（1994）中找到，这篇文章给出了一条逃离非认知主义的道路，其依据在于这样的论述，即对于非认知主义者想要达成的目的来说，关于向真性的非最小化理论恰是重要的。我随后会回到对这个问题的讨论上。目前来说，我认为，我们不需要保留非认知主义。在某些重要的方面，语义紧缩论已经是默认胜利的观点。

那么，在我看来，人们普遍接受的观点几乎完全走错了方向。为了弄清楚原因，我们需要首先注意到，非认知主义通常就它的目标话语提了两个主张，一个是消极的，另一个是积极的。消极的主张声称，这些词项或陈述缺乏某些可在语义上进行解释的特征：他们是非指称性的、非向真的、非描述的、非事实性的，或某种诸如此类的性质。积极的主张则提供了另一种关于我们讨论的语言具有怎样的功能的解释——例如，它表达了或投射了价值态度。我们可以认为，消极的主张是**反表征主义**的，而积极的主张是**表达论**的。⑤

---

⑤ "表达论"这个词项的用法，在一定程度上，十分微妙。例如，关于"真"之去引号观点在这里是一种表达论的观点，但是这并不是因为表达了某种心理状态。在此意义上，表达论观点的决定性特征在于，它在理论上对语言用法做了解释，同时没有运用自身的理论本体论中的语义属性。

以这种方式来结合起关于语义语汇（人们用这些语汇来表述消极的主张）的诸种紧缩论形式，会起到什么效果呢？明显的是，我们必须放弃消极的主张。但这并不意味着，作为理论家们，我们必须认同消极主张的反面（也就是说，认同认知主义）。相反，能为母鹅肉调味的酱汁也能为公鹅肉调味。如果我们不能在"厚"的意义上使用语义词项，那么我们也不能在价值主张是否是表征式的这场（厚的）争论任何一方使用这些词项。如果"上帝"这个词项在科学中无一席之地，那么科学既不确认也不否认"上帝创造了宇宙"这句话。这个例子的要点在于，在如此这般的情况中，**不确认**不同于**否认**。

所以，紧缩论给非认知主义带来了怎样的影响呢？影响在于，紧缩掉了消极的主张，同时使得积极的主张完好无损地被保留下来——非认知主义者对所讨论的词项的功能给出了表达论式的说明。那么，与人们的成见相反，语义紧缩论是表达论的友人而非敌人。如果我们认为表达论的核心主张是"判断的核心功能不是表征的功能"，那么关于这些关键的语义概念的紧缩论为表达论提供了**全局的**动机，即认为，不管就某类判断的功能来说我们得出怎样值得关注的理论结论，我们都有全局的理由认为结论不可能是指称性的，或成真条件式的。因为紧缩论等同于否认这些概念**有**值得注意的理论作用。

这里有个重点：语义最小化的理论因而支持的那种表达论是——决然是——**全局**表达论。在我看来，这个正统理论，即认为紧缩论为非认知主义的各种**区域**形式或表达论制造了问题，是正确的——表达论者在某些论题上，而表征主义者则在另外一些论题上，均有着这样的观点。从区域表达论的视角看，如果表征语汇起不到理论上的作用，那么我们便不能使用它来对栅栏另一边的语言领地做出说明。整个要点便是，紧缩论暗示了不可能存在这样的领地，因此也不存在这样的栅栏。所以紧缩论的确使得**区域**表达论变得不稳固了——但这是因为它暗含了全局表达论，而不是因为它暗含了全局的认知主义！

4. 全局表达论能够避免位置问题吗？

语义紧缩论因而暗含着我称之为全局表达论的观点。⑥ 在第二节勾绘的形式中，它也**例证了**这样的一种表达论。回想一下那种形式的紧缩论所具有的关键特征吧——即那个能够让人们避开博格西安反驳的特征——它对关于语义属性的归属的表征的观点是**消极的**，而不是**积极的**。换句话说，作为一种理论观点，它没有向语义概念本身求援。

在第二节的末尾，我提到有人可能主张这种形式的语义紧缩论的确终究不能避开语义属性的位置问题。毕竟它没有否认存在语义属性，也没有否认这种归属以某种特定的方式再现对象。相反，它**接受**存在语义属性，至少认为宽松和流行意义上的语义属性存在。它就语义属性是否以某种特定的方式再现了对象这个问题（及其理论本质），**什么也没有说**。（在宽松和流行的意义上，无疑它也接受这一点。）

有个类似的提议，这个提议逐渐把我们带到了对我所谓的修正后的非认知主义形式的讨论上——修正后的非认知主义保留了对所讨论的语言部分的功能做表达论的解释，但放弃了语言不是表征的这一消极主张。所以，我们现在面临着在第二节中被推迟的问题。这个观点避开了位置问题了吗？

正如第二节预示的那样，我不认为语义紧缩论击败了所有的位置问题。应该这样说，我主张紧缩论堵塞了通向这种问题的一条具体道路——尽管这是一条重要的道路，但不堵塞它的话，它便会为人们提供一些有力且广泛适用的理论动机，以使他们严肃地对待位置问题。我的主张依赖于对我所谓的**本体论上保守的**与**本体论上不保守的**方式之间做

---

⑥ 再一次地，这里的"表达论"一词的意思只不过是，以非表征的方式对语言做出理论解释。另请参见 O'Leary-Hawthorne and Price（1996）以及 Price（2004a，2004b）。

出区分，这两种方式都是对语言进行理论解释的方式。当然，任何提出语言理论的方式都会有着某种本体论的承诺——在最好的情况下，人们可以令人信服地对说话者，某类言语行为做出承诺，以及也有可能对各种环境因素（例如，有助于解释为什么这类说话者在这种场合做出了这种言语行为的因素）做出承诺。本体论上保守的与本体论上不保守的理论之间的差异体现在其他地方。乍一看，我们可以用卡尔纳普式的术语来总结这里的问题：它有赖于语言理论能否辨识出**内在的**本体论承诺，语言框架对这类承诺进行了理论说明。

回想一下我在第二节中用来阐明积极的和消极的拒斥这两个理论概念时用到的类比，回想一下在生物学或宇宙学中"创世"这个概念的用法。假设这个例子中的原则是"没有创始者的话就不会有创世"，任何在这种本体论内对实体做出一些或全部描述的理论（**这些理论把实体描述为受造的**）因而也会招徕对某种（可能是）额外之物的本体论承诺——也就是说，对一位或更多的创世者存在的承诺。对于任何 X 来说，我们的理论蕴含了 X 是被创造出来的这一观点，我们的理论因此提出"如果 Y 创造了 X，那么 Y 是什么？"这个问题。从某种意义上说，这是一个无足轻重的论点，它直接关乎这样的事实，即"被……所创造"是一种关系形式。这里的问题源自这样的事实，如创世论本身例示的那样，这个关系在本体论上是不保守的——它将生物和物理实体与某种本身不是生物或物理领域内的实体建立起了联系。

语义属性在语言理论有着类似的结果。作为语言理论家，如果我们认为词项 X **代表**了某种东西，那么我们的语言理论本身，一般来说，至少便让我们对存在某种东西做出了承诺——尽管我们承认指称的失败是可能的。例如 X 代表了 Y，Y 便存在。"X 代表了 Y，那么 Y 是什么？"这个问题因此是语言理论施加给我们的问题——即使这里存在问题的 Y 不是某种我们一般会认为是本体论语言理论中的必要部分，例如质数或道德属性。

我在说语义关系使得语言理论在本体论上是不保守的时候，我的意思就是这样的。将语义关系归属给诸多语言表达，这种做法让语言理论家们对某种本体论做出了承诺，这种本体论借助所讨论的语义关系而镜射出了我们所讨论的领域内的内在本体论承诺。⑦ 正如我在其他地方所总结的那样（Price 2004a），语义关系因而给出了一座桥梁，或一架梯子，它们把我们的理论关注点从语词移向了对象。

很容易明白为什么这会导致位置问题。我们发现自己正在运用自己的理论来声称诸如"善的""七""原因""信念"以及"真"这类词项起到了**代表了**某种东西的作用。自然而然地，我们想回答"它们代表了什么"这样的问题，这满足了理论上的各式追求——契合了我们想就诸如说话者，说话者的环境和能力等想要说明的东西。因而，给定了这样的起点，我们便有了获得自然主义式答案的压力——有了迈向位置问题的压力。

然而，语义紧缩论便不会施加这样的压力。因为它根本没有把诸如**代表了，指向了，或被……证明是真的**，这样的关系属性归派给词项和语句，它也没有就词项这种关系的"世界一端"提出问题。

现在有一个关键的问题：在确认我们依据自己理论而说出的（讨论中的）词项是非表征性的时候，本体论的保守主义理论要求我们积极拒斥表征主义的观点吗？抑或说，消极的拒斥就已经充分了？稍作思考我们便会知道，消极的拒斥就是我们需要的全部了。本体论上非保守的表征主义研究，其产生的原因在于它们明确地运用了语义关系。只要这些关系简单地从我们的理论语汇中**消失**，那么就不会有这种"语言之外的"本体论承诺出现了。

因此，语言理论中的语义概念的用法造就了位置问题，其方式是，使得所讨论的理论在本体论上变成不保守的。语义紧缩论堵塞了这条通

---

⑦ 再一次地，这需要接纳指称上犯系统化错误的可能。

向位置问题的道路,即便是以第二节中讨论过的消极的非表征主义形式。这类从这种语义紧缩论中产生的表达论为通向位置问题的道路设置了全局的阻碍。此外,这个论点可以以方才提及的方式运用于自身。也就是说,这种形式的语义紧缩论堵塞了通往关于其他论题的位置问题的效力同堵塞通往关于语义属性本身的位置问题的效力相同。

5. 一种反证法?

语义紧缩论缩约掉了位置问题,这个论述似乎也给出了一种语义紧缩论的反证法(reductio)。因为,有一些合法的位置问题存在,这难道不是明显的吗?例如,对化学属性和那些物理性质之间的关系来说,便是如此。这个论述难道不意味着,如果紧缩论是真的,那么我们便不需要担忧化学与物理学之间的关系问题(或许,这无疑是荒谬的,因为化学语言和物理语言"仅仅是不同的工作")?

但是,这个论述并不意味着这种荒谬性。它只意味着(不管在任何情况下,这都是可信的),我们有理由对化学与物理学的关系感兴趣,而这不怎么依存于隐晦的语言理论。在揭示化学和物理学做的是相同工作的意义上,我们不能仅简单地依附于这样的主张:它们双方都再现了事情所是的样子。如果我们是语义紧缩论者,这种描述既太薄,也太厚了,以致不能完成形而上学所要求的工作。(不那么隐晦地说,以这种方式依存于表征的概念会与语义紧缩论的核心信条——语义属性不承担重要的理论作用——无法共存。)

在化学属性的例子中,在应该怎样提供我们所需的证成问题上,人们熟知的是戴维·刘易斯对科学中的理论同一性问题所做的阐释(Lewis 1970a, 1972)。这里的统一线索体现在这样的事实中,即能够适用这种方法的理论本质上是因果性的——它们都从事于归派原因和结果的事业。以某些(或许存在争议的)关于因果性的假设为模(modulo)——例如,所有的因果性本质上都是物理因果性——这规定了所有这类理论在某种实质的理论意义上都从事着相同的工作。

刘易斯的规划适用于那些我们可以根据因果作用来说明其特征的实体之上。然而，在接受刘易斯规划的某些关键思想时，杰克逊隐在地想要使因果领域变得一般化。正如他提到的那样，他所提议的"道德功能主义"与刘易斯的心理功能主义的不同之处在于，在前者的情况中，"原则不是因果原则"（Jackson 1998：131）。如果有的话，到底什么在这种范围更宽的规划内起到了因果作用呢？结果最终证明是，**只要我们不是紧缩论者**，语义概念便会完成这个伎俩。为了能够明白这是怎么发生的，让我们来思考一下这两种纲领之间被略去的桥梁。

首先来思考刘易斯的模型。假设"A"是某一科学理路中的理论词项，M（A）则是对A起到的因果作用的完全且具体的说明。（∃x）M（x）便是一个拉姆齐语句，我们可以通过将M（A）中的"A"替换为有限变项的方式得到它。（∃!x）M（x）这种形式的意思是，存在唯一的能够使得"A的功能"实现的东西。

假定我们有理由认为（∃!x）M（x）是真的。关于A，我们知道什么？我们有着下述确定的描述：

  A是唯一的x，那么M（x）。

根据刘易斯的观点，我们此时是如何提出"什么是A？"这个问题，或"我们如何在由物理学所描述的实体中定位A呢？"这些问题呢？我们发现或确信自己在原则上能够找到某种物理实体D，它能够满足关于A的拉姆齐语句——也就是说，这样一来D也是唯一的x，能够被代入M（x）。那么，A和D满足了相同的有限描述，因此是相同的实体。

什么构成了我们如下信心的基础：至少在原则上可以发现D这类对

象存在？如果我们跟随刘易斯的思路，那么这便是一个关于因果性的论题——正如刘易斯曾总结过的那样，是关于"物理学解释上的充分性"的论题。结合 M（A）是关于 A 的因果事实的编码这个事实，这便为我们提供所需要的东西。

因而，认为可以发现这样的 D 存在的信心**不源于某种语义论题**。尽管我先前使用了语义概念——我写到"某种物理实体 D，它能够**满足**关于 A 的拉姆齐语句"——我认为，清楚的是，这种用法是不甚紧要的，并完全与关于语义属性的紧缩论观点相融。（实际上，我接着表明了如果不使用这种概念，我需要说些什么。）

但是，如果我们想把刘易斯的纲领普遍化，从而超出那一容纳了有着原因和结果的事物的领域，这将发生什么？⑧ 在这种情况中，我们一般来说不会拥有因果形式的有限描述。但是我们拥有语义形式的有限描述——这些描述的形式如下：

B 是能够满足拉姆齐语句（∃! x）N（x）唯一的 x

[其中 N（B）是我们关于 B 这种概念的理论]。

撇开这里关于唯一性的问题不说，（相对来说）有些不那么重要的问题是，我们能够以这种方式给出关于既定项 B 的拉姆齐语句。因而，不会有什么反对意见会阻止我们接着提出这样的问题：

满足拉姆齐语句（∃! x）N（x）的（唯一的）x 是什么？

根据对"满足"的非紧缩论的解释，如下观点是重要的：这只不过是在提出下述问题：

---

⑧ 或者这样说，就此而言，我们什么时候会想将它运用于因果项本身。

那种能被代入 N（x）中的（唯一的）x 是什么？

而这一问题只有一个平淡无奇的答案——"为什么？当然是 B 啊！"⑨

非紧缩论的语义学指出，我们该希望有一个更为值得关注的回答。这个答案为我们提供了一种潜在的处理同一性问题的方式，这恰也是因果性在刘易斯哲学中所能提供给我们的。这便是，它为我们提供了——至少结合了某类语义自然主义——可以加以探究的一类新问题：与拉姆齐语句**有着这种语义关系**的（自然的或物理的）东西是什么？然而，如果紧缩论者是正确的话，那么便不会有这种新的理论问题——并且，我们也没有什么用以建构新的语义原则的材料，从而支持物理主义；刘易斯的"物理学解释充分性原则"的情况也类似。⑩

目前来说，我们的主要论点是，紧缩论为杰克逊式的形而上学提供全局的挑战这个事实没有荒谬地意味着，提出这类形而上学规划的问题从来都是不恰当的。它只是意味着，我们需要做额外的工作以揭示它们在任何具体的情况中都是恰当的——不然的话，我们只能用语义概念来完成这些工作。但是，在另外的一些情况中的确会产生某种显而易见的荒谬性，例如化学属性的例子中，就如何完成这些额外的工作来说，我们已经有了相当不错的主意了。存在争议的地方在于，刘易斯是否帮助我们完成了全部工作。⑪

---

⑨ 请注意，认为"B 是什么"这一问题没有什么值得关注的答案，这个观点并不是说，在临近的地方不存在什么重要理论。人们有可能以非表征性的理论语汇就说话者如何可能运用 B 来谈话这一问题做出重要的解释。

⑩ 实际上，这一观点只不过是重新表述了第四节中关于语言理论模式的本体论上非保守的立场和本体论上保守的立场之间的对比。

⑪ 在其他地方，我自己便会倾向于反驳这一论述，而坚持认为因果概念不论如何都无法承载起那种形而上学的重量（例如，我在 Price 2001 中强调了人类学的维度以及语境的重要性）。但是，我这里关注的是，在这种基于因果性而通向形而上学的进路与更为宽泛意义上的，基于语义的进路之间进行对比。

6. 紧缩论显然是错误的？

我已经论述过，**如果**语义紧缩论是真的，那么与杰克逊设想的相比，真正的位置问题可能要更少。人们可能会勉强认可这一附加了条件的主张，但同时认为，它的前件明显是错的。换句话说，人们可能会认为，语言的许多部分"实质上"是表征性的，这一点没有争议，但语义紧缩论却显然否认这一点。在《从形而上学到伦理学》以及其他一些地方，杰克逊就语言所做的观察时常渗透着这一精神。例如：

> 为什么外语会话手册卖得这么好？因为在去不说我们语言的地方旅行时，这些书帮助我们找到餐厅、住所、博物馆和机场等等。我们对它们的需求凸出了某种程度上是显而易见的东西：语言的许多部分都是约定而成的表征系统。
>
> 显然语言大部分是表征的，但有时人们也会否认这个观点。我参加过一次会议，参会人员的会议论文攻击的就是语言的表征观点，但是他们的口袋里装着一些纸片，上面写着会餐在哪吃，以及出租车什么时候会载他们去机场。怎么会这样呢？我猜想，这是因为混淆了语言大部分是表征的这一显然正确的观点与许多其他有争议的观点。（Jackson 1997: 270）

对于我来说，我赞成杰克逊的观点，即在某种意义上，语言大部分显然是表征的，但在另一种意义上，这一点也是有争议的。粗略地说，在宽松的和流行的意义上，我们仅需沿用大众用法。在不太明显的意义，即在理论的意义上，人们援用表征的和语义的概念来完成各类理论工作——不管是在哲学中，还是在什么其他地方。正如我们将会看到的那样，杰克逊自己的例子也证明了，在前一种意义上显而易见的地方在后一种意义上则并不明显——正如杰克逊本人强调的那样，在一些情况下，宽松和流行意义上的表征能不能被视为理论意义上的表征，这是一个开放的理论问题。

一旦人们承认了流行意义和理论意义在此分道扬镳的话，那么后者便不那么显而易见了，对于紧缩论者来说，他们可以认为情况可能被证明是这样的，即不存在合法的理论意义——不存在相关的表征概念，这种概念能够经受关于语言的成熟理论的考验而存活下来。杰克逊诉诸语言那些显而易见且毫无争议的事实似乎旨在堵塞这一可能性。然而，一旦我们将楔子钉入明显和不明显的问题之间——钉入宽松的意义（此时语言无疑是表征的）和有争议的理论意义之间——前者便失去了作为把人引向理论的向导的权威，它也无法彻底排除表征的紧缩论。我的观点大概就是这样。

为了讲清楚我对自己观点的阐明并不是凭借选了些好例子，请让我再来引用些杰克逊阐释语言的表征特征的段落：

> 我们使用语言来告知我们的共同体以及后来的自己事情是怎样的。判断事情是怎样的则要求有表征的装置和结构，它们在一定程度上影响了事情如何的可能划分（patition in the possibilities）。因为，我们是以什么被包含在内，什么被排除在外的方式来说出事情如何的。（Jackson 1998：53）

> 一般来说，我们知道某物是有用的……并在将事情的发生（happenings）归类为梳理行为、疼痛、理性推论等时，我们在表达这种知识。在使用像"疼痛""梳理行为""电费账单""信念""理性的"等语词时，我们在冰箱上贴记事便签、笔记等，因为只有这样我们才能向彼此以及今后的自己解释世界中我们认为有哪些明显有用的信息。（Jackson 1998：64—65）

考虑一下当我说出如下语句时会发生什么,"两米之外有一个地雷"。我告诉你了事情怎样,这么做也便是告知你事情怎样的各种可能性中哪一种是真实的……任何报纸的体育版中都充斥着关于可能结果的猜测,人们是用语句来对各种结果作区分的方式来表达结果的,我们能够领会乃是因为我们理解这些语句。此外,我们在大楼里找路的方式是通过看到或听到我们可以理解的这样的语句"研讨室在左侧拐角"。研讨室可能在许多不同的地方,但是在看到或听到这样的句子时,以对该语句的理解以及说出这句话的人的信任,我们知道哪一种可能情况是真实的。(Jackson 1998: 71—72)

这些例子中的表征主义式语汇——如杰克逊意在表明的那样——是平凡且无争议的。但是,当我们用如下的这些例子来替代时,这些语汇无疑同样是无争议的:

简告诉你的是**真的**
戴维·韦纳姆的新剧**超好**
周五**有可能**下雨
你**应当**带一把伞
有可能我能去参加聚会
如果我到了那里,那么会有点迟到了
上周的延误是由归航飞机的迟到**引起**的

有了"明显有用的信息"等等,冰箱上和口袋里的便签上写下的所有这些语句都可被用来"划分可能性"。所有这些语句都给出了一些例子,即我们通过理解和相信说出这些事的人们,我们可以学习到什么。

换句话说，从表面上看，它们都有着杰克逊认为可以说明语言的表征用法特征的特质。

然而，这些主张的加粗部分则挑出了表达论式的阐释已经以合理的方式知道的那些成分。换句话说，在每一种情况中，我们对相关词项的功能进行**理论**解释时，已经就事情接下来会怎样有了些想法，此时我们并没有**在理论的层次上**使用表征主义语汇。

杰克逊本人注意到某些这种可能性。他注意到存在争议的是，伦理判断和陈述性的条件句是否真正是表征的——在这些情况中，非认知主义是一个有争议的立场。但是，在我看来，在这些具体的情况中承认这种可能性，却继续坚持在一般的意义上认为我们关于语言是表征的这一直觉能够把我们引向理论——在理论的意义上，这是一个认为语言的大部分是表征性的好的理由——杰克逊犯了双重标准的错误。"厚的"表征特征不可能仅在一种情况中是明显的，却在另一种情况中不是明显的，而在现象的表面上没有什么（明显且无疑相关的）差异！

我认为，杰克逊这里的立场中的张力被掩盖了，因为他考虑的那种非认知主义是传统的多样化的非认知主义，**其理论主张中**包含了这样的断言，即我们讨论的语言是非表征性的。因此，在伦理判断和陈述性的条件句上，他假想的对手是那些赞成语言余下的部分是表征性的那些人。从这个立场看，我们很容易忽略更为激进的那些对手，即语义紧缩论者，这些人主张，在实质的理论的意义上，语言没有任何部分是表征的。但是，杰克逊本人承认，从理论上说，语言告知我们的东西和我们可以从其表面解读出的东西之间是有界限的。一旦人们开始有争议，这个界限便能满足更为激进的反对者的目的，但它也能满足那些传统的反对者的目的。（实际上，如果还有什么其他需要加以说明的地方的话，它能够更好地满足激进的反对者的目的，因为不同于那些更为传统的哲学同事们，激进的反对者的确不需要解释为什么表面上的结构能够导向只潜在于某些情况中的功能。)⑫

7. 向真性来救场？

正如早前提到的那样，杰克逊、奥皮和史密斯（Jackson，Oppy and Smith 1994）为非认知主义者面临如下一般意义上的指控时，提供了一种回应：关于"真"之最小化理论为认知主义做了辩护。他们认为，关于"真"之最小化理论与关于向真性的非最小化理论是相融的，后者是非认知主义者所需要的理论。我曾提议，这是治愈不存在的疾病的解药。在一些重要的方面，关于真之最小化理论是非认知主义的朋友，而不是敌人。至少可以这样说，在上文中认识到的宽泛意义上，它是表达论的朋友——这种调和了语义概念和表征概念的观点在语言理论中起不到什么"厚的"作用。

也许有人会反驳道，关于向真性的紧缩论在任何情况下都非常难以让人相信。毕竟，"真的"和"假的"这些词项的用法，以及那些标识了语言的陈述的或断言的用法的符号，是语言十分突出的特征。它们没有"追踪"那些有着理论上的重要意义且构成相关言语行为的根据的特征，这怎么可能呢？在一个重要的意义上，这样的一种特征——我们可以称之为向真性基础（truth-aptness basis），或简称 TAB——是那种使得那些言语行为向真的东西。并且，一旦我们发现了它，我们难道不是发现了

---

⑫ 我们或许可以把杰克逊的如下主张解读为对紧缩论的反驳：指示性的条件句没有成真条件。他认为，指示性条件句是否有成真条件这个问题是不重要的，因为"如果天在下雨，那么比赛将会被取消"是真的当且仅当天在下雨而比赛被取消，这种表述中没什么值得说道之处。（显而易见，这种话是紧缩论者爱说的话。）杰克逊回应道，"语法上说，这句话没错，但问题与语法无关"（Jackson 1998: 117）。

当然，杰克逊的观点是正确的，提到语法并不会终结这里的讨论。但是，我们从中无法推出这样的结论：语义属性为我们提供了一些恰当的理论语汇，已能够让我们继续做完剩下的事情，即说出语法背后隐藏的东西是什么。因此，紧缩论者坚持认为，不管指示性条件句是否有成真条件，或是否是表征性的，这个问题都是无关紧要的。但是，在这种情况中，我们不应以非表征的语汇就这类条件句提出些进一步的理论问题。

语言的表征用法的实质性的辨识性标记了吗?

不,因为这个论述依赖于一个模棱两可的观点,实际上,它混淆了使用和提及。"向真的"意味着"如此以能够**被当作**具有真值",也就是说,有能力的说话将"真的"和"假的"这样的词项运用到人们所讨论的语句之上?或者,这意味着"如此以能够**为真或为假**"吗?从人类学的视角看,如下情况似乎是可行的(让我们先这么假设),存在某种属性 TAB,它构成了语言的陈述用法的基础,其中包括了结合了"真的"和"假的"这类词项的某些特别的言语表达的用法。我们可能会这样总结,如果这是可行的话,那么,**用法的向真**(use-of-"true"-apt)便是一种实质的理论属性,它有待我们去探究。但是,用法是向真的,这并不意味着它是**表征的**。它仅意味着能够被当作"**表征的**"。(比较一下:在人类学的情况中,宗教的研究并不要求具有神学本体论。)

我们注意到,TAB 本身的本质是表征的这一点,不管怎样都是无法保证的——我们由此可以确认这一诊断。在下一节中,我将对此做出简要的描绘。关键的要点在于,那种决定了向真性的根本属性——如果我们所谓的 TAB——无需包含任何替代了语义关系的"语词–世界"关系,无需包含任何对形而上学有用的或构成语言的"厚的"表征观基础的东西。[13]

---

[13] 这里批评的论述不是 Jackson, Oppy, and Smith(1994)中的论述。他们的策略有所不同。他们认为语句是通过对向真性的心理状态的约定表达,即信念。他们论述道,"这种状态是否是一种信念,这是不成问题的"(Jackson, Oppy, and Smith: 246)。我认为,在某种意义上,这个观点相对来说不存在什么争议。简单地说,这种观点类似于一种不容争议的观点,或至少是可靠的,TAB 有着某种属性,这个属性支持了如下事实:某些言语行为是以陈述形式得到兑现的。但是,正如那种情形表明的那样,我们无法保证的是,这一属性本质上是表征的(倒不如说,所讨论的状态的位置在于某种内在的结构中)。

杰克逊、奥皮和史密斯也通过诉诸某种关于信念的大众直觉或老生常谈来为关于信念的非最小化理论做辩护。那些老生常谈的确有着表征主义的特征。例如,他们谈道,"关于信念的自明之理是我们所设计的符合事实的状态",以及"被设计成符合事物所是的样子"(JOS 1994: 296—297)。杰克逊提供了各种直觉和老生常谈的情形,以支持语言的表征观,在我看来,我们对这些心理维度的老生常谈可以有两种解读,一种是显而易见的,另一种是存在争议的。显而易见的那些解读并不会对紧缩论和全局表达论构成威胁。

8. 表达论的选项

思考一下我们称之为信念的精神状态所具有的生物功能，此时我们将信念（显而易见）的语义属性明确归到一边。⑭ 或者说，我们仅利用如下事实：在对所讨论的状态起到怎样功能上的作用做出说明时，语义属性没有明确出现；并且我们也忽视人们熟悉的如下问题，即如何从这种功能性的材料中形成表征内容。换句话说，我们从如下这个人们熟悉的想法开始讨论：我们以功能视角对我们的认知生活做了某些说明，而在这些说明中，我们没有明确使用到意向的和语义的词项。（实际上，这个人们熟知的想法恰似于那个心理学的类比，也就是在本章开头引用的那一段落中，杰克逊让我们试图认为可行的那种关于语言的想法，即不运用语义词项的科学解释。）

它是如何帮助我们的先辈发展出足够丰富的、包含了这类精神状态的心理呢？那些状态在日益复杂的生活中起到了怎样的作用呢？在我看来，不存在适合于所有种类信念的唯一答案，这在我看来是合理的。或许，我们可以根据这样的想法来理解某些信念的功能，即把精神状态设计成能与特定的环境条件协变，这是有用的；但对许多精神状态来说，这里的故事无疑更为复杂。例如，我们可以思考因果的或者或然性的信念，它们具体呈现为在特定的环境中会有特定的预期（因此能够做出特定种类的决策）的倾向。似乎合理的是，就那种能够包含这种倾向的组织——这个组织内在的功能足够丰富——来说，关于其生物价值，我们有着值得注意的叙事可说。

或者，我们可以思考一下其他一些情况，在这些情况中表达论似乎时常是吸引人的——例如普遍一般的、指示的和虚拟语气的条件句、模态和道德判断，等等。在这些情况的每一种情况中，我们都有一些感觉，

---

⑭ 这一节内容大部分取自 Price 2004b 的第九节内容。

我们知道相关的信念能让我们**做**什么，或者不然的话，说明我们不能够做什么——我们这样的生物的心理结构中便有着对这些状态起到了怎样独特作用的感觉。假设我们无需清楚地援用"我们讨论的状态有着表征内容"这种想法便能够获得这个观点的话，那么，我们已经开始能够理解这些种类纷繁的状态能够为我们做什么——为什么它有助于发展出足够丰富且能够包含它们的心理结构——但我们还没能理解为什么它们会具体呈现为**承诺**。例如，我们为什么会认为它们具有真值，或可以用陈述的形式来表达。

我认为，我们可以用同样的解释精神来研究这个问题。关于我们已经描绘的有着各种不同功能上特征的状态，我们想要思考这样的问题：为什么以**那种**形式来表达**那些**心理状态？我们注意到还有一个表面上的难题。如果我们的解释能够强调这样的事实，即所讨论的状态有着各种不同功能，那么似乎奇怪的是，这些有着不同功能的状态都可以用一种类似的方式来得到表述，就如具有真值的陈述判断的情况中那样。⑮

然而，寻找起点难道不是困难的吗？似乎可信的是，我们的许多心理状态时常都是有优势的，就这些状态来说，我们的整个语言共同体趋向于取得一致意见（conformity）。断言性语言的首要功能似乎是，它促进和鼓舞了这种结盟。它引导我们"表达"或说出我们的心理倾向，它邀约那些有着相反倾向的说话者来挑战我们。而"那是假的"和"那是真的"则是挑战和让步的相应标记。⑯

作为普通说话者，我们不理解这便是断言性语言的目的——我们仅这么做，如其所是的那样，从自身的视角看，我们似乎在"说出事情是怎样的。"但是，这种"说出事情是怎样的"的做法的功能隐在幕后，即这种

---

⑮ 相比之下，表征主义的观点在这一点上容易理解。语言表达上的共同性反映出了表征功能的共同性。但是，如果究根问底的话，则会有一些不同，尤其是当我们需要根据表征内容间的差别来解释功能上的差别时。

⑯ 当然，我们需要仔细阐述其中的细节，尤其是如果我们想要避免表征概念的话。参见 Price（1998，1990，2003）。

功能在于：相较于我们在环境中拥有的个体经验，它通过让我们知道我们同辈（包括许多其他人）相应的状态是什么，能更快地修正我们有意义的行为承诺。无论如何，这似乎是断言尤其适合**做**的事情之一。此外——就当前来说，这是一个关键点——在应用于那些本身有着广泛功能（这些功能不涵括表征本身）的承诺时，它能够有所助益。

因此，我认为，断言是对心理状态的意向性表达，而心理状态有着许多（不具有表征特征的）功能，这些功能内含在相关说话者的内在心理结构中——或者说得更好些，这一复杂的关系系统内既涉及这些内在的状态，也涉及生物的外在环境——当它们穿上维特根斯坦所谓的断言性的语言"外衣"时，⑰ 表达中的许多地方都变得模糊了。显而易见，内在方面也必然有着共同的外衣。简单地说，我们讨论的状态会参与到信念似的或理性的认知结构中，有许多重要的系列问题都与这一点上的思想和言谈之间的优先性关系有关。信念，或至少是受成熟的理性规制的信念，是否依赖于将对话结构内在化（这种结构是随着断言性语言的发展而出现的）呢？

因此，撇开关于优先性的问题不谈，我的提议是，表征的语言和思想是使得整个语言共同体一致化的工具（或许，这个工具只有一种功能）。但是，尽管在某种意义上，它的功能是单一的，但这个功能有着许多不同的适用性，它们对应于运用到这个工具的各类不同心理状态的基本功能——通过以断言的形式来表达自己，这促进它们形成自己的同盟。⑱

---

⑰《哲学研究》前面一些内容的主题是，哲学忽略了语言用法之间的重要差别，这些差别被"语词表面上的齐一性"掩盖了（Wittgenstein 1968: #11）。正如维特根斯坦随后总结的那样，"我们仍然没有意识到日常的语言游戏中有着惊人的多样性，因为语言的外衣使得一切都看上去那么相像"（Wittgenstein 1998: 224）。

⑱ 生物学中有许多其他地方都有着这种功能多元论的解释结构。正如我在其他地方提到过的那样（Price 2004b），"人的手"是一个很好的例子。如果我们说手的功能是**操作**，并且就这样来理解手，那么我们就会忽视某种非常重要方面：我们错失了潜在的功能多元性。根据我的解读，维特根斯坦对断言也做了非常类似的判断——根据他的观点，表征概念起到了操作的作用，在此方面，正如我们需要挑战概念的同质性观点一样，这也是存疑的。

正如我在其他工作中曾强调过的那样，这种研究导向了一种观点，它与杰克逊从那些引起了位置问题的现象中看到的观点非常不同。我认为，我和杰克逊的起点是相同的，我们都对理解语言用法中普遍存在的不同"小包裹"——例如对语义属性的谈论，对伦理属性的谈论等——感兴趣。可以推测的是，我们也都会同意科学在这类谈论上所告知我们的叙事——正如我在文初引用的那一段话中杰克逊总结到的那样，"关于质量、形状、因果链、语言使用者的行为倾向等类似之物的叙事"。但是，之后杰克逊便迈出了一步我想抵制的理论推理。他认为讨论是关于表征的，并且我们对同语义关系中世界一方各种关系项相关的问题所做的描述引导了这种讨论。在以那些方式来框定问题之后，他便当然被所导致的本体论上的多元性困扰，并面临着位置问题。

相比之下，表达论的研究进路停留在"叙说语言使用者的行为倾向、进化史等等"这个层次上。具体而言，它以非表征的方式探究所讨论的语言用法的功能，以及相关的心理，而后试图以刚才描述过的方式来解释表征的"外衣"是怎么回事。不存在位置问题本身。相反，就同样的基数来说，存在一个问题，即就各组词项和概念——语义词项、伦理词项等等——起到的各种功能来说，存在一个问题。然而，这个问题与人类心理和语言行为无关——正如我先前总结的那样，这是一个宽泛意义上的人类学问题。当然，我们期望人类行为能够有着多元的功能。于是，在人们熟悉的、科学上易于处理的地方，以及在那促使杰克逊提出"严格的形而上学"的地方，我们不出意外地发现了多元性。

9. 如果紧缩论是错误的呢？

我们来做个总结。目前为止，我一直试图强调杰克逊规划中的语义假设，其方式是揭示这对我们假定的语义紧缩论规划将会产生怎样的影响。我还没有为语义紧缩论本身做过辩护，尽管我已经抵制了反对它的两种观点：首先，根据我自己的论述，它会引向如下这种荒谬的后果，即不存在任何位置问题；其次，认为我们可以从我们都知道是正确的语言部分解读出一些东西——这个观点在任何情况下显然都是错的。然而，基于目前我所做的全部讨论，我们不能保证紧缩论仍可能是错的。那么，杰克逊的形而上学规划难道不会因此脱离险境吗？如果语义假设是真的，那么这些假设无疑是不成问题的吗？

我想给出两种悲观的理由来结束本章的讨论——有了这两种理由，即便我们能够拒斥关于语义属性的紧缩论观点，我们仍可以认为基于形而上学的语义学没有脱离险境。这些理由把我们带回了本章开篇触及的一些思考之上。

就第一个问题，斯蒂克在《心灵的解构》（Stich 1996）第一章中就类似的相关问题做了非常好的讨论，我会对这讨论稍做扩展。斯蒂克关心大众心理学概念——如信念、意欲等——的取消论立场。他注意到，许多哲学家把取消论的论题理解为"信念"和"意欲"这样的词项**无所指**（do not refer）。换句话说，他们用语义的方式来理解这个论题。但是，斯蒂克论述，如果这是取消论的蕴意的话，那么为了持有这种观点，我们便需要有一种指称理论——这种理论能够指引我们就这些词项能否实际成功地指向某物的问题做出判断。

斯蒂克认为，这会让形而上学陷入窘境。一方面，它成为科学中的指称理论所具有的几乎无可避免的不确定性的牺牲品。换句话说，这意味着我们无法决定取消论是否是真的，直到我们能够在各种关于指称的竞争性观点之间做出抉择——鉴于科学理论的本性，这可能意味着"永远不可能"。（当然，紧缩论的威胁在这里潜伏着，但是我们现在撇开它不去谈论。）

更为糟糕的是，似乎在一些关键情况中，人们会认为形而上学需要**居先于**指称理论。为了能够确定指称是怎样的一种关系，我们需要考察一些典型的情况。换句话说，我们需要研究语词或思想一方以及它们（假设会）指向的项目这另一方之间所具有的各种关系。但是，在"信念"和"意欲"的情况中，这些词项有可能能够指向某种东西，但我们怎样做到呢？为了知道怎么做，我们不仅要知道它们有所指，还要知道它们指向了**什么**。依据位置问题的方式，我们可以这样进行总结：如果我们需要借助指称来定位信念和意欲，那么我们将会发现，在能够运用指称之前，我们需要对指称本身做出定位。然而，只有在对指称在世界一方的关系项做出了定位，我们才能够定位指称。

因而，如果取消论要以诸如指称这样的语义关系为基础的话，那么就取消论来说，我们可以提出两个问题。（让我们称第一个问题为"指称的不确定性问题"，第二个问题为"优先性问题"。）我认为，清楚的是，这两个问题不仅是取消论所具有的，对于任何以这种方式而依存于指称的形而上学观点来说，都会具有这两个问题。换句话说，如果问题是"什么是信念？"，如果这个问题可以被理解为"'信念'这个词项指向了什么"的话，那么，这两个问题在适用于前两个问题的同时，也适用于这样的问题："信念存在吗？"我们可以把这个问题理解为："'信念'这个词项指向了什么东西吗？"

那么，除了紧缩论构成的威胁，我们还有理由怀疑形而上学能否建立在语义基础之上。斯蒂克本人对这个问题的回应只是直接放弃语义学，并以实质的形式来提出问题：用"信念存在吗？"这个问题取代"'信念'这个词项指向什么东西吗？"。然而，在某些情况中这个推理当然是正确的——例如，大众心理学或许比斯蒂克认为的更具争议性，但化学的情况中，则没什么争议——清楚的是，杰克逊无法一直跟随斯蒂克的这条非语义的小道一直走下去。要这么做的话，人们便需要放弃通往位置问题的全局的语义进路。而在我看来，杰克逊的规划仍然易于受到来自斯蒂克的反驳，即便我们忽略掉紧缩论。

10. 循环性问题

斯蒂克的反驳适用于与形而上学中其他论题相关的语义概念的用法。实际上，这个反驳认为，即便不是紧缩的，这些语义概念也不能胜任其工作。这不是因为它们没有理论承载，而是因为在回答这一问题之前，它们无法告知我们这个承载源自哪里，而这是我们在形而上学中想知道的东西。语义的桌腿将思想和言谈放置在大地上。所以我们可以沿着腿到脚，以探究大地上的事物。但是，我们无法从那些竞争性的腿中辨识出真正的腿，直到我们知道脚实际上立足何处。

但是，关于这些腿本身呢？使用这些语义支撑来探究本身——将形而上学建基在语义属性本身上——还会有其他的问题吗？我认为还存在其他问题。让我们回到第五节的讨论中。在那里，我将杰克逊规划中的语义概念起到的作用同刘易斯规划中的因果性做了比较。刘易斯说明理论同一性的方法共有两步。第一步是构造一个拉姆齐语句，以便能为我们提供关于所讨论的理论实体或属性的有限描述，**这是以因果的形式表达的**。第二步是转向科学，去探究满足有限描述的东西是什么——此时以其他的方式来表达。在开始迈出第二步时，我们基本上对因果性怀有自信——例如，所有的因果性都是以物理因果性为根基的。

在第五节中，我们提到，只要我们可以认识到"厚的"语义概念，那么这一规划便可以是全局性的。在这种情况下，我们关于目标实体或属性所做的有限描述告知我们，这种能够满足或使得描述为真的事物或属性是以拉姆齐语句中非语义的部分来编码（encoded）的。从形式上说，只要我们的目标实体或属性本身本质上不是语义的，那么便没什么问题。它在形而上学中是否真正有作用，这是另一个问题，即我们刚刚提出的那个问题。[19] 然而，从形式上说，不存在什么问题。

---

[19] 怀疑它是否有用的其中一个理由是奎因给出的。从形式上说，它只不过是依赖于语义上行——正如奎因所强调的那样——这并没有把我们带到什么新的地方。（比较一下布莱克本在 Blackburn 1988b 中对拉姆齐阶梯所做的论述。）

但是，如果我们的目标是语义属性和这些属性之间的关系，想一下会发生什么。刘易斯的方法在这里无疑被禁用了，因为在这种情况下，所构造的拉姆齐语句应当消除语义词项。这便把我们带回到开篇提及的循环性之上了。在为其他类的属性打下位置问题的基调时，不管语义属性起到了怎样的作用，它们无疑都不能以自身的名义起到那一作用。换句话说，语义属性不能够孕生形而上学，但我们需要假定它们是原初的基本事实。因此，表征主义对杰克逊规划来说，变得荒谬了，就其方法来说，表征主义既重要，却也无法抵达。

这种从形而上学通向语义基元的诡计因而像是这样的诡计：形而上学一开始对事物的本质产生兴趣。语义学似乎能够保证提供一种描述这些事物的新模式，而这是一种新的探究模式：将所讨论的事物描述为我们词项的**指称项**，语句的**使真者**，而后着手探究这些语义关系项（relata）。借用阶梯的隐喻，对于那些认为我们是无视世界的形而上学家来说，语义关系因而起到了导盲手杖的作用。

正如我们已经看到的那样，紧缩论者认为，这些语义手杖不足以起到重要的作用。[20] 斯蒂克认为，实际上，即便它们的作用是足够重要的，它们起到的限制非常少而对形而上学来说没什么用处——存在太多竞争性的手杖了，我们不知道某根手杖会把我们引向何方，除非我们已经熟悉了位于它遥远另一端的事物。然而，撇开斯蒂克和紧缩论者不说，循环性涉及的问题仍然存在。从这一视角看，当我们试图使用导盲手杖来引导自己走上事物本身时，即当我们开始探究（或"定位"）语义属性时，这些问题便产生了。

所涉及的问题可以呈现为许多形式。在语义词项本身这个情况中，刚才提及的形式是，我们自己无法使用一般化的拉姆齐-刘易斯规划，在

---

[20] 在这一点上，我的目标与紧缩论者的目标并不怎么一致。我的目标在于使用如下事实：这种形而上学容易受到这样的指控，即它太过强调有问题的语义预设的作用。

这个规划中，语义学起到了因果性在刘易斯规划中所起到的作用。正如已经提到的那样，有人可能会认为，这是形而上学赖以存活的东西。或许语义属性应该被接受为"完全基本的"。

然而，这一基本性（primitivism）等同于在哲学上对人类语言起到的功能**施加了**一种观点。这一点应该引起自然主义者的注意，如果我们赞同我在开篇引用到的杰克逊所做的评述的话，便更应如此了；所导致的效果是，语义属性可能不是关于语义"表面"的科学叙事中的一部分。如果人们主张语义范畴在先地有资格在科学的会桌上有一个席位的话，那么这便非常糟糕了，更为糟糕的是，它们没有其他可信的理由来列席。

我们已经明白，对于杰克逊本人来说，关于语义属性的主张似乎依赖于这样的提议，即它们隐含于科学的叙事之中。然而，对于一名为"基本性"所困扰的自然主义者来说，这里不存在什么慰藉，因为在语义属性的情况中——如同在其他情况中一样——杰克逊对任务的理解预设了对所讨论的语义词汇采用表征主义的观点。因此，这个理解恰恰预设了自然主义者试图寻求理由而加以接受的观点。

这些问题诚然是难题，坚持认为不存在一种非循环的方式来完成这个圆圈——无论是以自然主义者接受的方式或其他方式——还为时尚早。但是，就如何解决问题还没有进一步的线索的情况下，我认为我们有着进行思考的严格依据。对于杰克逊的纲领来说，表征主义似乎起到了一种超验的基础作用（尽管对大多当代形而上学的形式来说，这一点或许稍不明显一些）。如果是这样的话，那么这起码是某种人们需要明确承认的东西。（应该告知新手，对哲学任务可以有其他理解，这种理解可以不以这种"基本性"为基础。）

一旦看清了那些选项，我们便可以借着思考在我看来是这一领域内困难且重要的问题了。从自然主义的视角看，这些循环性是不可避免是循环的吗？或者我们应该将表征主义视为一个融贯和开放的问题，未来的科学能够解决这个问题？没有看到这些选项的话，表征主义深层上是不融贯的，这种可能性会造成灾难，这是一种哲学无法真正承受的怀疑主义。有了这些选项，这便看上去是一种极富魅力的（可能的）哲学发现，即语义属性太过"可疑"而不能成为对语言所做的科学说明的一部分。

11. 无阶梯的哲学

我认为，表征主义哲学曾经说到这一点。语义关系对于严肃的形而上学来说似乎是一个关键的梯子，但这个梯子本身无法通过它自己的梯阶抵达。严肃的形而上学因而接近于维特根斯坦在《逻辑哲学论》末尾抵达的论点，在那里维特根斯坦就语言和我们所不能谈论的世界之间的关系给出了一个观点——这种观点无法根据对该观点本身的理解来获得。（我认为，还有着其他的相似性。杰克逊对拉姆齐-刘易斯结构主义所做的一般化处理似乎在理论层次上，或概念簇的层次上提供给了我们维特根斯坦的意义图画理论在语句的层次上提供给我们的东西，即这样的一种观点：语言结构通过语义映射或镜射了本体论的结构。）

众所周知，（早期）维特根斯坦敦促我们踢开这个梯子。不管他这么做意味着什么，他后来倡导的观点则更加正常些。他避开了那种需要有这种梯子的哲学。后期维特根斯坦不是在建议我们爬完这个梯子后再踢开它，他的建议是我们应该完全避开这个梯子：

> 我可以说：如果我想抵达的地方是可以通过梯子而抵达的，那么我将放弃试图到那个地方去。因为我必须去的地方是我现在必然已经在的地方。任何需要我爬个梯子才能到达的地方都不会让我感兴趣。（Wittgenstein 1980: 7e）[21]

---

[21] 感谢威斯莱克（Brad Weslake）帮我找到了这段引文。

当然，后期维特根斯坦哲学的本质是什么，这是一个存在争议的问题。然而，至少根据这种解释（Price 1992，2004b），它接近于我所谓的全局表达论——这种观点认为，在所有地方，正确的问题都是以非表征主义的方式提出的。像我们这样的生物用**这**一点语言来做什么呢？正如我在其他地方（Price 1992，1997a，2004a）所强调的那样，这完全是一个自然主义的观点。维特根斯坦因而成为一种语用的自然主义者，他的兴趣在于，根据那些在哲学上令人感到困惑的那些概念——如价值、因果性、模态、意义等——在我们的认知和实践生活中起到的作用来解释我们使用这个概念的用法。

后期维特根斯坦的另一个主题是，哲学是一种自我帮助的诊疗哲学，它的作用是帮助我们克服自身的哲学热望——例如，渴求形而上学。用我的话说，这种诊疗有着一种具体形式。它的目标是治愈我们无法看到世界这个幻相，纠正那种致使我们相信存在语义导盲手杖能够解决问题的这种具体形式的哲学妄想。治愈的关键在于，明白这个幻相源自我们以病态的方式结合起了自然主义和表征主义。一些哲学家㉒认识到这种结合是不健康的，并试图通过放弃自然主义来寻求慰藉。有些哲学家则认为这是维特根斯坦开出的处方。但在我看来正确的选择是另一个——这个选择是不是维特根斯坦的选择尚存争议。我们应该保留自然主义，同时割除表征主义。

不管采取哪一种选择，语义属性的身份问题都值得受到杰克逊在他的书中予以它的关注，即便出于某些原因，杰克逊本人并没有强调这一点。在我看来，对自然主义者来说，这个问题是我们关于以科学为基础的哲学所起到的作用所具有的非常不同的两种理解之间的分水岭。一方是形而上学，另一方则是科学人类学，它探究人类语言行为和心理的某

㉒ 也许，例子可见 Paul Boghossian 1990。

些方面。在我看来，尽管杰克逊在这个分水岭上走向了错误的道路，但他的书为我们提供了关于那一方的领地现有的最好地图。我们表达论者——时今相对来说尚显形单影只，在另一方的屋檐下纳凉——无疑应当期待自己这一方也出现一位杰克逊式的人物。

第十三章
卡尔纳普之后的形而上学：游荡的幽灵

1. 卡尔纳普的情况

1950年一个寂静的夏日午后，假想有一名训练有素的二十世纪中叶的美国哲学家，他在新泽西高速公路上遭遇了一次罕见的大堵车。他在自己舒适的车内打着瞌睡……然后在2008年，在同样的地方，他在一个寒冷的秋夜醒来，他对这段时间毫无记忆。他仿若在时间的车轮上睡了60年！

假设他看到了这个境遇的积极方面。就这个现象而言，他类似于做了一次时间旅行，热血的哲学家怎能不对此感到兴奋呢？当然，他意识到他更可能患了遗忘症，而不是真的从半个世纪前的时间被传送至未来，或者他在那条高速公路上存活了这么久——但是，还是让他还可以的时候仔细体会这个经历吧，以免他的记忆旋即恢复。

实际上，他很快就会变成一位名人，萨克斯（Oliver Sacks）会在《纽约客》上为他写文章。不那么虔敬的学生们会称呼他为当代哲学中的卡尔纳普*（这里需要向 Beth 1963: 478 致以歉意）。每一个人都有兴趣知道他对当代生活有着怎样的印象。在他发现自己苏醒来的社会中，有什么会让他感到惊奇？每一个了解当代纽约的澳大利亚哲学家都可以轻易地设想出一些突出的事物：有许多乞丐讨零钱来买一杯咖啡，当在买咖啡的时候有许多让人头脑呆滞的选项，即便是最小杯的咖啡也有很多的量，等等。但是，让我们假设卡尔纳普*有着真正哲学家的能力，即忽视掉所有这些琐碎的事情。他想知道他钟爱的学科发生了什么。"让乞丐和星巴克见鬼去吧！"他呼喊道，"过去的半个世纪里，哲学最大的进步是什么？"

我认为，在这一点上，澳大利人的直觉会稍不可靠些。澳大利亚的哲学观点认为卡尔纳普*会对他们熟悉的当代哲学的特征之一最感诧异，即形而上学明显仍然有着活力。据卡尔纳普*回忆，回到二十世纪四十年代，形而上学是贫瘠的，它在做它最后的奋力反抗。而在今时，他环顾四周，总会发现支持形而上学立场的哲学家——有人自称是这样的"实在论"者，有人则认为自己是那样的"非实在论者"，还有人声称自己是关于其他某种东西的"虚构论者"。在新泽西和新英格兰的大学城外，卡尔纳普*发现除了咖啡的各种种类之外，还有更多的本体论选项，比起那些无家可归的人来说，形而上学家们要更多。这并不只是一种多年的、不稳定的心理疾病的病痛。像他父辈时代的第一次世界大战一样，当代的形而上学似在声称最好的和最具前途的时代已经到来。"他们几时才能明白？"卡尔纳普*对自己絮语道——这个征兆如果不是对他来说，便或许对我们而言的，他间断的年月的记忆逐渐涌回心头。

如果卡尔纳普*询问在二十世纪哲学中抵制形而上学的战争在何处迷失了方向，他最好将目光转向他在上世纪五十年代早期与奎因之间产生的著名小论战。在哲学中，正如在稍微具体些的论战中一样，单独的一次遭遇战很少是决定性的，但这一具体的论战的确似乎带来了特别的意义。在二十世纪四十年代后期，至少在他几个在前线作战的对手看来，卡尔纳普的立场似乎代表了反形而上学运动最前沿的力量。事实是，这个立场从来不是稳固的，丢掉了阵地似乎多拜奎因对卡尔纳普的批评所赐。具有讽刺意味的是，奎因的批评原是来自友军的火力增援，因为（正如我在下文中想要强调的那样）奎因也不是传统形而上学的朋友。但是，这次进攻具有的破坏性则稍小一些，因为奎因的攻击是从腹背出击，而效果则是削弱了奎因和卡尔纳普进军的共同原因——至少是在那个时候看是这样。

实际上，卡尔纳普*很快会发现责备奎因让形而上学重焕生机的另一个理由。事实上，他会发现普特南最近对他的问题做了清晰的回答：

> "怎么会这样呢？"读者可能会思忖道，"本体论恰是在那种多年来对'本体论'这个词充满敌意的那种分析哲学中繁荣了起来？"
>
> 如果我们问本体论何时变成分析哲学中一个人们追求的、备受尊敬的主题的话，这里的神秘性便会消失。它在1948年重新得到了人们的尊敬。那一年奎因发表了一篇题为《论何物存在》("On What Where Is")的著名文章。正是奎因一人使得本体论变成一个受尊敬的主题。（Putnam 2004：78—79）

那么，当代哲学中对形而上学的自信和对自身的看法至少部分源自对自身历史的理解，在这段历史中，奎因扮演了关键作用。根据这种流行的叙事，恰是奎因——或许是奎因独自一人——从实证主义以及"二战"后的黑暗时光里的其他威胁中拯救了形而上学（那个时候，世界本身也岌岌可危）。一方面，奎因写了《论何物存在》这篇文章，因此给本体论输入了重新恢复生机的血液。另一方面，他在卡尔纳普《经验主义、语义学和本体论》("Empiricism, Semantics and Ontology"，1950）这篇关键文章上扎了一刀，因而构成了对维也纳学派的最后威胁。

在我看来，这一形而上学重生的神话在很大程度上是假的，在此意义上，奎因的成就不在于为一些人们现在广为认可的东西提供了实际支撑。一方面，奎因在《论何物存在》中复兴的本体论，相较于自休谟以来直到实证主义者均一直想保证的"身强力壮"的生物来说，本身只是一个苍白的僵尸。另一方面，奎因对卡尔纳普摧毁形而上学学说的攻击完全错失了要点，他仅砍下了一些不甚关键的附肢，却使得原有的论述更加有力。

如果我的判断是正确的话，那么卡尔纳普＊面对的所谓哲学命运的事实实际上是一个恼人的事实。经常出没于那些大学城门厅的——那些事物俘获了新一代最棒、最聪明的脑袋——实际上是早已失信的学科的幽灵。形而上学如卡尔纳普认为的那样，已经逝去了，但是——部分是因为人们未能看到自己对奎因的解读是错误的——当代哲学已经失去了看到事情本来情况的能力，而不能从那些活生生的和实质的知性追求中辨识出已经失去生命的形而上学。随着记忆的恢复，卡尔纳普＊发现自己被一些可怕的思想牢牢抓住。如果他很快再度昏迷，也不能够看清形而上学的本质，这会怎样？如果他也主张死尸重焕生机，这又会如何？

正如我方才总结的那样，我在本章中的主题是，形而上学已经死亡，或至少是如卡尔纳普逝世时候的那样，它已经被紧缩掉了。为了支持这一论题，我想做两件事情。首先，我想解释奎因对卡尔纳普所做的著名批评使得卡尔纳普的反实在论学说完好无损。我认为，卡尔纳普两个心室的观点构成了奎因所支持的关于形而上学的紧缩论的观点，以及奎因所不支持的关于存在量词话语的功能的多元论观点，但是奎因就多元论并没有提供什么重要的论证。①

其次，我想让人们注意到在我看来是一再发生的对奎因本体论观点的误读——人们把奎因的观点理解为，为膨胀的形而上学提供了实际支持，但这不可能是奎因想要做的。我认为这些误读的原因在于，未能看到解决我们可称之为对奎因《论何物存在》一文结论做出的厚的与薄的

---

① 我将会讲清楚的是，我同情地支持卡尔纳普对形而上学的批评。我想强调我这里的目标不是给出一种新的积极的论述，从而支持卡尔纳普的结论，而只是揭示奎因著名的反驳并不能削弱卡尔纳普的结论。（相反，我认为，奎因和卡尔纳普是同一队列的成员。）原则上，这与如下这一结论相一致：可能存在其他对卡尔纳普所做论述的反驳，因此形而上学可能出于其他的理由而得以存活。我的主张只是，奎因不是形而上学的拯救者。

两种解读之间存在的重要模糊性。在我看来，许多诉诸奎因以支持其自身的形而上学探究的人依赖于厚的解读，而与此同时，表现出一种虚假的虔诚性——他们轻率地披上了本体论上简朴、平实的斗篷，而这属于薄的解读。形而上学因此侥幸地同时行走在街道的两个车道上，因为人们未能对两种解读做出恰当的区分。因此重要的是，人们要付出些努力来做出区分，来揭示——根据奎因自己的观点——只有薄的解读才能真正被视为合法的。

2. 卡尔纳普的紧缩论

那么，首先，对卡尔纳普来说：卡尔纳普认为大部分传统形而上学与本体论均源于一个错误。在解释原因时，他依靠语言框架这个概念。粗略地说，（可以认为）语言框架是一套规则，这些规则限制着一组词项和谓词的用法——例如，我们在谈论普通对象时，或在谈论数字时，所使用到的词项。卡尔纳普认为，接纳这种框架或说话方式，一般会随之带来本体论的方法论或问题。这些是"内部的"问题，是发生在框架之内的问题，其本质取决于我们所讨论的框架。它们可能是经验性的，正如在科学中的情况；也可能是逻辑的，例如在数学中的情况。

然而，卡尔纳普继续说道，这些内部问题没有涉及哲学家通常会提出的形而上学问题：例如，"存在实质对象吗？"，或"存在数吗？"卡尔纳普指出，用这种形式提出的"内部"问题无疑是错的："我们不能提出这样的问题，因为它们是以错误的方式被提出的。"唯一合法的外部问题本质上是语用的：我们应当采取这一框架吗？这会有用吗？

在我看来，借助用法-提及的区分来重新表述卡尔纳普的观点是有用的。诸如"数"和"实质对象"这类词项的合法**用法**必然是内部的，因为它（或多或少）依照构成用法的我们正讨论的那些框架内的原则。但是，正如卡尔纳普提到的那样，作为内部的问题，这些问题没有传统形而上学家们认为它们具有的那些重要性。形而上学试图将它们定位在其他某个地方，但是因此犯了一个混淆用法-提及的谬误。唯一合法的外部问题只是**提及**所讨论的词项。

卡尔纳普因此成为一名关于本体论承诺的多元论者——在他将不同的本体论承诺与不同的语言框架相关联的意义上，他确然如此；在更深层的"功能的"或语用的意义上，他至少隐在地如此。毕竟，理解卡尔纳普式抽象实体的关键在于这样的思想，即谈论这种实体时，所引入的框架可能起到了一些不同的语用目的，这些目的不同于引入物理对象的那一框架所具有的目的——而这只有在两种框架"做不同的工作"这种意义上，② 才是可能的。

然而，卡尔纳普的观点不单是一种可借以烹饪出更为包罗广泛的实在论的菜谱。因为，如果实在论是一种旧的意义上的形而上学观点的话，那么，卡尔纳普的立场等同于**拒斥**所有这类观点。那么，根据实在论者的理解，卡尔纳普的观点是一种全局的非实在论。然而，他的观点也不是传统意义上的反实在论。它是第三种立场，这种立场拒斥传统的实在论-反实在论的二分法。这里引用卡尔纳普在《经验主义、语义学和本体论》一文中对这一关键点的思考：

> 在石里克的领导下，维也纳学派早就认识和强调过我们这里称之为外部问题的非认知特征，逻辑经验主义运动就源自维也纳学派。受维特根斯坦思想的影响，维也纳学派既拒斥外部世界实在的论题，也拒斥作为伪称陈述（pseudo-statement）的非实在论题，还拒斥关于普遍性实在（用我们现在的术语说，

---

② 我不确定这种多元论在何种程度上实际清晰地体现在卡尔纳普关于这些问题的自身观点中。如果提议是这些基于框架间的基础而提出的语用问题不是琐碎无用的问题的话，那么我这里的主张是从他的观点中可以必然推出的东西。因此，以此为基础，我将会视这种语用多元论为卡尔纳普思想中的一部分。

即抽象实体）的论题，以及认为普遍性实在不是真实的，它们主张专名不是任何事物的名称，而只是声音的气息（flatus vocis）这种唯名论的论题。（显而易见，对伪称陈述的否定本身也必然是一种伪称陈述。）因此，人们有时将维也纳学派的成员归为唯名论者，这是不正确的。然而，如果我们仔细观察大部分唯名论者所具有的基本的反形而上学态度以及支持科学的态度（这也同样适用于许多当代意义上的唯物论者和实在论者），而忽略他们偶然具有的伪理论的表述的话，那么，说维也纳学派——较之于其理论对手来说——更加接近于那些哲学家，这当然是正确的。（Carnap 1950：215）③

因而，卡尔纳普的观点将关于本体论承诺的多元论与一般意义上的对待形而上学令人瞩目的紧缩论态度结合在一起。在拥护这一结合时，我们需要谨小慎微。如果卡尔纳普的多元论是关于本体论本身的多元论，那么这听上去它自身就是一种形而上学立场：如其所是的那样，是关于实在的多元论。因此，我们需要强调，这种多元论是关于语言的——是关于语言框架的多元论，其中，我们在这个语言的框架（以及这个框架的目的本身也在于）内做出本体论的**承诺**。

卡尔纳普观点中的这一多元论的维度是奎因主要攻击的目标之一。在其他地方，奎因也批判了其他关于存在和存在量词的多元论形式，著名的是赖尔的多元论。我想揭示的是，这些奎因式的论述没有对卡尔纳普结合起关于形而上学的紧缩论和关于语言范畴功能的多元论造成麻烦。因此，这些论述没有为如下建议构成严重的阻碍：根据这种多元论，不是所有一阶的本体论承诺都须是科学的本体论承诺。

在此问题上，奎因对卡尔纳普的反驳也显然捍卫了卡尔纳普所批评

---

③ 当然，卡尔纳普在这里认同他归之于维也纳学派的观点。

的形而上学——这一捍卫存在着的张力，如我所理解的奎因那般，这似乎也是以紧缩论的方式捍卫本体论问题。在转而讨论多元论问题之前，我想指出，实际上这里并不存在张力。出于所有的实际目的，奎因同意卡尔纳普关于形而上学身份这一问题的观点。如果他们之间有什么不同的话，较之于卡尔纳普，奎因更是一名实用主义者，他论述了卡尔纳普错误地赋予科学问题以更为强健的身份。

3. 奎因对形而上学的捍卫：坏消息传来

奎因对卡尔纳普的大部分攻击——实际上，正如奎因总结的那样，即"争论的基本点"（Quine 1966：133）——基于这样的反驳：卡尔纳普的语言框架概念预设了分析-综合的二分。奎因认为，根据分析-综合二分的失败，即便是内部的问题，从根本上说，它们也是语用的问题。如奎因总结到的那样，正如卡尔纳普所说，"哲学问题在表面上只是关于一些对象的问题，实际上是关于语言政策的语用问题"。奎因提问道，"但是，为什么这对哲学问题来说是真的，但对一般意义上的理论问题却不是真的？这种身份上的区别是分析性概念所倡导的，没什么可信度"（Quine 1960：271）。换句话说，奎因的主张是，不存在真正的卡尔纳普意义上的内部问题。从来没有什么问题是完全与对修正框架本身所造成的可能后果的语用考量完全无关的。这种语用的问题永远在日程上，至少是隐在如此。在最后的分析中，所有的判断本质上都是语用的。

假定这是真的。这会对卡尔纳普反形而上学的结论产生怎样影响呢？卡尔纳普式的内部问题对传统形而上学来说没有什么用处，并且，即便我们不承认这些内部问题，形而上学也无所损失。但这会增加些东西吗？在科学和数学变得稍不纯粹，更加语用的意义上，它们当然有所损失，但承认存在内部问题对形而上学来说并没什么增益。奎因的推理当然没有恢复形而上学需要的那种非语用的外部视角。实际上，传统的形而上学家想要能够说,"我赞成这么说是有用的,但这是真的吗?"卡尔纳普排除了这一问题,奎因则没有使之规则化而重新把它引回来。④

奎因有时候在这一点上引入了模糊的因素。他说道:

> 如果分析和综合之间不存在适当的界限,那么我们根本没有基础来做出卡尔纳普敦促我们在关于存在的本体论陈述(例如卡尔纳普想消除的形而上学陈述)与关于存在的经验陈述之间进行的对比。那么,本体论问题最终是与自然科学齐平的。
> (Quine 1966: 134)

这对本体论来说,听上去是个好消息,但实际上不是。奎因对卡尔纳普的批评不能够为传统形而上学提供证实,因为如果所有的问题根本上都是语用的,那么形而上学家们所需要的就不只是语用问题了。放弃分析/综合区分主要的后果是,卡尔纳普做出的区分不再那么严格了——不存在纯粹的内部(非语用的)问题,因为语言规则从来不是绝对的,语用上的调整从来完全没有从议程上划去。但把这当作证成了其立场的形而上学家——他胜利地宣称道,奎因已经向我们揭示了形而上学与自然科学在同一条船上,因为"本体论问题与自然科学是齐平的"——还没有被告知坏消息。奎因本人已经凿沉了形而上学家们所搭乘的行船,这让我们所有人——包括科学家和本体论者——别无他法地都搭乘着纽拉特的筏子(Neurath's Raft)。

正如奎因在同一篇文章中总结的那样:

---

④ 粗略地说,卡尔纳普允许我们就"真"仅提出内部的问题。奎因赞同这一点,但认为在最终的分析中不存在这类问题,原因在于不存在坚实不变的语言规则。正如我们将会看到的那样,有些人将某种立场归派给奎因,根据这种立场,"真"在实用主义者的攻击中再次复生,可以这么说,在此意义上,有用性被视为相信是真的之理由,但正如我想要论述的那样,这无疑是一种误读。

卡尔纳普坚持认为本体论问题……不是关于事实的问题，而是为科学选择方便的图式或框架的问题；只有承认了每个科学假说均如此，我才同意卡尔纳普的这一观点。（Quine 1966：134）⑤

因此，奎因并没有退回到逻辑经验主义者拒斥的那种形而上学。相反，他向前迈步，迈向了更为彻底的后实证主义式的实用主义。在此方面，奎因远未阻碍卡尔纳普迈向一个更为语用的，形而上学味道更淡的目的地；奎因只不过超过了他，把问题朝着相同的方向推进了一步。

有人或许会反驳，对于形而上学家们来说，这个消息仍然比卡尔纳普想让我们相信的东西要更好。假如是这样子的，那么便不存在任何纯粹的、非语用的科学，也不存在非语用的形而上学。但是，如果形而上学因此最终和欧洲核子研究中心（CERN）以及贝尔实验室（Bell Labs）研究的那类问题"齐平"，那么这不是值得挽回的颜面么？

然而，这个提议利用了对"齐平"这个概念过于乐观的解读。我们终究要思考一下奎因对分析/综合二分的拒斥的蕴意（我们是基于此来反驳卡尔纳普的）；从某种意义上说，这意味着这样的问题，即是否存在单身汉（其或者是女性，或者是已结婚的）与欧洲核子研究中心所研究的那类问题（例如希格斯玻色子）"齐平"。但是，"齐平"只是意指"没有传统的经验主义者所假定的那样明显的区分"。没有人会把这个信息理解为这是在建议我们对单身汉的性别和婚姻状态做出严肃的社会学探究。

相反，科学根本上是语用的，这个信息的意思不是说，欧洲原子核研究委员会和贝尔实验室应该雇佣实用主义者。在实践中，经验科学从

---

⑤ 请注意奎因通过"为科学"这一词组所披露的东西。对于卡尔纳普来说，采用某个语言框架的方便性一直是为科学提供方便，这一点远不是清楚的。

事的日常事务与那种更为罕见的场合——奎因式的科学所必须面对的语用问题奠基在这些场合上——之间还是存在很大差异的。至多我们可以说，正是有了这些鲜见的情况，奎因对卡尔纳普的回应才能与形而上学抗敌——我们可以明白无误地说，这里没有什么东西对卡尔纳普对传统形而上学的拒斥构成了挑战。再一次地，奎因的评述的效力不在于指出形而上学就是像传统所认为的那样（即非语用的）科学，而在于指出科学（至少是潜在地，或至少最终）像是在语用上得到理解的形而上学。

4. 反多元论？

但是，奎因还有另一张牌可打。卡尔纳普对传统形而上学问题的拒斥部分基于这样的思想，即它们包含了某种非法的理论立场，这个立场"外在于"语言框架并为该框架内的概念提供意义。我在上文中已经指出，对于卡尔纳普来说，这种外在的立场是不被允许的，因为如果我们后退这么远的话，我们便会连同退出相关的游戏了，因为不再能够使用在框架里面的概念了。但是，我们怎么理解语言游戏呢？尤其是，什么使得我们不再把所有的本体论问题视为某一具体的大框架内的内部问题呢？我们为什么不应当引入单称存在量词，以便能够量化所有的东西，并把数字的存在问题视为与龙是否存在这样的问题齐平？

这是奎因对卡尔纳普多元论的一个反驳。奎因对卡尔纳普的观点做了这样的描述：

> 那么，我们开始慢慢看清卡尔纳普对存在问题的二分法是有着"存在如此如此吗？（so-and-so）"的形式的问题（这里"如此如此"的形式旨在穷尽有着某种具体风格的有限变项）和有着"存在如此如此吗？"的形式的问题（这里的"如此如此"的形式并不打算穷尽有着某种具体风格的有限变项）之间

的二分法。我称前一种问题为范畴问题，后一种问题为子集问题。我需要这新的术语，因为卡尔纳普的术语，即"内部的"和"外部的"，所做的划界与范畴问题和子集问题之间的界限不一样。在采用一个确定的语言之间，我们可以考虑把外部问题理解为范畴问题；卡尔纳普认为，我们可以恰当地把它们理解为渴望得到确定的语言形式的问题。内部问题构成了子集问题，此外，当我们在一个已被采用的语言内部来把范畴问题理解为内部问题时，这些问题便会有琐碎的分析的或相矛盾的答案。（Carnap 1966: 130）

相应地，奎因继续说道：

> 数字是否存在这个问题只有在与语言相关时，才是一个范畴问题，关于变项来说，这些语言有着合宜的独特风格，因为它们有着指向数字的独有目的。如果我们的语言是通过变项指向数字的，而变项把集合而非数字当作有价值的，那么数字是否存在的问题变成了一个子集问题，与此问题相同的是，是否存在超过一百的质数……
>
> 如果我们的语言用单一风格的变项来包括两类实体，即便集合是否存在，或物理对象是否存在这些问题也会变成一种子集问题。物理对象是否存在这类陈述以及存在黑天鹅这类陈述，应该放在二分法的同一边，还是应该放在两边，取决于如下这种十分琐碎的思考，即我们在谈论物理对象和集合时，使用的是单一风格的变项，还是两类风格的变项？（Quine 1966: 131）

那么，实际上，奎因论述的是，从原则上说，卡尔纳普在框架之内区分语言是没有根据的，这里，我们应该通过引入新的量词来理解，这些量词能够包括不同领域内的实体。如果仅存在一种存在量词的话，这种量词能够包括任何种类的实体，那么依靠使用一种具体的概念系统，似乎我们不是必须对某种事物的存在做出承诺。我们可以一直向后退，思考更广范围内的实体并提问，在这一范围内，是不是有东西能够对所讨论的概念做出应答。

如果奎因是正确的话，那么可以猜想形而上学的难题——例如，"存在数字吗？"——似乎就会等同于卡尔纳普视为内部问题的本体论问题。根据奎因的理解，所有的本体论问题的确有着语用的成分，但是这不再像以往那样令人欣慰了。在那个阶段，要点在于奎因对分析/综合二分的攻击对科学来说是一件糟糕的事情，但同时没有推进形而上学——它没有挑战形而上学包含了一种语言谬误这个思想。但是，现在看上去情况是这样的，尽管卡尔纳普对形而上学的主要拒斥建立在一个尚未得到支持的前提之上，即这样的假设，语言中存在某种原则上的多元性，这使得奎因不能取消存在量词之间的差异。

在我看来，卡尔纳普本人的确没有令人满意地为这个学说做辩护。用奎因的话说，他的确没有提出什么可以用来区分范畴问题和子集问题的重要方式。实际上，他需要的是这样的一个论述：在将（例如）数字的存在等同为物理对象的存在这个问题上，犯了某种**范畴错误**。他理所当然地认为情况是这样的，他用于构建语言的模型反映出了这样的一个假设：粗略地说，这个模型要求我们在选择句法时就能标识出范畴的边界——例如，每一类范畴有着各自的量词。但是，他在捍卫这一假设上，即需要在做出句法选择之前标识出边界这项工作上，没做什么事情，而奎因否认的正是这一假设。

一般认为奎因拥护的是相反的观点，可以说，卡尔纳普需要的是**多元论**，而奎因为**一元论**做了辩护。我想解释的是，这种理解是错误的，其原因在于混淆了两种同语言相关的理论问题。因为，卡尔纳普的多元论有着两个层次上的运作。最为清楚的是，从表面上看，它是一种表现为语言的逻辑句法的学说——语言能够显著地被分解成不同的语言框架，正如奎因总结的那样，每一个框架都相连着"一类有种具体风格和界限的变项"（Quine 1966：130）。然而，隐藏在这一逻辑-句法多元论之下的思想是，语用的或功能的多元论，这种多元论是动力的来源。卡尔纳普认为，在将例如子集的存在问题等同为物理对象的存在问题时，的确犯了某种范畴错误。他用于建构语言的模型反映出了这个假定，要求我们在选择句法时标识出范畴的边界——例如，为每一类范畴标识出它们的量词。但是，我们讨论的这些区分不是以句法层次为基础的。

这一点是重要的，因为奎因对卡尔纳普多元论的挑战基于对其逻辑-句法的具体表现的挑战。奎因认为不管我们是使用不同的量词来谈论诸如数字、子集或物理对象，还是使用单一的量词来包括任何种类的实体，这都不可能只是"非常琐碎的思考"。我认为，我们可以接受奎因在这一点上是正确的，但同时坚持认为这对如下真正重要的问题毫无影响，即卡尔纳普对功能的潜在区分是否正确，对范畴错误的看法是否正确。

5. 卡尔纳普、奎因和赖尔论"领域混淆"

二十世纪二三十年代的逻辑实证主义者熟悉范畴错误这个概念。在 1928 年《世界的逻辑结构》（*Aufbau*）一书中，卡尔纳普本人使用"领域混淆"（Sphärenvermengung）这个词——正如他后来总结的那样（Schilpp 1963：45）——以"忽略各种概念的逻辑类型上的差异"。但是，对于当代读者来说，这个概念与赖尔有着特别的关系。赖尔非常清楚这个概念有着本体论问题上的内涵，《心灵的概念》（*The Concept of Mind*）的一个著名段落触及了是否存在普遍概念这个问题：

用某种逻辑的腔调说，存在心灵是完全恰当的；用另一种逻辑的腔调说，存在身体，这也是恰当的。但是，这些表达式没有预示有着两种不同的存在,因为"存在"不是像"有颜色的"或"有性别的"这样的种的(generic)语词。它们预示着两种不同意义上的"存在",一种如"升起"(rising),它在"海潮在升起","希望在升起",以及"死亡的平均年龄在升起"中有着不同的意义。如果有人认为这里有三种事物正在升起,即海潮、希望以及死亡平均年龄,他便讲了个蹩脚的笑话。认为存在质数、星期三以及公共意见、海军,或者既存在心灵也存在身体,也会造成或好或差的笑话。(Ryle 1949: 23)

考虑到奎因对卡尔纳普的回应,我们就不会诧异他对赖尔显而可见的本体论多元论丝毫不具同情心。在《词与物》(Word and Object)旨在讨论这种模糊性的一节中,奎因抓住了机会明确地反驳赖尔的观点:

有些哲学家仍然顽固地坚持认为,逻辑或数学法则中所说的"真"和天气预报或嫌犯的供词的"真",是"真"这个模糊的词语具有的两种用法。这些哲学家顽固地坚持认为数字、集合如此等等所说的"存在"和物质对象所说的"存在"是关于"存在"这个模糊的词语所具有两种用法。主要让我感到困惑的是,他们为何如此顽固地坚持。他们还可能有什么证据呢?为什么不把"真"当作不模糊的,但却非常宽泛的概念呢,并且我们所认识到的真的逻辑法则和真的供词之间的差异只不过是逻辑法则和供词之间的差异?存在的情况也相应如此?(Quine 1960: 131)[6]

---

[6] 奎因在指给读者"他所反对的例子"中,上文引自赖尔的《心灵的概念》的一段话是奎因提到的两个例子之一。

但是，奎因和赖尔之间的分歧在哪里呢？对于奎因来说，本体论问题缩约为量词问题，他理所当然地认为赖尔不会否认我们应当对质数、一周的天数以及倾向等进行量化处理。实际上，赖尔可能会强化他自己所否认的观点，即"存在两类存在"，其方式是，与奎因一道认为对于其中一类存在来说，关键的是它与量词的关系。赖尔只需要说明我们在说信念存在时做的事情和在说桌子存在时做的事情不是一件事——但这里的差异性体现在谈论桌子和谈论信念上的差别，而不是涉及的存在这一概念上的差别。目前来说，这恰是奎因想让我们明白的东西。差别的确存在，但奎因的表述可能会使得我们的注意力集中在桌子和信念本身的差别上。相反，赖尔以功能为导向的表述——他对这个问题的关注点在于，语言范畴能够做什么——则会让我们聚焦于对信念和桌子的不同谈论所起到的**功能**差异；聚焦于两类谈论的**目的**是什么，而非它们是**关于**什么的话语。

此外，对于赖尔而言（这与他对"升起"这个类比的用法也是完全一致的），我们可以说，在某种重要的意义上，我们在这些不同的情况中使用到的**恰是相同的**存在量词。它是相同的逻辑装置，人们用它来实现不同的功能、语用或语言上的目的。这一推理是重要的，因为它能大大帮助我们平息奎因对卡尔纳普的反驳。

经由对比——我们可以上述引文中奎因的第二个关注点中看到——我们可以思考人们熟悉的如下观点：真之谓词是一种满足特定的逻辑和语用需求的语法装置——例如，去引号装置和代语句装置。正如许多作者已经提到的那样（例如，参见 Horwich 1990：87—88；Blackburn 1984），这一解释与如下这一观点是一致的：陈述句可以起到完全不同的功能，在某种程度上，这不仅体现在内容上的不同。例如，可以思考一下关于道德判断或因果判断的投射主义。紧缩论者或许会认为，尽管在我们说存在道德事实或存在因果事实时，我们使用的是同样的、紧缩的真之概念，道德判断和因果判断还是起到了非常不同的功能（既指彼此的功能不同，也指两者是不同种类的陈述判断）。

我们可以做个类似的推理，在面对奎因的反驳时，这个推理可以提供给我们保留卡尔纳普和赖尔多元论洞见的最好方式。我们应当对奎因让步，认为只存在一套存在量词的逻辑-句法装置，正如只存在一套去引号的真之装置一样——如果卡尔纳普的确承诺了存在不同的存在量词，每个框架都有各自的一套量词这个观点的话，那么卡尔纳普就错了。⑦但是，我们应当坚持认为这一装置适用于许多情况，在试图等而视之它们时，这些情况的功能缘起均非常不同于自然主义所犯的那种有罪的大错。

根据这种观点，主谓形式以及对象本身的概念在功能上有着一与多的特征。从某种意义上说，不管我们在哪里言及对象，或不管在什么时候使用主谓形式，或者——似乎也类似——不管我们在什么时候使用存在量词，我们运用的是同一个或同一套工具。然而，不存在进一步的一套对象概念、实体概念或承载着属性的形而上之物的概念，我们有的"只不过是在无限的会话网络中占据的一个主体立场"⑧。类似地，当我们在谈及真，当我们在做出判断或一个断言时，我们使用的也是同一个或同一套工具。但是，在每一种情况中，如果在某种重要的意义上，工具推进的那部分语言有着不同的功能（在一定程度上，这并不意味着跌入**被谈及**的对象之间的差别），相关的那一个或那一套工具都便有着不可互相通约的用法。

---

⑦ 尽管很难明白这里可以有真正实质上不同的观点。我们可以对我们去引号的真之谓词进行索引，在某种程度上，这将使得我们运用于道德判断上的谓词不同于我们运用在因果判断上的谓词，但是在细微处句法上的运用则杜绝了这样的情况发生，即随之产生的谓词都起到了相同的去引号的功能。无疑的是，认为卡尔纳普在存在量词的情况中混淆了这个相似点是对他所做的一种不宽容的解读。一个捍卫那种稍不紧缩的形而上学的人或许会认为，这种句法上的约定标识出的差别是显著的，但是卡尔纳普为什么会这样认为呢？

⑧ 这颠倒了洛奇（David Lodge）的一个思想，洛奇给出了如下观点的一些特征：不存在自我这种东西。在这个语境下，我提到普特南的确想要区分"谈及对象"和"使用存在量词"，并且想要在更为严格的意义上使用对象这个词（参见 Putnam 2004: 52ff; 2001: 140—194）。然而，这里似乎不存在多大的问题。当然，我倡导的卡尔纳普的观点似乎是和普特南的"实用主义的多元论"相近（Putnam 2004: 21—22）。

因此，正确的解读赖尔的方式似乎是这样的：诸如"存在"和"真"这类词项不是含糊的，因为它们在不同的使用中起到了单一的核心目的。正如奎因表明的那样，在那种意义上，它们是意义明确但却是非常一般意义上的词项。然而，根据概念之间彼此关联而产生的功能上的已有差别，在某种重要的意义上，这些词项的不同用法是彼此不可互相通约的。语言中的许多词项似乎都符合这一模式，它们在非常不同的情况中的用法有着单一的核心意义或功能。赖尔本人在比较"存在"，即"升起"时提供给了我们一个很好的例子。"升起"当然有着核心意义。它指一段时间内的量的增加。但是，根据不同种类量上的不可通约性，不同的"升起"可能本身是不可通约的。例如，提问死亡的平均年龄的"升起"速度是不是比生活成本快，这是说不通的。

赖尔似乎想要说，"存在"的情况也类似。语词有着与存在量词有关的单一的核心意义或功能。但是，因为心身概念"属于不同的逻辑范畴"——也就是说，正如我将会总结的那样，在语言中有着重要的不同功能——认为心灵的存在和身体的存在是相同的，这是说不通的。赖尔本人根据诸如"存在信念且存在岩石"这样古怪的连接来解释这一不可通约性，但是这似乎没有触及问题的核心。关键的要点在于，对这两个领域内的实体进行本体论的比较的企图同比较两类"上升"的企图犯了一样的错误。⑨

当然，就语言功能的相关概念还有许多可说之处。从某种意义上说，对椅子的谈论的功能不同于对桌子的谈论，这仅是因为椅子和桌子是不同种类的家具。然而，赖尔（以及我）都不想说"椅子"和"桌子"属于不同的逻辑范畴。因此我们需要在两个层次上进行叙事。我们想说明那种逻辑的和语言的征兆，这些征兆显示了我们正在讨论的那些差别中，

---

⑨ 在这两种情况中，我们是否应当说所做的比较是毫无意义的，或这直接就是假的，这是有争议的。我认为，这不会造成什么影响，只要我们认识到即便我们认为这是假的，这也涉及一种错误，它不同于在谬误的范畴内（intra-category）比较所涉及的错误。

有一个差别存在——这些差别是诸逻辑范畴间的连接点。并且，我们也想知道这些征兆的依据是什么，什么解释了这些征兆——什么**构成了我们正在讨论的那些差别**。⑩

不管关于这些问题的最佳叙事是什么，一个吸引人的思想是：如果语言中存在这类连接点，我们可以测绘和解释它们，那么——从一个不同的视角看——这些连接点是与当代形而上学中某些"硬骨头"（例如，道德、模态、意义以及精神的位置以及本质）所呈现的东西是一致的。赖尔本人当然认为，对范畴间的差别予以恰当关注能够紧缩掉这种形而上的问题；至少在某种有限的程度上，卡尔纳普也是如此认为。从我们在本章开篇处设想的观点看，令人感到诧异的是，这个研究进路居然在二十世纪后数十载里近乎隐而不现。分析哲学大部分时候都遗忘了维特根斯坦、卡尔纳普以及赖尔，而再度理所当然地认为，相关的问题是形而上的问题：存在我们所讨论的那种**真正的**实体或事实吗？（如果存在，它们有着怎样的本质？）

的确，一些一开始就讨论这些问题的人会接着问和语言功能相关的问题。例如，如果我们想要解释不存在这类实体，我们对似乎应该指向某类事物的语言做怎样的解释呢？然而，即便在这里，关于语言的观点也是从属于关于本体论的观点的。这既不是卡尔纳普的观点，也不是赖尔的观点，即本体论问题本身源自于哲学家对语言的困惑——源自于未能注意到这些连接点。

奎因似乎未能令人满意地拒斥这样的建议：语言中可能存在这类重要的功能上的差别。这也是科学所面对的一个难题。人类学家，或许还有生物学家，会问道，"语言的建构能为这些人类做些什么？"奎因也不大能够证明这种探究的结果可能被认为是先验的。

的确，奎因本人时常理所当然地认为语言有着良好的且核心的描述

---

⑩ 赖尔本人似乎更关注前一个问题，而非后者。参见其《论范畴》(Ryle 1938)。

功能，这对所有有着良好基础的断言性会话来说都一样。这一假设为他的如下主张提供了支撑，即一些明显是断言性的会话——例如，那些具有意向的心理学或伦理学的会话——不会起到这一功能，它们毋宁说是表达的或工具性的。正如胡克威（Chris Hookway 1988：68—69）提到的，远不清楚的是，根据奎因自己的理解，这个假设是否站得住脚。例如，考虑到奎因自身关于真之最小化理论者，那么他再认为描述性会话旨在获得真，这便没什么用了。为什么最小化的真之概念应当在表达的或工具性的会话中有用呢？换句话说，为什么一名最小化的理论者应当接受"真"本身应当在我们先前的意义上是有着多元功能的一个概念？此外，为什么描述性这一概念应当同"真"一样是最小化的——因而构成如下假设的基础：描述性本身构成了一类重要的功能的范畴？这些都是难题，但是这个事实本身支持着我们想得出的一个非常弱的结论。至少可以说，奎因对卡尔纳普和赖尔的本体论多元论的批评是无效的，因为这个问题依赖于同语言相关的实质问题，在后一问题上，评审团还未做出宣判。

或许，陪审团已经解散了，这种说法会更好些；因为当代哲学似乎已经遗忘了这个案件。我认为，在奎因对卡尔纳普和赖尔的回应中，没有提供对这一为人遗忘掉的案件的证明。我们已经看到，奎因在拒斥形而上学具有一个外在的、非语用的基点上，与卡尔纳普站在一道（在这一点上，奎因对分析/综合二分失败的诉诸在很大程度上转移了人们的注意力）。卡尔纳普的主张，即传统形而上学也犯了一种区域性的错误，这个错误最终被证明是建立在卡尔纳普本人没有提供的那些基础之上的——实际上，即赖尔在谈论范畴错误这一概念时所谈到的功能基础。奎因对卡尔纳普和赖尔的多元论的批评中，没什么能够算作反对这种基础存在的理由，因而对卡尔纳普-赖尔式观点的裁定必须等待确凿的证据，即对人类生活中，作为语言功能基础的东西进行一阶的科学探究。我认为，较之于二十世纪五十年代，当代哲学更少认识到这种探究的重要性。奎因，或至少其阐释者，应当对此负些责任。

6. 拯救本体论？

我在开篇处提到，似乎有两个主要理由，让奎因对当代哲学中形而上学显而易见的复苏负责，其中一个理由即是他对卡尔纳普的批评所带来的影响。第二个理由则是，《论何物存在》这篇文章带来的影响，正如普特南总结的那样，"奎因……一人使得本体论成为一个受尊敬的主题"。在本章的余下部分，我想通过举例来让人们注意到——在我看来是——对奎因本体论立场的重要性所做的持续性误读，这个误读造成了这样的影响，即使得奎因式的本体论变成一种比它实际所是的要更为实质的形而上学纲领。我会提供两个例子。每一个都与奎因之后的分析哲学的重要人物——分别是普特南和刘易斯——有关，或许这两位巨人的重要性对这种持续性误读起到了推波助澜的作用。

7. 存在一个不可或缺的论证吗？

第一个例子来自数学哲学。在实在论者和反实在论者就数学实体所做的争论中，双方都认同所谓的奎因-普特南不可或缺性论证（indispensability argument）。菲尔德（Hartry Field）——他或许是当代哲学这些争论中非实在论一方的领军人物——就这个论述做了这样的表述，他认为这个表述最初来自普特南：

> 人们常常引用普特南1971年的一段文字，这段文字被认为是如下观点的来源：我们需要认为数学是真的，因为只有这么做我们才能够解释数学在其他情况中的有用性，例如在科学和元逻辑中的有用性……这一普特南式的论述有着如下一般

形式：

（ⅰ）在从事科学、元逻辑等的研究中，我们需要依据数学实体来说话；

（ⅱ）如果我们需要依据某种实体来说话，以完成这种重要目的，我们便有极佳的理由认为，这类实体存在（或至少可以说，根据表面情况主张这类实体的存在是真的）。（Field 2001：328—329）

菲尔德认为，为了避免得出这一论述的结论——即如他认为的，避开数学实在论——反实在论者需要否认第一个命题是真的。（因此，他对"无数字的科学"工程怀有兴趣。）

科里凡（Mark Colyvan）以另一种方式表述了这场争辩中实在论一方对不可或缺性的论证（Colyvan 2003）：

为了后面方便参考，我将以如下清晰的形式来指奎因-普特南的不可或缺性论证：

（P1）我们应当对所有对我们最好的科学理论来说不可或缺的实体做出本体论承诺。

（P2）数学实体对于我们最好的科学理论来说，是不可或缺的。

（C）我们应当对数学实体做出本体论承诺。

在我看来——正如我已经说过的那样——这些论证涉及对奎因"巧妙的"误读，或许也有着对普特南的误读，尽管可以承认这个误读既不是奎因也不是普特南想要的。从菲尔德引用的文献来看，普特南自己的论述是这样的：

> 目前为止，我一直大概沿着如下思路来发展支持实在论的论证：对数学实体进行量化对科学来说是不可或缺的，形式科学和物理科学都如此；因而我们应当接受这种量化；但是这使得我们接受存疑的数学实体的存在。当然，这种类型的论证源自奎因，数年来，奎因既强调对数学实体进行量化的不可或缺性，也强调否认人们日常所预设的存在在知性上是不诚实的。
>
> （Putnam 1971: 347）

让我们在这里具体关注普特南最后的评论——他对奎因的解释。普特南认为，如果对数学实体进行量化是不可或缺的，那么否认这类实体的存在"在知性上是不诚实的"。关键的地方在于——就我目前看来，这是普特南本人在这里错失的要点——这些**反对**某类实体存在的论述（这些论述对实体进行了有原则的排除）本身并不会构成**支持**存在这类实体（即上述表述应描绘的那类实体）存在论述。⑪

强调这一差异的一种方式是，注意到在周边如果有可资本体论者使用的论证，那么，根据奎因的理解，科学家们和数学家们本身也能够使用这个论证。毕竟，奎因坚持认为哲学与科学密不可分——我们都是在同一条船上飘浮。但是，可以思考一下科学家们本身使用的（所谓的）论证。为了保证（科里凡表述中的）小前提（P2），他们必然会认为对数学实体进行量化处理是不可或缺的——这不仅是作为科学家而需做的事情，还是经过反思得以留下的结论——如果还要继续进行科学研究的话，这是他们别无选择而必须接受的结论。

---

⑪ 换句话说，普特南对奎因的解释实际上使得我们有权认同的不是（P1），而是某种类似于这样的严格意义上的弱原则：

（P1*）哲学家不需要做与科学中不可或缺的实体断绝关系的事情。

我想指出的关键要点在于，尽管（P1*）杜绝了**反实在论的**形而上学的可能性，但它并没有支持或**拥护**实在论的形而上学，因为它没有排除对于双方来说，还存在一种卡尔纳普式的紧缩选项。

当然，对于奎因来说，本体论承诺（相信存在数学实体）与接受对数学实体进行量化处理是等同的。所以，根据奎因的理解，如果人们接受了（P2），那么，人们便不但相信存在数学实体，还可以依据（依哲学来说）最佳的科学实践而有权这么做。这便意味着，不但相信存在数学实体，人们还应该在经过对其他选项做出仔细考察后，（根据科学实践的标准）相信数学实体存在。

设想一下我们的科学家因而接受了命题（P2）。如果他们接受命题（P1），他们便会因而得出结论（C），即他们应该相信存在数学实体。但是，根据假设，如果"应该"意味着"根据科学内在的标准"等类似的东西，他们便已经这么相信了。于是，如果存在某些其他标准的话——即某种其他立场，基于这个立场可以审查是否存在数学实体这个问题——这个论述就可以有实质的进展。

最后这一想法（即存在可以审查这一问题的其他立场）有着两个问题。第一个问题是，它与奎因的想法直接矛盾，奎因坚持认为科学之外不存在一个分立的本体论立场。另一个问题是，通过为本体论承诺引入两套标准——在第一阶段是次等的"似乎"之类的承诺，相较之下，第二阶段则是一等的更为重要的承诺——它破坏了整个论述。如果存在这类次等的本体论承诺的话，为什么**那种**本体论承诺会把我们引向存有（what there is）呢？相反，我们可以推测，使之成为次等的原因是，它不是一种（一等的）把我们引向存在有的东西。

在从不可或缺性角度来捍卫这一论述时，人们可能会说奎因坚持认为，如果科学到达了接受（P2）这个阶段，那么就不会有基于它来怀疑数学实体的存有性的哲学立场了——即我们不再能合理地提问"但是，存有真正的数学实体吗？"难道这不意味着，如果科学到达了接受（P2）的阶段，那么我们便有权确认数学实体的存有——毕竟，难道我们无权确认，这样的反驳是说不通的吗？

这视情况而定。或许我们有权重复科学告知我们的东西。但是，即便这样，这也不能从科学所说的东西中推出什么：不存在什么推论，有的只是发生的事情。奎因式的理论是，如果科学到达了接受（P2）的阶段，那么就不会有基于它来怀疑数学实体的存有性的哲学立场了——即我们不再能提问"但是，存有真正的数学实体吗？"——这终结了本体论的怀疑主义或反实在论了吗？但这并不意味着存在一种论述，它是从科学的要求推衍到本体论结论的论述，从而是证明了实在论的论述。相反，它紧缩掉了或不允许存在某种本体论的辩论：这一辩论发生在科学之外，它是关于是否存有那些科学可以对之进行量化之物这一问题的辩论。毕竟，我们可以将"真正的"理解为一名艺术的形而上学家使用的词。在证明"但是，存有真正的数学实体吗？"这一发问毫无意义时，相应的论述并不意味着我们应当说"存有真正的数学实体"。或许，我们应当直接忘掉"真正的"这个词。

　　刚才所做的论述的难点在于，反对实在论的人会否认他们自始便未赋予"实在"（即"真正的"）这个词项以任何特别之处。人们熟悉的下一个争论便是，哪一种立场更为适当，也就是说，哪一方的形而上学立场更为低调。从紧缩论的观点看，正确的策略是，以某种方式迫使必须持有一种立场的某个人直面她的反对者所提出的问题。其目的在于，揭露如果她赞成这些问题的话，那么她比她想要的那样要更加是一名彻底的紧缩论者；而如果她否认的话，那么她坚持的承诺则足以使自身变得紧缩，从而她最终还会成为一名紧缩论者。

　　在我看来，借助不可或缺性而提出的论述为人们提供了这样的一种选择。一旦我们区分开（为实在论的形而上学所支持的）强的论述与（为反实在论的形而上学所支持的）弱的论述，那么我们紧缩论者可为反对我们的人提供两个选择。如果她选择的是强的形式的话，我们会认为，如上文所述，她不是一名真正的奎因主义者。相反，如果她坚持认为，只有在适当的、对反实在论不予考虑的意义上，她才接受这一论述，那么我们便没有什么理由来反对她。相反，我们应该欢迎她加入反形而上学俱乐部——加入同卡尔纳普一道"既拒斥外部世界的实在的论题,也拒斥非实在的论题"的开明圈子。

8. 形而上学如何可能是模态实在论?

现在,我转而讨论转向奎因式本体论的第二种诉求——或许这是二十世纪形而上学中最著名的部分,即戴维·刘易斯对模态实在论的证明。刘易斯起初强调他的模态实在论只不过是一种本体论论题:

> 我的模态实在论只不过是这样的一种论题:存在其他世界,有个体栖居在那些世界中;并且,这些世界具有某些本质,这些本质能够起到特定的理论作用。这是一个存在论的主张,而不是……关于我们语义能力、真之本质、二阶性或我们知识的限度的论题。对我而言,这是一个关于对象存在的问题——而不是以客观性为主题的。(Lewis 1986:viii)

"为什么要相信世界的(这种)多元性呢?"刘易斯问道。"因为这个假设是有用处的,"他回答道,"并且,我们有理由认为它是真的"(Lewis 1986:3)。他将这一论述同数学中的情况进行了比较,并显而易见地以奎因式的形式做出了表述:

> 存在一套理论,这套理论为数学家提供了大量原始命题和其他命题;这一假设的前提是,接受存在许多不为人(Homo javanensis)所知的实体。它提供了一种改良,奎因称之为意识形态,其代价是需要用本体论来偿付。它不是你可以拒绝的报价。价格是合理的;效益在于我们在理论上获得了统一性和便利性,接受这些实体存在是很值得的。哲学家们可能想看到

哲学主题会被重新改造或重构，但勤奋的数学家们坚持追求自己在天堂中的主题，而不愿被逐出乐园。他们的论题是，存在多套这种丰产的理论；这让我们有很好的理由相信这是真的。（Lewis 1986：4）

那么，总结而言，刘易斯对模态实在论的论证可以归结为：

如果我们可以在我们的分析中预设模态实在论，那么便存在许多可以使得系统哲学更为容易的方式。我认为这是一个认为模态实在论为真的很好理由，正如数学中的那套实用的理论是一个让我们相信存在许多套理论一样。（Lewis 1986：vii）

我想就这一论述做出的第一点评论是，这只不过是直接忽略了一名卡尔纳普主义者想在相信"是真的"之语用的和传统的证实性理由之间做出的划分。清楚地是，卡尔纳普主义者或许会接受谈论可能世界（或多组理论）的有用性是一个接受存疑语汇的一个**语用上的**好理由，我们不需在任何意义上把这解读为对**真**之论证，从而变成一个形而上学的结论。为了将他的观点从这种卡尔纳普式的对可能世界的谈论区分开来，刘易斯需要在更强的意义上来阐述这一论证。问题是，奎因的确为这么做提供了根据吗？

在这一点上，从不可或缺性角度对捍卫这个论证的人会回答说"是的"，并把刘易斯视为他们自己事业的同盟。但是，我已经论证了这误读了奎因：从对不可或缺性的诉诸中，可以得出的正确结论只不过是，所有**形而上学的**立场是非法的，不管是在我们所讨论的本体论问题的积极方面，还是消极方面；紧密相关的还有对**语用情况**的确认，即我们可以继续使用正被讨论的语汇。此外，这与卡尔纳普的实用主义和形而上学的紧缩论是完全一致的。

如果我是对的话，那么的确令人感到讶异的结局便是，刘易斯的模态实在论——它或许是二十世纪晚期的形而上学中最容易看到且最具争议性的论题，但也是最受尊敬的——的确根本无需被视为卡尔纳普及其后继者所攻击的那种意义上的**形而上学**。我不认为这是一个原创洞见。例如布莱克本便长久地敦促人们认识到，令人诧异的是，我们很难证实刘易斯模态实在论所具有的独特的形而上学"魅力"（尤其是，也很难将它从布莱克本关于模态性的准实在论中区分出来）。但是，人们对此充耳不闻。许多人**认为**他们在跟随者刘易斯的脚步研究形而上学——显而易见，正如刘易斯本人首先在迈出那些脚步时意在的那样。

刘易斯本人注意到了来自这一方面的威胁，在他最后的一篇文章（Lewis 2005）中，他试图将准实在论等同为一种自觉的形而上学立场，即**虚构论**。⑫他提到，这两种观点（即虚构论和准实在论）均认同关于目标会话的一阶的大众判断，但随之提供给我们二阶的资格。例如，因而在模态的情况中，情况是这样的："事物可能是多种多样的"——这是一个一阶的判断，"但是它们仅存在于我们参与于其中的模态虚构中"——这是一种虚构论式的附文。刘易斯似乎认为，虚构论和准实在论因此次于如下观点：在没有资格的情况下接受这种陈述——也就是说，次于实在论（正如他在对这一无资格的观点进行阐述时所表明的那样）。

让我们暂时不议刘易斯将准实在论阐述为一种虚构论的做法是否正确，我们先来聚焦于这一无资格的选项的本质之上，刘易斯将这个选项同虚构论，以及准实在论做了对比。什么是无资格的"实在论"？它是**刚才**所说的，大众在说"事物可能是多种多样的"时候所指的观点吗？或者是在说"事物有着**真正的**存在方式"——这里"真正的"一词标志着某种独特的哲学主张——时所指的观点？如果这两种可能性之间有差别

---

⑫ 我不确定刘易斯是否把这篇文章看作对刚才提及的那种威胁的回应，但是他几乎不大可能没有注意到，如果他的论证是成功的话，那么该论证就会满足这一目的。

的话，并且其中一种可能性正是我们在寻找的那种无资格的立场的话，那么，它必然是一种较弱的立场。为什么呢？较强的立场也需要有一种额外的资格，尽管这里需要的是一种积极的而非一种消极的资格。（大众不会将"真正的"一词加入自己的表述中，如果加入了这个词的话，那么便需要提出哲学理论。）

假如较弱和较强的观点之间不存在差别呢？那么便会意味着——正如卡尔纳普所认为的那样——不存在任何一种特殊的理论立场，哲学可以借此立场来提出本体论问题。换句话说，这意味着不存在任何特殊（且合法）的较强立场。那么，这再一次证明了无资格的立场是较弱的立场。

同时，刘易斯的论证似乎在如下意义上对我提供的那种最具吸引力的卡尔纳普纲领构成了威胁。我认为，为了对付奎因对多元论的拒斥，卡尔纳普主义者需要强调，我所谓的功能多元论已经隐在于卡尔纳普的观点之中了。换句话说，卡尔纳普主义者需要强调的是，我们以多种方式使用语言（尤其是，使用存在量化的语言）。

然而，这种功能主义式的或谱系学的导向似乎与布莱克本的准实在论有着诸多共同之处。而这提出了这样的可能性，即刘易斯的路径或许能够确定我的卡尔纳普式立场比我认为的那样要更具有形而上学的特征：在此方面，指消极意义上的形而上学——就像虚构论那样——我的立场承诺了我们对某种反实在的本性有着形而上的主张。

刘易斯的论证有赖于这样的观察，即存在一些我们可以添加在表达式上的"资格"，不然的话这些表达式就会是断言（或一系列断言），取消资格我们就可以取消断言的语效。他给出了几个例子——例如，"**从现在开始，我应该多说我不相信……**"，以及"根据福尔摩斯的小说……"（Lewis 2005：315）——并指出，可以用形而上学的虚构论的表达式（例如关于道德会话的表达式）达到同样的结果：它相当于事先便认为某人的道德断言不是真正为真。刘易斯认为，准实在论的情况也如此，即相当于某种"预先放弃"（disowning preface）（Lewis 2005：315）："人们在认同投射主义时写下了那一序言,而投射主义先于并激发了(布莱克本)对准实在论的倡导……这是准实在论者所说的,但实在论者不予响应的话"(Lewis 2005: 315)。

在当前的语境下,相关的问题是,投射主义或某种更为宽泛意义上的功能主义式的或表达论式的谱系学(在这个谱系中,我们对卡尔纳普式的存在论承诺的领域做出描述)的确等同于"预先放弃",这在一定程度上为我倡导的事业——结合功能多元论和形而上学紧缩论——造成了困难。我们可以依照卡尔纳普式的语用精神而接受存在量词的领域,但**认为**那就是我们在做的事情,同时不取消我们在那一领域中提出的这些主张(包括存在论的主张)的断言性语效?

需要注意的第一点是,这种有着功能上作用的理论当然可以算作是预先放弃了形而上学的实在论者想要提出的某些主张——具体地说,这些主张(不管是清晰地还是隐在地)蕴含着对我们正在讨论的语言的功能和谱系的另一种解释。但是,可以推测这对紧缩论者来说不构成问题,因为紧缩论者首先便不会认同这种主张。⑬ 与之相关的问题不是这样的,即在实在论者确认存在真正的道德真理时,准实在论是否放弃了大写了 R 的实在添加物(Realist adds)。问题在于它是否放弃了一般来说对道德真理的无条件确认。

那么,谱系学是拿回了一些东西,抑或只是增加了更多的东西呢?首先,注意并不是所有的增加都要求拿回一些。例如,请思考下面这个例子:

在发生谋杀案的那晚,男管家不在星巴克。(我自上周始,

---

⑬ 或许,这对布莱克本来说是一个棘手的问题,因为他的准实在论可能让他对某种隐在的形而上学图景做出承诺,这幅图景与真正的表征性会话的思想有关——他想将这些情况同准实在论在其中是恰当的策略的领域做出比较。但是,对于全局化的准实在论来说,就不会有这样的问题,布莱克本有时会受到全局化的准实在论的诱惑(这同维特根斯坦相关),而我自己则一直倡导全局化的准实在论。参见 Blackburn(1998a: 166—167; 1998b: 77—83),Price(1992,2004b,以及 Macarthur and Price(2007)。

就知道这件事。)

这揭示了，存在某些方式，我们可以借以为断言"填充某些背景"，同时无需否认那一断言。更为有趣的是，似乎也存在某些方式，我们可以借以通过添加资格来削减某一断言的语效，同时不必在任何意义上破坏它的**真**，例如：

事实证明男管家杀了人。(当然，我是作为一个可错的人类说这句话的。)

这里，括号里添加的内容的确在实际上削减了前面断言的语效。但是，对几乎不管怎样的断言来说，这个添加是真的（在正常的情境下，我们都会十分清楚这是真的）。所以，尽管**提及它**相当于某种撤销，但这并不能成为怀疑这个限定本身的真实性的理由，也不能成为质疑对初始语句所做的直接实在论式阐释是否为真的理由。这揭示出，对于（真的）谱系来说，既可能在会话上被"放弃"，然而也完全可能与实在论相融——至少，如果这里的实在论意思只不过是依其表面价值来提出的主张，而非要求添加某种对抗性的谱系。

我们得到的教训似乎是，我们需要将在宽泛意义上"放弃"或削减断言的语效从更为严格的意义上区分出来，在后一种情况中，便相当于**反驳**初始的断言或**意味着**初始断言**是假的**。上述例子意味着，在某些但不是全部的情况中，我们在前一种意义上放弃了谱系学。我认为，尚不完全清楚的是，准实在论式的谱系学站在队列的哪一方，但就当前的目的来说，这不是个重要的问题。就当前来说，后一类"放弃"——如我总结的那样，"意味着……是假的"——是关键的问题。

我们当然可以在后一种意义上放弃虚构论，但不能放弃准实在论。明确地关注到用法-提及的区分是一种让我们确信这一点的一种方式。照字面意义说，虚构论需要**使用**道德语汇以否认价值存在；而卡尔纳普式的或布莱克本式的谱系（在解释大众在使用道德语汇时在做什么时）则仅需**提及**它。因此可以说，准实在论**谈及**对话，而没有切实地谈论对话。因此，它完全缺少借以判断（或暗示）道德判断是假的之语汇。

如果刘易斯将准实在论等同于虚构论的做法是正确的，那么我们要比卡尔纳普认为的要更难成为一名形而上的紧缩论者——这与他本人的意图明显相悖，卡尔纳普的观点将会变为一种伪装的形而上学。但是刘易斯并不认为存在这个等式。从某种意义上说，他的论证失败了，这恰恰因为它未能关注到我们可称之为形而上学的立场（这种立场与语汇有关，该立场认为首要的问题是，关于那种特殊语汇的判断是否是**真的**）与某种谱系的或人类学的立场（这种立场关心如下问题：为什么像我们这样的生物一开始便能够使用语汇）之间的差别。关于我们在游戏中做出的推理，即我们在使用语汇时做出的断言，从后一立场做出的反思或许不会一直是中立的。（实际上，在某些情况中，它致使我们完全放弃玩这个游戏）。但是，只要我们一开始就区分开这些立场，那么便无借口将缺乏这种中立性混同为在游戏本身内采取一个立场。

因而，情况似乎是，刘易斯本人对模态实在论所做的论证，以及他后来将实在论等同于虚构论的尝试均未为将形而上的紧缩论与语用上的功能多元论结合起来的卡尔纳普式事业带来阻碍。此外，结果证明如下想法只不过是一个幻相：奎因为某种更为实质的形而上学提供了方案。我得出的结论是，尽管奎因提出了反驳，但形而上学的处境仍然是卡尔纳普离开时的那样。仍然无人回应《经验主义、语义学和本体论》一文带来的挑战。[14]

---

[14] 本章取自两篇早前发表的文章。前五节基于《分析哲学杂志电子版》（*The Electronic Journal of Analytic Philosophy*）上的一篇文章（Price 1997）修改而成，有些地方借助新近发表于《哲学杂志》（*The Journal of Philosophy*）的一篇文章（Price 2007）做了些修改。第一节也是基于后一篇文章中的一节改成的。我也非常受惠于托马逊（Amie Thomasson）和埃克隆德（Matti Eklund），他们对早前的版本做了诸多评论。

第十四章

为表征主义欢呼?

1. 推迟的天堂?

当杜威在 1905 年宣称实用主义将"**予表征主义以致命一击**"①时,他(至少是)低估了表征主义的顽强。即使在写作的时候,罗素的工作已经在很大程度上将哲学带入了新领域——弗雷格的指称论是这些领域的基石(或许看上去如此)。一个世纪之后,尽管如维特根斯坦和罗蒂这样的巨擘新添了抵抗的力量,但是表征主义似乎不但生机勃勃,而且攻无所破——部分原因在于分析阵营的构建,表征主义几乎太过显而易见而无法挑战。②

然而,如果我们更为仔细地探看弗雷格式领域内的情况的话,我

---

① 引自 Menand 2001: 361 的一封信。
② 反表征主义时常遇到某种近乎不可理解的东西,例如,杰克逊如下评述显示的那样:

> 尽管显而易见的是,语言的许多部分是表征性的,但人们偶尔会反对这样的观点。我曾参加一些会议,会上那些其论文攻击关于语言的表征观的作者,其口袋中有着一片纸条,上面写着会议就餐的地方,以及出租车出发去机场的时间。(Jackson 1997: 270)

类似地,直接指向罗蒂的反表征主义,布莱克本写道:

> 语言不是用来再现事物的——这多么荒谬啊!……毕竟,一个接线图代表着电表内的情况怎样,我们的燃油量表代表着油箱中剩余汽油的数量,而我们的物理学或历史告知我们物理或历史中发生了什么事情。(Blackburn 2005a: 153)　　(转下页)

们实用主义者也许能为杜威对其最终命运所怀有的乐观主义找到根据——表征主义共和国已经有了从内部瓦解的迹象了。一个富有前景的迹象便是，弗雷格本人埋下了最初的致命病毒，即"语义最小化理论"：一种对待表征主义的基本概念机制的寂静主义和紧缩论的态度。最小化理论不就是从内部吞噬掉表征主义，剥夺表征主义，并借以告知我们关于人类思想和语言的实质部分的理论语汇吗？如果是这样的话，那么或许表征主义终究难逃一死，当那些尚令人关注的对话转移到其他阵地上时，它只不过是在这个帝国的空壳上继续挥舞着旗帜。

在我看来，第二个支持杜威式的乐观主义者的有用迹象是，在表征主义的国境内坚持一系列脱离运动——每一场斗争都旨在说明表征主义的框架对其看似毋庸置疑的某些**局部**区域并不持有恰当的主权，同时，还要就正在讨论的那一区域提供替代性的解释，即"表达论式"的解释。尽管这些脱离运动大部分（或许是无望的）只有着局部抱负，我认为它们施加的威胁加总在一起便可起到实质的（不可忽视的）作用。我称此为**功能多元论**的威胁，即挑战表征主义帝国的同质性。根据这种乐观的理解来阐释，这些脱离运动在区域上从事着维特根斯坦在全局上所做的工作。③他们挑战的是这样的假设：语言有着单一的核心功能，即"再现事物是

（接上页）（我会在下文回到对布莱克本评论的讨论上。）此外，正如布兰顿指出的那样，表征主义不只是在分析哲学中被视为理所当然的：

> 表征的纲领不仅统治着追求分析性的语义学的整个范围，包括从模型论的，贯穿可能世界，直接到反事实的以及基于信息路径的目的论语义学；它还内在于承接自索绪尔语学那一大思路下的结构主义中，即便对后来的大陆思想家来说，他们的后结构主义也仍然深陷在表征纲领的泥淖之中，除了根据能指（signifier）来理解意义外，他们看不到其他理解意义的方式，其中，能指代表着所指（signified），而非根据能指与其他能指之间的关系来理解意义。（Brandom 2000: 9—10）

③ "我们仍然不清楚日常语言游戏所具有的惊人多元性，因为我们的语言外衣使得一切看上去都很相似。"（Wittgenstein 1968: 224；类似的评述请参见 23—24）

怎样的"。

因此，语义最小化理论和表达论的功能多元论——它们都是分析传统的本土产物——提供了某种前景，基于此我们可以看到杜威对表征主义最终命运的判断或许是正确的。此外，我们还可以将这两类运动都视为实用主义种子萌出的产物，当然也是在分析的主流之内。毕竟，语义最小化理论提供的是研究"真"的一种自觉的非形而上学路径，且它专注于我们可以用真之谓词**做**什么的实践问题，即没了真之谓词，我们很难或不再可能做什么。表达论则直接专注于（例如）道德或模态语汇的特殊用法——借由此，我们可以再一次地规避开对道德或模态事件的本质所具有的传统形而上的思虑。那么，在这两种情况中，我们明白了实用主义的某些标志性特征，例如对语词和思维形式的实践用法感兴趣，以及拒斥形而上学。关于表征主义的名誉有着杜威式乐观主义的根据不仅在于，表征主义遭到了致命一击，还在于预料到了这一致命一击来自实用主义。

"在世哲学家文库"（*Library of Living Philosophers*）系列丛书致敬的第一位哲学家便是杜威，因而在罗蒂编纂的这个既是杜威式也是罗蒂式主题的文集里，我这么写似乎是合宜的。本章中，我想试图为上述评述填充一些细节，聚焦于讨论那些打动了我的思路，即从分析传统内攫取资源来支持杜威-维特根斯坦-罗蒂式的反表征主义。具体地说，我想区分出反表征主义的几个阶段，并向人们推荐对我来说最具吸引力的阶段。我将以一名实用主义者作为参照，这名实用主义者比杜威、维特根斯坦或罗蒂要对表征主义更为友好，他便是布兰顿。我怀疑，罗蒂可能会感到我推荐的立场对表征主义做出了太多的妥协；布兰顿则或许会认为我的妥协太少了。如果是这样的话，那便如此吧：我介于罗蒂和布兰顿之间。根据我的理解，人们做的可能比这更糟。

2. 异议者之间的异议？

首先，是对这类思想的反驳：我们可以同时基于语义最小化理论和表达论的多元论来构建对表征主义的挑战——人们时常认为，这两种观点本身是相矛盾的（在这种情况中，同时以两者为基础的反表征主义不会有杜威的如炬目光，却换上了一双斗鸡眼）。人们看到的这一矛盾源自这样的思想，即语义最小化理论通过降低标准（使得陈述性会话更易于获得成真条件，但这仅在最小化的理论所允许的意义上）暗中破坏了表达论。

一直以来，这是人们喜闻乐见的对表达论的挑战，麦克道威尔、莱特以及一些其他人（例如，请参见 McDowell 1981；Boghossian 1990；Humberstone 1991；Wright 1992；Jackson，Oppy，and Smith 1994）对之进行了深刻的思考。但是，这是一个让人深感困惑的反驳，因为诉诸最小化的理论实际上**支持**的无疑是表达论的理论核心，即我们不应当以语义的基调来建立关于语汇的理论。例如，同价值和规范语汇相关的是，表达论者的核心主张是，我们自身应当关心的是相关语汇的用法、功能以及语用上的重要意义，而非关心语汇的语义属性。如果我们追随表达论者而做出这一理论转向，那么如果最小化理论者坚持的是语义属性的问题是理论空乏的问题，这怎么会给我们带来麻烦呢？作为表达论者，我们已经承诺了如下观点，即值得注意的理论对话发生在其他某个地方。所以，如果语义最小化理论者告知我们，在任何情况下，都不存在可用语义方式开展的理论工作，这难道不是好消息（出于我们本能的自动确认）吗？

我认为，人们之所以会回应说最小化理论对表达论构成了挑战，乃是因为他们被如下事实蒙蔽了，即表达论通常是一种区域性立场。一般而言，表达论者想要放弃具体语汇所依存于的语义框架——我们还可以用价值语汇为例——但同时，却在其他某个地方保留了这个框架。这的确会致使它们在面对最小化理论的挑战时显得脆弱不堪……但是，这是因为他们**保留**的是外衣表征主义的图景，而不是因为他们**接受**表达论的图景！最小化理论的挑战的确对区域表达论者通常想在真正的描述性语汇和表达语汇之间做出对比构成了实际威胁——但这是因为它对前一种语汇构成了威胁，而不是威胁到了后者。

我认为，这种对最小化理论和表达论之间真正关系的解读很好地契合于布莱克本对维特根斯坦的解读，他认为维特根斯坦结合起了语义最小化理论和表达论（存在争议的是，实际上，维特根斯坦结合起的是语义最小化理论和**全局**表达论）。布莱克本在回应莱特的观点，即一般来说最小化理论会对表达论构成挑战，以及在回应将维特根斯坦解读为想要"同质化"语言的那类最小化理论者这种一般趋向时，他实际上指出了这样的事实，即在语义意义上，两种理论间的差别消失了——拉姆齐或维特根斯坦的语义最小化理论均否认我们有权以某种方式提出关于这一差别的理论——但这并不意味着我们不可以用其他方式来提出关于这一差别的理论。切题的差别是语用上的，而非语义上的；最小化理论者使得问题变得更为简单了，而非更加困难了。

> 要点是，拉姆齐和维特根斯坦都不需要那种**真**之概念——即强健的、直接的、硬的真之概念，以及某种软的、柔弱的、冒充性的真之概念。他们需要的是**命题**这一概念，或许我们也愿称之为某种**真之倾向**的概念。我们以某种方式来对某些命题进行恰当的理论说明，我们也以另一种方式对其他一些命题进行恰当的理论说明。理论关注的是，人们附着在命题之上的承诺有着怎样的本质，以及这些不同的承诺在人们生活中（或生活形式，或语言游戏中）有着怎样的不同功能。实际上，我应当说，尽管这个立场的好的名号或许是"非描述的功能主义"，但是维特根斯坦甚至能将"描述"这个词扔进最小化理论的收

纳槽中。即便我们不得不认为所有的承诺均描述了与之并列的实在片段,我们仍然可以认为可以**用一种独特的方式**来对它们进行理论说明。人们是以不同的方式来获知它们的,并就它们的真之倾向提供了不同的理论(此外,赖特应该与此思想意气相投,因为仅有通过拓展这一步骤,他本人才能够在面对真之最小化的理论时,恢复各种实在论争论的生机)。你或许会得出结论,这也就是说,这些断言描述了事物是如何获得价值、或然性、模态性等。但是,你达到这一平淡无奇的结论的方式是独特的,而重要的正是这一点。(Blackburn 1998a: 166-167)④

实际上,在我看来,布莱克本保守地表述了如下情况:不应该认为维特根斯坦将"描述"扔进了最小化理论的收纳槽中,毋宁说是这样的——作为一名语义最小化理论者——他负不起**不**将它扔进槽中的责任。换句话说,就最小化理论和表达论之间存在着的显而易见的张力来说,**唯**一令人满意的决断来自认识到这样的事实,即最小化的理论意味着可能不存在折中的办法。给定了最小化的理论,表达论**必然**是一种全局观点,因为最小化的理论剥夺了我们用以给出任何其他观点的理论语汇。

未能理解最小化的理论实际上是以这种方式为表达论提供授权的,布莱克本也未能理解如下通常的指控,即"最小化的理论否决了表达论"为何是完全搞错了方向。尽管如此,我认为布莱克本在这个问题上比大多数人都要更接近真相——但这个事实使得如下情况变得更为令人感到疑惑(如我在本章开篇处提到的那样),即他是那些想将罗蒂的反表征主义视为一种"荒谬"立场而予以清除的人之一。在布莱克本的情况中,这一指控来自这样的一个人,他的主要贡献一直是向我们揭示"某一语汇在表征的事业中是否是真实的"这一问题是难以让人察觉的,他还论

---

④ 引自 Blackburn 1998b: 77–83。此处可读到对"维特根斯坦"选项更为细致的讨论。

述了各种讨论方式，例如道德的和模态的讨论，在**探究**所有的世界时，如同将世界视为真正是表征性的一般，实际上，这些讨论只是起到不同的作用。

我们刚才已经看到，在将维特根斯坦列为他自己的"准实在论"纲领的赞助人时，布莱克本甚至同情性地接受如下思想，即描述性和非描述性之间不存在差别。我们可以以两种方式来解读这一建议对表征主义来说有何蕴意：要么这个建议等同为对表征主义的全局性拒斥，这种解读说出了表达论者在**全局**上的观点，以及非认知主义者通常在**局部**上持有的观点；要么这个建议是在拯救表征主义，但代价是除去它的所有理论内容（即紧缩掉这一概念）直到它不再能够在我们对语言和思想同世界的关系做出的理论说明中起到任何作用。但是，我们很难明白这两种解读与罗蒂对表征主义的拒斥有着怎样显著的不同，也很难明白一个认为自己在这些问题上与维特根斯坦立场相近的人为何与罗蒂相距甚远。

那么，这个情况中的真正问题便在于，语义最小化理论和表达论的多元论之间没有真正的冲突，它们实际上是彼此支持的。在暗中破坏表征主义时，最小化的理论明确为全局表达论留下了空间（也就是说，为将区域表达论进行全局化的处理留下了空间）；而表达论的各种区域版本则为我们指明了理论会话会是关于什么的，因为我们不是以语义的基调来进行这些会话的。那么，总而言之，尽管迟到了一个世纪，杜威式的前景有着光明的未来。

3. 布兰顿是一名反革命者？

然而，有一层阴影笼罩着我们透过杜威眼睛看到的风景，这层阴影来自一个不大可能的人。我的那些乐观的同侪——他们认为实用主义的复兴已经在分析的阵营内破坏了表征主义，人们已经在由杜威、维特根斯坦和罗蒂开拓的"无镜像"的小径中前行——发现有一些持类似立场的实用主义者挡住了道路,这些拦路人似乎在往相反的方向行进。这一反革命的形象便是布兰顿,他的实用主义思想似乎有时并没有传达如下思想,即杜威对表征主义的致命一击是一个往昔的政变——相反,他通过在语用根基上恰当地重建一堵墙的方式而使得表征主义的帝国完好无损。

这个问题很复杂,部分是因为布兰顿当然也反对传统的、非实用主义式的、表征主义要素,部分是因为我们可以用多种方式来解读他的观点。为了能够让问题更为清晰地呈现,我想试着区分四种可能的立场,这立场从左到右遍及了对表征主义的完全拒斥,到完全认同表征主义的三声欢呼。我们假定维特根斯坦和罗蒂占据的是极左派(无欢呼声)的立场。⑤

然而,正如我将解释的那样,这里的比率不是线性分布的。第一声欢呼和后两声之间标志着人们哲学世界观上隐在的巨大变化,这是杜威为实用主义划出的一种界限:如果站在这条界限的左边,那么这种实用主义便是真正的、渐进的立场,它取代了形而上学。如果移向了这条界限的右边,那么持这种立场的人至多只能算作是披着实用主义外衣的形而上学家。所以,这不是一道人们可以轻易跨越的鸿沟,我想告诉布兰顿的是,他必须选择一个立场,不管是左边,还是右边。

4. 语言有一个城区吗?

在将自己的观点与维特根斯坦的观点进行比较时,布兰顿强调他的观点要求语言"有一个城区",即**断言**是一种基本的语言活动,它可以作

---

⑤ 因此,布兰顿的立场与我认为的杜威-维特根斯坦-罗蒂立场之间的矛盾中有着两个显而易见的要点。宽泛地说,我在第一个要点上赞成布兰顿,而在后一个要点上与他不同——尽管如我所说的那样,这里的分歧决定了对布兰顿观点十分值得关注的阐释。

为其他语言活动的基础。处在布兰顿整个工程核心的是，就这一核心活动的基本之处做出语用的、**推论的**解释。

> 与维特根斯坦相比，对概念判断的推论性的鉴别是，语言……有着中心；它不是混杂无序的。产生和消费理由的推论活动是语言实践领域中的城区。郊区的语言活动使用且依赖于在给出和索取理由的游戏中锻造的概念内容，前者寄生于后者。
> （Brandom 2000：14）

这难道没有对维特根斯坦式的多元论，尤其是布莱克本所指的多元论构成挑战吗？表达论者想要披露的是，存在许多表面上的断言性语言游戏，它们连接着不同的功能和心理状态；而布兰顿想要向我们展示一种单一的、做出承诺的实践，这种实践能够提供资格，是一种给出和索取理由的实践。无疑，对于布兰顿而言，他不会将断言扔进"最小化理论的收纳槽"中；相反，断言**恰**是基本的语言游戏，而布兰顿整个规划的核心便是探究这一基本游戏的本质。

然而，在我看来，这里不存在实际的深层差别。毕竟，即便维特根斯坦认可有着共同的"外衣"，这一外衣使得不同的语言游戏在表面上看起来是类似的（因此，会误导我们认为它们都有着同样的作用）。但由我们决定的是，这一关键的相似性恰是说明了各种不同的语言游戏均利用了同样的推论机制。这完全与构成基础的多元论相容，只要我们也坚持认为，各种不同种类的承诺回应的是不同的需求和目的——在我们的复杂本性中有着不同的起源，与我们的物理和社会环境有着不同的关系。只要我们抵制那种要不然就会成为对断言的重要性做出相矛盾解释的观点，即认为它们体现了一种与先在的概念内容的共同关系（这种观点认为基本的多元论体现在内容层次上的不同，而非功能上的不同），我们便可以这么说。

因此，我认为这里我们可以跟随布兰顿——赞成语言有一个城区——但无需牺牲关键的实用主义阵地。我们所需要的想法是，尽管断言的确是一种基本的语言游戏，但它是一种有着功能上多种不同运用的游戏——实际上，是有着多元功能的工具。⑥ 只要我们以表达论式的基于用法的语汇对这些运用做出正确的理论说明，所获得的立场便是与布莱克本版本的维特根斯坦的那种功能多元论相容。

实际上，布兰顿的规划似乎不仅与这种语用的功能多元论相容，它还对这种多元论做出了承诺。布兰顿对他的规划的特征做了如下描述：

> 从解释某人在做出断言时在做什么开始，它寻求从中阐明什么被说出了，阐明内容或命题——我们可以根据成真条件来思考它们——人们在做出一个言语行为时便对它们做出了承诺。（Brandom 2000：12）
>
> 概念实用主义试图根据人们必然隐在地知道如何（能够）做的方式来清晰地说出或认为事情是如此这样的。（Brandom 2000：18）

因此，布兰顿旨在揭示概念内容如何从语用功能中浮现，而如果布兰顿想要为每一种内容均给出**相同的**功能上的叙事的话，这便有可能避而不谈某种语用的功能多元论。然而，这无疑不是他想要的。相反，布兰顿规划令人惊喜的地方在于，他将不同的语汇连接到不同的语用任务上的方式——可以说，这些细节金光闪闪。无疑，他也不是想返回他所批判的阵营中。如果布兰顿想要说的是，在相关的意义上，我们在做出不管怎样的断言时我们**做的**是同样的事情的话，那么他提供的便只是对

---

⑥ 布兰顿警告我们不要误用如下思想，即语言是一种工具——语言有着某个目的——但是，我在这里所说的话均没有以这一有争议的观点为基础。相反，正如我将会解释的那样，我这里思考的功能多元论是那种布兰顿本人想要强调的观点。

断言**语效**的解释——这种方式以语效这个较大的单位开始，以致他的解释无法直接涉及那些随着断言的变化而变化的东西，因而就**内容**（或它所代表的变项阈）而言，这种解释什么也没有说。

所以，尽管布兰顿的解释或许强迫人们接受维特根斯坦或许会拒斥的观点，即语言有着一定程度上的统一性——也就是说，以维特根斯坦所谓的将语言汇聚一处的共同的语言"外衣"为依据，来给出一种统一的解释——这不仅是**承认**了，而且实际上**要求**这种统一性与基础性的语用多元性共存。不同件语言外衣做着不同的事情，即便在某种重要的意义上，它们都是以相同的方式缝制的。

我们还需注意，尽管布兰顿不会把"断言"这个词项扔进"维特根斯坦式的最小化理论收纳槽"中，这并不能从中推出他不会把诸如"描述""真""指称"以及"表征"等扔进去。布兰顿可以坚持认为（至少在"真"和"指称"这一情况中，他明确地坚持认为）他对断言——作为语言游戏的核心和城区——做出的实质解释不依赖于"语词-世界"之间的实质关系，这一关系则是传统的表征主义观点的象征。

但是，布兰顿想把所有这些词项扔进最小化理论的收纳槽中吗？对我来说，如果布兰顿在这个问题上的观点表达更清楚些，这会帮助人们理解他的想法。当然，他有时似乎是在说，他的规划不是要去紧缩掉表征概念和指称概念，而是去揭示我们可用语用材料来重构它们：

> 对于推论主义者来说，主要的解释挑战毋宁说是解释语义内容的表征维度——根据推论的关系来构建指称的关系。（Brandom 1994：xvi）

> 表征主义传统从弗雷格开始，根据指称而发展出了对推论的丰富解释。如何理解反其道而行的方式呢，即根据推论来理解指称？在缺乏这类解释的情况下，推论主义者在表征主义传统中扭转解释劣势的企图必然注定是无望和失败的。（Brandom

1994：136）

然而，根据观察，布兰顿实际上做的不是"重构指称关系"（例如，有着如此这般本质的关系），也不是"理解指称"（本身），而是为我们解释指称**语汇**的用法：他告知我们"指向"这个**词项**有着怎样的用法，而不是向我们解释指称**关系**——告知我们对指称的**归因**，而不是指称本身。

这一区别为什么是重要的？在我看来，这是重要的，因为避开那种哲学死胡同——粗略地说，是指形而上学，或至少指那种尤为误导人且自讨苦吃的那种形而上学——是十分关键的，哲学长久以来受困于这种死胡同。我认为布兰顿或许也从分析表达论传统中学到了，我们应该在这些问题上小心行事，这是重要且回报丰富的。为了能够解释我认为布兰顿应该选择怎样的立场（以及描述我认为他现在正跨坐其上的那一界限），我想就我所认为的那一传统中的某些洞见做出一些概括。

5. 休谟式表达论的教训

我所考虑的表达论观点是对现在被称为"位置"或"放置"问题的回应。起初，这些问题呈现为某种形而上学的或认识论的问题，这些问题存在于更大范围内的形而上学的或认识论纲领之中：例如经验主义或物理主义。根据这些纲领的理解，我们似乎很难在这些纲领框架所规定的实在或关于实在的知识内，为我们讨论的某些对象找到"位置"。在由物理学描述的那类世界中，我们应该将道德事实放置在哪呢？如果将后验知识建基在感觉上，我们关于因果必然性的知识应该何去何从呢？

表达论的解决方案是，将位置问题从有问题的一般纲领的视野中移除出去，认为我们将它们放置在视野中的倾向反映了一个理解上的错误，即我们错误理解了语汇和对象之间的关系。因此，可以认为（显而易见的）道德或因果**事实**存在的位置问题源于我们错误理解了道德或因果**语**

言的功能。表达论者说，一旦我们注意到语言的事务不是"描述实在"，我们便可发现位置问题建立在一个范畴错误之上。

请注意，传统表达论因此对所讨论的语汇既有积极的论题，也有消极的论题。消极的论题是，这些语汇不是真正表征性的——正如我早前提到的那样——这种表达论者理所当然地认为语言的某些部分是真正表征性的（并且，隐在地说，是关于某类实体对象的）。积极的论题则提出对存疑的每一种语汇的功能做出了另一种解释。我则颠倒了最小化理论者对表达论的一般拒斥，我依据于这样的观察，即积极的论题不仅会借助语义紧缩论而救回紧缩化的消极论题——它事实上是默认的赢家，在此意义上，语义紧缩论为对语言的功能做出某种非表征的解释做了**授权**。

但是，在形而上学一方的这一点上发生了什么——也就是说，对表达论一开始就试图避开的那些形而上学问题来说，发生了什么？首先，我们注意到传统表达论倾向于一种明确的反实在论立场，至少那些内嵌在某种更泛意义上的形而上学纲领中的表达论是如此。例如，在伦理学中，非认知主义被视为是一种理解道德语言的方式，但它否认真正存在任何道德价值或道德事实这类东西。但是，这一直是有些问题的：如果道德语言是非描述性的，人们如何用它来做出即便是消极意义上的形而上学判断呢？或许，更好的叙说方式是，关于实在论和反实在论的传统形而上学问题只是提法不当——正如卡尔纳普清楚指明的那样，这种对待形而上学的态度长久以来就有了：

> 受维特根斯坦的影响，维也纳学派既拒斥关于外部世界存在的论题，也拒斥它作为一种伪陈述的非实在论题；关于普遍（universals）的实在和非实在论题也如此……唯名论的论题是，它们不是实在论的，且它们相应的专名也不是任何东西的名称，专名只不过是声音的气息。（Carnap 1950: 215）

众所周知,卡尔纳普经常向人们推荐这种形而上学寂静主义,而这无疑是表达论者想要的立场,尤其是语义最小化理论紧缩掉了我所谓的表达论的消极论题的时候。如果表达论认可了我们可以使用到的语言,那么我们便可以在卡尔纳普所谓的内在意义上谈论价值和道德事实的存在。重要的是,不管在任何其他意义上,这些问题都是没意义的。卡尔纳普在这里是个有价值的同盟,但在这一点上,以一般的卡尔纳普的方式禁止"外部的"本体论问题,这是不充分的做法。我所指的表达论者须能够揭示出,像她更为传统的同事一样,她能避开某种急转弯——尽管卡尔纳普禁止人们这样做——这一急转弯胁迫我们从语言理论走向形而上学。

为了解释我这么说是什么意思,我需要区分两种对语言进行理论说明的方式,即本体论上**保守的**和本体论上**放任的**方式。当然,任何一种对语言进行理论说明的方式都有着某种承诺——至少可以设想对说话者、某种言语行为,以及各种环境因素(例如,解释为什么这种说话者在某些特定场合而非其他场合会做出这种言语行为)做出承诺。本体论上保守的理论向我们承诺的只不过是这些。我们再度用卡尔纳普的话说,而本体论上放任的理论也对语言框架进行**理论说明的东西**做出了**内在的**本体论承诺。

为什么会这样呢?如果我们的理论援用了表征概念的话,原因就很好解释。作为语言理论家,如果我们说词项 X **代表着**某种东西,那么"什么是 Y,以至 X 能够代表着 Y"这个问题便变为一个对我们语言理论本身施加压力的问题——即便所讨论的 Y 是某种通常不被视为所需要的语言本体论一部分的东西,例如道德属性、质数等。

对实质的语义关系的使用因此使得语义理论在本体论上变得放任。将语义属性归因给某种语汇,这让语言理论家承诺了本体论之镜——通过所讨论的语义关系——这枚镜子能够反射出语汇所做的、内在的本体论承诺。语义关系因此提供了一种桥梁,这一桥梁只能将我们的理论目光从语词转向事物。

我们很容易明白这如何造就了位置问题。作为将人类语言作为某种自然现象来研究的理论家，我们发现我们自身用我们的理论话语说出了诸如"善""七""原因""知识"以及"真"这些语汇，它们起到了**指向**的作用——换句话说，它们处在某种重要关系的一端。于是，我们感觉需要回到这样的问题，"处于这一关系另一端的是什么？"这是许多理论迫切想要回答的问题——答案中混杂着许多我们倾向于就说话者想指出的其他类事情，例如他们的环境和能力。因此，给定了这样的起点，我们便会被迫走上了寻求自然主义的答案，走上了解决位置问题的道路。

传统表达论缓解这一压力的方式是，论证在这个问题中，我们对语义属性做出了错误的归因。我所说的紧缩论的表达论则更加是顺风航行的，人们并不能够直接看到这种理论是航行在保守一方的航线上的。关键的观点是，**出于理论目的**，本体论上放任的表征主义进路源自对语义关系的明确运用。只要我们的理论语汇中**缺少**这些语义词项，这种"语言外的"本体论承诺就不会出现。这里的歧俩便是，找到一种方式使得我们可以继续保持美德的一面，同时使得我们（以及我们主体）能够无害地以紧缩的方式使用语义语汇。

当我们密切关注使用-提及的区别时，我们便可发现这一解决方案。表达论者的格言应当是，语汇应该是**提及性的**而非**使用性的**——至少是在扶手椅中对事物进行理论说明而不是使用到那些事物。只要表达论者把这一点牢记于心——确保她初始的理论视角只是**提及**目标语汇——那么便不会有这样的危险，即她自身对元语言语义语汇的因果的紧缩使用会将她引入形而上学的陷阱之中；当然也无这样的危险，即她作为主体对相应的对象语言的语汇的使用会使她落入本体论之网中。有了对使用-提及的恰当理解，那么，语义紧缩论便的确提供了所需要的保证。它保证了表达论者始终都不会对有着"X **指向**了Y"这种形式的判断做出承诺，其中X是对象语言中的一个词项。（毕竟，指称的紧缩论观点的本质在于，概念无这种理论用法。）

总结而言，岌岌可危的是实用主义逃离某种形而上学或本体论问题的能力。表达论最大的美德之一便是，它用关于人类思想和语言的问题替换了形而上学问题。例如，取代关于价值或模态本质的形而上学问题的是这样的问题，如何理解人类行为？它是在广义上理解这一问题的，而不是将之理解为关于形而上学领域中某种似是而非部分的问题。这一转变是使得休谟式表达论吸引自然主义者的原因之一。它只是避开了为价值（或者说，实际上是因果必然性！）在那种物理学想让我们相信的世界中找到一个位置的问题。（这其中也表现出认识论的美德，休谟也清楚这一点。）所以，在我看来，自然主义者应当拥抱这一实用主义-表达论式的转向，即从关于对象的哲学探究转向对语汇的哲学探究——接受这一课，即正当的主观自然主义或许能够消除寻求客观自然主义的共同形式的动机。

这就是处在栅栏一方的杜威-维特根斯坦-罗蒂路径为什么重要，为什么有着我们需要继续保持的美德的原因：坚定地反对那种为形而上学免费搭载一程（在研究语汇的马背上）的表征主义。表达论不是以实用主义的基调从事形而上学，它从事的是某种类似于人类学的事务。

6. 布兰顿应该立足何处？

在形而上学和人类学的划分上，布兰顿应该立足何处呢？正如我早前所说，我的印象是他跨坐在鸿沟上。这是一个很大的论题，需要我们在其他地方进行更为细致的讨论，但我想勾绘出支持这一评估的一些理由。

一方面，正如我已经提到的那样，布兰顿的写作时常表现出他的规划是形而上学式的（在当前的意义上），表现出他关心我们对之有着哲学兴趣的那些问题的本质和构成——例如概念内容以及语言的指称维度——给出解释：

> 对概念内容的表征维度的重要处理是预留给第八章的……（那一章中）语义内容的表征属性被理解为本质上是推论实践的社会特征的后果。（Brandom 1994：xvii）

从表面上看，这既是在"形而上"讨论指称本身，也是一种以我描述过的方式讨论更为一般意义上的形而上学问题。此外，布兰顿自己的（显而易见的）某些形而上学目标更为笼统且更为含糊：

> 对原则上隐含在推理实践中的清晰表达式的本性和限度的探究产生了一个有力的先验论证——关于对象存在的……一个先验的表达论的论证……（Brandom 1994：xxii-xxiii）

另一方面，布兰顿时常清楚地表明，他探究的是语言和思想的形式，而不是语言外的实在本身。我方才引用的段落下文便是对这一先验论证的注解：它论证的是"（为什么）我们可以**谈论和思及**的世界所呈现的**唯一**形式是关于具体对象及其属性和关系的事实世界的形式"（Brandom 1994：xxii-xxiii，第一处黑体为笔者所加）。

类似地，至少在稍不普遍的层次上，布兰顿时常强调他提供的首先是一种对词项归属——例如"真""指称""代表"等——的解释，而不是对其他进路认为那些词项所象征的属性或关系的解释。例如，就他对知识性判断的解释来说，他说道：

> 它首要关注的不是知识本身，而是知识的归属，对那一身份的态度。实用主义者必须询问，在我们说某人知道什么的时候我们正在做什么？（Brandom 1994：297）

但几行字之后，布兰顿在继续做相同的解释时，他写道，"实用主义者对知识所做的现象主义解释会对归属**知识**的社会行为以及该行为具有的规范意义做出相应的探究"（Brandom 1994：297，黑体为笔者所加）。这里，两种立场再度是并行的：为了让事情更明朗些，实用主义者应该根本否认他在对知识提供解释。（也就是说，规划是人类学的，而非是形而上学的。）

或许，我在这里对布兰顿不大宽容，我太过照着字面解读，从而认为他主张要对知识做出解释（其他主题上的情况也类似）。通过作比较的方式，至少在宽松的意义上，认为去引号理论是关于"真"的一种解释，这难道不是无害的吗，即便去引号理论不是照实地解释真，而是解释真之谓词的功能？但是，我认为还有其他让我们认为布兰顿在这一点上做的就是这项工作的理由吗？我们随后对此会做出更多的讨论。

（从我的休谟式视角看）布兰顿支持的另一个观点是，他时常清楚地表明他拒斥对指称关系（因此，包括我指出的有可能让我们从人类学退回至形而上学的理论桥梁）进行实在论式建构。因而，在他钟爱的回指版本的语义紧缩论所带来的后果上，布兰顿这样写道：

> 认同对"真的"和"指向"表达的东西进行回指解释的人们必须避开迈向真之属性和指称关系的相应的具体步骤。这一思路隐在地在一般的真和指称话语以及关于它们的各种具体的哲学拓展间划出界限，其中的哲学拓展建立在对这种指称话语所表达之物的错误理解而得出的理论结论之上。关于什么是真，什么是假，以及某些表达式指向了什么的通常评述完全是自洽的；而回指理论则解释了应该如何理解它们。但是，真和指称是哲学家们的虚构，它们源自语法上的误解。（Brandom 1994：323-324）

> 各种语词-世界关系在理论的语义工程中起着非常重要的解释作用，但是，认为有一种关系是作为"指称关系"而发挥其作用的，这便中了表层句法形式的魔咒。（Brandom 1994: 325）

另一方面，布兰顿在这一点上的策略表明，在某些方面，他仍然固守于传统的表征图景。为能够否定他的观点，我们可以具体思考一下他对句法标准的依赖。他这样总结道：

> 运用传统的语义语汇进行表达的判断使得我们有可能具体地陈述语义事实，如此一来，例如，运用物理学的语汇做出的判断便使得我们有可能具体地陈述物理事实。（Brandom 1994: 326）

在这里的表述中，听上去布兰顿像是一名传统的（**区域**）表达论者，他仍然深陷在如下图景中，即语言的某些部分，在某种强有力的意义上，真正是描述的。他也没有看到这个选项，即接受人们可以用语义紧缩论来紧缩到这幅图景。他仍然容易滑向形而上学，而在那里，句法的漏洞是不存在的。

这种解读来自这样的事实，即他在某一点上正面遭遇到了这些传统的形而上学问题。"这些都不是自然主义的解释"，他说道（2000: 27），"这些"指的是他对话语的指称的、客观的，以及规范维度所做的解释。他还说道：

> 规范……不是出在因果序列中的对象……尽管如此，根据这里呈现的解释，规范存在，其存在性既不是超自然的，也不是神秘的。（Brandom 1994: 626）

此外，这一段接下来说的话，恰是我认为布兰顿应该立足其上的正确解释:"我们是根据对规范态度的理解来驯化规范身份的,规范态度**是处在因果序列之中的**"(Brandom 1994:626)。但是,我的论点是,他不必在一开始便以这种方式撤退。他的解释仅是(对他自己来说)看上去是非自然主义的,因为他试图将自己的解释理解为一种形而上学。如果他一开始就停留在栅栏德性的(人类学)一方,那么就不会出现什么非自然主义的东西了,他也无需撤退。

最后一个例子,这个例子在我看来阐明了布兰顿对栅栏另一方的持续关注,而我认为另一方有着更为表征主义的一面——在这一方,我们可以发现人们使用语用的原料来**重构**表征关系。如下这段文字选自布兰顿的"洛克讲座",这段文字也是他在回应如下施加给自己的挑战时对自己的规划所具有的特征进行的描述——"难道我一直进行的叙事不仍然也是坚决地停留在语词/世界分界中'语词'的一方吗?"

> 投身于推理实践以及运用推理能力便是在使用语词说出以及意指某物,因此谈及了世界中的细目。那些实践,对那些能力的运用,以及用法,确立了语词和世界之间的语义关系。这是传统实用主义为关于语义学的哲学思维带来的重要想法之一:不要一开始就关注表征过程和被表征物之间的关系,而应该首先关注做的活动和过程的本质,它们构建了表征关系。(Brandom 2008:177—178)

我一直在论证正确的路线——布兰顿**在实践中**实际上时常遵循这条路线——恰恰是"坚决地停留在语词/世界分界的'语词'一方"。这种坚决并没有阻止我们试图解释指称的**语汇**,即对语义关系做出一般**归因**,它在语言中的广泛性无疑足以解释表征图景的吸引人之处。这种坚决也不会荒谬地要求人们认为,我们就语词-世界的关系而言,什么都没有说。相反,正如布兰顿自己在上述引文段落中评论的那样:

> 各种语词-世界关系在理论的语义工程中起着非常重要的解释作用，但是，认为有一种关系是作为"指称关系"而起到其作用的，这便中了表层句法形式的魔咒。（Brandom 1994：325）

这种坚决有着我一直试图强调的回报：通过确保我们语言理论保持本体论上的保守性，它使得我们安全地远离形而上学。

在称这种从形而上学的解放是休谟式表达论具有的一种洞识时，我的意思当然不是指，轻视实用主义在远离休谟上所做的推进。布兰顿提到，塞拉斯将自己的哲学事业描述为，将分析哲学从它的休谟阶段推进到康德阶段，并将这一思想的核心理解为这样的观点，即传统经验主义未能认识到在概念上阐明思维的重要性。接着，罗蒂将布兰顿的事业理解为下一步：从康德阶段过渡到黑格尔阶段，后一阶段基于对概念所起到的社会建构作用的认知，以及概念所基于的语言规范的认知。对于我来说，我仅敦促人们认识到，布兰顿的这一事业需要澄清我认为完全可以将之描述为休谟式洞识的观点。休谟式的表达论或许大大落后于康德，它未能辨识到概念的重要性；它也大大落后于黑格尔，因为它未能发现概念是依赖于社会的。但是，它仍然是该领域内的领头羊，因为它的那种理解方式——我们如今称之为实用主义的理解——完全否定了形而上学。（我们休谟主义者预料到了主流的表证主义者会无视这一点，因为我们明白了他们的表达论是如何使他们误入歧途的。但是，我们对同行的实用主义怀有更好的希望。）

7. 介于罗蒂和布兰顿之间

我想以一个类比作为结尾，这一类比旨在揭示我所理解的渐进的实用主义纲领（progressive pragmatist program）的某些意义，并且，还旨在揭示使得我与罗蒂和布兰顿区分开的关键成分。

设想有一种很大的结构，例如一个体育场，它是由钢筋建成的三维的网。再假设太阳可以从上方将它照亮：每一根钢筋都在下方的场地上投下了阴影。现在假设我们来对这个场景拍一张相片，拍照者是外星人类学家（它来自一个天空灰蒙、云雾缭绕的星球，或许在它们那里，阴影是不常见的）。这些外星人发现体育场是某种人造物，并思忖设计体育场的那些生物有着怎样的意图。在注意到钢筋和下方绿草地上的线条之间的对应关系之后，它们猜测到，钢筋的功能是以有模式的方式**表征**下方的线条。（或许，它们之中的激进派会猜测到，表征是一种无法还原的视角：**如从太阳视角看到的那样**，体育场代表着草地上暗线的模式。）

当然，外星人的猜想颠倒了事情的实际情况。草地上的模式是对体育场结构的投射，而非相反。稍不容易发现，但在我看来更为重要的是，这个假设没能看到这样的事实，即钢筋在作为整体的结构中有着许多不同的功能。某些起到垂直支撑的作用，将压力传导至地面；有些则起到"推"的作用，用于使得其他事物分离开；有些则起到"拉"的作用，用于将其他事物紧密连在一起；有些为记分牌、座位、相机起到支撑作用的钢筋则与将体育场用作运动赛场有着关系；有些仅是装饰性的；当然，许多钢筋有着多重功能，这些功能只有在整体结构的语境中才能被理解。所以，尽管所有的钢筋都有着共同之处——毕竟，它们都是**钢筋**——它们也有着重要方面的不同。为能理解结构，理解它与建基于其上的地面之间的关系，以及它在建造它的生物的生活中所起到的作用，我们需要能够理解这些不同。

语言和思想不是人工制品。没有人设计它们，它们至多只在粗鄙的进化论意义上有着某个目的。尽管如此，正如我们能够在人体的语境中谈论器官和结构（在此意义上）的功能，谈论组织的不同层次，以及它们对我们（完整个体）和我们的环境之间的整个互动关系所起到的贡献一样，我们也可以就思想和语言的功能和贡献，以及相应的各种能力，提出类似问题。思想和语言的功能类似于外星人就体育场提出的假设，即它们的首要功能是"表征"外部的模式，这一观点在很大程度上主宰着科学和哲学。反表征主义者赞成这一观点有着至关重要方面的错误，但就具体在哪一方面出错，以及我们应该采取怎样的观点上，存在分歧。

对于我来说，我想论证的是，表征主义的正统理论犯了两个基本错误。它错失了一个重要方面，即概念领域内的模式是依据于我们的，而非我们的环境。并且，它也错失了概念领域内的功能多元性这一关键维度——在这一重要方面，不同语汇在我们与我们的物理环境之间的复杂关系中起着不同作用。然而，我认为这种功能多元论需要附加上一个重要的条件。正如我们不应当忽视体育场的钢筋有着共同之处一样——它们的共同归属，例如长度、质量、承重能力等，是它们能够有着各种不同运用的基础——我们也不应当忽视与语言某种重要的同质性，这种同质性构成了断言的普遍性与关键性，构成了布兰顿所谓的"城区"。

我怀疑罗蒂会怀疑从这一视角看到的值得注意的理论工作所具有的前景。然而，无疑这一思想与某些罗蒂式的主题产生了共鸣——尤其与这样的观点，用罗蒂钟爱的杜威式口号说，即语言的目的是"合作而非复制"。我想敦促人们认识到的是，我们应该以两种方式来阐释这一主题。首先，我们应当预见到语言在"竞争"上起到了各种不同且值得注意的贡献，这些贡献既与我们本身的不同，也与环境的不同有着广泛关系；因此，我们可以预料会出现有着理论上重要意义的功能多元论。当然，这并未使得我们承诺所有的差别都有着理论上的重要性，也未让我们承诺所有的差别都有着同一种解释或谱系。相反，正如在生物学和人类学中体现的那样，我们应当认为差异体现为各种不同情况所具有的深度和偶然性的差异，以及功能上的差异。有些功能可能是基本的，或许也是硬件，而其他一些功能可能只是表达文化风尚。无疑的是：基本的要点在于，"竞争"为语言理论带来了新的变化性维度，"复制"必然会压制这一维度。如果我们先祖未能成功地以有着重要的理论意义的方式利用这一潜在的多元性，我们应当感到诧异，实际上，应感到羞愧。

其次，我们应当认识到这种功能多元性叠印起来会体现出某种重要的统一性：实践的核心，即断言，人们用它来实现许多（尽管不是全部）多元功能。当然，这里也存在一个与历史偶然性，以及文化多元性相关的问题。这一装置具有怎样的普遍性，以及从一个文化到另一个文化，从一个时代到另一个时代，它体现了怎样的变化，这些都是需要注意的问题。如果布兰顿是正确的，那么答案必然是"变化非常小"，因为断言对任何算作是语言的东西来说，是根本的。但是，即便我们要聚焦于这个问题，我们也需要理解我们本土领域内的断言，理解它如何服务于我们——在这里，我认为，布兰顿的解释是我们拥有的最具启发性的解释。

以这种断言的核心性标准看，较之于如下观点——将之归于维特根斯坦或许会有争议，但这种观点或许是罗蒂所持有的——我的观点更接近于传统观点，即便这种程度上的表征主义也太过度了：因此，我也为表征主义振臂一呼了。但是，相较于这样的一种观点，我则离传统观点更远：这是一种布兰顿似乎采取的观点，这种观点旨在从表达论式的或语用的原料中建构出一种关于表征内容的实质概念。⑦ 反过来说，这种观点与彻底的原始表征主义非常不同——它不同于布兰顿所说的关于语义内容的柏拉图主义。罗蒂、布兰顿和我都赞成，在倒掉传统的洗澡盆时，我们需要遵循杜威的指引。如果我们之间有什么不同之处的话，便是盆中有没有一个婴儿，如果有的话，这个婴儿体型如何，生自哪里？我认为，罗蒂觉得盆中什么都没有。布兰顿和我觉得，有时候我们希望会有一个混血儿——类似于语义性的圣婴，它的柏拉图式属性在人类身上再生。而我则期待某种更为适度且俗世的婴儿，一种复杂的、有血有肉的生物——无疑，它不是分析性的天使，但这也没有什么不好。

---

⑦ 以一种不同的方式，布莱克本似乎也受到了这一立场的诱惑，这体现在他所谓的成功语义学中，即这样的一种观点，"某一在行动中得以成功被运用的理论可能是表征的基础，是关于内容或意向性的理论基础"（Blackburn 2005b）。

参考文献

Abrams, M. H. (1953). *The Mirror and the Lamp: Romantic Theory and the Critical Tradition*. New York: Oxford University Press.
Armstrong, D. (1983). *What Is a Law of Nature*. Cambridge: Cambridge University Press.
Armstrong, D. (1997). *A World of States of Affairs*. Cambridge: Cambridge University Press.
Beth, E. (1963). "Carnap on Constructed Systems," in P. Schilpp (ed.), *Library of Living Philosophers*, Vol.XI: *The Philosophy of Rudolf Carnap*. La Salle, IL: Open Court, 469–502.
Blackburn, S. (1971). "Moral Realism," in J. Casey (ed.), *Morality and Moral Reasoning*. London: Methuen, 101–124.
Blackburn, S. (1984). *Spreading the Word*. Oxford: Oxford University Press.
Blackburn, S. (1985). "Supervenience Revisited," in Hacking (ed.), *Exercises in Analysis: Essays by Students of Casimir Lewy*. Cambridge: Cambridge University Press, 47–67.
Blackburn, S. (1988). "Attitudes and Contents," *Ethics*, 98: 501–517.
Blackburn, S. (1990). "Wittgenstein's Irrealism," in J. Brandl and R. Haller (eds.), *Wittgenstein: Eine Neubewehrung*. Vienna: Holder-Richler-Temsky.
Blackburn, S. (1993a). *Essays in Quasi-Realism*. Oxford: Oxford University Press.
Blackburn, S. (1993b). "Realism, Quasi, or Queasy," in J. Haldane and C. Wright (ed.), *Reality, Represenation, and Projection*. Oxford: Oxford University Press, 365–384.
Blackburn, S. (1993c). "Wittgenstein and Minimalism," in B. Garrett and K. Mulligan (eds.), *Themes from Wittgenstein, Working Papers in Philosophy*, 4. Canberra: Philosophy Program, Research School of Social Sciences, ANU, 1–14.
Blackburn, S. (1993d). "Review of Paul Johnston," *Wittgenstein and Moral Philosophy*, *Ethics*, 103: 588–590.
Blackburn, S. (1998a). "Wittgenstein, Wright, Rorty and Minimalism," *Mind*, 107: 157–182.
Blackburn, S. (1998b). *Ruling Passions: A Theory of Practical Reasoning*. Oxford: Oxford University Press.
Blackburn, S. (2005a). *Truth: A Guide for the Perplexed*. London: Allen Lane.

Blackburn, S. (2005b). "Success Semantics," in H. Lillehammer and D. H. Mellor (eds.), *Ramsey's Legacy*. Oxford: Oxford University Press.
Boghossian, P. (1989). "The Rule-Following Considerations," *Mind*, 98: 507–549.
Boghossian, P. (1990). "The Status of Content," *Philosophical Review*, 99: 157–184.
Brandom, R. (1983). "Asserting," *Noûs*, 17: 637–650.
Brandom, R. (1984). "Reference Explained Away." *The Journal of Philosophy*, 81: 469–492.
Brandom, R. (1988). "Pragmatism, Phenomenalism, and Truth Talk." *Midwest Studies in Philosophy*, 22: 75–93.
Brandom, R. (1994). *Making it Explicit*. Cambridge, MA: Harvard University Press.
Brandom, R. (2000). *Articulating Reasons: An Introduction to Inferentialism*. Cambridge, MA: Harvard University Press.
Brandom, R. (2008). *Between Saying and Doing: Towards an Analytic Pragmatism*. Oxford: Oxford University Press.
Campbell, J. (1993). "A Simple View of Colour," in J. Haldane and C. Wright (eds.), *Reality, Representation and Projection*. Oxford: Oxford University Press.
Carnap, R. (1950). "Empiricism, Semantics and Ontology," *Revue Internationale de Philosophie*, 4: 20–40. Reprinted in *Meaning and Necessity: A Study in Semantics and Modal Logic*, 2nd enlarged ed., Chicago: University of Chicago Press, 1956, 205–221. Page references are to the latter version.
Chalmers, D. (1996). *The Conscious Mind: In Search of a Fundamental Theory*. New York: Oxford University Press.
Chomsky, N. (1957). *Syntactic Structures*. The Hague: Mouton.
Chomsky, N. (1975). *Logical Structure of Linguistic Theory*. New York and Chicago: Plenum; University of Chicago Press
Chomsky, N. (1995). "Language and Nature," *Mind*, 104: 1–61.
Cohen, J. (1977). *The Probable and the Provable*. Oxford: Oxford University Press.
Collins, J. (1988). "Belief, Desire and Revision," *Mind*, 97: 333–342.
Colyvan, M. (2003). "Indispensability Arguments in The Philosophy of Mathematics," in Edward N. Zalta (ed.), *The Stanford Encyclopedia of Philosophy*, Spring 2003 ed. Stanford, CA: Center for the Study of Language and Information.
Davidson, D. (1974). "On the Very Idea of a Conceptual Scheme," *Proceedings and Addresses of the American Philosophical Association*, 47: 5–20.
Dennett, D. (1991). "Real Patterns," *Journal of Philosophy*, 88: 27–51.
Drier, J. (2004). "Meta-Ethics and the Problem of Creeping Minimalism," *Philosophical Perspectives* 18, Ethics: 23–44.
Dummett, M. (1973). *Frege: Philosophy of Language*. London: Duckworth.
Dummett, M. (1975). "What Is a Theory of Meaning? (I)," in S. Guttenplan (ed.), *Mind and Language*. Oxford: Clarendon Press, 97–138.
Dummett, M. (1978). "The Philosophical Basis of Intuitionist Logic," *Truth and Other Enigmas*. London: Duckworth, 215–247.
Dummett, M. (1979). "The Appeal to Use in a Theory of Meaning," in A. Margalit (ed.), *Meaning and Use*. Dordrecht: Reidel, 123–135.

Dummett, M. (1993). "The Source of the Concept of Truth." *The Seas of Language*. Oxford: Clarendon Press, 188–201.

Field, H. (1994). "Deflationist Views of Meaning and Content," *Mind*, 103: 249–285.

Field, H. (2001). "Mathematical Objectivity and Mathematical Objects," in *Truth and the Absence of Fact*. Clarendon Press: Oxford, 315–331.

Frege, G. (1960). "Negation," in P. Geach and M. Black (eds.), *Translations from the Philosophical Writings of Gottlob Frege*. Oxford: Oxford University Press.

Geach, P. (1960). "Ascriptivism," *Philosophical Review*, 69: 221–225.

Geach, P. (1965). "Assertion," *Philosophical Review*, 74: 449–465.

Gentzen, G. (1933). "Über das Verhältnis zwischen intuitionistischer und klassischer Arithmetik." Unpublished at the time; English translation in Szabo, M. (ed.), (1969). *The Collected Papers of Gerhard Gentzen*. Amsterdam: North Holland, 53–67.

Gibbard, A. (1990). *Wise Choices, Apt Feelings: A Theory of Normative Judgement*. Cambridge, MA: Harvard University Press.

Gödel, K. (1933). "Zur intuitionistischen Arithmetik und Zahlentheorie," *Ergebnisse eines mathematischen Kolloquiums*, 4: 34–38. English translation in (1986)*Collected Works*, *Vol.I*. New York: Oxford University Press, 287–295.

Goodman, N. (1983). *Fact Fiction and Forecast*, 4th ed. Cambridge, MA: Harvard University Press.

Hare, R. M. (1971). *Practiral Inferences*. London: Macmillan.

Hare, R. M. (1976). "Some Confusions about Subjectivity," in J. Bricke (ed.), *Freedom and Morality: The Lindley Lectures Delivered at the University of Kansas*. Lawrence: University of Kansas.

Hazen, A. (1986). "A Fallacy in Ramsey," *Mind*, 95: 496–498.

Heyting, A. (1930a). "Die formalen Reglen der intuitionistischen Logik," *Sitzungsberichte der Preussischen Akademie der Wissenschaften, physikalisch-mathematische Klasse*, 42–56.

Heyting, A. (1930b). "Die fonnalen Reglen der intuitionistischen Mathematik," *Sitzungsberichte der Preussischen Akademie der Wissenschaften, physikalisch-mathematische Klasse*, 57–71, 158–169.

Holton, R., and Price, H. (2003). "Ramsey on Saying and Whistling: A Discordant Note," *Noûs*, 37: 325–341. Reprinted as chapter 7 in the present volume.

Hookway, C. (1988). *Quine*. Stanford: Stanford University Press.

Horwich, P. (1990). *Truth*. New York: Basil Blackwell.

Horwich, P. (1993). "Gibbard's Theory of Norms," *Philosophy and Public Affairs*, 22, 1: 67–78.

Horwich, P. (1998). *Truth*, 2nd ed. Oxford: Oxford University Press.

Humberstone, I. L. (1991). "Critical Notice of F. Jackson, Conditionals," *Philosophy and Phenomenological Research* LI: 227–234.

Jackson, F. (1982). "Epiphenomenal Qualia," *Philosophical Quarterly*, 32: 127–136.

Jackson, F. (1994). "Armchair Metaphysics," in M. Michael and J. O'Leary-Hawthorne (eds.), *Philosophy in Mind: The Place of Philosophy in the Study of the Mind*.

Dordrecht: Kluwer, 23–42.
Jackson, F. (1997). "Naturalism and the Fate of the M-Worlds II," *Proceedings of the Aristotelian Society*, 71 (Supp.): 269–282.
Jackson, F. (1998). *From Metaphysics to Ethics*. Oxford: Clarendon Press.
Jackson, F., Oppy, G., and Smith, M. (1994). "Minimalism and Truth Aptness," *Mind*, 103: 287–302.
Jackson, F., and Pettit, P. (1995). "Moral Functionalism and Moral Motivation," *Philosophical Quarterly*, 45: 20–40.
Johnston, M. (1989). "Dispositional Theories of Value," *Proceedings of the Aristotelian Society*, 63 supp.: 139–174.
Johnston, M. (1993). "Objectivity Refigured," in J. Haldane and C. Wright (eds.), *Reality, Representation and Projection*. Oxford: Oxford University Press, 85–130.
Keynes, J. M. (1921). *A Treatise on Probability*. London: Macmillan.
Kraut, R. (1990). "Varieties of Pragmatism," *Mind*, 99: 157–183.
Kripke, S. A. (1982). *Wittgenstein on Rules and Private Language*. Cambridge, MA: Harvard University Press.
Lance, M., and O'Leary-Hawthome, J. (1997). *The Grammar of Meaning*. Cambridge: Cambridge University Press.
Leiter, B. (2004). "Introduction: The Future for Philosophy," in B. Leiter (ed.), *The Future for Philosophy*. Oxford: Clarendon Press, 1–23.
Lewis, D. (1966). "An Argument for the Identity Theory," *Journal of Philosophy*, 63: 17–25.
Lewis, D. (1970a). "How to Define Theoretical Terms," *Journal of Philosophy*, 67: 427–446.
Lewis, D. (1970b). "General Semantics," *Synthese*, 22: 18–67.
Lewis, D. (1972). "Psychophysical and Theoretical Identifications," *Australasian Journal of Philosophy*, 50: 249–258.
Lewis, D. (1975). "Languages and Language," in K. Gunderstone (ed.), *Minnesota Studies in the Philosophy of Science*, Volume VII. Minneapolis: University of Minnesota Press.
Lewis, D. (1983). "General Semantics," *Philosophical Papers*, Volume I. Oxford: Oxford University Press, 198–232.
Lewis, D. (1986a). *Philosophical Papers*, Volume II. Oxford: Oxford University Press.
Lewis, D. (1986b). *On the Plurality of Worlds*. Oxford: Blackwell.
Lewis, D. (1988). "Desire as Belief," *Mind*, 97: 323–332.
Lewis, D. (1994). "Reduction of Mind," in S. Guttenplan (ed.), *A Companion to Philosophy of Mind*. Oxford: Blackwell.
Lewis, D. (2005). "Quasi-realism is Fictionalism," in Mark Kalderon (ed.), *Fictionalist Approaches to Metaphysics*. Oxford: Oxford University Press, 314–321.
Loar, B. (1980). "Ramsey's Theory of Belief and Truth," in D. H. Mellor (ed.), *Prospects for Pragmatism*. Cambridge: Cambridge University Press, 49–70.
Macarthur, D., and Price, H. (2007). "Pragmatism, Quasi-realism and the Global Challenge," in Cheryl Misak (ed.), *The New Pragmatists*. Oxford: Oxford University

Press, 91-120. Reprinted as chapter 11 in the present volume.

McDowell, J. (1981). "Anti-realism and the Epistemology of Understanding," in J. Bouveresse and H. Parret (eds.), *Meaning and Understanding*. Berlin: W. de Gruyter.

Mackie, J. L. (1977). *Ethics: Inventing Right and Wrong*. Harmondsworth: Penguin Books.

Majer, U. (1989). "Ramsey's Conception of Theories: An Intuitionistic Approach," *History of Philosophy Quarterly*, 6: 233-258.

Majer, U. (1991). "Ramsey's Theory of Truth and the Truth of Theories," *Theoria*, 57: 162-195.

Mellor, H. (1971). *The Matter of Chance*. Cambridge: Cambridge University Press.

Menand, L. (2001). *The Metaphysical Club: A Story of Ideas in America*. New York: Farrar, Strauss and Giroux.

Menzies, P., and Price, H. (1993). "Causation as a Secondary Quality," *British Journal for the Philosophy of Science*, 44: 187-203.

Moore, A. (1990). *The Infinite*. London: Routledge.

Moore, G. E. (1903). *Principia Ethica*. Cambridge: Cambridge University Press.

North, C. (1832). "Tennyson's Poems," *Blackwood's Edinburgh Magazine*, 31: 721-741.

O'Leary-Hawthorne, J., and Price, H. (1996). "How to Stand Up for Non-cognitivists," *Australasian Journal of Philosophy*, 74 (2): 275-292. Reprinted as chapter 5 in the present volume.

Pettit, P. (1988). "Humeans, Anti-Humeans and Motivation," *Mind*, 97: 530-533.

Pettit, P. (1991). "Realism and Response-Dependence," *Mind*, 100, 587-626.

Pettit, P., and Price, H. (1989). "Bare Functional Desire," *Analysis*, 44: 162-169.

Price, H. (1983a). "Does 'Probably' Modify Sense?". *Australasian Journal of Philosophy*, 61: 396-408.

Price, H. (1983b). "Sense, Assertion, Dummett and Denial," *Mind*, 97: 174-188.

Price, H. (1986). "Conditional Credence," *Mind*, 95: 18-36.

Price, H. (1988). *Facts and the Function of Truth*. Oxford: Basil Blackwell.

Price, H. (1989). "Defending Desire-as-Belief," *Mind*, 98: 119-127.

Price, H. (1990). "Why 'Not'?" *Mind*, 99: 221-238.

Price, H. (1991a). "Agency and Probabilistic Causality," *British Journal for the Philosophy of Science*, 42: 157-176.

Price, H. (1991b). "Two Paths to Pragmatism," *Working Papers in Philosophy*. Canberra: Research School of Social Sciences, ANU. Reprinted as chapter 4 in the present volume.

Price, H. (1992). "Metaphysical Pluralism," *Journal of Philosophy*, 89: 387-409. Reprinted as chapter 2 in the present volume.

Price, H. (1994). "Semantic Minimalism and the Frege Point," in S. L. Tsohatzidis (ed.), *Foundations of Speech Act Theory: Philosophical and Linguistic Perspectives*. London: Routledge. Reprinted as chapter 3 in the present volume.

Price, H. (1997a). "Naturalism and the Fate of the M-Worlds," *Proceedings of the Aristotelian Society*, 71: 247-267. Reprinted as chapter 6 in the present volume.

Price, H. (1997b). "Carnap, Quine and the Fate of Metaphysics," *The Electronic Journal of Analytic Philosophy*, 5 (Spring).

Price, H. (1998). "Three Norms of Assertibility, or How the MOA Became Extinct," *Philosophical Perspectives*, 12: 41–54.

Price, H. (2001). "Causation in the Special Sciences: The Case for Pragmatism," in D. Costantini, M. C. Galavotti, and P. Suppes (eds.), *Stochastic Causality*. Stanford: CSLI Publications, 103–120.

Price, H. (2003). "Truth as Convenient Friction," *The Journal of Philosophy*, 100: 167–190. Reprinted as chapter 8 in the present volume.

Price, H. (2004a). "Naturalism Without Representationalism," in M. de Caro and D. Macarthur (eds.), *Naturalism in Question*. Cambridge, MA: Harvard University Press. Reprinted as chapter 9 in the present volume.

Price, H. (2004b). "Immodesty Without Mirrors-Making Sense of Wittgenstein's Linguistic Pluralism," in M. Kölbel and B. Weiss. (eds.), *Wittgenstein's Lasting Significance*. Boston: Routledge & Kegan Paul, 179–205. Reprinted as chapter 10 in the present volume.

Price, H. (2007a). "Quining Naturalism," *Journal of Philosophy*, 104: 375–405.

Price, H. (2007b). "Causal Perspectivalism," in H. Price and R. Corry (eds.), *Causation, Physics and the Constitution of Reality: Russell's Republic Revisited* (OUP), 250–292.

Price, H. (2008). *Rene Descartes Lectures*, Tilburg. Available online at http://philsci-archive.pitt.edu/archive/00004430/

Price, H. (2009). "The Semantic Foundations of Metaphysics," in I. Ravenscroft (ed.), *Minds, Worlds and Conditionals: Essays in Honour of Frank Jackson*. Oxford: Oxford University Press, 111–140. Reprinted as chapter 12 in the present volume.

Putnam, H. (1971). "Philosophy of Logic," in his *Mathematics, Matter and Method: Philosophical Papers*, Volume 1 (2nd ed.). Cambridge: Cambridge University Press, 323–357. (Originally published in 1971 as Philosophy of Logic, New York: Harper Torchbooks.)

Putnam, H. (1978). *Meaning and the Moral Sciences*. Boston: Routledge & Kegan Paul.

Putnam, H. (1981). *Reason, Truth and History*. New York: Cambridge University Press.

Putnam, H. (2001). "Was Wittgenstein Really an Anti-Realist about Mathematics?," in T. McCarthy and S. C. Stidd (eds.), *Wittgenstein in America*. Oxford: Oxford University Press, 140–194.

Putnam, H. (2004). *Ethics Without Ontology*. Cambridge, MA: Harvard University Press.

Quine, W. V. (1948). "On What There Is," *Review of Metaphysics*, 2: 21–38.

Quine, W. V. (1960). *Word and Object*. Cambridge, MA: MIT Press.

Quine, W. V. (1966). "On Carnap's Views on Ontology," in his *The Ways of Paradox and Other Essays*. New York: Random House. (Originally published in Philosophical Studies, 2 (1971): 65–72)

Quine, W. V. (1970). *Philosophy of Logic*. Englewood Cliffs, NJ: Prentice-Hall.

Quine, W. V. (1981). *Theories and Things*. Cambridge, MA: Harvard University Press.

Ramsey, F. (1978). "Truth and Probability," in D. H. Mellor (ed.), *Foundations.*

London: Routledge & Kegan Paul.
Ramsey, F. (1990a). "General Propositions and Causality," in D. H. Mellor (ed.), *Philosophical Papers*. Cambridge: Cambridge University Press, 145-163.
Ramsey, F. (1990b). "Facts and Propositions," in D. H. Mellor (ed.), *Philosophical Papers*. Cambridge: Cambridge University Press, 34-51.
Ramsey, F. (1990c). "Mathematical Logic," in D. H. Mellor (ed.), *Philosophical Papers*. Cambridge: Cambridge University Press, 225-244.
Ramsey, F. (1990d). "Causal Qualities," in D. H. Mellor (ed.), *Philosophical Papers*. Cambridge: Cambridge University Press, 137-139.
Ramsey, F. (1991). *Notes on Philosophy, Probability and Mathematics*, M. C. Galavotti (ed.). Naples: Bibliopolis.
Ree, J. (1998). "Strenuous Unbelief," *London Review of Books*, 20 (Oct. 15): 7-11.
Romanos, G. D. (1983). *Quine and Analytic Philosophy*. Cambridge, MA: MIT Press, ch.3.
Rorty, R. (1981). *Philosophy and the Mirror of Nature*. Princeton: Princeton University Press.
Rorty, R. (1991). "Pragmatism, Davidson and Truth," in *Objectivity, Relativism and Truth: Philosophical Papers*, Vol.1. New York: Cambridge University Press, 126-150.
Rorty, R. (1998). "Is Truth a Goal of Enquiry? Donald Davidson versus Crispin Wright," in *Truth and Progress: Philosophical Papers*, Vol.3. New York: Cambridge University Press, 19-42.
Rosen, G. (1994). "Objectivity and Modem Idealism: What is the Question?," in M. Michael and J. O'Leary-Hawthorne (eds.), *Philosophy in Mind: The Place of Philosophy in the Study of the Mind*. Dordrecht: Kluwer, 277-319.
Russell, B. (1931). "Critical Notice of Ramsey's The Foundations of Mathematics and other Logical Essays," *Mind*, 40: 476-482.
Ryle, G. (1938). "Categories," *Proceedings of the Aristotelian Society*, 38: 189-206.
Ryle, G. (1949). *The Concept of Mind*. London: Hutchinson.
Sahlin, N. (1997). "'He is no good for my work': On the Philosophical Relations between Ramsey and Wittgenstein," in M. Sintonen (ed.), *Knowledge and Inquiry: Essays on Jaakko Hintikka's Epistemology and Philosophy of Science, Poznan Studies in the Philosophy of the Sciences and the Humanities*, 51: 61-84.
Schilpp, P. (ed.), (1963). *Library of Living Philosophers*, Vol.XI: *The Philosophy of Rudolf Carnap*. La Salle, IL: Open Court.
Searle, J. (1962). "Meaning and Speech Acts," *Philosophical Review*, 71: 423-432.
Searle, J. (1969). *Speech Acts: An Essay in the Philosophy of Language*. London: Cambridge University Press.
Skorupski, J. (1980). "Ramsey on Belief," in D. H. Mellor (ed.), *Prospects for Pragmatism*. Cambridge: Cambridge University Press, 71-89.
Smith, B. (1992). "Understanding Language," *Proceedings of the Aristotelian Society*, 92: 109-141.
Smith, M. (1987). "The Humean Theory of Motivation," *Mind*, 96: 36-61.

Smith, M. (1988). "On Humeans, Anti-Humeans and Motivation: A Reply to Pettit," *Mind*, 97: 589–595.

Smith, M. (1989). "Dispositional Theories of Value," *Proceedings of the Aristotelian Society*, 62 supp.: 89–111.

Soames, S. (1989). "Semantics and Semantic Competence," *Philosophical Perspectives*, 3: 575–596.

Stich, S. (1996). *Deconstructing the Mind*. New York: Oxford University Press.

Strawson, P. (1949). "Truth," *Analysis*, 9: 83–97.

van Fraassen, B. (1990). *Laws and Symmetry*. Oxford: Oxford University Press.

Weyl, H. (1921). "Über die neue Grundlagenkrise der Mathematik," *Mathematische Zeitschrift*, 10: 39–79. Reprinted in Weyl, H. (1968). *Gesammelte Abhandlungen* (Vol.II), ed. K. Chan-drasekharan. Berlin: Springer Verlag, 143–180: page references are to the reprint. English translation "On the New Foundational Crisis of Mathematics," in Mancosu, P. (ed.), (1998). *From Brouwer to Hilbert*. New York: Oxford University Press, 86–118.

Weyl, H. (1927). *Philosophie der Mathematik und Naturwissenschaft: Handbuch der Philosophie* 5. Munich and Berlin: R. Oldenburg. English translation (1949) *Philosophy of Mathematics and Natural Science*. Princeton: Princeton University Press.

Weyl, H. (1928). "Discussionsbemerkungen zu dem zweiten Hilbertschen Vortrag über die Grundlagen der Mathematik," *Abhandlungen aus dem Mathematischen Seminar der Universität Hamburg* 6, 86–88. Reprinted in Chandrasekharan, K. (ed.), (1968). *Gesammelte Abhandlungen*, Vol.II. Berlin: Springer Verlag, 147–149. English translation in van Heijenoort, J. (ed.), (1967). *From Frege to Gödel: A Sourcebook in Mathematical Logic*. Cambridge, MA: Harvard University Press, 480–484.

Wiggins, D. (1976). "Truth, Invention and the Meaning of Life," *Proceedings of the British Academy*, 62: 331–378.

Williams, B. (1973). "Consistency and Realism," Reprinted in *Problems of the Self*. Cambridge: Cambridge University Press, 187–206.

Williams, M. (1980). "Coherence, Justification and Truth," *Review of Metaphysics*, 34: 243–272.

Williams, M. (1999). "Meaning and Deflationary Truth," *Journal of Philosophy*, 96 (11): 545–564.

Williamson, T. (2004). "Past the Linguistic Turn?" in B. Leiter (ed.), *The Future for Philosophy*. Oxford: Clarendon Press, 106–128.

Wilson, J. (1832). "Tennyson's Poems," *Blackwood's Magazine*, 31: 721–741.

Wittgenstein, L. (1968). *Philosophical Investigations*, 3rd ed. English edition. Oxford: Basil Blackwell.

Wittgenstein, L. (1980). *Culture and Value*. G. H. von Wright (ed.), P. Winch (trans.). Chicago: University of Chicago Press.

Wright, C. (1988). "Realism, Antirealism, Irrealism, Quasi-realism." *Midwest Studies in Philosophy*, 12: 25–49.

Wright, C. (1992). *Truth and Objectivity*. Cambridge, MA: Harvard University Press.

Wright, C. (1993). "Realism-the Contemporary Debate: Whither Now?" in J. Haldane and C. Wright (eds.), *Reality*, *Representation and Projection*. Oxford: Oxford University Press, 63-84.

索 引

(页码为本书边码)

Abrams, M. H., 艾布拉姆斯, 28n17
absolute simultaneity, 绝对同时性, 10
Adam's hypothesis, 亚当假说, 83, 86
additive monism, 附加的一元论, 38, 40-44 (另请参见"一元论")
 区别于话语多元论, 41-44
analytic-synthetic distinction, criticism of, 分析/综合的区分
 对～的批判 285-87, 289
anaphora, 回指, 124-25, 316-17 (另请参见"语义紧缩论, ～的回指形式")
anti-realism, 反实在论, 181, 182, 237, 238, 284, 297
anti-representationalism, 反表征主义, 25, 240, 261, 304n2, 308, 320
 表征和～, 304-6
Approval Problem, 赞同问题, 96-97, 100, 102
Armstrong, D., 阿姆斯特朗, 41, 77, 111, 243n16
assertion, 断言, 17, 39, 55-56, 62, 63, 70, 72, 74-77, 94, 104, 106, 138, 171, 222-23, 272, 269, 301, 302, 309-11, 321
 信念和～, 83-85, 88-89, 90
 布兰顿关于～的观点, 20, 309, 310
 仅是固执己见的, 172, 173, 176, 177
 ～的规范, 168-69
 在科学话语中, 138
 维特根斯坦关于～的观点, 200-202, 220
"Assertion Game", "断言游戏", 247, 248
Austin, J. L., 奥斯汀, 54

behavioral commitment, 行为的承诺, 88, 164, 165, 176, 182, 248 (另请参见"承诺")
Behavioral Justification Problem, 行为的证成问题, 97
belief(s), 信念, 140-41
 断言和～, 83-85, 88-89, 90
 作为意欲的～, 46n11, 50, 122, 157

非实质的～概念，116

～的最小化理论，66-69

规范的～，125-26

～和命题态度，两者间的差别，46

关于～的寂静主义，116

～和向真性，以及两者间的关系，118-23, 129n13

Beth, E., 贝丝，280

biconditional content conditions, 双条件内容条件句，80n1, 82-86, 89, 89n4, 92, 97, 101, 108, 212-13

Blackburn, S., 布莱克本，6n1, 8-9, 15n9, 19, 40-42, 48, 64, 65n6, 74-75, 76n12, 80n1, 86-87, 116, 160, 228-29, 229n2, 233n7, 237-39, 242, 244-47, 249, 251, 291, 299-302, 301n13, 304, 307-8, 307n4, 310, 321n7

～作为全局准实在论者，244, 244n17

～论道德随附性，41-42

Boghossian, P., 博格西安，55, 112n1, 134n4, 162n16, 166, 191-94, 195n4, 216n15, 240n14, 257-58, 260, 262, 279n22, 306

～对语义非实在论的反对，193

Brandom, R., 布兰顿，10n6, 20, 28, 28n17, 130, 139n15, 167n7, 202, 247, 304n2, 309n5, 310-12, 315-21

～论柏拉图主义和实用主义的关系，218-20

Campbell, J., 坎贝尔，49n12

Canberra Plan, 堪培拉计划，6, 130, 130n17, 131

Carnap, R., 卡尔纳普，13-14, 13n8, 189, 236, 286-87, 299-300, 302

～的紧缩论，283-85

表达论和～，313

～和形而上学，280-83

～论混合面向, on mixing of spheres, 291-94

对～多元论的反驳，287-89

Carnap thesis, 卡尔纳普论题，135-36

～和形而上学问题，145, 147

～和非认知主义，134-35（另请参见"非认知主义"）

范畴错误，12, 68, 77, 78, 95, 114, 116, 125, 126, 130, 131, 145, 146, 208, 238, 289-90, 294, 312

category questions, 范畴问题，287-89

causal-explanatory criterion of reality, 关于实在的因果解释标准，114-16, 119, 142

causation/causality, 因果/因果性，143, 148-50, 154, 157, 160, 231, 266n11

物理的～，142, 143, 197-98, 264, 276

Chalmers, D., 查默斯，6n3

chance, theory of, 机会理论 98n10

Chomsky, N., 乔姆斯基，21n15

Cohen, J., 科恩，63n5

color, 颜色, 93-95, 102

Colyvan, M., 科里凡, 295-96

commitment, 承诺, 9, 11-12, 14, 16, 29-30, 71, 122, 221-22, 244, 272

　行为的～, 88, 164, 165, 176, 182, 248

　本体论的～, 51, 140, 220, 262-64, 283, 284-85, 297, 313-14

Coniditionals, 条件句

　指示的～, 62, 64, 86, 221, 269, 271

　～的意义, 58-60, 63

　有着道德前件的～, 64-65

　非事实论者的～, 61-65

　虚拟的～, 221, 271

Confidence Problem, 信任问题, 96-100, 102

Content Assumption, 内容假设, 23

content-based response dependence, 基于内容的反应依赖性, 82-85（另请参见"反应依赖性"）

　合理性和～, 96-101

　紧缩论论证, 93-96

content-specifying truth theory, 说明内容的真之理论, 73, 215

Correspondence Assumption, 符合论假设, 23, 26

corroboration theory of truth, 真之确证理论, 57（另请参见"真"）

Davidson, D., 戴维森, 24, 74, 167, 212, 213n13

deflationism, 紧缩论, 166, 191-92, 219, 226, 283-85

　～对表达论的影响, 241

　表达论和～, 314

　～的错误, 267-69, 274-75

　～语义属性的位置问题, 254-59

　语义的～, 209-10, 233n7, 313-17

Dennett, D., 丹尼特, 52, 53n16

descriptive discourses 描述性话语

　关于土豚的～, 138

　～的核心属性, 138-39, 145

　～作为人类的工具, 138

　关于牢骚的～, 173-74

　～的次要的目的, 137-38

desire, 意欲, 56, 96, 97, 102, 134, 140, 168, 171, 173, 229, 250, 274, 275

　作为信念的～, 46n11, 50, 122, 157

Dewey, J., 杜威, 304-6, 308-9

discourse pluralism, 话语多元论, 36-44, 49（另请参见"多元论"）

　～同附加的一元论的不同, 41-44

dispositional theories of value, 价值的倾向性理论, 86

disquotationalism, 去引号主义, 16, 21, 25, 33, 45, 56n3, 134, 166-67, 171, 172, 174, 174n16, 189, 190, 190n3, 209n7, 212, 213, 247, 291, 316

Dummett, Michael, 达米特, 48, 63n5, 64, 152-54, 201-5, 209, 211-12, 212n11, 214, 225, 226n29

～论弗雷格, 202-3

呈现和习得论述, 152, 153

～论意义-语效的区分,
239, 243, 246, 259-64, 278, 307-8

休谟式的～, 20, 29, 312-15

区域的～, 9-11, 202, 261

对～最小化的挑战, 306

适度的和非适度的观点, 215-18

语用的～, 229

Eleatic Equivocation, 爱利亚学派式的模棱两可, 242-43

eliminativism, 取消论, 7, 39, 132, 192（另请参见"非实在论"）

embedded force exclusion（EFE）, 嵌入的语效排除, 59-60

emotivism, 情感主义, 46, 65, 68, 82, 86, 90, 103, 115, 125

e-representation, 外表征, 20-23（另请参见"表征"）

error theory of moral discourse, 道德话语的错误理论, 39

evaluative judgments, 价值判断, 215-16（另请参见"判断"）

关于～的表达论, 215-18

existence, 存在, 292

作为单义概念的～, 290

existential quantifier, 存在量词, 284, 287-89, 291-92

expressivism, 表达论, 7-8, 226, 229, 240, 261, 271-74, 305-6, 310

～与虚构论的不同, 8

～与自我描述主义的不同, 90-91

紧缩论对～的影响, 32, 241

关于价值判断的～, 20, 215-18

全局的～, 9-10, 18, 202, 227, 229,
239, 243, 246, 259-64, 278, 307-8

Extension-Transcends-Acquaintance Principle（E-TRAP）, 超出外延的熟识原则, 152-53

external notion of representation 表征的外部概念, 参见"外表征"

external questions, 外部问题, 283-84, 288

fact-stating-non-fact-stating distinction, 陈述事实和非陈述事实的区分, 45, 47, 68

factualism, 事实论, 86

factuality, 事实性, 44-49

fictionalism, 虚构论, 7, 234, 236, 51, 234, 300-302

～与表达论的不同, 8

作为准实在论的～, 236, 300-303

Field, H., 菲尔德, 116, 126, 295-96

Frege, G., 弗雷格, 54-79, 209-14, 218, 224-26, 226n29, 304, 305, 311

～论题, 202-6

弗雷格-吉奇论证, 57-61

意义-语效的区分, 69-73, 203-5

full-blooded theory of meaning, 纯粹的

意义理论, 212-14, 225

functional pluralism, 功能多元论, 13, 136-38, 144-47, 201, 220-23, 300, 305, 310, 320（另请参见"多元论"）

～和世界的多样性, 136

作为非认知主义的～, 123-27, 141-42

～的可能性, 137

科学话语的～, 142-43

Geach, P., 吉奇, 55, 55n4, 70, 71

Gentzen, G., 根岑, 157

Gibbard, A., 吉伯德,

～关于规范话语的观点, 125-26, 130

Gödel, K., 哥德尔, 157

Goodman, N., 古德曼, 36-37, 153

Hare, R. M., 黑尔, 59, 63, 63n5, 64

Hawthorne, J., 霍桑, 131n18, 134n5, 136n9, 216n16, 262n6

Heyting, A., 海丁, 157

Holton, R., 霍尔顿, 227n30, 224n18

Hookway, C., 胡克威, 294

Horwich, P., 霍维奇, 17n11, 56n3, 65, 66n8, 112n1, 115, 115n2, 126-27, 126n9, 130, 167, 256-57, 291

Humberstone, I. L., 亨伯斯通, 69n9, 79n16, 112n1, 216n15, 240n14, 260, 306

Hume, D., 休谟, 19, 28nn17-18, 29, 33-36, 40-41, 46, 49, 52, 74, 75, 87, 184, 186

表达论和～, 20, 312-15, 319

idealism, 观念论, 207-8

indispensability argument, 不可或缺性论证, 295-99

inferentialism and language, 推论主义与语言, 309-11

internal notion of representation. 表征的内部概念, 参见"内表征"

internal questions, 内部问题, 283, 288

internal realism, 内实在论, 81（另请参见"实在论"）

interpretative notion of representation, 表征的解释性内涵, 23-25（另请参见"表征"）

intuitionism, 直觉主义, 152-53, 155-56

i-representation, 内表征, 20-23（另请参见"表征"）

irrealism, 非实在论, 37, 39, 191, 193

取消论, 39

全局的～, 284

非事实论, 39-40

Jackson, Frank, 杰克逊, 25, 77, 77n14, 78, 113, 254, 268-69, 304n2

Jamesian pragmatism, 詹姆斯式的实用主义, 166

Johnston, M., 约翰斯顿, 12, 53n17, 80-

89, 80n1, 89n4, 93, 95nn7–8, 235n10

"基本等式", 82

~论反应依赖性, 80–81, 89n4, 92, 108n14, 111n19

judgment 判断

审美的~, 245

断言的~, 89, 216–17

价值的~, 215–18

道德的~, 39, 48, 56, 62, 65, 68, 78, 86, 90–91, 108, 121

规范的~, 125–26

或然的~, 90

~的真正作用, 16–19

全称~, 149n2, 157

Keynes, J. M., 凯恩斯, 98n10

Kraut, R., 克劳特, 242

Kripke, S. A., 克里普克, 55, 91n5, 155n6, 160–62

Lance, M., 兰斯, 131n18

language 语言

事实性的 vs. 非事实性的~, 40, 40n4, 43, 48

关于~单功能的理解, 13

双层的~, 19–20

Leiter, B., 莱特, 27, 30

Lewis, D., 刘易斯, 34, 43n6, 46n11, 77, 113, 130, 130n16, 143, 144, 196–98, 203, 206n4, 236, 237, 264–66, 276–78, 295, 298–302

linguistic theory 语言理论

适度的和纯粹的理解, 214–15

Loar, B., 洛尔, 150n2

location problem, 场所问题, 312（另请参见 "位置问题"）

Locke, J., 洛克, 318

Lodge, D., 洛奇, 292n8

MacArthur, D., 麦克阿瑟, 301n13

Mackie, J. L. 麦基

关于道德话语的错误理论, 39

Majer, U., 马耶尔, 155

matching game, 配对游戏, 3–6, 9

作为阐释的~, 23–25

materialism, Armstrong-Lewis arguments for, 阿姆斯特朗–刘易斯对物质主义的辩护, 143

mathematics, 数学, 137

模态实在论和~, 298–99

~哲学, 295–97

~中的实在论, 86

McDermott, M., 麦克德莫特, 80n1

McDowell, J., 麦克道威尔, 6n1, 65n7, 69, 69n10, 112n1, 212, 213nn12–13, 216, 216n15, 217, 240n14, 260, 306

meaning 意义

纯粹的~, 212–14, 225

~理论, 206, 209–10

研究~的真理论路径, 69–73

Mellor, H., 梅勒, 98n10

Menand, L., 梅南, 209n8, 223n26, 233n8, 304n1

Menzies, P., 孟席斯, 31

merely-opinionated assertion（MOA）, 仅是固执己见的断言, 172, 173（另请参见"断言"）

～与真正的断言的区别, 176, 177

metaphysical pluralism, 形而上学多元论, 34-53（另请参见"多元论"）

metaphysical quietism, 形而上学寂静主义 12-14（另请参见"寂静主义"）

metaphysics, 形而上学, 26-30, 232n7

当代～, 132

～和伦理学, 253-54

全局表达论和位置问题, 262-64

还原的内涵, 77-79

非认知主义和还原的～, 130-31

～和语义概念, 196-98

minimal theories of truth, 真之最小化理论, 56, 56n3, 65-66（另请参见"语义最小化理论""真"）

minimalism, 最小化理论, 209, 216n16, 294

清晰的～, 115-17

表达论和～, 306-8

语义的～（参见"语义的最小化理论"）

mixing of spheres（Sphärenvermengung）, 领域混淆, 291-94

modal fictionalism, 模态虚构论, 236

modest theory 适度的理论

语言的～, 214-15

意义的～, 212-14, 225

monism, 一元论, 13, 289

附加的～, 38, 40-44

moral beliefs, 道德信念, 140-41（另请参见"信念"）

moral claims, truth conditions for, 道德判断的成真条件, 103-8

moral discourse, error theory of, 道德话语的过错理论, 39

moral functionalism, 道德功能主义, 265

moral intuitionism, 道德直觉主义, 85

moral supervenience, 道德随附性, 41-42

moral truths, 道德真理, 291（另请参见"真"）

Moore, A., 莫尔, 152n5

Moore, G. E., 摩尔, 6n4

Mulligan, K., 马利根, 79n15

naturalism, 自然主义, 4, 315

认识论的～, 185

客观的～, 5, 11, 185-87, 190-95

本体论的～, 185

无表征主义的～, 10-11, 185

主观～, 5, 186, 190, 196

Nietzsche, F., 尼采, 186

non-cognitivism, 非认知主义, 112-31, 188, 237

～作为功能多元论, 123-27

～的形而上学问题, 140-41

～和实在的道德维度, 133

～的心理学维度, 134

～和还原的形而上学, 130-31

～的语义维度, 134

对～的语义定义, 117-18

～和随附性, 145-46

～和真, 134

non-deflationary semantics, 非紧缩论的语义学, 266

non-factualism, 非事实论, 39-40, 54-78（另请参见"非实在论"）

North, C., 诺斯, 28n17

object naturalism, 客观自然主义, 185-87, 190（另请参见"自然主义"）

～的融贯性, 192-95

～和紧缩论, 191-92

O'Leary-Hawthome, J., 奥利里-霍桑（另请参见"霍桑"）

ontological conservatism, 本体论的保守主义, 262, 263

ontological pluralism, 本体论的多元论, 145, 290-94（另请参见"多元论"）

ontological quietism, 本体论的寂静主义, 50（另请参见"寂静主义"）

ontological relativity, 本体论的相对性, 34-35

ontology, 本体论, 42, 50, 281-83, 286, 288

～和承诺, 283-84, 295-97, 313

～中的功能多元论, 136

杰克逊关于～的观点, 145

挽救～, 294-95

Pettit, P., 佩蒂特, 46n11, 53n17, 77n14, 78, 81, 83, 86, 91-92, 92n6, 105, 106, 130

philosophical quietism, 哲学寂静主义, 249（另请参见"寂静主义"）

philosophy 哲学

语言～, 24, 26-27, 201-2

传统的研究语言的方法, 120

科学和～, 184-85, 199

无语义阶梯的～, 278-79

physicalism, 物理主义, 43n8

placement problems, 位置问题, 186, 187-88

客观自然主义的融贯性, 192-95

～和紧缩论, 191-92

语言概念, 188-89, 195-98

实质的概念, 188

～的起源, 188-89

实用主义和～, 230-32

主观自然主义, 186, 190, 196

placement strategies, 位置策略, 6-9

Platonism, 柏拉图主义, 321

～和实用主义, 218-20

pluralism, 多元论, 283-85, 299

作为有正当理由的～，49-52

话语，36-37，40-44，49

表达论式的～，305-6

功能的～，13，123-27，136-37，141-42，144-47，201，220-23，300，305，310，320

平面的～，36

形而上学的～，34-53

非认知主义作为功能～，123-27

对～的反驳，287-89

本体论的～，145，290-94

哲学～，35-37

语用的～，292n8

垂直的～，36，136n9

pragmatic pluralism，语用多元论，292n8（另请参见"多元论"）

Pragmatism，实用主义，11，80-111，149，160，164-67，182，229，285，299，304-5，309-10，316，318-19

作为定点的行动，101-3

断言和信念，83-85，88-89

内容条件，82-85

全局的～，91-93

语言焦点，232-33

～和位置问题，230-32

避免错误的那类～，11-12

Price, H.，普莱斯，13n7，17，17n11，20n13，31，43，45，46n11，48，55n2，56n3，66n8，69，72n11，74，76n12，81n2，88n3，96，96n9，103n12，105，105n13，107，110n17，129n14，131n18，134n5，136n9，139nn15-16，172，176n17，182n24，199n8，209n9，213n13，216n16，219n20，220nn21-22，230n4，233n7，235n10，240n13，243n15，244n18，247，247n19，248，255，262n6，263，266n11，271n14，272n16，273n18，278，301n13，303n14

probability 或然性

研究～的理性主义路径，98-100

projectivism，投射主义，291，301

properties thick and thin，属性，厚的和薄的，256-57

Putnam, H.，普特南，178，195n4，281，292n8，296n11

～论内实在论，81

不可或缺的论证，295-99

quasi-realism，准实在论，8-10，10n6，12，18，19，21n14，22，32，40，41-42，48，65n6，86-87，109，229，236，300-302，308

快速轨道，65n6

～作为虚构论，236，300-303

全局化和～，8-10，239

～作为区域实用主义，237-39

投射主义和～，40，41-42，48，75

慢速轨道，65n6

quietism，寂静主义，119

关于信念的～，116-17

关于真的～，116，117

形而上学的～, 12-14, 313

本体论的～, 50

～的选项, 250-51

哲学的～, 249

～种种, 249-52

Quine, W. V., 奎因, 13-17, 166, 189-90, 233n7, 281-82, 284-85

～对形而上学的辩护, 285-87

～对卡尔纳普多元论的反驳, 287-89

～论数学哲学, 296-97

～关于本体论的观点, 42, 50

Ramsey, F. P., 拉姆齐, 15n9, 98n10, 244n18, 307, 148-162

～论无限连接, 150-53

～关于普遍性的观点, 148

～和外尔关于量词的观点, 155-57

Rationality Problem, 合理性问题, 99

rationality, 合理性 98

作为认知价值的～, 100

反应依赖性的或表达论的～, 100

作为自成一类的认知价值的～, 100

realism, 实在论, 284, 295-96

内～, 81

朴素的～, 111n19

有着正当理由的多元论, 49-52

准实在论（参见"准实在论"）

～和反应依赖性, 84

reductionism, 还原论, 6, 37, 39

Ree, J., 雷, 166n5

reference, 指称, 194, 196, 254

referentialism, 指称论, 304, 310-11

representation 表征

～的外在论内涵, 20-23

～的内在论内涵, 20-23

～的解释性内涵, 23-25

表征主义, 5, 6, 209, 219, 231, 239n12, 268-69, 277

反表征主义和～, 304-6

布兰顿和～, 308-9, 315-21

休谟式的～,～的教训, 312-15

语言和～, 309-12

最小化理论和表达论和～, 306-8

无～的自然主义, 10-11

罗蒂和布兰顿之间, 319-21

真之制造和～, 14

response-dependence, 反应依赖性, 12, 81-85, 87, 91, 92, 96, 97, 102, 104, 105, 235, 235n10

实在论和～, 84

自我描述主义和～, 90-91, 103-4

Romanos, G. D., 罗曼诺斯, 36

romanticism, 浪漫主义, 28n17

Rorty, R., 罗蒂, 163-66, 304-6, 308-9, 319-21

关于真之谨慎的用法, 170n13

～论实用主义, 167

Rosen, G., 罗森, 143n18

rule-following considerations, 遵守规则的思考, 30, 91, 105, 148, 149, 154,

158, 159, 161

Russell, B., 罗素, 151n3, 152, 304

Ryle, G., 赖尔, 13n8, 165, 284, 290-93

Sacks, O., 萨克斯, 280

Schlick, M., 石里克, 284

science 科学

~哲学, 184-85

~的位置, 30-32

scientific discourse, 科学话语, 138

~的功能多元论, 142-43

~视角上的首要性, 141-43

scientific relativism, 科学相对主义, 34-35

Searle, J., 塞尔, 54-55, 54n1

言语行为分析, 57-61

self-descriptivism, 自我描述主义, 103-4

~与表达论的不同, 90-91

Sellars, W., 塞拉斯, 318

semantic ascent, 语义上行, 140n17

semantic deflationism, 语义紧缩论, 209-10, 233n7, 313-17

~的回指形式, 316-17

semantic minimalism, 语义最小化理论, 54-79, 228, 239, 241, 305-8（另请参见"最小化理论"）

事实和语言功能, 66-69

语效-意义的区分, 69-73

还原的形而上学, ~的内涵, 77-79

semantic vocabulary, 语义语汇, 317

semantic-pragmatic distinction, 语义-语用的区分, 205

semantics, 语义学, 14-16, 21, 69, 214

最小化的~, 56, 69-73, 75

成真条件, 56

~中意义和语效的区别, 69-73

非紧缩论的, 266

sense-force distinction, 意义和语效区别, 69-73, 203-5

结构, 224-25

Skorupski, J., 克鲁普斯基, 151n4

Smith, B., 史密斯, 21n15.

Smith, M., 史密斯, 46n11, 96n9, 112, 117-23, 134n5, 240n14, 260, 270, 270-71n13, 306

Smith, N.J.J., 史密斯, 170n12

Soames, S., 索姆斯, 21n15

speech act theory, 言语行为理论, 54

statementhood, 陈述性, 9, 44, 45, 65, 66

Stich, S., 斯蒂克, 192, 196, 250, 274-77

Stoljar, D., 斯托尔亚, 80n1

Strawson, P., 斯特劳森, 161n15, 240n14

subclass questions, 子集问题, 287-89

subject naturalism, 主观自然主义, 186, 190, 196

subjective assertibility conditions, 主观断言性条件, 63, 63n5, 73, 82, 110n16, 168-70, 173（另请参见"断言"）

substantialism, 实质论

关于信念的~，116-17

关于真之~，116，117

supervenience，随附性，145-46

theism，有神论，165-66

theological quietism，神学的寂静主义，249（另请参见"寂静主义"）

theory of meaning，意义理论，206，209-10（另请参见"意义"）

~中的实用主义，206-7

关于~适度的和纯粹的理解，211-14

~的结构，69

研究~真理论路径，69-73

third norm，第三种规范，170-77

truth，真，44-49，196，209，212-13，240，254

~之确证理论，57

去引号的~，16，21，25，33，45，56n3，134，166-67，171，172，174，174n16

与证成的不同，164-66，182-83

~功能，127-29

关于~非实体的理解，116，126-27

~之最小化的理论，56，56n3，65-66（另请参见"语义最小化理论"）

皮尔士关于~之观点，178-80

关于~之实用主义的观点，167，170，182

关于~之寂静主义，116

~之冗余论，15n9

~作为断言性的话语的作用，168-70

~在语言实践中的作用，164-65

第三规范的作用，170-77

~的实体概念，116

~之实体理论，45

truth-aptness，向真性，18，78，92，112，118，119，121，129n13，134，164n1，240n14，245，260，270

~和信念，~和信念之间的关系，118-23

truth-bearing constructions，承载着真的建构，45，46，75

truth-conditional，成真条件的

~的表达形式，86，87，91

内容理论，110n16，216，217

truth-conditions，成真条件，44，69n9，73，90，92，95，109-10，153，191-92，205，209-10，213，224，240，269n12

主客困境，103-8

truthmaking，使真，14

truth-theoretic approach，真理论路径，212

two-layered language，双层次的语言，19-20（另请参见"语言"）

universal judgments，普遍判断，149-50

usage-based response dependence，基于用法的反应依赖性，82-88

冗余论论证，93-96

use-mention distinction，用法-提及的区别 283，314

use-specifying theory, 说明用法的理论, 215

value, dispositional theories of, 价值, ～的倾向性理论, 86

van Fraassen, B., 范·弗拉森, 34n1

verificationism, 证实论, 81, 152, 202

Vienna Circle, 维也纳学术圈, 284, 313

warranted assertibility, 有根据的断言性, 16, 168-70, 173, 178-79, 178n21（另请参见"断言"）

Weyl, H., 外尔, 155-57, 155n7, 155n9, 156n11

Wiggins, D., 维金斯, 65n7

William of Ockham, 奥卡姆, 34

Williams, B., 威廉姆斯, 17, 45

Williams, M., 威廉姆斯, 24n16, 178n20

Williamson, T., 威廉姆森, 26-27

Wilson, J., 威尔逊, 28n17

Wittgenstein, L., 维特根斯坦, 26-27, 36, 42, 74, 91, 148, 199n7, 200-202, 204, 209-12, 214, 217-18, 222, 244, 248, 251-52, 273n17, 278-79, 284, 304-11, 305n3, 313, 321

～论语言哲学, 200-201

关于遵守规则的思考, 30, 91, 105, 148, 149, 154, 158, 159, 161

word-world relations, 语词与世界之间的关系, 311, 317-18

Wright, C., 赖特, 16, 48, 53n17, 56n3, 63n5, 69, 80n1, 112n1, 121, 134n6, 163, 166n6, 216n15, 228, 229, 240n14, 244, 260, 306, 307

译后记

《无镜的自然主义》或许会让部分读者联想到罗蒂的《哲学和自然之境》一书，实际上，普莱斯与罗蒂共有着基本的理论问题，即处理语言和世界间的关系。在具体的论题上，他们也有诸多共通之处，例如反大写的表征主义，这种立场认为语言陈述依赖于外部世界，从而我们需要参照世界中的某些客观事实来衡量我们可以"正确地"说出什么。普莱斯主要通过对语义紧缩论、位置问题等琐细的辨析，最终得出一种全局表达主义的结论，认为我们仅能在对诸如信念、断言、承诺，以及判断等概念做出解释的前提下，理解世界是什么，因而，我们的语汇是直接描述世界的，语言表述的范围就是世界的全部范围。

然而，普莱斯哲学的细节不如其最终结论显得那般容易把握，获得细致、准确的理解需要我们跟随他在一幅由诸多细碎的理论——包括表征论（内表征和外表征）、自然主义（主观自然主义和客观自然主义）、表达论（区域表达论和全局表达论）、描述主义、非认知主义、语义最小化理论、虚构论、准实在论、实用主义、功能多元论、多元世界理论等等——构成的复杂理论地貌中，仔细辨析，探查出一道较为合理的路径，并最终达到普莱斯捍卫的理论领地。这一"领地"无疑是一个微小的"地盘"，我们既需要借助周边的地貌来理解它，也需要专注于它，领会它的独特之处。

这种探究无疑也会让我们感到辛苦，乏味，乃至痛苦。幸运的是，在翻译本书之初，与一些学友组织了读书会，阅读了一些关键章节，这对我后来的翻译工作起到了很大的帮助，在此特向当时参加读书会的黄远帆（现为上海交通大学人文学院助理副教授）、黄家光（现为温州大学哲学系讲师）、程都（现为浙江大学博士后）、肖根牛（现为湖南师范大学哲学系讲师）致以谢意。在一起经历痛苦后，获得了丰硕的收获。

译稿初稿成文于2018年12月，限于当时有限的翻译水平和紊乱的翻译理念，初稿有着诸多问题，这一定让本书的责编方尚芩倍感困扰。付梓前，我又对译稿进行了修改，并邀请复旦大学哲学学院张育瑜同学以读者视角进行审读，在此向张育瑜表示谢意。对方尚芩老师则同时致以谢意和歉意，在感谢对本书付出的辛劳同时，我想致歉的原因主要在于，译稿无疑最终未能满足方老师的期待：译文晓畅，实现舒适的阅读感。这在我看来是一项不可能的任务，本书既涉及大量汉语尚不熟悉的专业语汇，而行文中充斥着这样的语汇；其思想和论述是琐细、艰涩的，思维是非中式的；再加上译者能力有限，最终的译文仍会要求读者在阅读时花费些心力。我在此也祈求读者的谅解，并建议那些想要从事相关进一步研究的同仁阅读原作。

周靖
2021 年 5 月 27 日

实用主义与美国思想文化译丛

丛书主编：陈亚军

《三重绳索：心灵、身体与世界》

   希拉里·普特南 著，孙 宁 译，复旦大学出版社，2017年1月

《经验主义与心灵哲学》

  威尔弗里德·塞拉斯 著，王 玮 译，复旦大学出版社，2017年1月

《将世界纳入视野：论康德、黑格尔和塞拉斯》

   约翰·麦克道威尔 著，孙 宁 译，复旦大学出版社，2018年8月

《自然主义与存在论：1974年约翰·杜威讲座》

  威尔弗里德·塞拉斯 著，王 玮 译，复旦大学出版社，2019年9月

《阐明理由：推论主义导论》

  罗伯特·B.布兰顿 著，陈亚军 译，复旦大学出版社，2020年2月

《推理及万物逻辑：皮尔士1898年剑桥讲坛系列演讲》

查尔斯·桑德斯·皮尔士 著，张留华 译，复旦大学出版社，2020年5月

《纯粹过程形而上学奠基》

 威尔弗里德·塞拉斯 著，王 玮 译，复旦大学出版社，2022年3月

《无镜的自然主义》

   休·普莱斯 著，周 靖 译，复旦大学出版社，2024年8月

实用主义与美国思想文化研究

丛书主编：刘放桐　陈亚军

《杜威哲学的现代意义》

　　　　　　　　　刘放桐　主编，复旦大学出版社，2017年1月

《匹兹堡问学录——围绕〈使之清晰〉与布兰顿的对谈》

　　　　　　　　　陈亚军　访谈　周　靖　整理，复旦大学出版社，2017年1月

《实用主义的研究历程》

　　　　　　　　　刘放桐　著，复旦大学出版社，2018年3月

《匹兹堡学派研究——塞拉斯、麦克道威尔、布兰顿》

　　　　　　　　　孙　宁　著，复旦大学出版社，2018年8月

《真理论层面下的杜威实用主义》

　　　　　　　　　马　荣　著，复旦大学出版社，2018年8月

《"世界"的失落与重拾——一个分析实用主义的探讨》

　　　　　　　　　周　靖　著，复旦大学出版社，2019年7月

《后现代政治话语——新实用主义与后马克思主义》

　　　　　　　　　董山民　著，复旦大学出版社，2019年8月

《罗伊斯的绝对实用主义》

　　　　　　　　　杨兴凤　著，复旦大学出版社，2019年9月

复旦社　　　未曾读
微信公众号　微信公众号

图书在版编目(CIP)数据

无镜的自然主义/(英)休·普莱斯著;周靖译. —上海:复旦大学出版社,2024.8
(实用主义与美国思想文化译丛/陈亚军主编)
书名原文: Naturalism without Mirrors
ISBN 978-7-309-16594-4

Ⅰ.①无… Ⅱ.①休… ②周… Ⅲ.①休·普莱斯-哲学思想-文集 Ⅳ.①B561.6-53

中国版本图书馆 CIP 数据核字(2022)第 206396 号

NATURALISM WITHOUT MIRRORS, FIRST EDITION by Huw Price
Published by arrangement with Oxford University Press through Andrew Nurnberg Associates
Simplified Chinese translation copyright © 2024 by Fudan University Press Co., Ltd.
ALL RIGHTS RESERVED
Naturalism without Mirrors was originally published in English in 2011. This translation is published by arrangement with Oxford University Press. Fudan University Press Co., Ltd. is solely responsible for this translation from the original work and Oxford University Press shall have no liability for any errors, omissions or inaccuracies or ambiguities in such translation or for any losses caused by reliance thereon.

本书中文简体翻译版授权经由牛津大学授权复旦大学出版社有限公司独家出版并限在中国大陆地区销售。复旦大学出版社有限公司对原著的翻译负全部责任,未经出版者书面许可,不得以任何方式复制或发行本书的任何部分。

上海市版权局著作权合同登记号:09-2022-0763

无镜的自然主义
[英]休·普莱斯 著 周 靖 译
责任编辑/方尚芩

复旦大学出版社有限公司出版发行
上海市国权路 579 号 邮编:200433
网址: fupnet@fudanpress.com http://www.fudanpress.com
门市零售:86-21-65102580 团体订购:86-21-65104505
出版部电话:86-21-65642845
常熟市华顺印刷有限公司

开本 787 毫米×960 毫米 1/16 印张 29.25 字数 392 千字
2024 年 8 月第 1 版
2024 年 8 月第 1 版第 1 次印刷

ISBN 978-7-309-16594-4/B·772
定价:108.00 元

如有印装质量问题,请向复旦大学出版社有限公司出版部调换。
版权所有 侵权必究